岩 手 県

〈収録内容〉

便利な DL コンテンツは右の QR コードから

解答用紙　過去年度　リスニング ⇒

※データのダウンロードは 2025 年 3 月末日まで。

※データへのアクセスには、右記のパスワードの入力が必要となります。 ⇒ 870098

本書の特長

POINT 1　解答は全問を掲載、解説は全問に対応！

POINT 2　英語の長文は全訳を掲載！

POINT 3　リスニング音声の台本、英文の和訳を完全掲載！

POINT 4　出題傾向が一目でわかる「年度別出題分類表」は、約 10 年分を掲載！

実戦力がつく入試過去問題集

- ▶ 問題 ………… 実際の入試問題を見やすく再編集。
- ▶ 解答用紙 …… 実戦対応仕様で収録。
- ▶ 解答解説 …… 重要事項が太字で示された、詳しくわかりやすい解説。
  ※採点に便利な配点も掲載。

合格への対策、実力錬成のための内容が充実

- ▶ 各科目の出題傾向の分析、最新年度の出題状況の確認で、入試対策を強化！
- ▶ その他、志願状況、公立高校難易度一覧など、学習意欲を高める要素が満載！

解答用紙ダウンロード　解答用紙はプリントアウトしてご利用いただけます。弊社ＨＰの商品詳細ページよりダウンロードしてください。トビラのＱＲコードからアクセス可。

リスニング音声ダウンロード　英語のリスニング問題については、弊社オリジナル作成により音声を再現。弊社ＨＰの商品詳細ページで全収録年度分を配信対応しております。トビラのＱＲコードからアクセス可。

famima PRINT　原本とほぼ同じサイズの解答用紙は、全国のファミリーマートに設置しているマルチコピー機のファミマプリントで購入いただけます。※一部の店舗で取り扱いがない場合がございます。詳細はファミマプリント（http://fp.famima.com/）をご確認ください。

UD FONT　見やすく読みまちがえにくいユニバーサルデザインフォントを採用しています。

2024年度/岩手県公立高校一般入学者選抜志願状況(全日制)

学校名・学科(コース)名	募集定員	実質定員	志願者数	志願倍率
盛岡一 普通・理数	280	252	277	1.10
盛岡二 普通	200	180	149	0.83
盛岡三 普通	280	252	309	1.23
盛岡四 普通	240	215	250	1.16
盛岡北 普通	200	180	203	1.13
盛岡南 普通	120	107	141	1.32
(体育)	40	20	25	1.25
体育	40	21	23	1.10
不来方 人文・理数	120	108	151	1.40
芸術	40	24	36	1.50
外国語	40	36	34	0.94
体育	40	20	16	0.80
盛岡農 動物科学	40	34	26	0.76
植物科学	40	36	11	0.31
食品科学	40	32	23	0.72
人間科学	40	38	18	0.47
環境科学	40	38	20	0.53
盛岡工 機械	40	34	35	1.03
電気	40	33	24	0.73
電子情報	40	33	34	1.03
電子機械	40	34	29	0.85
工業化学	40	34	12	0.35
土木	40	33	30	0.91
建築・デザイン	40	33	34	1.03
盛岡商 流通ビジネス	80	67	84	1.25
会計ビジネス	80	68	78	1.15
情報ビジネス	80	67	71	1.06
沼宮内 普通	40	40	21	0.53
葛巻 普通	80	62	30	0.48
平舘 普通	40	40	20	0.50
家政科学	40	40	6	0.15
雫石 普通	40	40	30	0.75
紫波総合 総合	120	119	92	0.77
花巻北 普通	240	215	204	0.95
花巻南 人文・自然科学	120	108	123	1.14
スポーツ健康科学	40	20	21	1.05
国際科学	40	37	35	0.95
花巻農 生物科学	40	40	25	0.63
環境科学	40	39	15	0.38
食農科学	40	38	29	0.76

学校名・学科(コース)名	募集定員	実質定員	志願者数	志願倍率
花北青雲 情報工学	40	36	31	0.86
ビジネス情報	80	72	62	0.86
総合生活	40	36	44	1.22
大迫 普通	40	40	16	0.40
遠野 普通	120	108	92	0.85
遠野緑峰 生産技術	40	40	24	0.60
情報処理	40	40	5	0.13
黒沢尻北 普通	240	216	216	1.00
北上翔南 総合	200	190	140	0.74
黒沢尻工 機械	40	37	34	0.92
電気	40	33	21	0.64
電子	40	38	25	0.66
電子機械	40	34	24	0.71
土木	40	38	21	0.55
材料技術	40	39	12	0.31
西和賀 普通	40	39	48	1.23
水沢 普通・理数	240	215	230	1.07
水沢農 農業科学	40	39	21	0.54
食品科学	40	39	13	0.33
水沢工 機械	40	34	30	0.88
電気	40	38	25	0.66
設備システム	40	33	31	0.94
インテリア	40	35	26	0.74
水沢商 商業	40	35	33	0.94
会計ビジネス	40	36	17	0.47
情報システム	40	34	34	1.00
前沢 普通	40	35	17	0.49
金ケ崎 普通	80	80	21	0.26
岩谷堂 総合	120	119	82	0.69
一関一 普通・理数	200	115	107	0.93
一関二 総合	200	180	192	1.07
一関工 電気電子	40	33	25	0.76
電子機械	40	34	27	0.79
土木	40	33	29	0.88
花泉 普通	40	39	28	0.72
大東 普通	80	79	33	0.42
情報ビジネス	40	40	17	0.43
千厩 普通	120	111	108	0.97
生産技術	40	38	35	0.92
産業技術	40	39	26	0.67

学校名・学科(コース)名		募集定員	実質定員	志願者数	志願倍率
高田	普通	120	112	94	0.84
	海洋システム	40	39	10	0.26
大船渡	普通	160	151	120	0.79
大船渡東	農芸科学	40	40	13	0.33
	機械電気	40	40	10	0.25
	情報処理	40	40	16	0.40
	食物文化	40	39	17	0.44
住田	普通	40	40	28	0.70
釜石	普通・理数	160	150	111	0.74
釜石商工	機械	40	40	22	0.55
	電気電子	40	40	8	0.20
	総合情報	40	40	28	0.70
大槌	地球探究	80	78	50	0.64
山田	普通	40	40	32	0.80
宮古	普通	200	182	170	0.93
宮古北	普通	40	39	20	0.51
宮古商工	機械システム	40	40	28	0.70
	電気システム	40	39	11	0.28
	総合ビジネス	40	36	41	1.14
	流通ビジネス	40	36	29	0.81
	情報ビジネス	40	39	13	0.33

学校名・学科(コース)名		募集定員	実質定員	志願者数	志願倍率
宮古水産	海洋生産	40	39	6	0.15
	食物	40	40	29	0.73
岩泉	普通	80	80	37	0.46
久慈	普通	160	143	132	0.92
久慈東	総合	200	197	119	0.60
久慈工	電子機械	40	40	9	0.23
	建設環境	40	40	11	0.28
種市	普通	40	39	11	0.28
	海洋開発	40	39	12	0.31
大野	普通	40	40	11	0.28
軽米	普通	80	53	9	0.17
伊保内	普通	40	40	33	0.83
福岡	普通	160	156	80	0.51
福岡工	機械システム	40	40	16	0.40
	電気情報システム	40	40	18	0.45
一戸	総合	120	119	61	0.51

※「実質定員」は募集定員から連携型志願者数・併設型入学決定者数・推薦合格者数を減じた人数。

※「志願者数」は調整後志願者数。

岩手県公立高校難易度一覧

目安となる偏差値	公立高校名
75 ~ 73	
72 ~ 70	
69 ~ 67	盛岡第一(普・理数)
66 ~ 64	
63 ~ 61	盛岡第三
60 ~ 58	花巻北
57 ~ 55	盛岡第四 一関第一(普・理数) 水沢(普・理数)
54 ~ 51	盛岡北 市盛岡市立(特別進学) 釜石(普・理数)，黒沢尻北 大船渡，不来方(人文・理数)，宮古，盛岡第二
50 ~ 47	福岡，市盛岡市立 不来方(外国語)，花巻南(人文科学・自然科学)，盛岡南 不来方(芸術)，高田，花巻南(国際科学) 久慈，盛岡商業(流通ビジネス／会計ビジネス／情報ビジネス)
46 ~ 43	市盛岡市立(商業)，盛岡南(普通科体育コース) 一関第二(総合)，金ケ崎，千厩，遠野，花北青雲(情報工学／ビジネス情報／総合生活)，花巻南(スポーツ健康科学)，水沢商業(商業／会計ビジネス／情報システム)，宮古商工(総合ビジネス／流通ビジネス／情報ビジネス)，盛岡工業(機械／電気／電子情報／電子機械／工業化学／土木／建築・デザイン)，盛岡南(体育) 北上翔南(総合)，不来方(体育) 岩谷堂(総合)，久慈東(総合)，黒沢尻工業(機械／電気／電子／電子機械／土木／材料技術)，大東
42 ~ 38	岩泉，大槌(地球探究) 一関工業(電気電子／電子機械／土木)，大船渡東(情報処理)，雫石，紫波総合(総合)，千厩(生産技術／産業技術)，大東(情報ビジネス)，種市，西和賀，花泉，北桜(機械システム／電気情報システム)，山田 釜石商工(機械／電気電子／総合情報)，遠野緑峰(情報処理)，沼宮内，北桜(総合)，前沢，水沢工業(機械／電気／設備システム／インテリア)，盛岡農業(動物科学／植物科学／食品科学／人間科学／環境科学) 大船渡東(食物文化)，久慈工業(電子機械／建設環境)，平舘，宮古北 伊保内，大迫，大野，大船渡東(農芸科学／機械電気)，軽米，住田，平舘(家政科学)，種市(海洋開発)，遠野緑峰(生産技術)，花巻農業(生物科学／環境科学／食農科学)，宮古商工(機械システム／電気システム)
37 ~	葛巻，水沢農業(農業科学／食品科学)，宮古水産(海洋生産／食物) 高田(海洋システム)

*(　)内は学科・コースを示します。特に示していないものは普通科(普通・一般コース)，または全学科(全コース)を表します。市は市立を意味します。

*データが不足している高校，または学科・コースなどにつきましては掲載していない場合があります。

*公立高校の入学者は，「学力検査の得点」のほかに，「調査書点」や「面接点」などが大きく加味されて選抜されます。上記の内容は想定した目安ですので，ご注意ください。

*公立高校入学者の選抜方法や制度は変更される場合があります。また，統廃合による閉校や学校名の変更，学科の変更などが行われる場合もあります。教育委員会などの関係機関が発表する最新の情報を確認してください。

数学　出題傾向の分析と合格への対策

出題傾向とその内容

〈最新年度の出題状況〉

本年度の出題数は，大問が12題，小問数にして25問と，ほぼ例年どおりであった。

出題内容は，1が数・式の計算，平方根，因数分解，二次方程式の計算問題からなる基本的な内容の小問群，2は不等式，3は比例関数の問題，4は相似の性質を利用した線分の長さの計量，角度，相似な図形の面積比，5は基本的な作図問題，6は箱ひげ図を題材とした資料の散らばり・代表値の問題，7は確率の問題，8は連立方程式の応用問題，9は三角形の相似の記述式証明問題，10は加湿器の経過時間とタンクに残っている水の量を題材とした関数とグラフの融合問題，11は条件を満たす点の座標を問う図形と関数・グラフの融合問題，12は四面体を題材として，線分の長さ，体積を計量する空間図形の総合問題であった。

〈出題傾向〉

毎年，問題量に比べて検査時間がやや短いといえる。中盤以降にある応用問題にじっくり取り組めるよう時間配分に注意しよう。

問題の出題数は，ここ数年，大問13題前後が定着している。各大問の傾向であるが，1では，数と式の計算，平方根の計算，因数分解，(一次，二次)方程式，等式の変形，不等式から基本的な計算問題から数問が出題されている。その他の大問では，一次・二次方程式の文章題，一次関数，関数$y=ax^2$，比例関数，平面図形，空間図形，図形の証明，場合の数，確率の問題等からまんべんなく出題される傾向にある。

全体としては，難問奇問はなく，基本から標準レベルの問題を素早く正確に処理する能力が問われているといえる。ただ，ここ数年少しずつ変化していく傾向にあるので注意しておこう。

来年度の予想と対策

来年度も，全体的には問題量，難易度，出題形式や内容に大きな変化はないと思われるが，少し変化のきざしも見えるので，多少の傾向の変化には対応できる様にしておこう。出題される範囲は広いが，大半が基本的な問題であるので，これらを速く正確に解くことが高得点の条件になるだろう。

そこで，まず，教科書を完全にマスターすることを心がけよう。その際，苦手分野を残さないことが重要である。基礎が固まったら，標準レベルの問題集で演習を重ねるようにしよう。途中式や定理などをノートに整理して，書きながら解く習慣を身につけておくと，証明問題や計算の過程を記述する問題の練習になる。また，論理的な思考力を養うのにも役立つ。

標準レベルの問題がこなせるようになったら，入試問題集で，図形と関数・グラフの融合問題や平面図形，空間図形の問題を中心に数多くの問題をこなし，応用力を身につけたい。

⇨学習のポイント

- 教科書を中心に基礎を固めよう。
- 途中式や根拠をわかりやすく書く習慣を身につけよう。
- 素早く解く力を身に着けよう。

年度別出題内容の分析表　数学

出題内容			27年	28年	29年	30年	2019年	2020年	2021年	2022年	2023年	2024年
数と式		数の性質		○	○							
		数・式の計算	○	○	○	○	○	○	○	○	○	○
		因数分解	○	○		○	○		○	○	○	○
		平方根	○	○	○	○	○	○	○	○	○	○
方程式・不等式		一次方程式	○	○	○	○	○	○	○	○	○	○
		二次方程式	○	○	○	○	○	○	○	○	○	○
		不等式	○		○							○
		方程式の応用	○	○	○	○	○		○	○	○	○
関数		一次関数	○	○	○	○	○	○	○	○	○	○
		関数 $y = ax^2$	○	○	○	○	○	○	○	○	○	○
		比例関数	○	○	○	○	○	○	○	○	○	○
		関数とグラフ	○	○	○	○	○	○	○	○	○	○
		グラフの作成			○	○	○			○		
図形	平面図形	角度	○	○	○	○	○	○	○	○	○	○
		合同・相似	○	○	○	○	○	○	○	○	○	○
		三平方の定理	○	○	○		○	○	○	○	○	○
		円の性質	○	○	○	○	○	○	○	○	○	○
	空間図形	合同・相似	○							○		
		三平方の定理	○	○	○		○	○				
		切断					○	○		○	○	
	計量	長さ	○	○	○	○	○	○	○	○	○	○
		面積			○		○		○	○	○	○
		体積	○	○		○		○	○	○	○	○
		証明	○	○	○	○	○	○	○	○	○	○
		作図	○			○	○	○	○	○	○	○
		動点			○							
データの活用		場合の数	○			○	○					
		確率	○	○	○	○	○	○	○	○	○	○
		資料の散らばり・代表値(箱ひげ図を含む)	○	○	○	○	○	○	○	○	○	○
		標本調査	○		○							
融合問題		図形と関数・グラフ	○	○	○	○	○	○	○		○	○
		図形と確率										
		関数・グラフと確率										
		その他	○	○	○							
その他						○						

―岩手県公立高校―

英語

出題傾向の分析と合格への対策

出題傾向とその内容

〈最新年度の出題状況〉

本年度の出題は，リスニングが4題，会話を用いた文法問題が2題，会話文問題が1題，長文読解問題が2題，条件英作文が1題の計10題であった。

リスニングは英語の質問に答える問題が中心となっているが，放送の内容をふまえた英作文問題（選択）が最後にある。配点は100点満点中の30点で，昨年度と変化はない。

大問6～8の読解問題ではさまざまな形式の小問が出題されている。いずれも長文の内容理解を求めるものであり，語句や文の補充，語句の解釈，要旨把握等が出題された。

条件英作文は，学生生活での服装について留学生とのメールのやりとりの形で自分の意見を英語で表現することを求める問題が2題出題された。それぞれ「6語以上」「20語以上」と条件が提示された。

小問数は30問で，さまざまな文法事項と問題形式を含んだ，バランスのよい出題であった。

〈出題傾向〉

年度によって難易度・小問の形式に変更があるが，大筋では傾向に変化はない。配点も昨年度と同様の配分であった。

リスニングは形式・内容ともに標準的なもので，落ち着いて取り組めば得点できる。

語句補充・選択問題，語句整序問題は，基本的な文法事項と会話表現を問うものである。

読解問題は会話文・物語文・論説文が出題されている。論説文では中学生にはなじみのない語（serendipity＝偶然に大発見をする幸運）が出題され，深い内容理解が求められた。

毎年出題されている条件英作文は，中学校で学習する基本的な文法事項を用いて出題されているので，しっかり復習しておこう。

全体として大問数が多く，記述解答式の設問もあるため，時間配分には十分注意したい。設問を先に読み，ポイントをおさえながら本文を読むなどの工夫も効果的であろう。

来年度の予想と対策

来年度も問題量，質ともに大幅な変更はないと予想される。

聞き取り問題の対策としては，ふだんから教材のCDやラジオを利用して英語を聞く習慣を身につけて，ネイティブの発音やアクセント，スピードなどを聞きとる力をつけておこう。

会話文・長文読解については，特に語句解釈や内容真偽の問題を中心に解き，確実に内容を読み取る力を強化したい。時間を決めて長文を読むなどして，英文を読みとるスピードをあげるよう努力しておこう。

英作文問題の対策としては，日頃から英語で表現をする学習をしておこう。自分が表現したいことを中学校で学習した文法を用いて作文することができるよう，練習を重ねておくことが大切だ。

⇨学習のポイント

- 中学校で学習する基本的な語いや文法をしっかり固めよう。
- 長文読解の力をつけておくとともに，様々な形式の問題に慣れておくこと。

年度別出題内容の分析表　英語

		出題内容	27年	28年	29年	30年	2019年	2020年	2021年	2022年	2023年	2024年
設問形式	リスニング	絵・図・表・グラフなどを用いた問題	○	○	○	○	○	○	○	○	○	○
		適文の挿入	○	○	○	○	○	○	○	○	○	○
		英語の質問に答える問題	○	○	○	○	○	○	○	○	○	○
		英語によるメモ・要約文の完成								○	○	○
		日本語で答える問題										
		書き取り										
	語い	単語の発音										
		文の区切り・強勢										
		語句の問題	○	○	○	○	○	○	○	○	○	○
	読解	語句補充・選択(読解)	○	○	○	○	○	○	○	○	○	○
		文の挿入・文の並べ換え	○	○	○	○	○				○	○
		語句の解釈・指示語	○	○	○	○	○	○	○	○	○	○
		英問英答(選択・記述)										
		日本語で答える問題										
		内容真偽	○	○	○	○	○	○	○	○	○	○
		絵・図・表・グラフなどを用いた問題				○	○	○	○	○		
		広告・メール・メモ・手紙・要約文などを用いた問題						○		○	○	○
	文法	語句補充・選択(文法)	○	○	○	○	○	○	○	○	○	○
		語形変化										
		語句の並べ換え	○	○	○	○	○	○	○	○	○	○
		言い換え・書き換え										
		英文和訳										
		和文英訳										
		自由・条件英作文	○	○	○	○	○	○	○	○	○	○
文法事項		現在・過去・未来と進行形		○	○		○	○	○	○	○	○
		助動詞		○		○	○	○	○	○	○	○
		名詞・冠詞・代名詞	○	○	○	○	○	○		○	○	○
		形容詞・副詞			○	○	○	○	○		○	○
		不定詞	○	○	○	○	○	○	○	○	○	○
		動名詞	○	○	○		○	○			○	○
		文の構造(目的語と補語)	○	○	○		○	○	○	○		○
		比較	○		○	○		○		○		○
		受け身		○		○	○	○		○	○	○
		現在完了	○			○		○		○	○	○
		付加疑問文										
		間接疑問文										
		前置詞	○	○	○		○	○				
		接続詞	○	○			○		○		○	○
		分詞の形容詞的用法			○		○		○	○		
		関係代名詞	○	○		○	○		○		○	○
		感嘆文										
		仮定法									○	○

―岩手県公立高校―

理科　出題傾向の分析と合格への対策

出題傾向とその内容

〈最新年度の出題状況〉

大問1と大問5は，各分野の基本問題で，植物の分類と生殖，北極点での白夜，浮力の作図，金属のイオン化傾向等であった。大問2地学は，火山灰から鉱物を取り出す操作，無色鉱物からマグマの考察，火山灰の堆積と鍵層，大問3生物は，蒸散実験から双子葉類と単子葉類の葉の気孔の分布の違いを考察，葉のしおれの比較実験から気孔の開閉と光の関係の考察を文章記述，大問4物理は，一定の力がはたらき続けるとき，摩擦力がはたらくとき，等速直線運動のときの水平面上での物体の運動の2つのグラフの考察と文章記述，大問6化学は，鉄と硫黄の加熱実験で実験操作の理由を発熱反応から考察・化学反応式・反応する物質の質量比の計算問題であった。実験結果やグラフ・資料を読み解く判断力，論理的思考力が求められ，探究の過程重視であり，文章記述の4問で表現力が試された。

〈出題傾向〉

大問1と大問5小問集合は，物理・化学・生物・地学の基本問題で，大問5は文章記述や作図があった。大問2・3・4・6は，各々の領域について，一つのテーマについて，いくつかの実験や観察から調べていきデータ(資料)を分析して判断し，考察して結論を得て総合的に活用して解く問題である。大問2から大問6は，実験・観察操作，作図，グラフ化，回路図，モデル図，図解，計算，化学反応式，実験計画・考察・理由などの説明文など出題形式や解答方法は多岐にわたる。解答方法が，記述式が多いのが特徴で，科学的思考力，判断力，表現力などが試される出題である。6年大問5はホッキョクグマがテーマの総合問題で，北極圏の氷の面積の減少から地球の温暖化の出題があった。

物理的領域　大問は，6年は一定の力がはたらき続けるとき，摩擦力がはたらき続けるとき，力がはたらかないときの水平面上での物体の運動，5年は棒磁石付き台車を斜面に付けたコイルを通過させる実験，エネルギーの変換効率，4年は自転車の変速機の仕事の原理，動滑車を使って引き上げる力，3年は斜面から水平面上の小球の運動が出題された。

化学的領域　大問は，6年は鉄と硫黄の発熱反応の実験と化学反応式・物質の質量比，5年は銀樹の実験と化学反応式，金属のイオン化傾向・ダニエル電池，4年は酸化銅の炭素での還元実験と質量変化の規則性・有機物，3年は電池・金属のイオン化のモデル・仮説の検証実験の設定であった。

生物的領域　大問は，6年は蒸散実験から双子葉／単子葉類の葉の気孔の数の分布，気孔の開閉と光，5年は2種類の対照実験による光合成に必要な条件，生態系，4年はセキツイ動物の分類・進化・細胞の呼吸，節足動物，3年はだ液の消化実験とセロハン膜での確認，消化と吸収が出題された。

地学的領域　大問は，6年は火山灰から鉱物の取り出し，無色鉱物とマグマ，火山灰の層と鍵層，5年は台風，天気図記号，空気中の水蒸気量，4年は雲の発生のしくみ，空気中の水蒸気量，火山の形，圧力とhPa，3年は大気圧や温度変化の測定装置，寒冷前線，三平方の定理と震央であった。

来年度の予想と対策

実験・観察を中心に，基礎的理解力と並び，実験・観察・資料の考察の記述，図解，グラフ化，応用の計算問題など思考力・判断力・表現力を試す出題や，実験方法，探究的な問題も予想される。

教科書を丁寧に復習しよう。日頃の授業では，仮説，目的，方法，結果，考察等の探究の道すじの何をしているのかを意識して，実験や観察に積極的に参加しよう。実験装置は図を描き，実験・観察結果は図や表，グラフ化など分かり易く表現し，記録しよう。考察は結果に基づいて自分で文章を書く習慣を身につけよう。資料から情報を読み取り，図や表を作成し考察する実習も丁寧に取り組もう。

⇨学習のポイント

- 過去問題を多く解き，「何を問われるのか，どんな答え方をすればよいのか」を把握しておこう。
- 教科書は図，表，応用発展，資料が全てテスト範囲。確かな基礎・基本と応用問題への挑戦!!

年度別出題内容の分析表　理科

※★印は大問の中心となった単元

分野	学年	出題内容	27年	28年	29年	30年	2019年	2020年	2021年	2022年	2023年	2024年
第一分野	第1学年	身のまわりの物質とその性質	○	○	○		★	○	○	○	○	○
		気体の発生とその性質	○	○			○	○	○	○	○	○
		水溶液	○				○	○			○	○
		状態変化					○	○		○	○	
		力のはたらき(2力のつり合いを含む)	★				○	○	○		○	
		光と音	○	○		○	○			○	○	○
	第2学年	物質の成り立ち	○			○	○	○	○	○		
		化学変化，酸化と還元，発熱・吸熱反応	○	○		★	○	○	○	○	○	★
		化学変化と物質の質量	★	○		○		★		★	○	○
		電流(電力，熱量，静電気，放電，放射線を含む)	○	★		○		○	○	○	○	○
		電流と磁界			○		★				★	
	第3学年	水溶液とイオン，原子の成り立ちとイオン	○	★		○	○		○	○	○	
		酸・アルカリとイオン，中和と塩	○	○	★	○				★		○
		化学変化と電池，金属イオン				○		★	★		★	○
		力のつり合いと合成・分解(水圧，浮力を含む)	○		★	○		○	○	○	○	○
		力と物体の運動(慣性の法則を含む)	○			○			○	○	○	★
		力学的エネルギー，仕事とエネルギー	○	○		★		○	★	★	○	
		エネルギーとその変換，エネルギー資源	○		○		★	○			○	
第二分野	第1学年	生物の観察と分類のしかた		○		○		○		○		
		植物の特徴と分類					○				○	○
		動物の特徴と分類	○	○	★	○		○	○	★	○	○
		身近な地形や地層，岩石の観察										○
		火山活動と火成岩		○				★	○	○	○	★
		地震と地球内部のはたらき	★			○	○		★			
		地層の重なりと過去の様子		○	○	○		○	○	○	○	○
	第2学年	生物と細胞(顕微鏡観察のしかたを含む)						○				
		植物の体のつくりとはたらき	○		○	○	○	○			★	★
		動物の体のつくりとはたらき	○	★	○	○	★	○	★	○	○	○
		気象要素の観測，大気圧と圧力		○			○	★	○	○	○	
		天気の変化	○		★	○	○	○	★	★	○	○
		日本の気象		○		○	○				★	○
	第3学年	生物の成長と生殖	○	○	○	○		○	○	○	○	○
		遺伝の規則性と遺伝子	★			★		★		○		
		生物の種類の多様性と進化		○	○					○	○	
		天体の動きと地球の自転・公転	○	★		○	★	○	○	○	★	○
		太陽系と恒星，月や金星の運動と見え方	○	○	○	★	○	★		○	○	
		自然界のつり合い		○		○	○			○	○	
自然の環境調査と環境保全，自然災害			○			○	○					★
科学技術の発展，様々な物質とその利用			○				○	○				
探究の過程を重視した出題			○	○	○	○	○	○	○	○	○	○

社会

出題傾向の分析と合格への対策

出題傾向とその内容

〈最新年度の出題状況〉

本年度の出題数は大問8題，小問29問であった。解答形式は記号選択が19問，語句記入が3問，記述が7問出題されている。大問は，日本地理1題，世界地理2題，歴史2題，公民2題，地理・歴史・公民の3分野で構成される大問1題となっており，各分野からバランスよく出題されている。

地理的分野では，地図や雨温図等のグラフや表を読み取らせる問題が多く出題されている。本年度は南米を中心とした問題が出題されている。

歴史的分野では，生徒のレポートを題材とした出題があり，幅広い時代が出題されていると言えるだろう。

公民的分野では，生徒のレポートや会話文を軸に，政治や経済の基本的な知識が求められている。

〈出題傾向〉

内容は基礎的なものがほとんどであるが，知識だけではなく，分析力・考察力・思考力・表現力などを必要とする問題も出題されている。

地理的分野では，日本地理・世界地理に関して地形・気候・産業・貿易などについて幅広く問う内容となっている。教科書の基礎的事項を整理して，各地域を理解しておく必要がある。

歴史的分野では，テーマ別通史という形で出題することにより，時代の流れをしっかり把握しているかを確認している。

公民的分野では，今日の日本社会に対する理解の程度を問う内容となっている。選挙・経済一般などを幅広く問う内容となっている。

来年度の予想と対策

来年度も例年通りの出題が予想される。出題数には大きな変動はないと思われ，内容も基礎的なものが中心となるであろう。3分野とも，記号選択式だけではなく，語句記入式や記述形式の問題も出題されるので，基礎的な事項を漢字で書けるようにして，それらの事項について，簡潔に説明できるようにしておく必要がある。

地理的分野では，地形図や略地図・統計資料などを正しく読み取れるようにしておくことが必要である。必ず地図帳や資料集を参照しながら，主要国・諸地域の地形や気候だけでなく，産業・貿易などの特色に対する理解を深めよう。

歴史的分野では，テーマごとの時代の流れを把握して，略年表の問題にも対応できるようにしておくことが必要である。また，教科書や図版にのっている写真・絵・史料を読み取り，説明できるようにしよう。

公民的分野では，基礎的な用語をしっかりと理解し，簡潔に説明できるようにしよう。また，政治・経済・国際問題など現代社会の課題に関心を持ち，常にニュースなどで最新の情報にも気を配ることが大切である。

⇨学習のポイント

- 地理では，地図やグラフの読み取りに慣れ，各地域の特色を位置とともに理解しよう！
- 歴史では，時代の大きな流れを把握するとともに，写真などの資料も関連づけて理解を深めよう！
- 公民では，政治・経済の基本的な語句を整理して確実に覚え，ニュースにも関心を持とう！

年度別出題内容の分析表　社会

出題内容			27年	28年	29年	30年	2019年	2020年	2021年	2022年	2023年	2024年
地理的分野	日本	地形図の見方	○	○				○				○
		日本の国土・地形・気候	○	○		○	○	○	○	○	○	○
		人口・都市	○		○					○	○	
		農林水産業	○	○	○	○		○	○			
		工業	○			○				○	○	
		交通・通信	○		○		○		○			
		資源・エネルギー					○					○
		貿易				○				○		
	世界	人々のくらし・宗教	○	○	○	○	○	○	○	○	○	○
		地形・気候	○	○	○	○	○	○	○	○	○	○
		人口・都市	○		○			○			○	
		産業	○	○	○	○	○		○	○	○	○
		交通・貿易	○	○	○	○	○	○	○	○	○	○
		資源・エネルギー		○					○			○
	地理総合					○						
歴史的分野	日本史―時代別	旧石器時代から弥生時代	○		○				○		○	
		古墳時代から平安時代	○	○	○	○	○	○	○	○	○	○
		鎌倉・室町時代	○	○	○	○	○	○	○	○	○	○
		安土桃山・江戸時代	○	○	○	○	○	○	○	○	○	○
		明治時代から現代	○	○	○	○	○	○	○	○	○	○
	日本史―テーマ別	政治・法律	○	○	○	○	○	○	○	○	○	○
		経済・社会・技術	○	○	○	○	○	○		○	○	○
		文化・宗教・教育	○	○	○	○	○	○		○		○
		外交	○	○				○	○	○	○	
	世界史	政治・社会・経済史	○	○	○	○	○	○	○		○	
		文化史			○	○						
		世界史総合							○			
	歴史総合											
公民的分野		憲法・基本的人権		○		○		○	○	○	○	○
		国の政治の仕組み・裁判	○		○		○	○	○	○	○	
		民主主義										○
		地方自治				○				○		
		国民生活・社会保障		○		○	○	○			○	
		経済一般									○	○
		財政・消費生活	○	○	○	○	○	○	○	○	○	○
		公害・環境問題	○				○	○		○		
		国際社会との関わり	○	○	○	○	○		○	○	○	
時事問題												
その他							○		○		○	

―岩手県公立高校―

国語 出題傾向の分析と合格への対策

出題傾向とその内容

〈最新年度の出題状況〉

本年度の大問数は6題。漢字は独立問題である。

1は，小説。登場人物の心情の読み取りや内容吟味などが中心であった。

2は，論説文。内容理解問題の他，文法について問われた。

3は，短歌と鑑賞文。表現技法や内容について問われた。

4は，古文と漢文。仮名遣いやそれぞれの文章の内容，二つの文章の相違点が問われている。

5は，資料の読み取りと作文。作文は，職業を選ぶ場合に重視したいことを資料から選び，その理由や将来を考えるうえで取り組みたいことを150字以内で説明するものであった。

6は，漢字。読み書きに注意が必要な漢字が出題されている。

〈出題傾向〉

複数の文章の融合問題があり，本年度は古文と漢文が合わせて出題された。

文学的文章は登場人物の心情などについて問われ，説明的文章は文章の内容を正しく読み取る力が求められる。現代文の読解では，長めの記述問題が出題されることにも留意したい。

古典は，古文と漢文が出題され，仮名遣いや内容について問われた。

韻文は，詩・短歌・俳句のいずれについても出題される可能性があり，内容や表現について問われる。本年度は，短歌が出題された。

作文は，資料をふまえて自分の考えを表現することが求められる。

知識については，漢字が独立問題で，語句の意味や文法は読解問題中で問われている。

来年度の予想と対策

複数の文章の融合問題は，来年度以降も出題される可能性がある。文学的文章，説明的文章ともいろいろな文章を読み，考える習慣をつけることが大切である。

韻文や古典は，基本的な知識として，表現技法や形式，歴史的仮名遣い，漢文の返り点，基本古語の意味などを知っておきたい。鑑賞文が合わせて出題される場合も多いので，鑑賞文を説明的文章として読解するとともに，鑑賞する作品と合わせて吟味する力も必要とされる。

漢字は，簡単なものも複数の読みや使い方を意識して覚えるようにする。文法・語句は，教科書などで基本を身につける。

作文や記述問題は，自分の手を動かして書いてみること。頭で考えたことを限られた時間で文字にする訓練が必要である。設問をよく読んで，条件に合った文章や語句を書くよう心がけたい。

⇨学習のポイント

・さまざまなジャンルの読解問題に取り組もう。
・記述問題，作文の対策を重点的に。

年度別出題内容の分析表　国語

出題内容			27年	28年	29年	30年	2019年	2020年	2021年	2022年	2023年	2024年
内容の分類	読解	主題・表題			○						○	
		大意・要旨	○									
		情景・心情	○	○	○	○	○	○	○	○	○	○
		内容吟味	○	○	○	○	○	○	○	○	○	○
		文脈把握	○	○	○	○	○	○	○	○	○	○
		段落・文章構成	○	○		○						○
		指示語の問題										
		接続語の問題						○		○		
		脱文・脱語補充	○	○	○	○	○	○			○	○
	漢字・語句	漢字の読み書き	○	○	○	○	○	○	○	○	○	○
		筆順・画数・部首	○				○					
		語句の意味							○	○	○	○
		同義語・対義語										
		熟語		○		○	○					
		ことわざ・慣用句・四字熟語	○	○		○	○	○				
		仮名遣い		○				○			○	○
	表現	短文作成										
		作文(自由・課題)	○	○	○	○	○	○	○	○	○	○
		その他					○					
	文法	文と文節	○						○			
		品詞・用法		○			○				○	○
		敬語・その他	○		○	○				○		
	古文の口語訳											
	表現技法・形式		○	○	○	○		○	○	○		○
	文学史											
	書写											
問題文の種類	散文	論説文・説明文	○	○	○	○	○	○	○	○	○	○
		記録文・実用文										
		小説・物語・伝記	○		○	○	○	○	○	○	○	○
		随筆・紀行・日記		○								
	韻文	詩	○			○			○		○	
		和歌(短歌)			○			○				○
		俳句・川柳		○			○			○		
	古文		○	○	○		○	○			○	○
	漢文・漢詩		○	○	○	○			○	○		○
	会話・議論・発表			○	○	○		○		○	○	○
	聞き取り											

—岩手県公立高校—

MEMO

大切なことはメモしておこうネ！

岩手県公立高等学校

2024年度

入　試　問　題

2024年度

●くわしい解説……51ページ

＜数学＞

時間　50分　　満点　100点

1　次の⑴～⑸の問いに答えなさい。（４点×５）

⑴　$-2+5-1$　を計算しなさい。

⑵　$6\left(\frac{3}{2}x-1\right)$　を計算しなさい。

⑶　$4\sqrt{2}\times2\sqrt{3}$　を計算しなさい。

⑷　$x^2+8x+16$　を因数分解しなさい。

⑸　２次方程式　$x^2-3x-5=0$　を解きなさい。

2　貯金箱をあけたところ，10円硬貨が a 枚，１円硬貨が b 枚入っており，合計金額は500円以上でした。

このときの数量の間の関係を，**不等式**で表しなさい。（４点）

3　次の図は反比例のグラフで，点(２，２）を通ります。このグラフ上で，x 座標が８である点Aの **y 座標**を求めなさい。（４点）

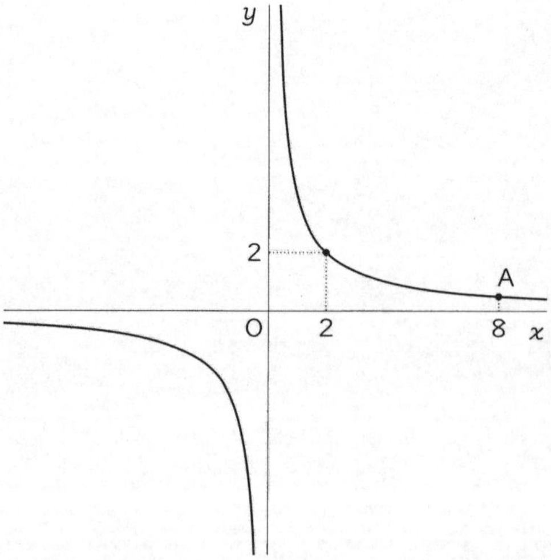

4　次の⑴～⑶の問いに答えなさい。（４点×３）

⑴　次のページの図で，BC // DEであるとき，線分BCの**長さ**を求めなさい。

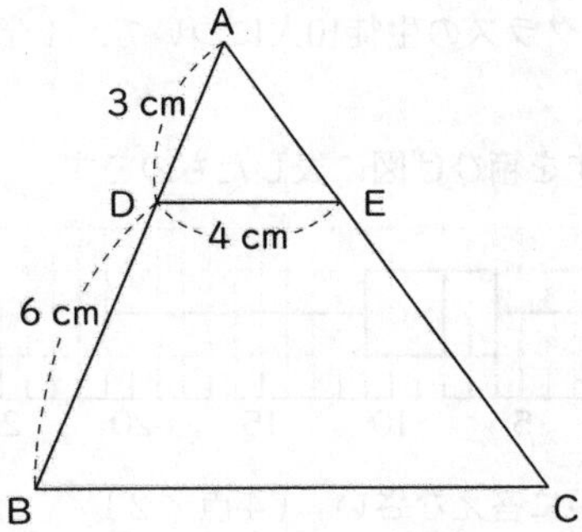

⑵　右の図で，BD＝CDであるとき，∠xの**大きさ**を求めなさい。

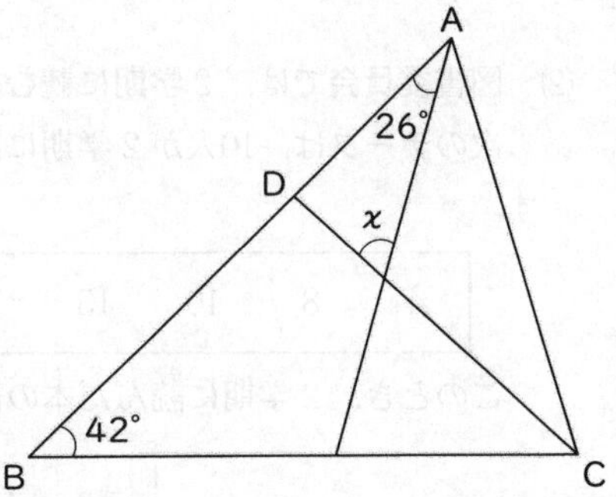

⑶　右の図のように，線分ABを３等分する２点P，Qをとります。線分ABの中点を中心とし，ABを直径とする円とPQを直径とする円をかきます。

このとき，ABを直径とする円の面積は，PQを直径とする円の面積の**何倍**か求めなさい。

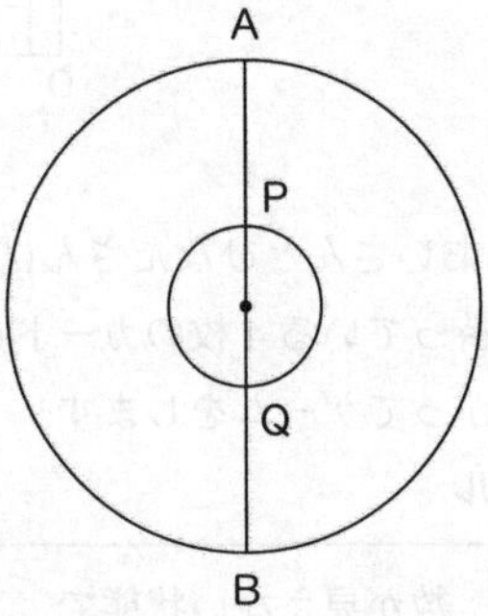

5　次の図で，∠AOBの辺OB上の点Cで辺OBに接し，辺OAにも接する円の中心を**作図**によって求め，●印で示しなさい。

ただし，作図には定規とコンパスを用い，作図に使った線は消さないでおくこと。（４点）

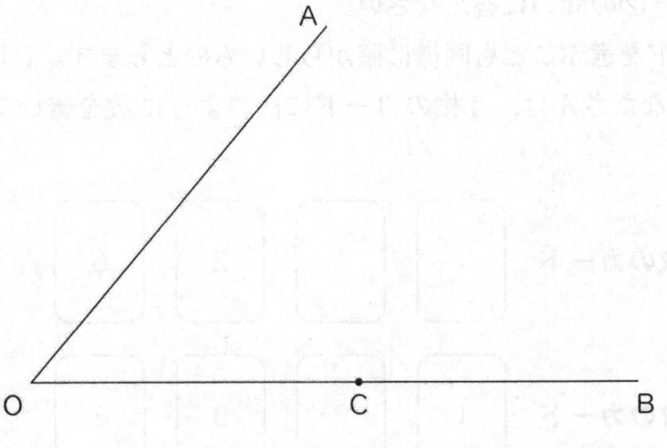

6　図書委員のしおりさんは，クラスの生徒10人について，１学期に読んだ本の冊数を調べました。

次の図は，その分布のようすを箱ひげ図に表したものです。

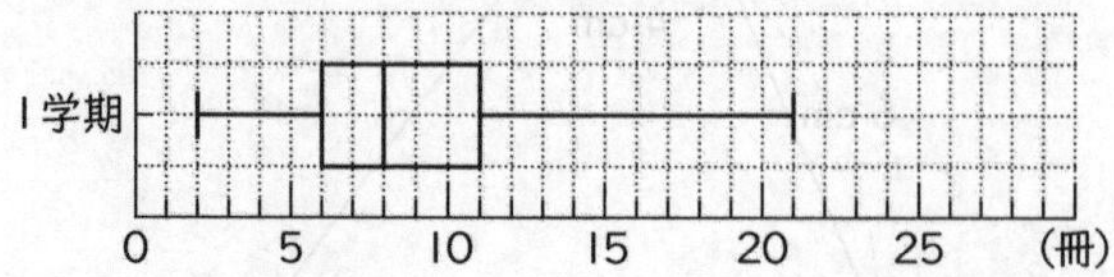

このとき，次の⑴，⑵の問いに答えなさい。（４点×２）

⑴　１学期に読んだ本の冊数の**中央値**を求めなさい。

⑵　図書委員会では，２学期に読む本の冊数を増やす取り組みをしました。

次のデータは，10人が２学期に読んだ本の冊数を調べ，少ないほうから順に整理したものです。

4	8	10	13	15	17	18	20	22	26	(単位　冊)

このとき，２学期に読んだ本の冊数の**箱ひげ図**をかきなさい。

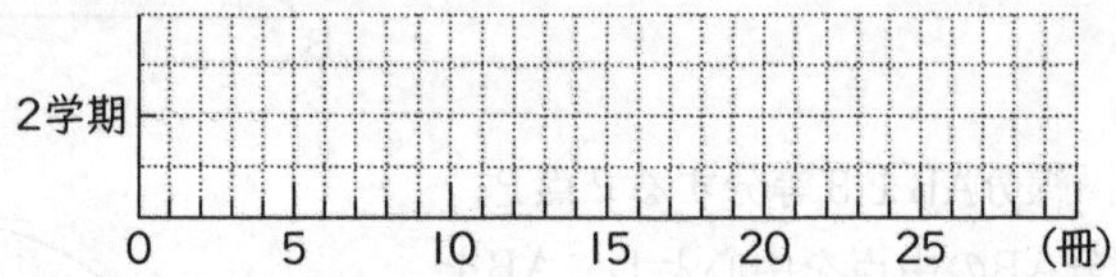

7　あおいさんとひなたさんは，何も書かれていないカードを４枚ずつ持っています。２人は，自分が持っている４枚のカードに，正の整数を１つずつ，和が10になるように書き，次のルールにしたがってゲームをします。

ルール

> ①　数が見えない状態で，４枚のカードをよくきって並べて置く。
> ②　自分の４枚のカードから１枚だけを選ぶ。
> ③　②で選んだカードに書かれた数を比べて，数が大きい方を勝ちとする。同じ数の場合は引き分けとする。

このとき，次の⑴，⑵の問いに答えなさい。

ただし，どのカードを選ぶことも同様に確からしいものとします。（４点×２）

⑴　あおいさんとひなたさんは，４枚のカードに次のように数を書いて，ゲームを１回しました。

あおいさんの４枚のカード　1　1　2　6

ひなたさんの４枚のカード　1　2　3　4

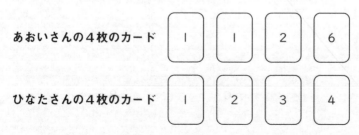

このとき，引き分けになる確率を求めなさい。

(2)　2人は，もう一度，カードに書く数を考えて，ゲームを1回することにしました。あおいさんは，次のように数を変更し，ひなたさんは，はじめに書いたカードの数を変更しませんでした。

あおいさんの4枚のカード　[2]　[2]　[3]　[3]

このとき，あおいさんが勝つ確率は，数を変更する前に比べて，大きくなりますか，小さくなりますか，変わらないですか。あてはまるものを〇で囲み，その理由を確率を用いて説明しなさい。

8　あるお店で，スケッチブック1冊と色えんぴつ1セットを買いました。定価の合計は1450円でしたが，その日はスケッチブックが定価の70%で，色えんぴつが定価の80%で売られていたので，代金の合計は1080円でした。

このとき，スケッチブック1冊と色えんぴつ1セットの定価をそれぞれ求めなさい。

ただし，用いる文字が何を表すかを示して方程式をつくり，それを解く過程も書くこと。

なお，消費税は考えないものとします。（6点）

9　次の図のように，線分AB上に点Cをとり，線分AC，BCを直径とする円をそれぞれO，O′とします。点Dは円Oの周上にあり，線分DBと円O′との交点をEとします。また，直線ECと円Oとの交点をFとします。

ただし，点Dは2点A，Cと異なる点とします。

このとき，△ADC∽△FEDであることを証明しなさい。（6点）

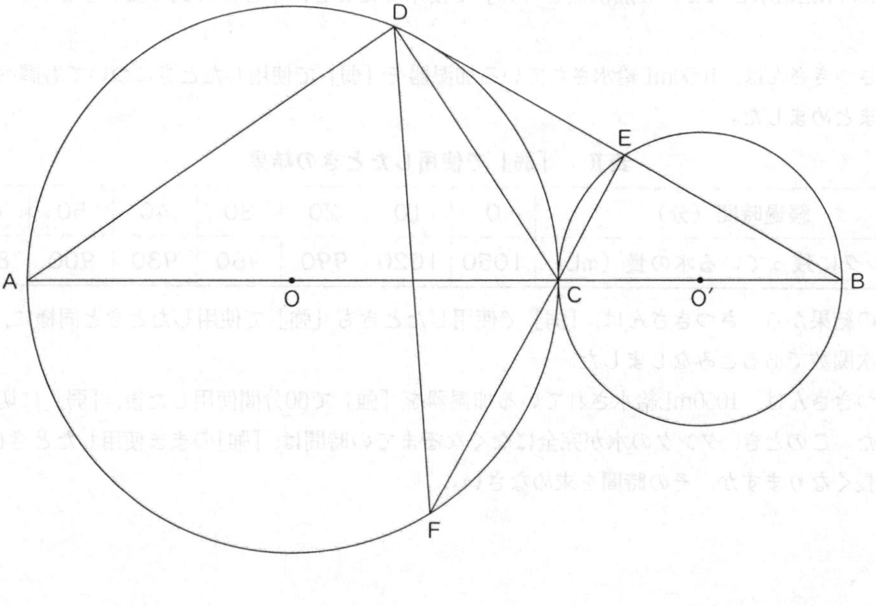

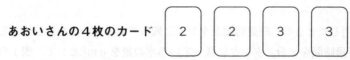

10 自宅で加湿器を使用しているさつきさんは，加湿器を使うとタンクの水がどのように減っていくのか疑問に思いました。

その加湿器は，「強」または「弱」の設定で使用できます。

さつきさんは，タンクに水を1050mL入れて，加湿器を「強」で使用したときの，タンクに残っている水の量について，使用し始めてから10分おきに60分後まで調べました。

次の表Ⅰは，「強」で使用したときの，経過時間とタンクに残っている水の量をまとめたものです。また，下の図は，経過時間をx分，タンクに残っている水の量をymLとして，表Ⅰの結果をかき入れたものです。

表Ⅰ　「強」で使用したときの結果

経過時間（分）	0	10	20	30	40	50	60
タンクに残っている水の量（mL）	1050	990	930	870	810	750	690

図

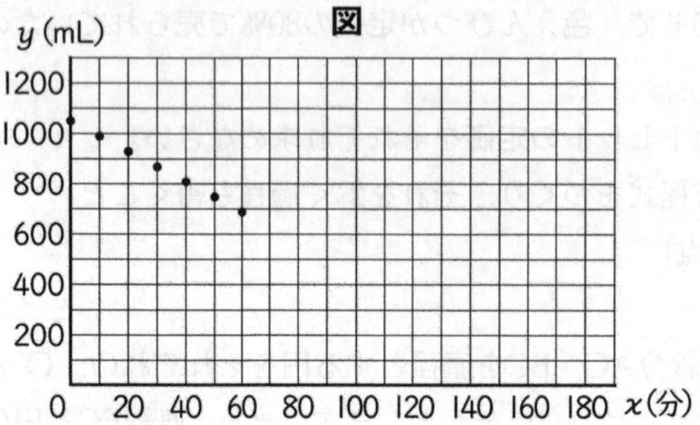

さつきさんは，図にかき入れた点が１つの直線上に並ぶので，yはxの１次関数であるとみなしました。

このとき，次の⑴，⑵の問いに答えなさい。（４点×２）

⑴　1050mL給水されている加湿器を「強」で使用したとき，yをxの式で表しなさい。

⑵　さつきさんは，1050mL給水されている加湿器を「弱」で使用したときについても調べ，表Ⅱにまとめました。

表Ⅱ　「弱」で使用したときの結果

経過時間（分）	0	10	20	30	40	50	60
タンクに残っている水の量（mL）	1050	1020	990	960	930	900	870

この結果から，さつきさんは，「弱」で使用したときも「強」で使用したときと同様に，yはxの１次関数であるとみなしました。

さつきさんは，1050mL給水されている加湿器を「強」で60分間使用した後，「弱」に切り替えました。このとき，タンクの水が完全になくなるまでの時間は，「強」のまま使用したときに比べ，何分長くなりますか。その時間を求めなさい。

11　下の図のように，関数 $y = x^2$ のグラフ上に２点P，Qがあり，関数 $y = 4x^2$ のグラフ上に点Rがあります。３点P，Q，Rの x 座標は正であり，２点P，Rの x 座標は等しく，2点Q，Rの y 座標は等しいです。

このとき，次の⑴～⑶の問いに答えなさい。

⑴　点Pの x 座標を１とします。点Qの**座標**を求めなさい。（３点）

⑵　点Pの x 座標を a とします。△PQRがPR＝QRの二等辺三角形になるとき，a の**値**を求めなさい。（３点）

⑶　点Pの x 座標を２とします。x 軸上にあり，x 座標が負である点をＳとします。△PQRと△PQSの面積が同じになるときの点Ｓの **x 座標**を求めなさい。（４点）

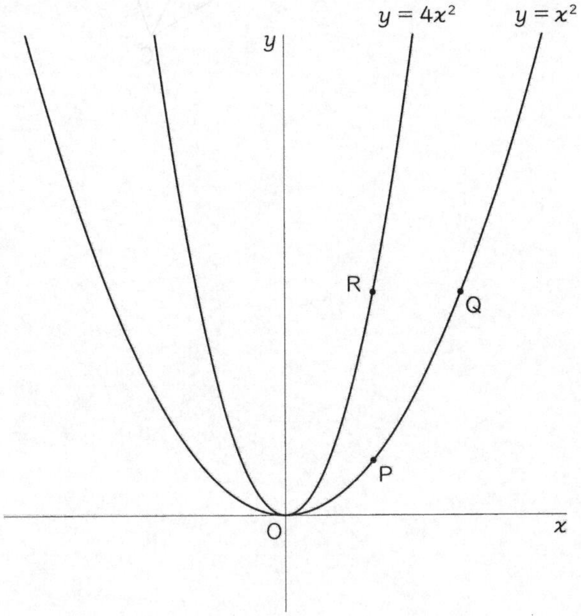

12　次のページの図は，AB＝CD＝６㎝，AC＝AD＝BC＝BD＝９㎝の四面体ABCDです。２つの頂点A，Bから辺CDにそれぞれ垂線をひき，辺CDとの交点をHとします。

このとき，次の⑴～⑶の問いに答えなさい。

⑴　四面体ABCDの面のうち，辺CDをふくむ面を**すべて**書きなさい。（３点）

⑵　線分AHの**長さ**を求めなさい。（３点）

⑶　四面体ABCDの**体積**を求めなさい。（４点）

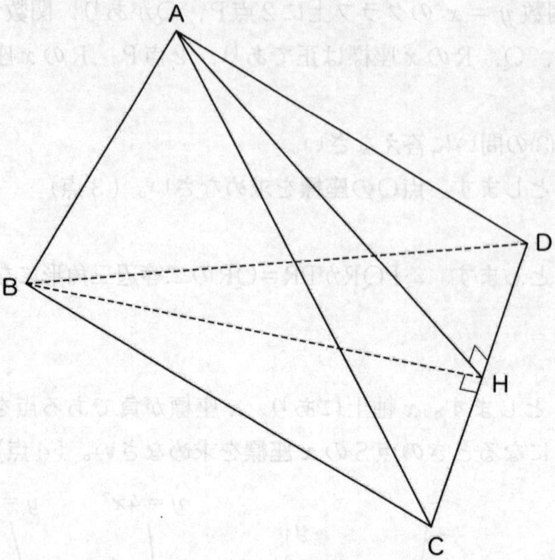
A
B
D
H
C

<英語>

時間　50分　満点　100点

1，2，3，4は，放送を聞いて答える問題です。放送の指示に従って答えなさい。

1　これは，二人の対話を聞いて答える問題です。（3点×3）

(1) ア It was at school.　イ It was on Monday.
　ウ It was rainy.　エ It was wonderful.

(2) ア I'm happy to get one.　イ I'm very proud of you.
　ウ Oh, it's a big concert.　エ Oh, it's an expensive concert.

(3) ア I've read his famous books.　イ I enjoy reading his books.
　ウ I took his picture before.　エ I've never been to America.

2　これは，デパートの案内板を見ている留学生のカレン（Karen）と高校生の武（Takeshi）との対話を聞いて答える問題です。（3点×3）

(1) ア Karen will buy a bag and shoes.
　イ Karen will buy a dictionary.
　ウ Karen will buy a map.
　エ Karen will buy a map and shoes.

(2) ア Takeshi will go hiking with his Chinese friends.
　イ Takeshi will meet Chinese friends next weekend.
　ウ Takeshi will study Chinese next month.
　エ Takeshi will visit a Chinese store.

(3) ア The bookstore is on the first floor.
　イ The bookstore is on the second floor.
　ウ The bookstore is on the fifth floor.
　エ The bookstore is on the seventh floor.

3　これは，英語による説明を聞いて答える問題です。（3点×3）

【メモ】

School Festival	
Event Date	(　1　)
Presentation	First: (　2　)
	Second: Talking about dance, music, art, or food
To give a presentation	Students need to (　3　).

(1) ア November 1　イ November 3
　ウ November 13　エ November 30

⑵ ア Choosing one from different countries
イ Introducing yourself in English
ウ Sharing cultures and ideas
エ Singing a song in English

⑶ ア write a letter to their friends
イ show an e-mail to foreign students
ウ let the office know by e-mail
エ go to the office at school

4 これは，英語による説明を聞いて答える問題です。（３点）
ア Can you show me a different size?
イ Can you show me a smaller one?
ウ How about a black one?
エ How about the same size?

5 次の対話文⑴～⑷の □ に入る最も適当な英語を，下のア～エのうちからそれぞれ一つずつ選び，その記号を書きなさい。（２点×４）

⑴ *A*：Let's go to the art museum. □ you free this afternoon?
B：No. I have a piano lesson. How about tomorrow?
A：Sounds good.
ア Are　イ Can　ウ Do　エ Will

⑵ *A*：My watch has stopped. I need a watch tonight.
B：Oh, do you? I have two watches.
A：Can you lend me □?
B：No problem. I can lend you one of my watches.
ア my　イ mine　ウ your　エ yours

⑶ *A*：This is a photo of my three dogs.
B：Is the small one a baby dog?
A：No. It is the □ of the three.
B：Really? I thought it was the youngest because it was small.
ア old　イ oldest　ウ new　エ newest

⑷ *A*：What kind of book are you reading?
B：I'm reading a love story.
A：Is it written by a famous writer?
B：No. It is a story written by a singer □ been popular all over the world.
ア that have　イ that is　ウ who has　エ who is

6　次の英文は，留学生のソフィア（Sofia）と中学生の由菜（Yuna）の対話です。これを読んで，あとの⑴～⑶の問いに答えなさい。（４点×３）

Sofia : There are some bicycles on these yellow *tiles. What are the tiles?

Yuna : They are *braille blocks for *handicapped people.

Sofia : I didn't know that. I'm very sad to see bicycles *parked on the blocks.

Yuna : Me too.

Sofia : On this street, I see two kinds of blocks. What is the *difference?

Yuna : The *straight-lined blocks show that we are able to walk *straight along the lines.

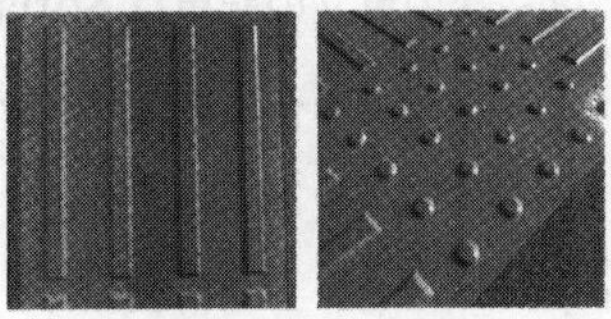

braille blocks
（点字ブロック）

Sofia : How about those blocks with *dots?

Yuna : They show that we need to be careful. They are often put around corners or near *escalators.

Sofia : I see. By using these two kinds of blocks, handicapped people can understand □ and where to be careful.

Yuna : Do you know braille blocks were invented in Japan?

Sofia : No. That is amazing. I have never seen tiles like these in my country.

Yuna : The same kind of blocks are used in many places, such as stations, airports and shopping malls around the world.

Sofia : Oh, really? That's so useful for handicapped people all over the world.

Yuna : Yes. It gives them more chances to go outside.

Sofia : Look! We can see a painting on that braille block over there. It's so beautiful.

Yuna : Oh, I have never seen that. Painting on the braille blocks is a good idea.

Sofia : Exactly. By enjoying the paintings, people will become interested in braille blocks.

Yuna : Yes. Then I'm sure no one will leave bicycles on them.

Sofia : Interesting! Why don't we look for more information about braille blocks with paintings later at home?

Yuna : Sounds fun!

tile(s)　タイル　braille block(s)　点字ブロック　handicapped people　身体障がい者
park(ed)　駐車する　difference　違い　straight-lined　直線の　straight　まっすぐに
dot(s)　点　escalator(s)　エスカレーター

⑴　文中の □ に入る英語は何ですか。次のア～エのうちから最も適当なものを一つ選び，その記号を書きなさい。

ア　when to go outside
イ　where to put blocks
ウ　which way to go
エ　how to invent blocks

⑵ 文中の下線部 That's so useful for handicapped people all over the world. について，本文の二人の対話から読み取れることは何ですか。次のア～エのうちから最も適当なものを一つ選び，その記号を書きなさい。

ア Handicapped people can go shopping without braille blocks in a foreign country.
イ Handicapped people can paint pictures on braille blocks in a foreign country.
ウ Handicapped people can put their bicycles on braille blocks in a foreign country.
エ Handicapped people can walk easily with braille blocks in a foreign country.

⑶ 次の英文の記事は Sofia と Yuna が帰宅後にインターネットで見つけたものです。次の記事の [　　] に入る最も適当な連続する英語5語は何ですか。本文中から抜き出して書きなさい。

> Thank you for visiting my blog.
> I'm an artist and I paint on braille blocks. I'm very happy that many people can see my paintings on them.
> I hope [　　　　　　　　　　] braille blocks by seeing my paintings.

7 次の英文は，直樹（Naoki）と彼の先生（Ms. Sato）の物語です。これを読んで，あとの⑴～⑶の問いに答えなさい。（4点×3）

Naoki went to a small elementary school in a small town. There were only ten students in his class. They were good friends. His school had beautiful woods outside. In spring, Naoki sometimes looked out of the window. *Swallows were often flying in the sky. One day, when Naoki was looking outside, his teacher, Ms. Sato said, "You like swallows, don't you?" Naoki said, "Yes. I'm not good at studying, but I like to watch swallows." Ms. Sato smiled and said, "Studying can be fun too."

When the rainy season started, swallows made a *nest by the window of Naoki's classroom and there were a lot of swallow *droppings under the nest. Some of Naoki's classmates said that they were dirty. Naoki was sad to hear that, so he decided to clean under the nest. When Naoki started cleaning there, Ms. Sato helped him. Soon, his classmates started cleaning with them. They continued cleaning until summer. Ms. Sato also helped Naoki study, so he studied harder than before. In March, Ms. Sato had to leave school because of *retirement. Naoki wanted to thank her, so after thinking about it with his mother, he decided to make a swallow *brooch for her. When Ms. Sato left school, Naoki said, "Ms. Sato, thank you for helping me. I want to be a teacher like you in the future." Ms. Sato said, "Naoki, you are a kind boy. Thank you for cleaning all the time. You always do your best."

Eight years later, Naoki went to a university in a big city and started living alone. His dream was to be a teacher like Ms. Sato. However, living in a big city was difficult for him. There were no beautiful trees, and no swallows could be seen. Also, he didn't have any friends there. About a month later, he already wanted to go back to his hometown.

One day in May, Naoki went to a small *beauty salon. He wanted to change himself. When Naoki sat on the chair and looked into the mirror, he was surprised. The *hairdresser was wearing the brooch he made. He didn't know what to say to her and left. He thought, "That brooch must be the one I gave Ms. Sato."

A month later, Naoki went to the beauty salon again. The hairdresser was wearing the same swallow brooch. Naoki said to her, "What a nice brooch!" She said, "Thank you. I became a hairdresser last year, but I was worried before I came here. This brooch was my grandmother's *treasure, but she gave it to me as a *good-luck charm. She said that she got it from a student when she was a teacher." Naoki was surprised to hear that. The hairdresser said, "My grandmother said that the student was a kind boy who always continued working hard. This brooch is my treasure and it *encourages me." Naoki said, "I met ① like ② in ③."

Later, Naoki was walking along the street in the rain. There were no swallows in the city sky, but now he was happy about the future here.

swallow(s) ツバメ　nest 巣　dropping(s) 鳥などのフン　retirement 退職
brooch ブローチ　beauty salon 美容室　hairdresser 美容師　treasure 宝物
good-luck charm お守り　encourage(s) 励ます

⑴ 文中の下線部About a month later, he already wanted to go back to his hometown. について，直樹がそのように考えた理由は何ですか。次のア～エのうちから最も適当なものを一つ選び，その記号を書きなさい。

ア It was fun for Naoki to see beautiful swallows and to live in a big city.
イ It wasn't easy for Naoki to clean swallow droppings in his university.
ウ Naoki was worried because he was alone without swallows and his friends.
エ Naoki wasn't sad because he knew what he should do in the future.

⑵ 次のア～エのうち，文中の ① ～ ③ に入る英語の組み合わせとして，最も適当なものはどれですか。一つ選び，その記号を書きなさい。

ア ①：a teacher　②：your grandmother　③：university
イ ①：a teacher　②：your grandmother　③：elementary school
ウ ①：your grandmother　②：a teacher　③：university
エ ①：your grandmother　②：a teacher　③：elementary school

⑶ 次のページの対話は，本文を読んだ後の先生と生徒による授業中のやり取りです。対話中の

□ に入る英語として適当なものを，本文の内容を踏まえて英語３語以上で書きなさい。

T : *Teacher*　　*S* : *Student*

T : What do you think about Naoki in this story?
S : I think he is very kind.
T : To be a teacher, what did Naoki decide to do at the end of the story? What do you think?
S : I think that he decided to □.

8 次の英文は，ある研究について述べたものです。これを読んで，あとの(1)～(5)の問いに答えなさい。なお，文中の1～4は，段落の番号を示しています。（４点×５）

1 What will you do if you want to make a great discovery? You may say, "I will work harder to make it." People have worked hard and made great discoveries in history. Those discoveries have made our lives rich and easy. *Surprisingly, most of the greatest discoveries were made *by accident.

2 Surprising discoveries are made all the time. □, over ten years ago, a company made *washing machines in China. The company received a call from farmers who said, "Your washing machine is always breaking. We're trying to wash our potatoes in it, but it doesn't work well." What would other companies usually do when they receive a call like this? Other companies would say to farmers, "Don't wash your potatoes in the washing machine. It is not made for washing your potatoes. Our machine is for washing your clothes." However, this company didn't do that. They thought a lot of farmers in the world had the same problems. So they developed a *dirt filter and made a potato washing machine with it. The potato washing machines have become one of their popular *products.

3 This is a great discovery that was made by accident. Making great discoveries by accident is called serendipity. In science and *technology, most things that are now necessary for us were made because of serendipity. Many people know that *Newton found out *the concept of universal gravitation by accident when he saw an apple falling from a tree. Researchers say there are some important ways to make serendipity happen more often. First, we should listen to different ideas from ours. Second, it is necessary that we take many actions by being interested in many kinds of things. By doing these things, we will be able to think of new ideas that make serendipity happen.

4 Today, a lot of things and information are all around you. You may often see things which you are not interested in, are boring to you, or are different from your ideas. However, by *accepting those things, you can think of new ideas. New ideas will make serendipity happen more easily, and serendipity will make

our lives better. Look at the world around you in many new and different ways, and you may be able to make serendipity happen.

surprisingly　驚いたことに　by accident　偶然に　washing machine(s)　洗濯機
dirt filter　泥フィルター（泥を取り除くもの）　product(s)　製品　technology　科学技術
Newton　ニュートン　the concept of universal gravitation　万有引力の概念
accept(ing)　受け入れる

(1)　文中の □ に入る最も適当な英語は何ですか。次のア～エのうちから一つ選び，その記号を書きなさい。

ア　Because of it　イ　But　ウ　For example　エ　Instead

(2)　本文の内容を踏まえ，下のア～エのうち，段落②で述べられている次の①～④の出来事を順番に並べたものとして最も適当なものはどれですか。一つ選び，その記号を書きなさい。

①　Farmers washed potatoes in the washing machine.
②　The company knew why their washing machine broke.
③　The company made a washing machine for potatoes.
④　The washing machine broke.

ア　①→③→④→②
イ　①→④→②→③
ウ　④→①→②→③
エ　④→③→①→②

(3)　文中の下線部 serendipity について，段落③で述べられていることは何ですか。次のア～エのうちから一つ選び，その記号を書きなさい。

ア　discoveries made by accident
イ　new machines made by working hard
ウ　products to wash many potatoes
エ　ways to be interested in many things

(4)　次の対話は，本文を読んだ後の先生と生徒による授業中のやり取りです。対話中の □ に入る最も適当な連続する英語3語は何ですか。本文中から抜き出して書きなさい。

T：*Teacher*　　*S*：*Student*

T：Do you want to make serendipity happen?
S：Yes, I do.
T：How will you do it?
S：I will listen to different ideas, and I will □ to make it happen.

(5)　本文で筆者が最も伝えたいことは何ですか。次のア～エのうちから最も適当なものを，一つ選び，その記号を書きなさい。

ア　People have worked hard and made great discoveries in history.
イ　The potato washing machines have become one of the popular products.
ウ　Newton found out the concept of universal gravitation by accident.
エ　Look at the world around you in many new and different ways.

9 次の⑴～⑶の［ ］内の英語を正しく並べかえて，それぞれの対話文を完成させなさい。ただし，文頭に来る語も小文字で示してあります。（３点×３）

⑴ *A*：I go to a big school.
B：Big school? How ［ are / many / students ］ there in your school?
A：There are 700 students.
B：Oh, so many.

⑵ *A*：What are you going to do for Kumi's birthday party?
B：I'm going to sing a song for her.
A：I want to sing it with you. So, I will ［ someone / to / play / ask ］ something on the piano.
B：Great.

⑶ *A*：I went to Nagano with my family last weekend.
B：Did you see monkeys taking a bath there?
A：No, I didn't. Why?
B：［ for / is / monkeys / popular / those / watching ］ a lot of tourists in Nagano.

10 次の場面と状況を踏まえ，下の⑴，⑵の問いに答えなさい。

［場面］ あなたは，来年１年間の予定で日本へ留学するエミリー（Emily）からのメールの質問に返信するために，学校生活での服装について考えています。

［状況］ エミリーに提案する服装として，制服（school uniforms）と私服（regular clothes）のどちらがよいか，自分の考えをメールで返信しようとしています。

【エミリーからあなたへのメール】

Hi (あなたの名前),

I have a question about what to wear to your school.
I heard your school has school uniforms. Should I wear school uniforms or regular clothes?
Which would you choose, school uniforms or regular clothes? And why?

Emily

【あなたからエミリーへの返信メール】

Hi Emily,

If I were you, [①].
I have some reasons.
[②]

For these reasons, you should wear them.
I'm looking forward to seeing you.
See you.
(あなたの名前)

⑴　この〔状況〕で，あなたならどちらの服装を選びますか。エミリーからのメールの質問の答えとして，①に入る適当な英語を，**5語以上**で書きなさい。(3点)

⑵　⑴であなたが選んだ理由となるように，②に入る適当な英語を，**20語以上**で書きなさい。ただし，文の数はいくつでもかまいません。(6点)

＜理科＞

時間　50分　　満点　100点

1　次の⑴～⑻の問いに答えなさい。（２点 × ８）

⑴　次のア～エのうち，節足動物はどれですか。**一つ**選び，その記号を書きなさい。

ア　イカ　　**イ**　カニ　　**ウ**　イモリ　　**エ**　ミミズ

⑵　次のア～エのうち，植物のからだのつくりや特徴として正しいものはどれですか。**一つ**選び，その記号を書きなさい。

ア　シダ植物は，雄花と雌花をもつ。

イ　裸子植物は，子房に包まれた胚珠をもつ。

ウ　コケ植物は，胞子のうの中に種子ができる。

エ　被子植物は，卵細胞が受精し，種子ができる。

⑶　おんさをたたき，オシロスコープで音の波形を調べたところ，右の図のようになりました。次のア～エのうち，同じおんさをより強い力でたたいたときの波形として最も適当なものはどれですか。**一つ**選び，その記号を書きなさい。ただし，ア～エのグラフの縦軸および横軸の目盛りのとり方は，右の図と同じものとします。

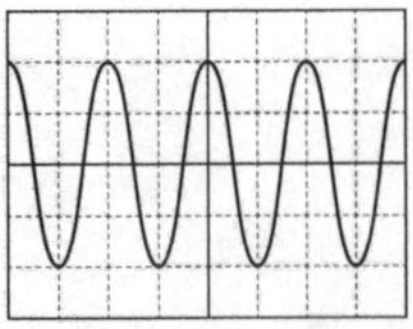

ア

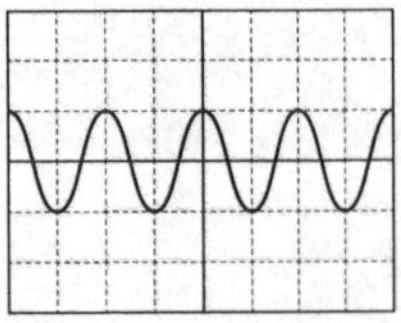

イ

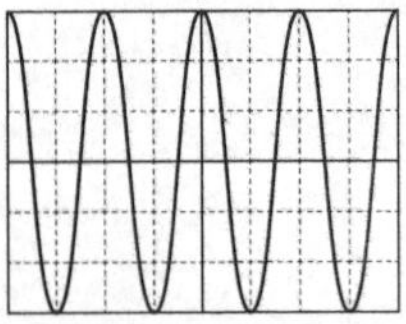

ウ

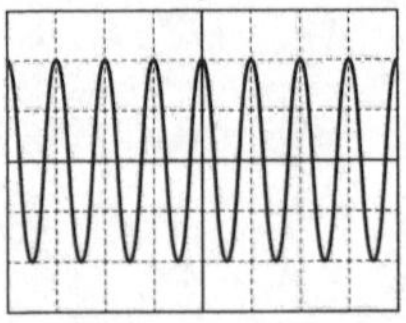

エ

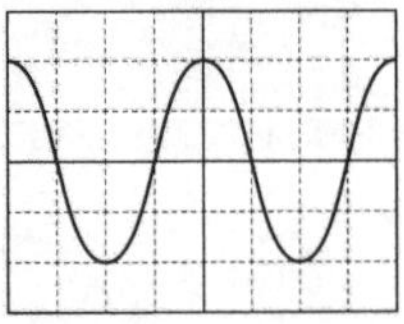

⑷　抵抗器を流れる電流と抵抗器に加わる電圧を測定するために，抵抗器と電源装置，電流計，電圧計，スイッチを用いて回路をつくりました。次のア～エのうち，電流計と電圧計のつなぎ方として正しいものはどれですか。**一つ**選び，その記号を書きなさい。

ア

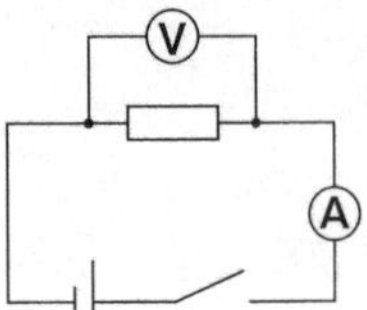

イ

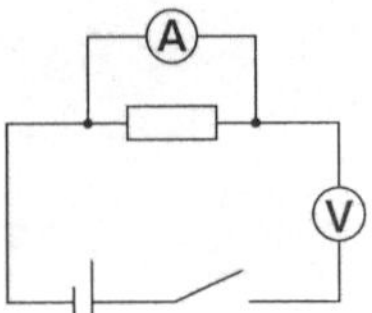

ウ

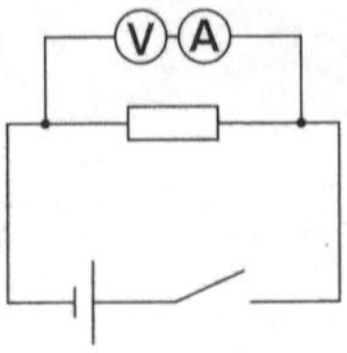

エ

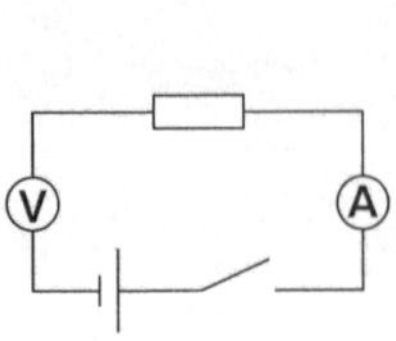

⑸　次のア～エのうち，フェノールフタレイン溶液を加えると赤色になる物質はどれですか。**一つ**選び，その記号を書きなさい。

ア　牛乳　　**イ**　食酢　　**ウ**　セッケン水　　**エ**　レモンの果汁

⑹　３種類の金属と水溶液を用いて，次のページの実験１～４を行いました。あとのア～エのうち，亜鉛（Zn），マグネシウム（Mg），銅（Cu）をイオンになりやすい順に左から並べたものとして正しいものはどれですか。**一つ**選び，その記号を書きなさい。

実験１：硫酸亜鉛水溶液にマグネシウム板を入れたところ，マグネシウム板の表面に亜鉛が付着した。
実験２：硫酸マグネシウム水溶液に亜鉛板を入れたところ，反応しなかった。
実験３：硫酸銅水溶液に亜鉛板を入れたところ，亜鉛板の表面に銅が付着した。
実験４：硫酸亜鉛水溶液に銅板を入れたところ，反応しなかった。

ア　Mg ＞ Zn ＞ Cu　　イ　Cu ＞ Zn ＞ Mg
ウ　Mg ＞ Cu ＞ Zn　　エ　Zn ＞ Cu ＞ Mg

(7)　次のア～エのうち，寒冷前線付近に発達する雲として最も適当なものはどれですか。**一つ**選び，その記号を書きなさい。

ア　巻積雲　　イ　高層雲　　ウ　積乱雲　　エ　乱層雲

(8)　次のア～エのうち，日本付近の冬の特徴的な天気図を模式的に示したものとして最も適当なものはどれですか。**一つ**選び，その記号を書きなさい。

ア

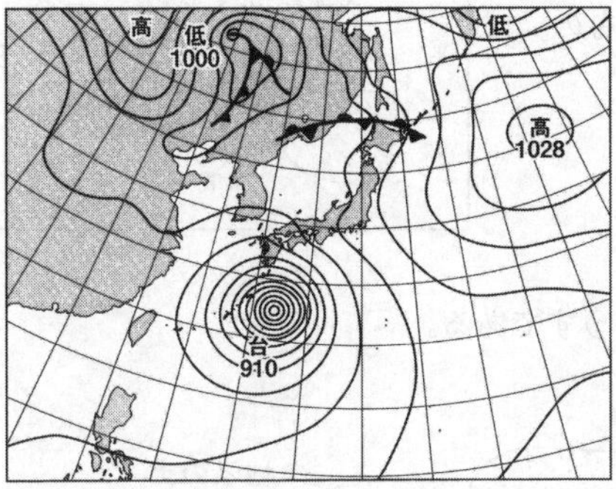

イ

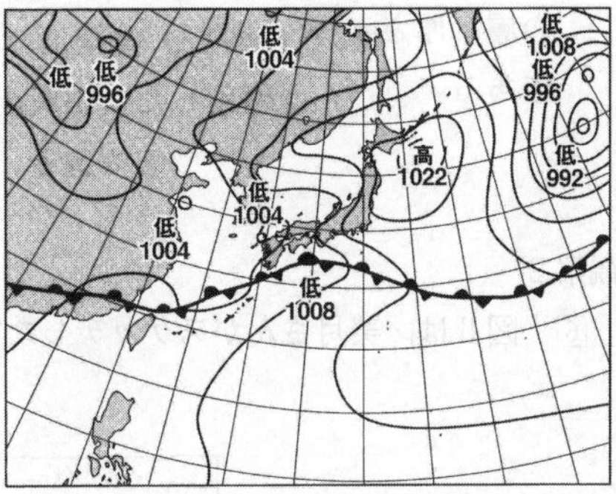

ウ

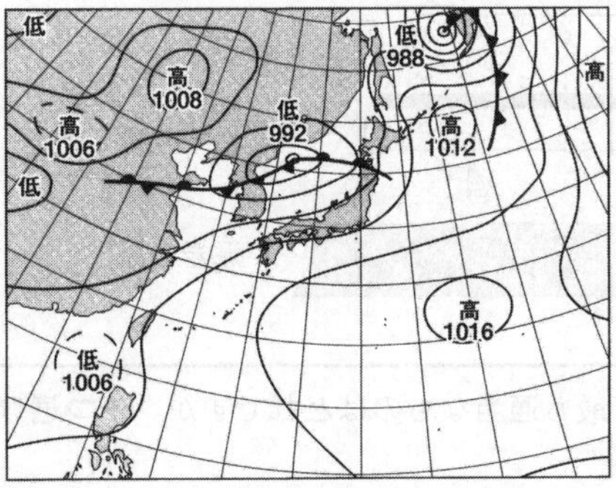

エ

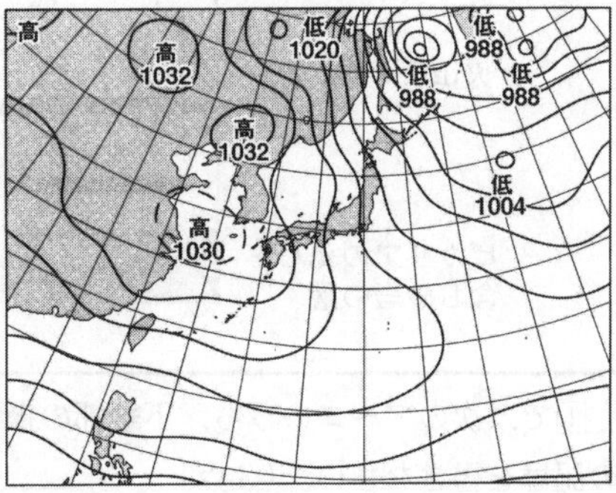

2　美月さんは理科の授業で火山灰の観察を行いました。また，火山灰の広がりについて資料収集を行いました。後日，美月さんはハイキングに出かけたときに露頭《ろとう》を見つけ，観察を行いました。これについて，あとの(1)～(4)の問いに答えなさい。

観察１
[1]　火山灰を少量とり，鉱物を観察しやすくするための操作をした。

② 双眼実体顕微鏡を用いて①の火山灰を観察し，含まれている鉱物とその割合を調べた。
③ ②の結果を表にまとめた。

表

鉱物	長石《ちょうせき》	石英《せきえい》	輝石《きせき》	黒雲母《くろうんも》
含まれる割合〔%〕	53	40	4	3

資料

④ 火山灰の広がりについてインターネットで調べた。

⑤ 図Ⅰは，九州南部にある火山の一度の噴火によって噴出した火山灰の広がりを示している。ただし，図中の三角（▲）は火山を，点（・）は火山灰が確認された地点をそれぞれ表し，実線A（——）および破線B（-----）は堆積した火山灰の層の厚さが等しい地点をそれぞれ結んだものである。

図Ⅰ

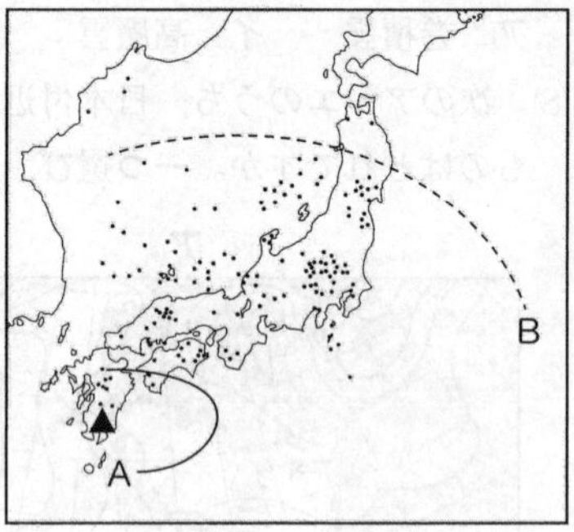

観察2

⑥ 図Ⅱは，美月さんがスケッチした露頭のようすである。

図Ⅱ

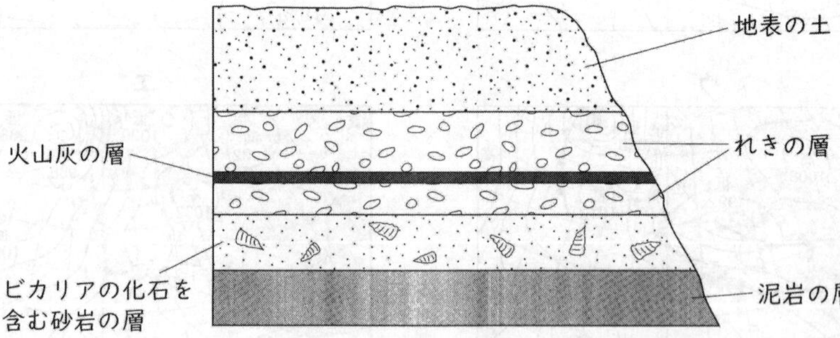

⑴ ①で，次のア～エのうち，下線部の操作として最も適当なものはどれですか。**一つ**選び，その記号を書きなさい。（3点）

ア 火山灰をビーカーに入れ，塩酸を加えてガラス棒でよくかき混ぜたあと，ろ過する。

イ 火山灰を蒸発皿に入れ，水を加えて指で押し洗いし，にごった水を捨てよく乾かす。

ウ 火山灰をシャーレに入れ，エタノールを加えたあと，エタノールが蒸発するまで放置する。

エ 火山灰を乳鉢《にゅうばち》と乳棒《にゅうぼう》ですりつぶしたあと，ステンレス皿に入れ，ガスバーナーで加熱する。

⑵ 観察1で，火山灰の色とマグマのねばりけについて，表からわかることは何ですか。次のページのア～エのうちからその組み合わせとして最も適当なものを**一つ**選び，その記号を書きなさい。（3点）

	火山灰の色	マグマのねばりけ
ア	黒っぽい	大きい（強い）
イ	黒っぽい	小さい（弱い）
ウ	白っぽい	大きい（強い）
エ	白っぽい	小さい（弱い）

(3)　図Ⅰで，次の文は，AとBの線上の地点を比較したときの，堆積した火山灰の粒の大きさと層の厚さについて述べたものです。次のア～エのうち，文中の（X），（Y）にあてはまることばの組み合わせとして最も適当なものはどれですか。**一つ**選び，その記号を書きなさい。

（4点）

> AはBと比べて，堆積した火山灰の粒は（　X　）ものが多く，堆積した火山灰の層は（　Y　）。

ア　X：大きい　　Y：厚い　　　　**イ**　X：大きい　　Y：うすい
ウ　X：小さい　　Y：厚い　　　　**エ**　X：小さい　　Y：うすい

(4)　図Ⅱで，ビカリアの化石や火山灰は，これらの地層が堆積したおおよその年代を知るための手がかりとなります。次の文は，その理由について述べたものです。文中の（①）にあてはまる**ことば**を書きなさい。また，文中の（②）にあてはまる火山灰の**特徴**を簡単に書きなさい。

（4点）

> ビカリアは，ある時期にだけ栄え，広い範囲にすんでいたという特徴があるから。このような生物の化石を（　①　）という。また，火山灰は，（　　　②　　　）という特徴があるから。

3　植物のからだのつくりとはたらきについて調べるため，次のような実験を行いました。これについて，あとの(1)～(4)の問いに答えなさい。

実験1

1　図Ⅰのように，アジサイを，赤インクで着色した水の入ったメスシリンダーに入れ，3時間置いた。

2　1のあと，アジサイの茎の横断面を観察したところ，一部が赤く染まっていた。

図Ⅰ

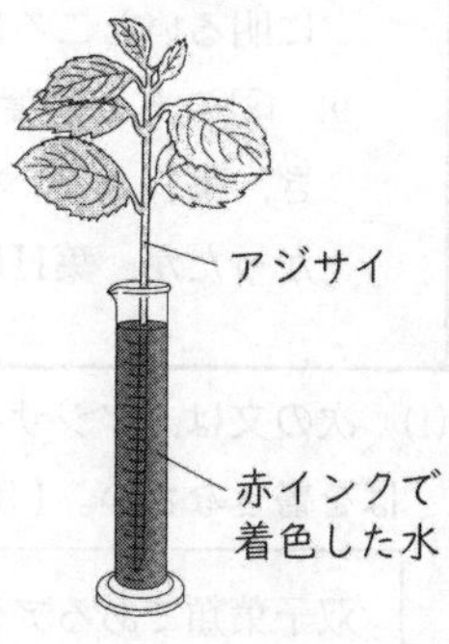

実験2

3　図Ⅱのように，それぞれ葉の数や大きさがほぼ同じアジサイA，B，CとトウモロコシD，E，Fを準備し，水100㎤の入ったメスシリンダーに入れ，それぞれの水面を油でおおった。

4　AとDは葉の表側にワセリンをぬり，BとEは葉の裏側にワセリンをぬった。CとF

にはワセリンをぬらなかった。

図Ⅱ

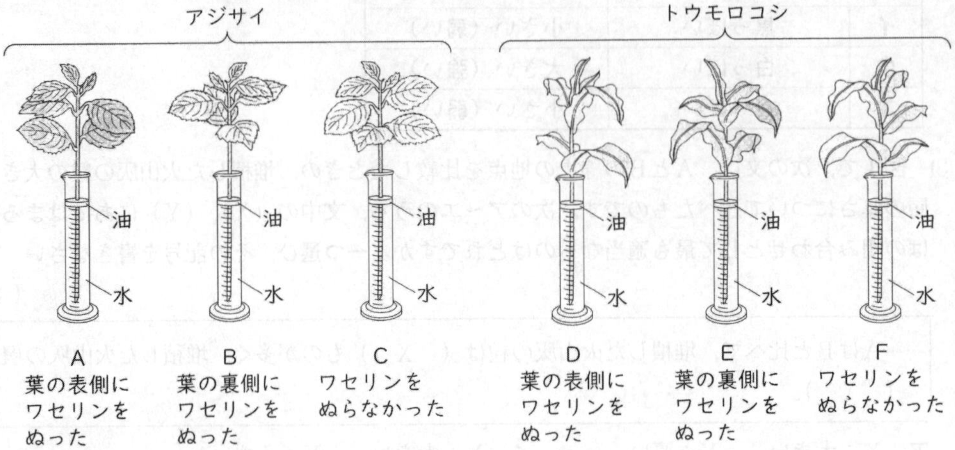

5 4のA～Fを明るいところに4時間置いたあと，水の減少量を調べた。

6 5の結果を表にまとめた。

表

	アジサイ			トウモロコシ		
	A	B	C	D	E	F
水の減少量〔cm^3〕	3.0	1.8	5.1	1.9	1.8	3.9

実験3

7 図Ⅲのように，鉢植《はちう》えのアジサイを用意し，ほぼ同じ大きさの葉G，Hを選んだ。このうち，葉Gをアルミニウムはくでおおって光をさえぎり，明るいところに2時間置いた。

8 7のあと，葉G，Hを枝から切りはなし，さらに明るいところに4時間置いた。

9 8のあと，葉Gのアルミニウムはくをとり除き，葉Hと比べたところ，葉Gはしおれていなかったが，葉Hはしおれていた。

図Ⅲ

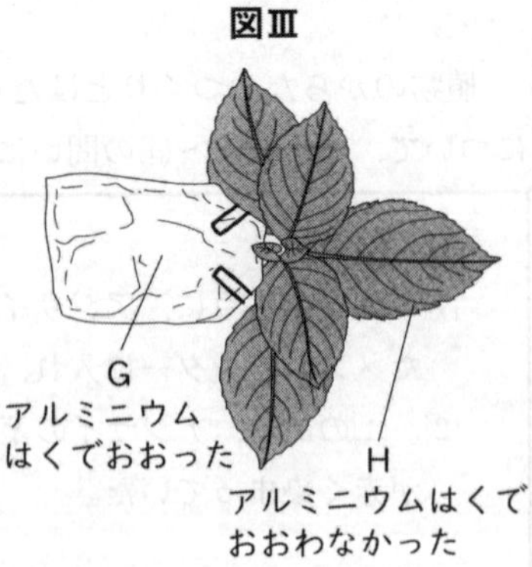

(1) 次の文は，アジサイの根のつくりについて述べたものです。文中の（X）にあてはまることばを書きなさい。（3点）

双子葉類であるアジサイの根は，1本の太い（ X ）と，そこからのびる側根からなる。

(2) 2で，次のページのア～エのうち，アジサイの茎の横断面のようすを模式的に表したものとして最も適当なものはどれですか。一つ選び，その記号を書きなさい。ただし，ア～エで黒く

ぬりつぶしてある部分は，赤く染まっていたところを表しています。(３点)

ア　イ　ウ　エ

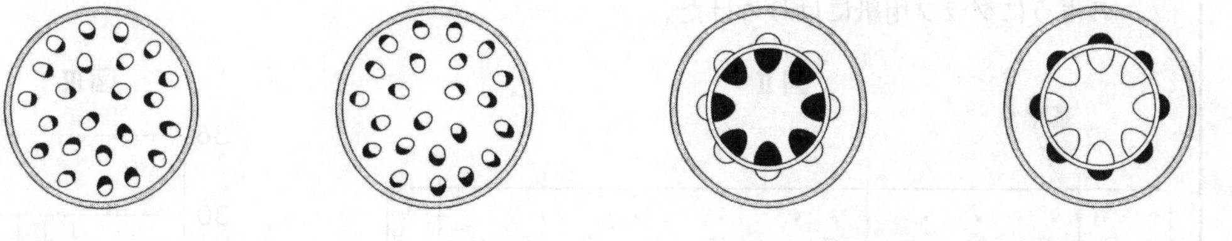

⑶　6で，アジサイとトウモロコシの葉の気孔の数について，それぞれどのようなことがわかりますか。次のア～ウのうちから最も適当なものをそれぞれ**一つずつ**選び，その記号を書きなさい。(４点)

ア　葉の表側よりも裏側に多い。
イ　葉の裏側よりも表側に多い。
ウ　葉の表側と裏側でほぼ等しい。

⑷　実験３で，葉Hがしおれたのはなぜですか。その理由を**光**と**気孔**ということばを用いて簡単に書きなさい。(４点)

4　物体の運動について調べるため，次のような実験を行いました。これについて，あとの⑴～⑷の問いに答えなさい。ただし，空気抵抗および記録テープ，糸，滑車にはたらく摩擦《まさつ》は考えないものとします。

実験１

1　図Ⅰのように，水平で十分に長い台の上に，記録テープを通した１秒間に50打点する記録タイマーを固定し，記録テープの一端を台車にとりつけた。台車が動かないように手で支えながら，おもりをつけた糸を台車につなぎ，つないだ糸を滑車にかけた。

図Ⅰ

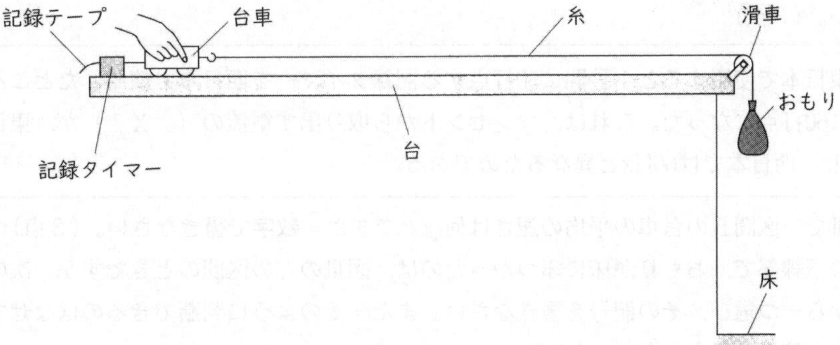

2　記録タイマーのスイッチを入れ，台車を支えていた手をしずかにはなすと，台車がまっすぐに動き続けて，台車の運動が記録テープに記録された。台車の運動の途中でおもりが床にぶつかったが，台車はしばらく運動を続けたあと滑車にぶつかって停止した。このときの台車と台の間にはたらく摩擦は考えないものとする。

③　図Ⅱのように，記録テープ上に基準点を決めて，５打点ごとの長さで切りはなし，基準点に近いほうから順にそれぞれ区間A，B，C，D，E，F，Gとした。これを図Ⅲのようにグラフ用紙にはりつけた。

図Ⅱ

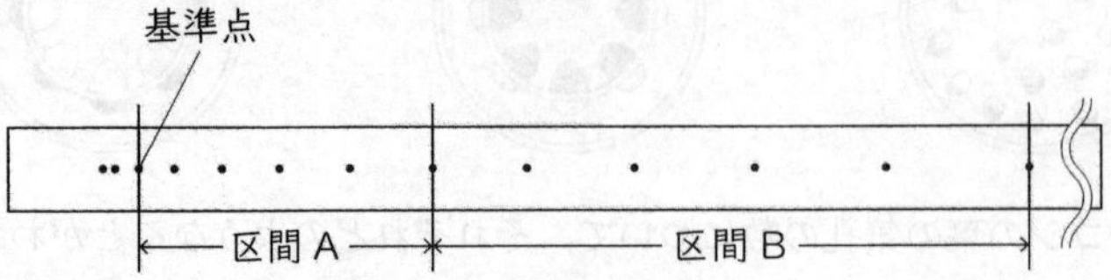

図Ⅲ

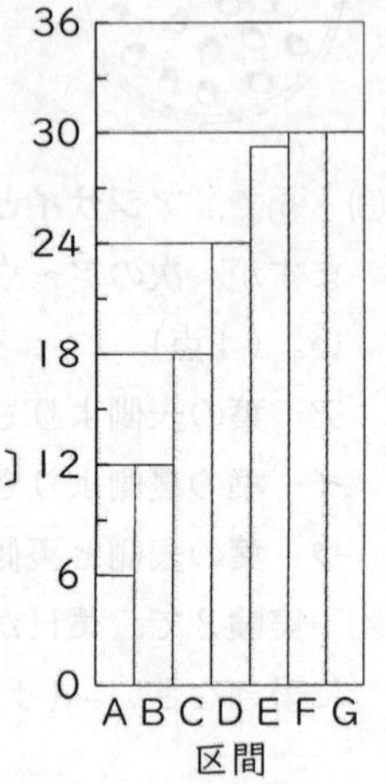

実験２

図Ⅳ

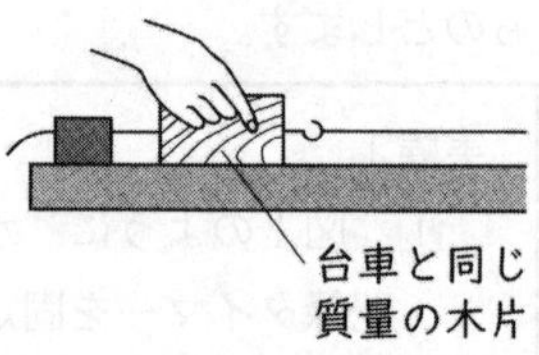

④　図Ⅳのように，図Ｉの台車を，台車と同じ質量の木片に代えた。

⑤　木片が図Ｉと同じおもりに引かれて動き出すことを確かめてから，図Ｉと同じ高さからおもりを落下させた。このとき，木片と台との間には摩擦がはたらいた。

⑴　次の文は，記録タイマーについて述べたものです。文中の（Ｘ）にあてはまる**ことば**を書きなさい。（３点）

> 東日本で使用すると１秒間に50打点する記録タイマーを西日本で使用したところ，１秒間に60打点になった。これは，コンセントから取り出す電流の（　Ｘ　）が，東日本では50Hz，西日本では60Hzと異なるためである。

⑵　図Ⅲで，区間Ｂの台車の平均の速さは何㎝/sですか。**数字**で書きなさい。（３点）

⑶　②の下線部で，おもりが床にぶつかったのは，図Ⅲのどの区間のときですか。次のア～エのうちから**一つ**選び，その記号を書きなさい。また，そのように判断できるのはなぜですか。その**理由**を簡単に書きなさい。（４点）

ア　区間Ｄ　　**イ**　区間Ｅ　　**ウ**　区間Ｆ　　**エ**　区間Ｇ

⑷　実験１の台車および実験２の木片について，それぞれの時間と速さの関係をグラフで表すとどのようになりますか。次のページのア～エのうちから最も適当なものを**一つ**選び，その記号を書きなさい。ただし，実線（――）は実験１，破線（-----）は実験２のグラフを表しています。（４点）

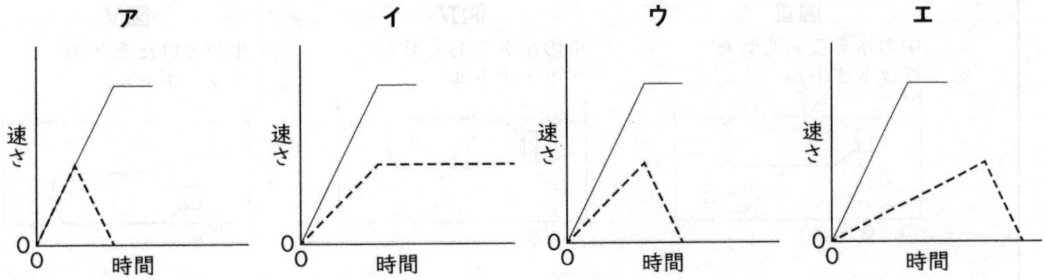

5　りなさんは，水族館で観察したホッキョクグマに興味をもち，疑問に思ったことについて資料にまとめたり実験したりしました。これについて，あとの(1)～(8)の問いに答えなさい。

1　次の①～⑤は，りなさんが気づいたり調べたりしたことをまとめたメモである。

① ホッキョクグマの毛は透明で，中が空洞になっている。
② ホッキョクグマの主食はアザラシである。
③ ホッキョクグマのプールには海水が使われており，大きな氷がうかんでいた。
④ ホッキョクグマは他の地域にすむクマよりも体が大きい。
⑤ ホッキョクグマは北極圏にくらしている。

資料1

2　①について，図Ⅰは，ホッキョクグマの体毛の断面の顕微鏡写真である。体毛の内側にある細かい凹凸《おうとつ》に光があたると，さまざまな方向に反射するため，からだが白く見える。

3　②について，図Ⅱは，肉食動物であるホッキョクグマと，草食動物であるシマウマの頭部の模式図である。

図Ⅰ

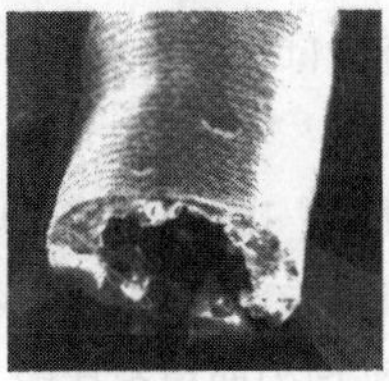

図Ⅱ

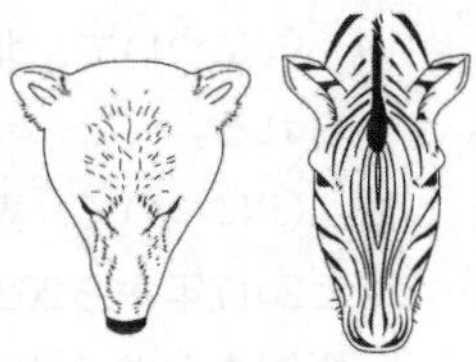

実験1

4　③について，質量パーセント濃度が海水と同じ3.4%の食塩水を5.0kgつくり，水槽《すいそう》に入れた。

5　ペットボトルに水を満たしてこおらせた。このときのペットボトルは，こおらせる前と比べてふくらんでいた。

6　4の水槽に，5のペットボトルを入れたところ，図Ⅲのようにうかんだ。

7　4の食塩水を水に代えて，6と同様に実験したところ，図Ⅳのようにうかんだ。このペットボトルの中の氷がとけるまで放置したところ，図Ⅴのようにしずんだ。

(図Ⅲ～図Ⅴは次のページにあります。)

図Ⅲ

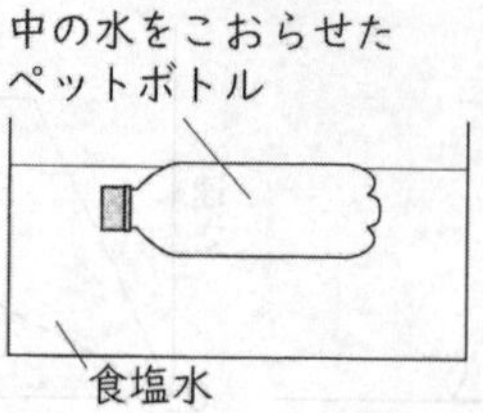

図Ⅳ

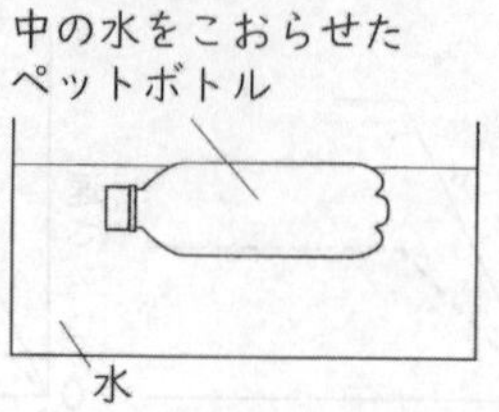

図Ⅴ

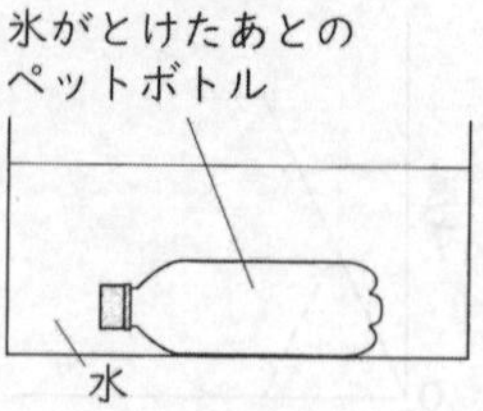

実験２

[8] ④について，からだの大きさとからだの冷えにくさの関係について考察するため，同じ素材でできた，体積，表面積の異なる直方体の容器Ａ～Ｃを用意した。

[9] 容器Ａ～Ｃに85℃の水を満たして15分放置したあと，水温を測定し，結果を表Ⅰにまとめた。

表Ⅰ

	容器の大きさ（縦×横×高さ〔cm〕）	容器に入れた水の体積〔cm^3〕	容器の表面積〔cm^2〕	15分後の水温〔℃〕
容器Ａ	6×6×6	216	216	60
容器Ｂ	4×6×9	216	228	55
容器Ｃ	3×6×10	180	216	50

資料２

[10] ⑤について，北極では，白夜という現象がみられる。

[11] ⑤について，表Ⅱは，1979年から1983年までと2017年から2021年までの，９月における北極圏をおおう氷の平均の面積を比較したものである。

表Ⅱ

1979年～1983年	約701万km^2
2017年～2021年	約424万km^2

⑴ [2]で，光は物体の表面にある細かい凹凸にあたることで，さまざまな方向に反射します。この現象を何といいますか。**ことば**で書きなさい。（３点）

⑵ [3]で，次の文は，肉食動物の視野について述べたものです。下のア～エのうち，文中の（Ｘ），（Ｙ）にあてはまることばの組み合わせとして正しいものはどれですか。**一つ**選び，その記号を書きなさい。（３点）

> 肉食動物は，草食動物に比べて両目の視野が重なる範囲が（　Ｘ　），立体的に見える範囲が（　Ｙ　）。

ア　Ｘ：広く　Ｙ：広い　　**イ**　Ｘ：広く　Ｙ：せまい
ウ　Ｘ：せまく　Ｙ：広い　　**エ**　Ｘ：せまく　Ｙ：せまい

⑶ [4]で，このとき必要な食塩の質量は何ｇですか。**数字**で書きなさい。（３点）

⑷ [6]で，中の水をこおらせたペットボトルが食塩水にういたのはなぜですか。**密度**ということばを用いて簡単に書きなさい。（４点）

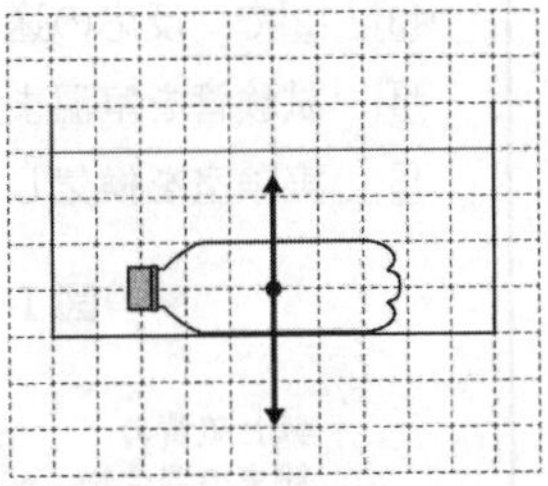

(5)　[7]で，右の図の矢印（⟶）は，図Ⅴのペットボトルにはたらく重力と浮力を表しています。このとき，図Ⅳのペットボトルにはたらく重力と浮力はどのようになりますか。解答用紙の図の作用点（●）から**矢印**でかき入れなさい。（4点）

(6)　実験2で，次のア～エのうち，表Ⅰからわかることについて述べたものとして最も適当なものはどれですか。**一つ**選び，その記号を書きなさい。（4点）

ア　容器に入れた水の体積が大きく，容器の表面積が大きいほど冷えにくい。

イ　容器に入れた水の体積が大きく，容器の表面積が小さいほど冷えにくい。

ウ　容器に入れた水の体積が小さく，容器の表面積が大きいほど冷えにくい。

エ　容器に入れた水の体積が小さく，容器の表面積が小さいほど冷えにくい。

(7)　[10]で，次のア～エのうち，夏至の日の北極点での，太陽の日周運動（⟶）を表すものとして最も適当なものはどれですか。**一つ**選び，その記号を書きなさい。（4点）

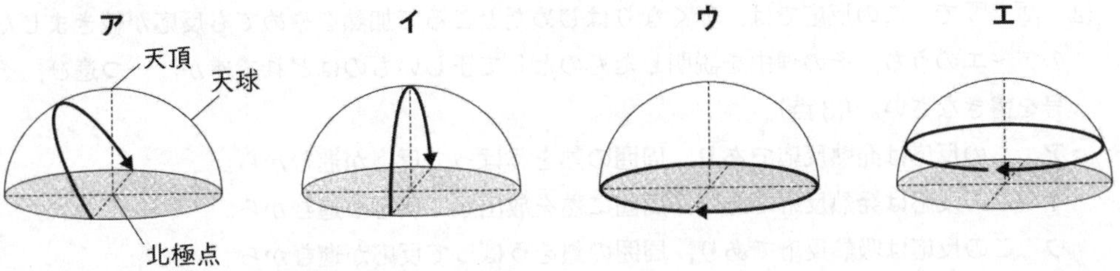

(8)　[11]で，次の文は，地球温暖化について述べたものです。下のア～エのうち，文中の（X），（Y）にあてはまることばの組み合わせとして最も適当なものはどれですか。**一つ**選び，その記号を書きなさい。（3点）

> 大気中で，（　X　）やメタンなどの温室効果ガスが増加することで，地球温暖化が引き起こされると考えられている。地球の平均気温が高くなると，大気中の飽和水蒸気量が（　Y　）なるので，局地的な大雨などが起こりやすくなるといわれている。

ア　X：窒素《ちっそ》　Y：大きく　　**イ**　X：窒素　Y：小さく

ウ　X：二酸化炭素　Y：大きく　　**エ**　X：二酸化炭素　Y：小さく

6　鉄と硫黄の反応について調べるため，次のような実験を行いました。これについて，下の(1)～(4)の問いに答えなさい。ただし，鉄と硫黄は，質量比7：4で過不足なく反応し，空気中の酸素とは反応しないものとします。

実験1

[1]　鉄の粉末7.0ｇと硫黄の粉末4.0ｇを乳鉢《にゅうばち》でよく混ぜ合わせ，試験管に入れた。

[2]　図1（次のページ）のように，試験管の口を脱脂綿でふさいで加熱し，鉄と硫黄の粉末の混合物の色が赤くなりはじめたところで加熱をやめた。

[3] [2]で，反応の途中で加熱をやめても反応が続いた。

[4] 試験管を室温まで冷やしたあと，図Ⅱのように，試験管にフェライト磁石を近づけた。

[5] 実験室を換気しながら，図Ⅲのように，試験管にうすい塩酸を２滴加えた。

図Ⅰ

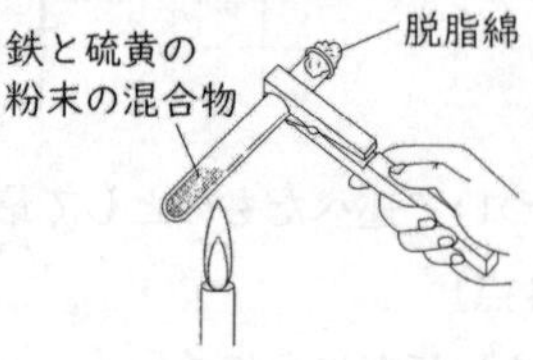

図Ⅱ

図Ⅲ

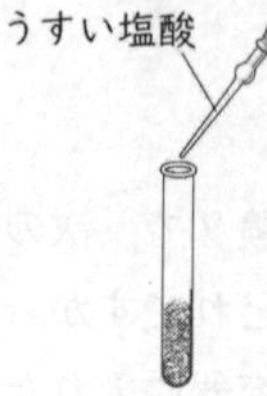

実験２

[6] 鉄の粉末7.0ｇと反応させる硫黄の粉末の質量を2.0ｇと6.0ｇに変えて，[1]～[3]と同様に反応させた。

⑴ [2]，[3]で，鉄と硫黄の反応を化学反応式で表しなさい。（４点）

⑵ [2]，[3]で，この反応では，赤くなりはじめたところで加熱をやめても反応が続きました。次のア～エのうち，その理由を説明したものとして正しいものはどれですか。**一つ**選び，その記号を書きなさい。（３点）

ア この反応は発熱反応であり，周囲の熱をうばって反応が進むから。

イ この反応は発熱反応であり，周囲に熱を放出して反応が進むから。

ウ この反応は吸熱反応であり，周囲の熱をうばって反応が進むから。

エ この反応は吸熱反応であり，周囲に熱を放出して反応が進むから。

⑶ [4]，[5]で，次のア～エのうち，実験結果の組み合わせとして正しいものはどれですか。**一つ**選び，その記号を書きなさい。（３点）

	[4]	[5]
ア	磁石につく	においのない気体が発生する
イ	磁石につく	特有のにおいのある気体が発生する
ウ	磁石につかない	においのない気体が発生する
エ	磁石につかない	特有のにおいのある気体が発生する

⑷ 実験１，２で，反応せずに残った物質の質量を次の表にまとめるとどうなりますか。（A）～（D）にあてはまる**数字**をそれぞれ書きなさい。（２点 × ２）

	反応せずに残った鉄〔g〕	反応せずに残った硫黄〔g〕
鉄 7.0g と硫黄 2.0g を反応させたとき	（ A ）	（ B ）
鉄 7.0g と硫黄 4.0g を反応させたとき	0	0
鉄 7.0g と硫黄 6.0g を反応させたとき	（ C ）	（ D ）

<社会>

時間　50分　　満点　100点

1　次の略地図は，東京を中心にして，東京から世界各地への距離と方位が正しく描かれたものです。これを見て，あとの⑴，⑵の問いに答えなさい。（3点×2）

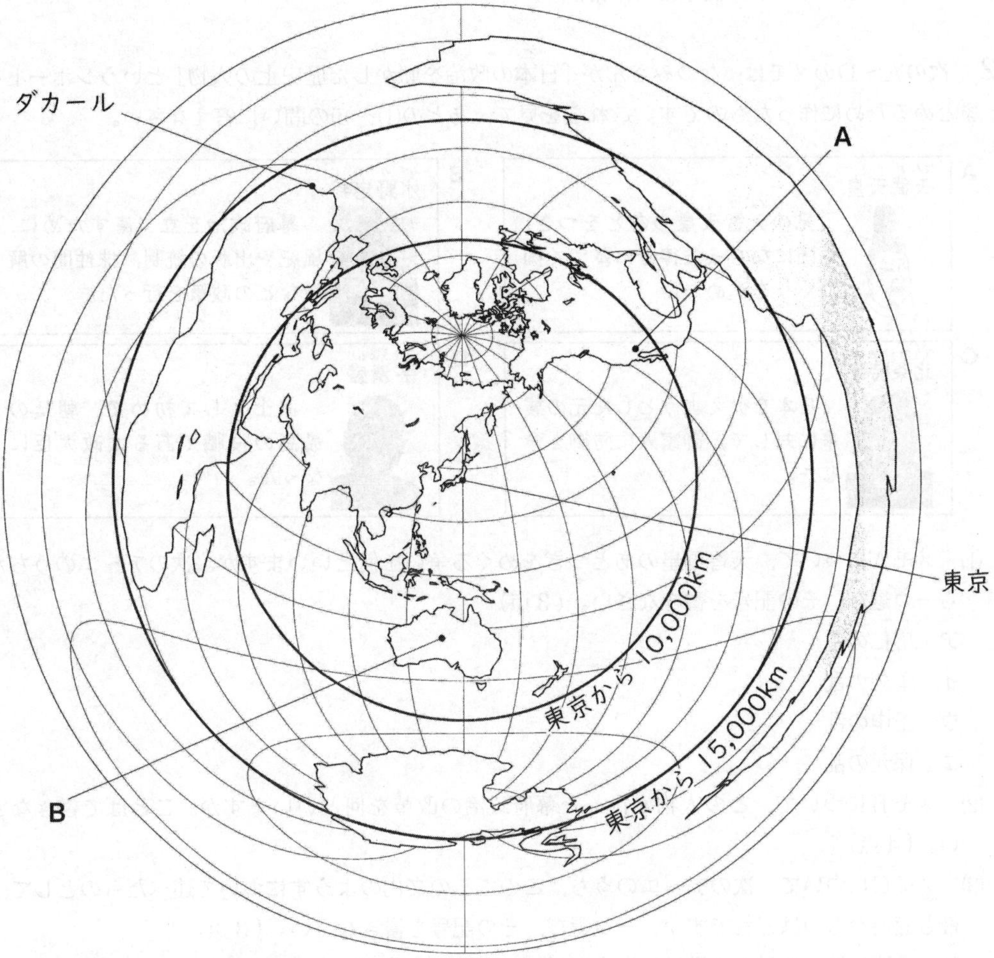

⑴　略地図中のダカールは，東京からみておよそどの方位にありますか。次のア～エのうちから一つ選び，その記号を書きなさい。

ア　北東　　**イ**　北西　　**ウ**　南東　　**エ**　南西

⑵　次のページの文は，略地図中のAの都市およびBの都市について述べたものです。あとのア～エのうち，文中の（X），（Y）にあてはまることばの組み合わせとして正しいものはどれですか。一つ選び，その記号を書きなさい。

AとBのうち，東京からの距離が（ X ）のはBで，AとBのどちらも，気候帯は（ Y ）である。

ア X：長い Y：乾燥帯
イ X：長い Y：亜寒帯（冷帯）
ウ X：短い Y：乾燥帯
エ X：短い Y：亜寒帯（冷帯）

2 次のA～Dのメモは，なつみさんが「日本の政治を動かした歴史上の人物」というレポートをまとめるために作ったものです。これらを見て，あとの⑴～⑸の問いに答えなさい。

A
天武《てんむ》天皇

兄の天智《てんじ》天皇のあとをつぎ，中国にならった律令に基づく国づくりを進めた。

B
水野忠邦《みずのただくに》

幕府政治を立て直すために，風紀や出版の統制，株仲間の解散などの政策を行った。

C
北条時宗《ほうじょうときむね》

日本を従えようとした元の襲来に対して，御家人に防御を命じた。

D
平清盛《たいらのきよもり》

武士として初めて，朝廷の最高の役職である太政大臣になった。

⑴ メモAについて，天智天皇のあとつぎをめぐる争いを何といいますか。次のア～エのうちから**一つ**選び，その記号を書きなさい。（3点）
ア 応仁の乱
イ 承久の乱
ウ 壬申の乱
エ 保元の乱

⑵ メモBについて，この人物が行った幕府政治の改革を何といいますか。**ことば**で書きなさい。（4点）

⑶ メモCについて，次のア～エのうち，このころの文化のようすについて述べたものとして，最も適当なものはどれですか。**一つ**選び，その記号を書きなさい。（3点）
ア 中国に渡った栄西《えいさい》や道元《どうげん》は禅宗を学び，臨済宗や曹洞宗を開いた。
イ 渡来人によって，朝鮮半島から新たに儒学（儒教）や仏教が伝えられた。
ウ 中国に渡って仏教を学んだ最澄《さいちょう》と空海《くうかい》は，帰国後にそれぞれ天台宗と真言宗を開いた。
エ 仏教の力により伝染病や災害などから国家を守るため，国ごとに国分寺が建てられた。

⑷ メモDについて，次のページの資料Ⅰは，平清盛を中心とした平氏と天皇家の系図です。資料Ⅱは，藤原道長《ふじわらのみちなが》を中心とした藤原氏と天皇家の系図です。平清盛の政治は，藤原氏の摂関政治とどのようなところが**共通**しているといえますか。資料Ⅰと資料Ⅱからわかることにふれて，簡単に書きなさい。（4点）

資料Ⅰ

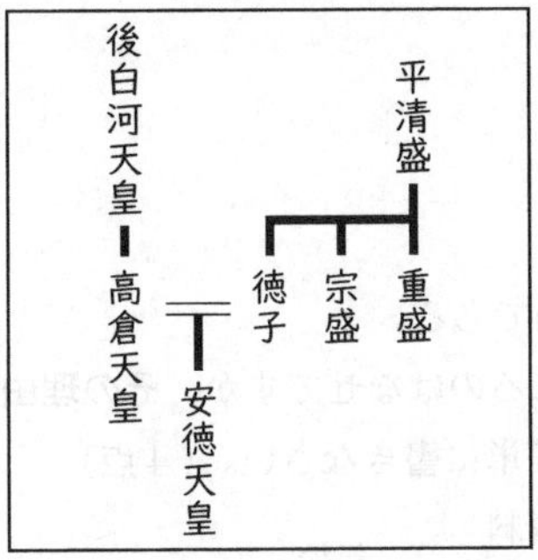

資料Ⅱ

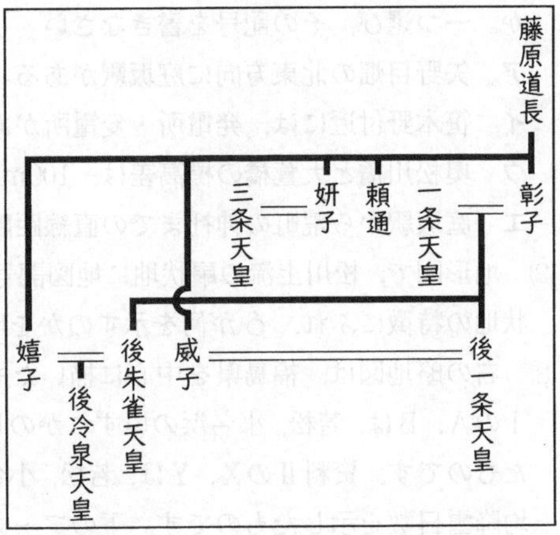

(5)　A～Dのメモを年代の**古い順**に並べかえ，その記号を書きなさい。（４点）

3　次の図は，福島県の県庁所在地である福島市の２万５千分の１の地形図です。これを見て，次のページの(1)～(3)の問いに答えなさい。

（※編集上の都合により，85％に縮小してあります。）

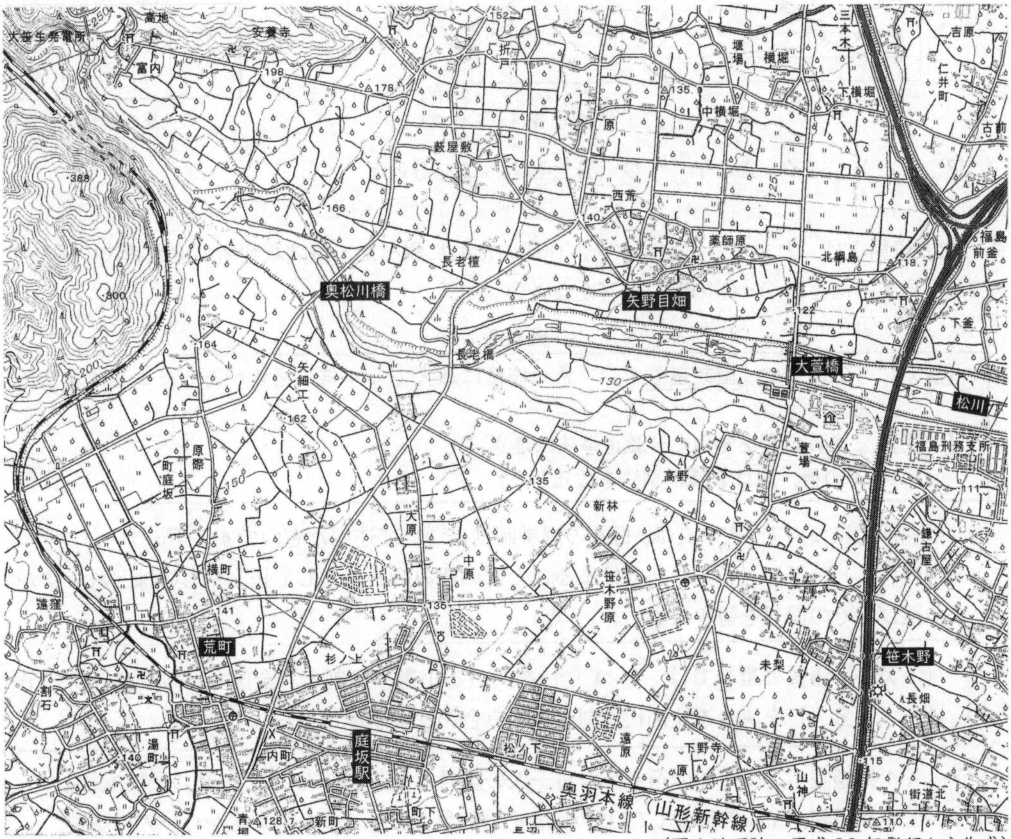

（国土地理院　平成30年発行から作成）

(1) 次のア～エのうち，地形図から読み取れることについて正しく述べているものはどれですか。**一つ**選び，その記号を書きなさい。(３点)

ア 矢野目畑の北東方向に庭坂駅がある。

イ 笹木野付近には，発電所・変電所がある。

ウ 奥松川橋と大萱橋の標高差は，100m以上ある。

エ 庭坂駅から荒町の神社までの直線距離は，およそ４㎞である。

(2) 地形図で，松川上流の扇状地に地図記号 ○ が多く見られるのはなぜですか。その**理由**を，扇状地の特徴にふれ， ○ が何を示すのかを明らかにして，簡単に書きなさい。(４点)

(3) 右の略地図は，福島県を中心に描いたものです。次の資料ⅠのA，Bは，若松，小名浜のいずれかの月別平均気温を表したものです。資料ⅡのX，Yは，若松，小名浜のいずれかの平均降雪日数を示したものです。下のア～エのうち，若松を示している組み合わせとして正しいものはどれですか。**一つ**選び，その記号を書きなさい。(３点)

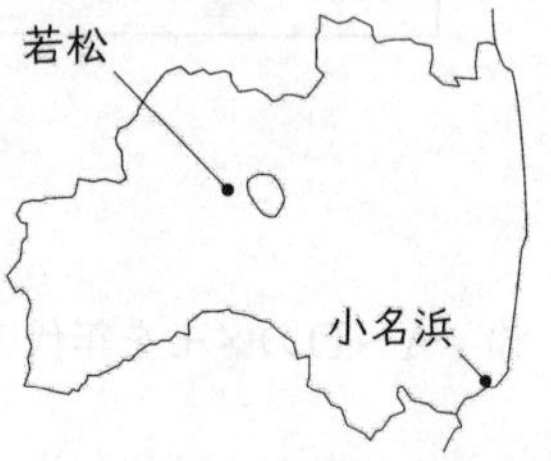

※若松，小名浜は，観測所名。

資料Ⅰ

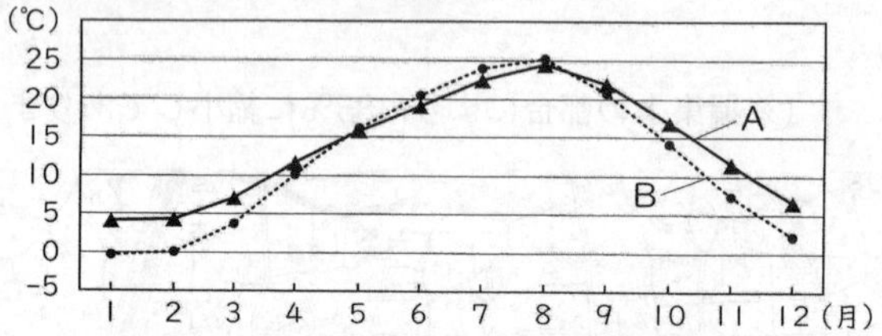

(気象庁資料から作成)

資料Ⅱ

X	102.5 日
Y	24.3 日

(気象庁資料から作成)

ア AとX　**イ** AとY　**ウ** BとX　**エ** BとY

4

次の資料Ⅰは，ともかさんがレポート作成のために調べた，最高裁判所の違憲判決の例です。これを見て，あとの(1)～(4)の問いに答えなさい。

資料Ⅰ

【訴え】 1983年の①国政選挙で，一票の価値に最大で4.4倍の格差があったことは違憲ではないか。

【判決】 ②議員定数を定めた公職選挙法は違憲。
その後，国は公職選挙法を改正した。

(1) 下線部①について，次の文は，日本の選挙制度について述べたものです。下のア～エのうち，文中の（X），（Y），（Z）にあてはまることばの組み合わせとして正しいものはどれですか。**一つ**選び，その記号を書きなさい。(３点)

（ X ）議員の選挙では，（ Y ）を決める小選挙区制と，全国を11のブロックに分けて（ Z ）を決める比例代表制とを組み合わせた制度がとられている。

ア X：衆議院 Y：一つの選挙区から一人の議員 Z：得票に応じてそれぞれの政党の議席数

イ X：衆議院 Y：得票に応じてそれぞれの政党の議席数 Z：一つの選挙区から一人の議員

ウ X：参議院 Y：一つの選挙区から一人の議員 Z：得票に応じてそれぞれの政党の議席数

エ　X：参議院　Y：得票に応じてそれぞれの政党の議席数　Z：一つの選挙区から一人の議員

⑵　新聞やテレビの報道やインターネットの情報をそのまま信じるのではなく，さまざまな角度から批判的に読み取る力を何といいますか。**ことば**で書きなさい。（４点）

⑶　下線部②について，右の資料は，2020年の衆議院の政党（会派）別議席数を表したものです。次のア～エのうち，右の資料について述べたものとして最も適当なものはどれですか。**一つ**選び，その記号を書きなさい。（４点）

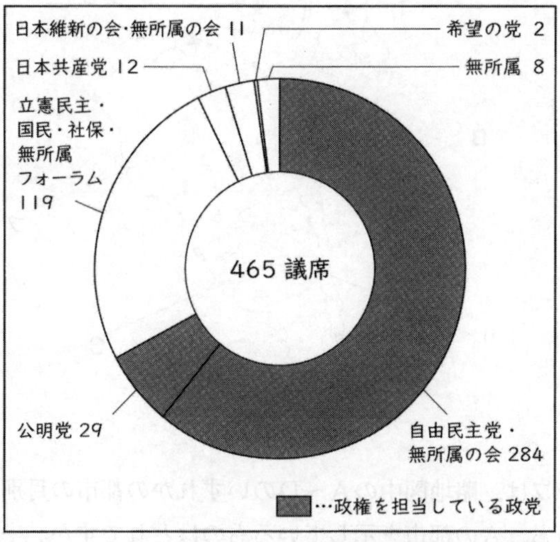

（衆議院資料から作成）

ア　■を野党といい，日本の政権は，単独政権である。
イ　■を野党といい，日本の政権は，連立政権である。
ウ　■を与党といい，日本の政権は，単独政権である。
エ　■を与党といい，日本の政権は，連立政権である。

⑷　次の資料Ⅱは，ともかさんが新たに調べた，最高裁判所の別の違憲判決の例です。資料Ⅰと資料Ⅱのどちらも憲法で保障された同じ権利に反して違憲とされています。下のア～エのうち，違憲の理由とされた権利はどれですか。**一つ**選び，その記号を書きなさい。（３点）

資料Ⅱ

【訴え】　父が日本人で母が外国人の子どもが，父が認知をしても，父母が法律上の結婚関係にないために日本国籍を取得できないことは違憲ではないか。
【判決】　日本国籍の取得について定めた国籍法は違憲。
その後，国は国籍法を改正した。

ア　社会権
イ　自由権
ウ　請願権
エ　平等権

5　次の略地図は，南アメリカ州を中心に描いたものです。これを見て，あとの⑴～⑷の問いに答えなさい。

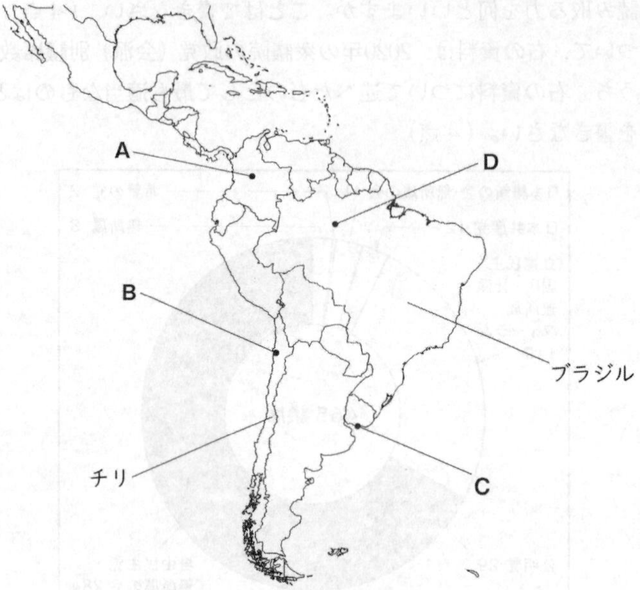

⑴　次のア～エのグラフは，略地図中のA～Dのいずれかの都市の月別平均気温と降水量を表したものです。このうち，Aの都市を示しているものはどれですか。**一つ**選び，その記号を書きなさい。（３点）

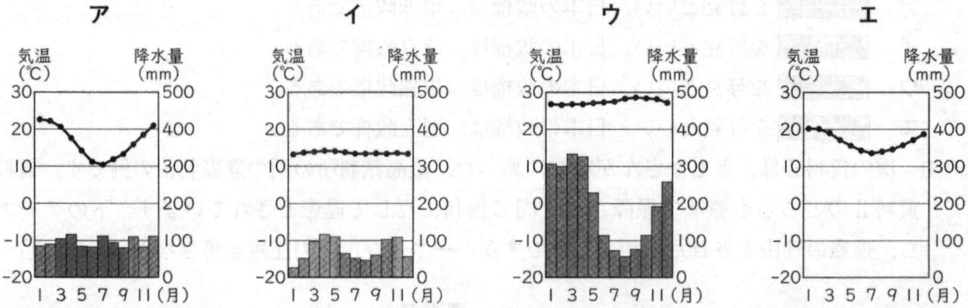

※エは，月別降水量が1mm程度以下。
（気象庁資料から作成）

⑵　次の文は，南アメリカ州へのヨーロッパ人の進出と，その影響について述べたものです。下のア～エのうち，文中の（X），（Y）にあてはまることばの組み合わせとして正しいものはどれですか。**一つ**選び，その記号を書きなさい。（３点）

南アメリカ州には，かつて先住民によって（　X　）帝国などの高度な文明が栄えていた。16世紀になると，ヨーロッパ人が先住民の国や社会をほろぼして支配したため，現在でも多くの国でスペイン語やポルトガル語が話され，（　Y　）が信仰されている。

ア　X：インカ　　Y：ヒンドゥー教　　　**イ**　X：オスマン　　Y：ヒンドゥー教
ウ　X：インカ　　Y：キリスト教　　　**エ**　X：オスマン　　Y：キリスト教

⑶　次のア～エは，2021年のチリ，フランス，エチオピア，クウェートのいずれかの国の日本への輸出額および主な輸出品目の割合を表したものです。このうち，チリを示しているものはどれですか。**一つ**選び，その記号を書きなさい。（4点）

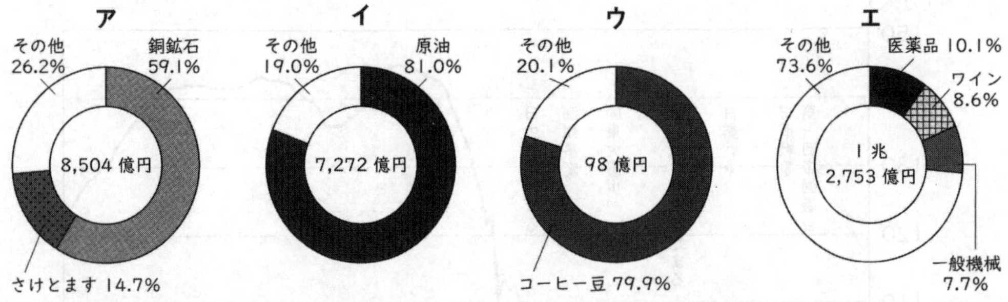

（データブック・オブ・ザ・ワールド 2023 から作成）

⑷　次の資料Ⅰは，2012年から2021年までのブラジルにおける大豆とトウモロコシの作付面積の推移を表しています。大豆はトウモロコシに比べて国際価格が高く作付面積が増えています。資料Ⅱは，ブラジルの大豆とトウモロコシの生育カレンダーを示しています。第２作トウモロコシの作付面積が増えているのはなぜですか。その**理由**を，資料Ⅱから，大豆と第１作トウモロコシの生育期の関係，大豆と第２作トウモロコシの生育期の関係の違いにふれて，簡単に書きなさい。（4点）

資料Ⅰ

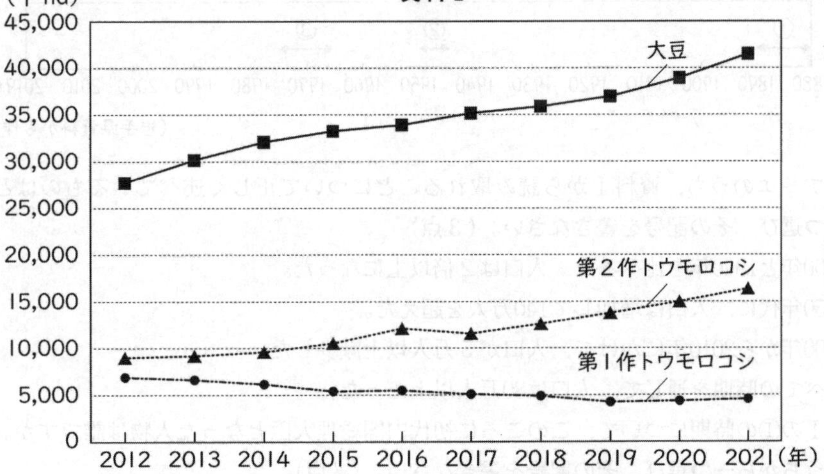

（ブラジル国家食糧供給公社資料から作成）

資料Ⅱ

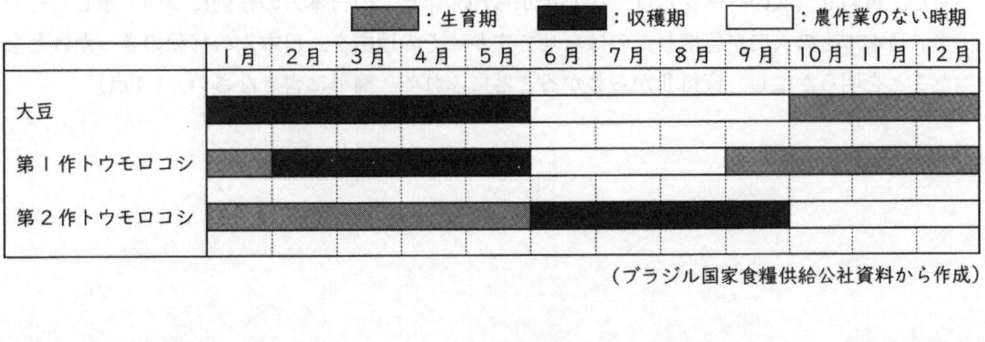

（ブラジル国家食糧供給公社資料から作成）

6　次の資料Ⅰは，とおるさんが1880年から2019年までの岩手県の人口の推移についてまとめたものです。これを見て，あとの⑴～⑷の問いに答えなさい。

資料Ⅰ

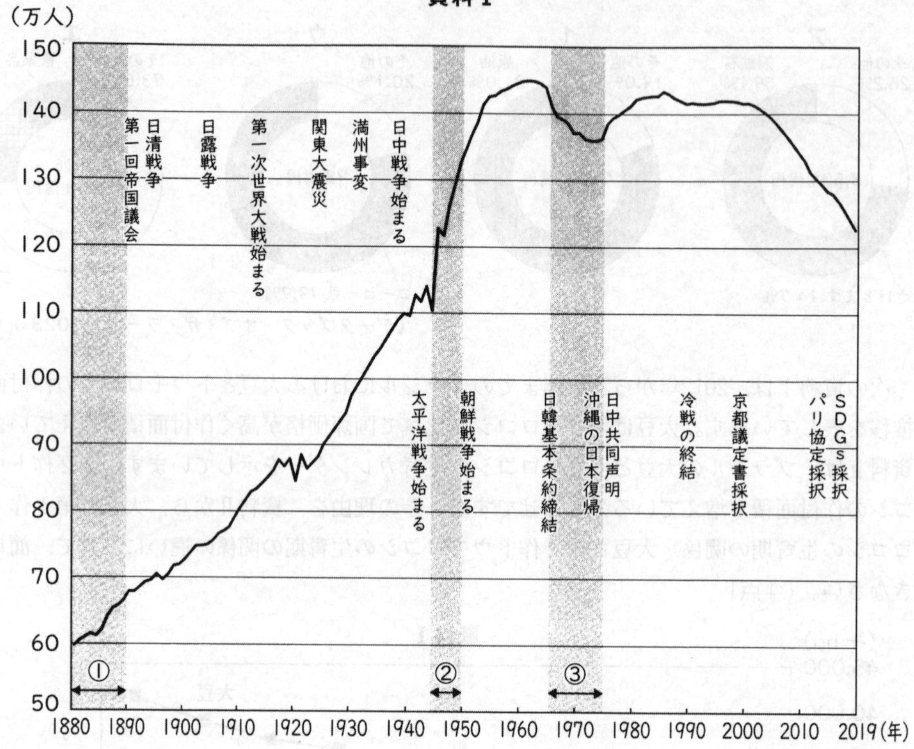

（岩手県資料から作成）

⑴　次のア～エのうち，資料Ⅰから読み取れることについて正しく述べているものはどれですか。**二つ**選び，その記号を書きなさい。（３点）

ア　1900年と1940年を比べると，人口は２倍以上になった。

イ　1950年代に，人口は増加して140万人を超えた。

ウ　2000年から2010年にかけて，人口が５万人以上減少した。

エ　すべての時期を通じて，人口は80万人以上だった。

⑵　資料Ⅰの①の時期について，このころに初代内閣総理大臣となった人物は誰ですか。次のア～エのうちから**一つ**選び，その記号を書きなさい。（３点）

ア　伊藤博文《いとうひろぶみ》　　**イ**　木戸孝允《きどたかよし》　　**ウ**　板垣退助《いたがきたいすけ》　　**エ**　大久保利通《おおくぼとしみち》

⑶　資料Ⅰの②の時期について，このころに日本本土の人口は急増し，岩手県の人口も急増しました。資料Ⅱ（次のページ）は，1945年から1950年までの日本人の移動について示したものです。日本本土の人口が急増したのはなぜですか。その**理由**を，日本人の移動のきっかけとなったことを明らかにし，資料Ⅱからわかることにふれて，簡単に書きなさい。（４点）

資料Ⅱ

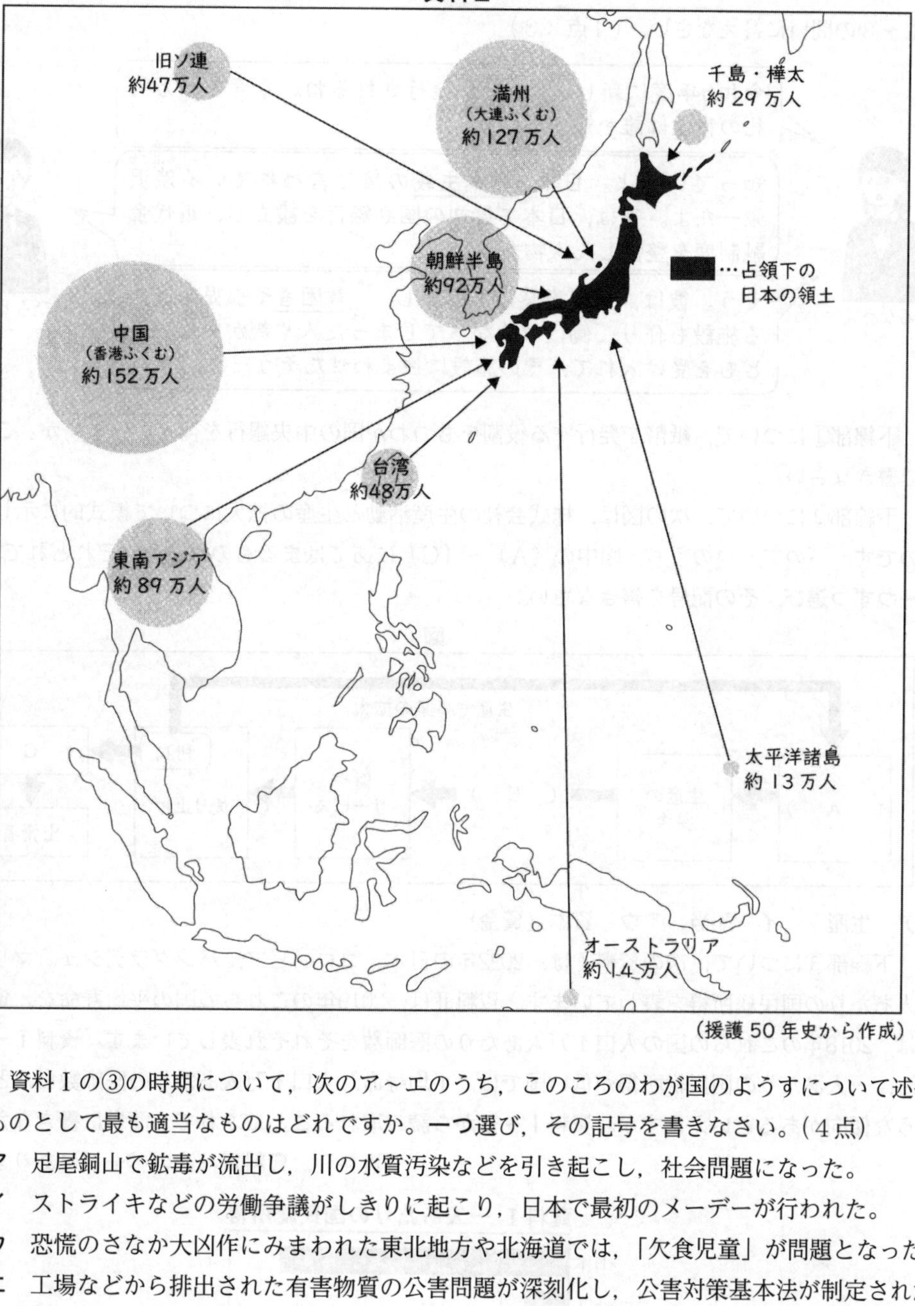

（援護50年史から作成）

⑷　資料Ⅰの③の時期について，次のア～エのうち，このころのわが国のようすについて述べたものとして最も適当なものはどれですか。**一つ**選び，その記号を書きなさい。（4点）

ア　足尾銅山で鉱毒が流出し，川の水質汚染などを引き起こし，社会問題になった。

イ　ストライキなどの労働争議がしきりに起こり，日本で最初のメーデーが行われた。

ウ　恐慌のさなか大凶作にみまわれた東北地方や北海道では，「欠食児童」が問題となった。

エ　工場などから排出された有害物質の公害問題が深刻化し，公害対策基本法が制定された。

7 次の文は，はるなさんとひろとさんの新紙幣の発行についての会話です。これを読んで，あとの⑴～⑶の問いに答えなさい。（４点×３）

はるなさん

ひろとさん

令和6年度に新しい①紙幣が発行されるね。今度の一万円札の肖像は誰か知っている？

知っているよ。日本②資本主義の父と言われている渋沢《しぶさわ》栄一《えいいち》だよ。彼は，日本で最初の国立銀行を設立し，近代金融制度を整備した人物だよ。

そう。彼は，福祉事業にも尽力し，③貧困者や孤児を支える施設も作り，働けなくなってしまった人や親がいない子どもを受け入れて，その施設に住まわせたそうだよ。

⑴　下線部①について，紙幣を発行する役割をもつわが国の中央銀行を何といいますか。**ことば**で書きなさい。

⑵　下線部②について，次の図は，株式会社の生産活動と生産の拡大について模式的に示したものです。下のア～ウのうち，図中の（A）～（C）にあてはまるものは，それぞれどれですか。**一つずつ**選び，その記号を書きなさい。

図

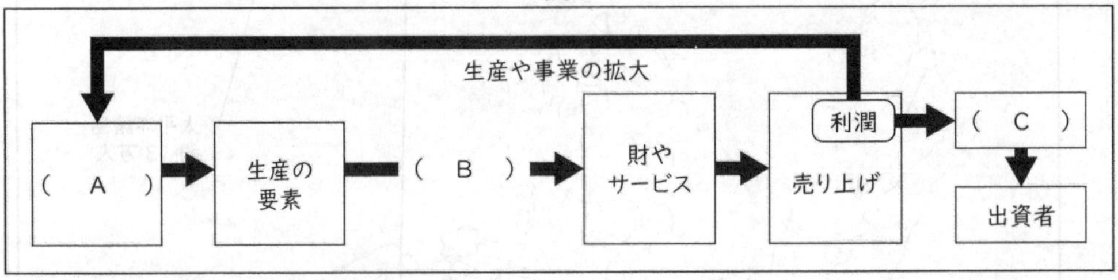

ア　生産　　イ　配当　　ウ　資本（資金）

⑶　下線部③について，次の資料Ⅰは，2022年の日本，コロンビア，バングラデシュ，マリの一人あたりの国民総所得を表しています。資料Ⅱは，2019年のこれらの国の平均寿命を，資料Ⅲは，2018年のこれらの国の人口１万人あたりの医師数をそれぞれ表しています。資料Ⅰ～Ⅲから，一人あたりの国民総所得が低い国では，平均寿命，人口１万人あたりの医師数に，どのような傾向があるといえますか。資料Ⅰ～Ⅲから読み取れることにふれて，簡単に書きなさい。

（資料Ⅱ，資料Ⅲは次のページにあります。）

資料Ⅰ　一人あたりの国民総所得

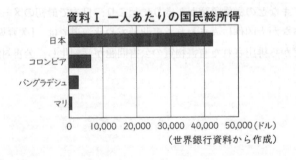

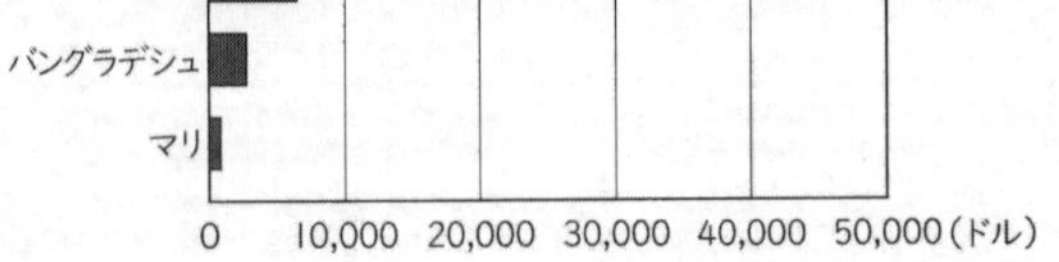

（世界銀行資料から作成）

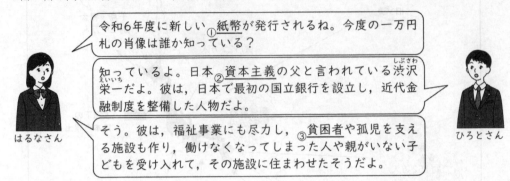

資料Ⅱ　平均寿命

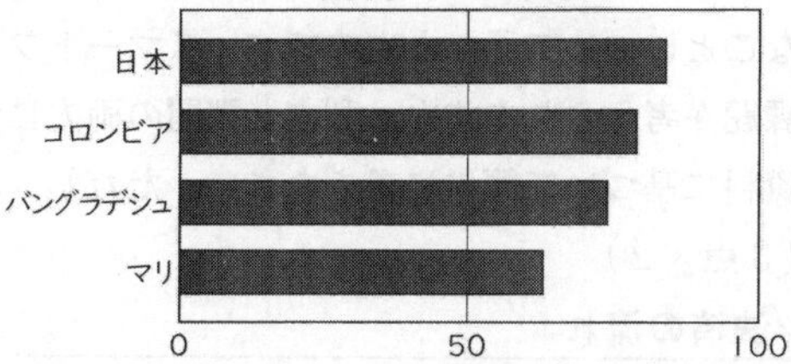

（世界保健統計から作成）

資料Ⅲ　人口１万人あたりの医師数

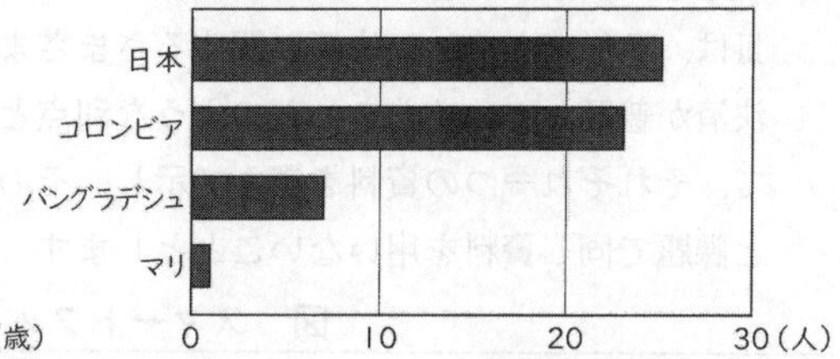

（世界銀行資料から作成）

8　次の文を読んで，あとの⑴～⑶の問いに答えなさい。

18世紀後半のイギリスでは，石炭を①エネルギーとする蒸気機関が新しい動力として利用され，工業化が進んだ。この社会や経済のしくみの変革は②産業革命とよばれ，他の国々でも推し進められた。現在は，③情報通信技術の急速な発展によって，情報化社会が到来している。

⑴　下線部①について，次のア～エは，2020年の日本，ドイツ，フランス，ブラジルのいずれかの国の発電量の内訳を表したものです。このうち，日本を示しているものはどれですか。**一つ**選び，その記号を書きなさい。（３点）

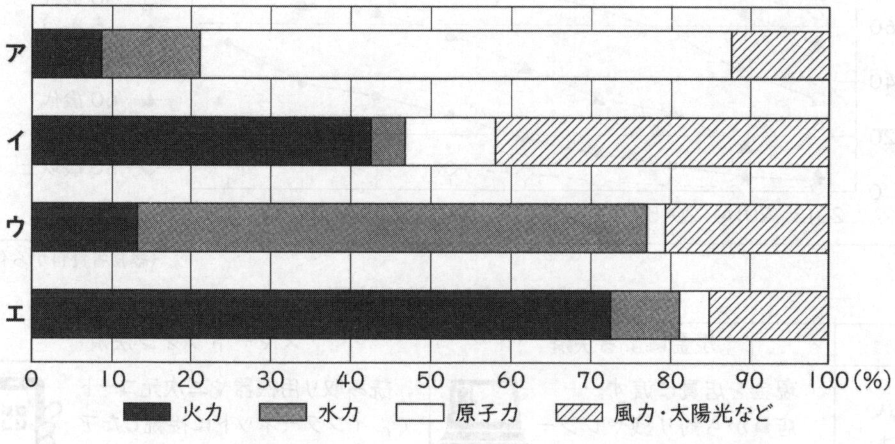

（データブック・オブ・ザ・ワールド 2023 から作成）

⑵　下線部②について，次のア～エのうち，日本で重工業の産業革命が進んだ日露戦争後のできごとについて述べたものとして，最も適当なものはどれですか。**一つ**選び，その記号を書きなさい。（３点）

ア　宣教師たちによって，ヨーロッパから天文学，医学，航海術などの新しい学問や技術が伝えられた。

イ　ヨーロッパの学問や文化を学ぶ蘭学が発達し，杉田玄白《すぎたげんぱく》や前野良沢《まえのりょうたく》らによって人体解剖書が翻訳された。

ウ　欧米の近代化の背景にある人間の自由や権利を尊重する思想が，福沢諭吉《ふくざわゆきち》や中江兆民《なかえちょうみん》らによって紹介された。

エ　教育の広がりにより，近代的な学問が発達し，野口英世《のぐちひでよ》や北里柴三郎《きたさとしばさぶろう》らにより世界最先端の研究が行われた。

⑶　下線部③について，次の図は，スマートフォン決済の流れを示したものです。下の資料Ⅰ～Ⅲは，スマートフォン決済に関するさまざまなことについて示したものです。スマートフォン決済が普及していくとき，どのような利点と課題が考えられますか。利点と課題の両方について，それぞれ一つの資料を選んで示し，その資料に基づいて簡単に書きなさい。ただし，利点と課題で同じ資料を用いないこととします。（3点×2）

図　スマートフォン決済の流れ

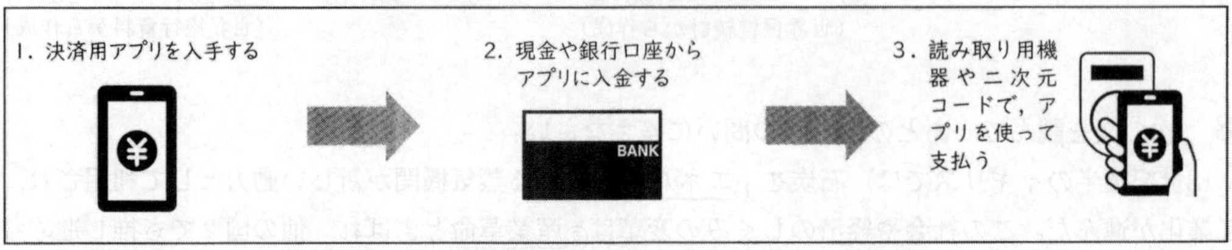

資料Ⅰ　世代別のスマートフォンの保有率の推移

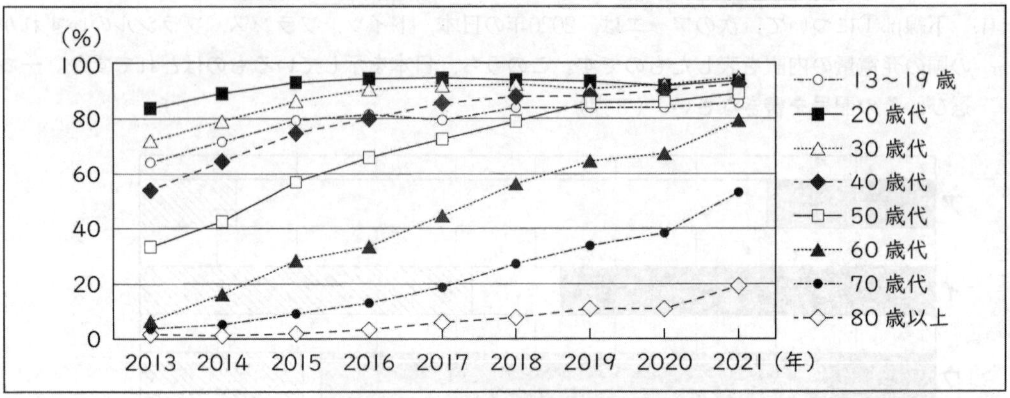

（総務省資料から作成）

資料Ⅱ　会計業務の比較

	現金による決済	スマートフォン決済
支払い方法	現金を店員に渡す。 店員から釣り銭やレシートを受け取る。	読み取り用機器や二次元コードで，インターネットに接続したアプリを使って支払う。
売上高の集計方法	客から受け取った現金を計算し，店で売上記録とあっていることを確認する。	インターネットに接続して，売上情報のデータから集計される。

（経済産業省資料から作成）

資料Ⅲ　岩手県の事業の内容

・事業主体　岩手県
・予算　10億円
・事業の内容
　対象の店舗でスマートフォン決済をした場合，後日，支払った額の20%がポイントとして利用者に還元される。

（岩手県資料から作成）

6 次の(1)～(6)の傍線部分について、漢字の場合は正しい読みをひらがなで書き、カタカナの場合はそれにあたる漢字を楷書で正しく書きなさい。（2点×6）

(1) 図書館で美術書を閲覧する。

(2) 母親が幼い子を優しく諭す。

(3) 春の山では、雪崩に注意が必要だ。

(4) 新入生をカンゲイする行事を企画する。

(5) 地元で旅館をイトナむ。

(6) 私が買っているシュウカン誌は木曜日に発売される。

《レポートの一部》

日本の高校生が考える職業や将来について

〇〇中学校　３年　　山川　春樹

１．テーマの設定理由

日本の高校生が職業や将来をどのように考えているのか調べることで、進路選択に生かしたいと思い、このテーマを設定した。

２．調査方法

統計資料を集め、内容を分析した。

３．調査結果

①日本、米国、中国の高校生の「仕事」「働くこと」のイメージについて、統計資料を調べた。

《資料Ⅰ》「仕事」「働くこと」のイメージ

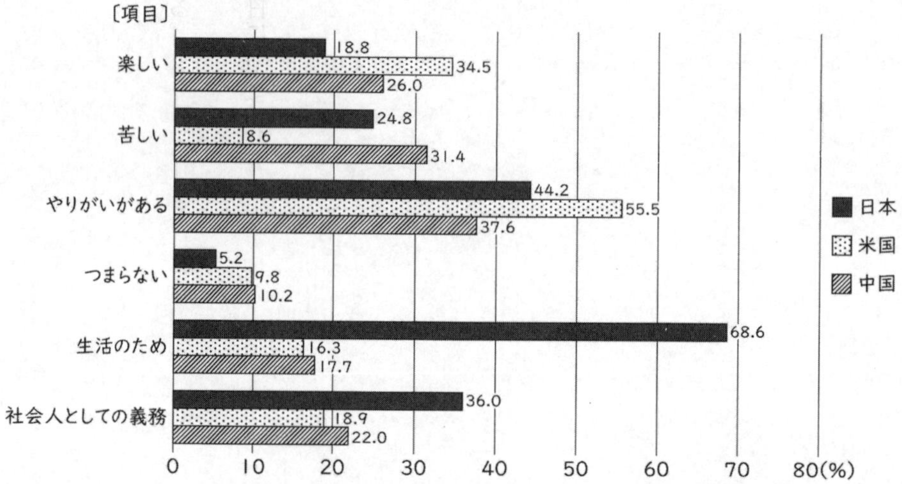

(国立青少年教育振興機構「高校生の進路と職業意識に関する調査報告書」から作成)

《資料Ⅰ》から「仕事」や「働くこと」のイメージについて、それぞれの国の特徴をまとめると、[　　　　A　　　　]。また、中国の高校生は、「楽しい」より「苦しい」の割合が高いが、「やりがいがある」の割合も高い。

②日本の高校生が職業を選ぶにあたって重視することについて、統計資料を調べた。

《資料Ⅱ》日本の高校生が職業を選ぶにあたって重視すること

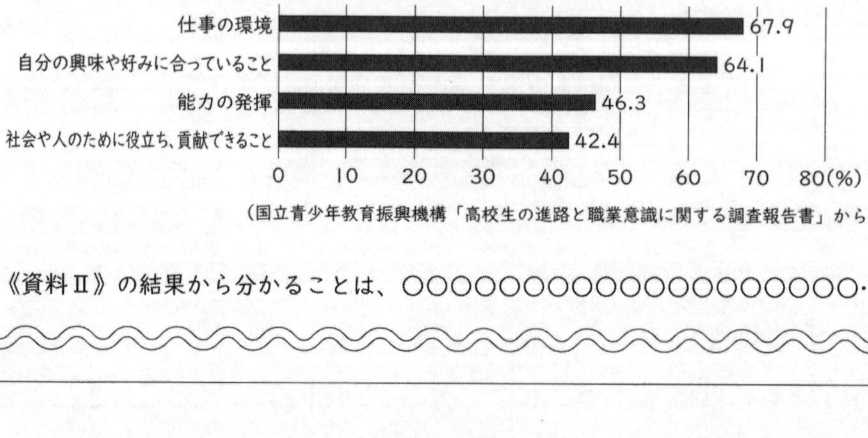

(国立青少年教育振興機構「高校生の進路と職業意識に関する調査報告書」から作成)

《資料Ⅱ》の結果から分かることは、〇〇〇〇〇〇〇〇〇〇〇〇〇〇〇〇〇〇〇〇〇……

5　春樹さんは、職業や将来についてのレポートを書いています。次のページの《レポートの一部》を見て、あとの⑴、⑵の問いに答えなさい。

⑴　《レポートの一部》の A には、《資料Ⅰ》から読み取ったことが入ります。どのような言葉が入りますか。次のア～エのうちから最も適当なものを**一つ**選び、その記号を書きなさい。（3点）

ア　日本の高校生は、「楽しい」の割合が三か国中で最も低い。一方、米国の高校生は、「つまらない」「社会人としての義務」の割合が三か国中で最も低い。

イ　日本の高校生は、「つまらない」の割合が米国の次に高い。一方、米国の高校生は、「生活のため」「社会人としての義務」の割合が日本の次に高い。

ウ　日本の高校生は、「やりがいがある」「生活のため」の割合が他の項目より高い。一方、米国の高校生は、「楽しい」「やりがいがある」の割合が他の項目より高い。

エ　日本の高校生は、「苦しい」「生活のため」の割合が他の項目より低い。一方、米国の高校生は、「苦しい」「つまらない」の割合が他の項目より低い。

⑵　あなたが職業を選ぶ場合、重視したいことは何ですか。また、将来を考えるうえでどのようなことに取り組んでいきたいですか。次の【条件】①～③に従ってあなたの考えを**説明する文章**を書きなさい。（12点）

【条件】

①　**原稿用紙の正しい使い方**に従って、二つの段落で構成し、**七行以上十行以内**で書くこと。

②　第一段落では、あなたが職業を選ぶ場合、重視したいことを《資料Ⅱ》から**一つ**選び、その理由も書くこと。

③　第二段落では、あなたが将来を考えるうえで取り組みたいことと、その目的を具体的に書くこと。

ウ ［Ⅰ ちっぽけな自分と対照的な存在であってほしいという虹への思い
　 ［Ⅱ 秋の空を飛ぶ鳥の名を調べたいと思う好奇心

エ ［Ⅰ 孤独な自分と他人との心の架け橋になってほしいという虹への思い
　 ［Ⅱ 秋の空を鳥のように自由に飛びたいという夢

4 次の文章《Ⅰ》、《Ⅱ》を読んで、あとの(1)～(4)の問いに答えなさい。

《Ⅰ》

蓬(注1)は枝さし、直《なほ》からぬ草なれども、①麻(注2)に生ひまじりたれば、ゆ
枝の伸び方が、真っすぐではない草だが、 曲
がみてゆくべき道のなきままに、心ならず、うるはしく生ひのぼる
がって伸びていく場所がないために、 不本意ながら、 真っすぐ伸び育っていくのである。
なり。心の悪《あ》しき人なれども、うるはしくうちある人の中に交はり
きちんとしている人の中に 交わって
ぬれば、さすがかれこれをはばかるほどに、おのづから直しくなる
いると、 そういう人でもやはりあれこれと気遣うことが多くなり、 自然と 正しくなるもの
なり。
である。

（「十訓抄《じっきんしょう》」による）

《Ⅱ》

万物を発育する者は其《そ》の性なり。草は之《これ》を得て柔と為《な》り、木は之
発育させるのはその本性である。 それにより 柔らかくなり、
を得て[　　]と為る。草をして木と為り、木をして草と為らし
草を木のようにさせたり、 木を草のように
むる能《あた》はざるなり。是《こ》の故に君子(注3)は人を以《もっ》て人を治め、我を以て人
させたりすることはできない。そのため 君子はそれぞれの素質に従って人を治めていくのであり、 自分の意思により強引に
を治めず。
治めるのではない。

（「呻吟語《しんぎんご》」による）

（注1） 蓬《よもぎ》…野草の一つ。
（注2） 麻…野草の一つ。
（注3） 君子…徳のある立派な人物。

(1) 二重傍線部 おのづから を現代の仮名遣いに直し、**ひらがなで**書きなさい。（3点）

(2) 傍線部① 麻 はどのような人のたとえですか。《Ⅰ》の本文中から**そのまま抜き出して**書きなさい。（4点）

(3) 《Ⅱ》の[　　]に入る言葉は何ですか。次のア～エのうちから最も適当なものを**一つ**選び、その記号を書きなさい。（4点）

ア 薄　**イ** 剛　**ウ** 根　**エ** 空

(4) 《Ⅰ》と《Ⅱ》の共通点と相違点について次の表のようにまとめたとき、[a]、[b]にあてはまる言葉は何ですか。それぞれ**五字以内**で書きなさい。（4点×2）

共通点	相違点
人間の成長について、植物の育ち方にたとえて説明している。	《Ⅰ》では、どのように育つかは[a]によるものだと述べている。《Ⅱ》では、どのように育つかは[b]によるものだと述べている。

C 広やかな秋のこころよ何という鳥の声かと見上げる空の
松村《まつむら》由利子《ゆりこ》『耳ふたひら』

わたしの思いがどこまでも広がっていくようなすがすがしい秋の心よ。今、鳴いているのは何という鳥だろうと見上げる、この空のように広々としている心よ。

（千葉聡「はじめて出会う短歌100」による）

(1) 次のア〜エのうち、短歌Aと同じ表現技法が用いられている短歌はどれですか。**一つ**選び、その記号を書きなさい。

ア 秋分の日の電車にて床《ゆか》にさす光もともに運ばれて行く　佐藤佐太郎《さとうさたろう》

イ 白鳥《しらとり》は哀《かな》しからずや空の青海のあをにも染まずただよふ　若山牧水《わかやまぼくすい》

ウ ゆく秋の大和《やまと》の国の薬師寺の塔の上なる一《ひと》ひらの雲　佐佐木信綱《ささきのぶつな》

エ さっきから少し傾きバスを待つ母の真上に雲白く浮く　小島《こじま》なお

(2) 次のア〜エのうち、短歌Aについて説明しているものとして、最も適当なものはどれですか。**一つ**選び、その記号を書きなさい。

ア 青春を、「かよふ風」に散らされた葉や日の光に照らされた「遠い線路のかがやき」にたとえることで、青春のはかなさを読み手にイメージさせる歌である。

イ 青春を、一瞬の「かよふ風」やまっすぐに続く「遠い線路のかがやき」にたとえることで、若者の大人に対する反発心を読み手にイメージさせる歌である。

ウ 青春を、「かよふ風」とたとえた直後に否定し「遠い線路のかがやき」に改めてたとえることで、若者の迷いと焦燥感を読み手にイメージさせる歌である。

エ 青春を、水木の葉の下を「かよふ風」や「遠い線路のかがやき」にたとえることで、青春のさわやかさや将来への希望を読み手にイメージさせる歌である。

(3) 次の会話は、国語の授業で、短歌B、Cとそれぞれに続く文章について話し合っている様子の一部です。Ⅰ、Ⅱにはそれぞれどのような言葉が入りますか。あとのア〜エのうちから、その組み合わせとして最も適当なものを**一つ**選び、その記号を書きなさい。

加奈さん　短歌Bと短歌Cには倒置が使われています。今日はその効果について、短歌に続く文章も参考に話し合ってみましょう。

清一さん　倒置は一般的に作者の思いを強調する働きがあるよね。短歌Bや短歌Cはどんな思いを強調したかったのかな。

海斗さん　短歌Bは「虹よ立て」が前になることで、Ⅰ が強調されていると思います。短歌Cはどうですか。

春香さん　短歌Cは「広やかな秋のこころよ」が前になることで、Ⅱ が強調されていると考えました。

加奈さん　倒置に着目したことで、短歌に込められた作者の思いについて考えることができましたね。

ア
Ⅰ 自分が抱えている悩みや不安を理解してほしいという虹への思い
Ⅱ 秋の空を飛ぶ鳥に寂しい自分を重ねる捉え方

イ
Ⅰ 自分の及ばない存在として空高く架かってほしいという虹への思い
Ⅱ 秋の空を見上げた時の開放感や気持ちのよさ

(1) 傍線部① まったく とありますが、次のア～エのうち、これと同じ品詞の単語はどれですか。**一つ**選び、その記号を書きなさい。（3点）

ア 大きな木が庭に生えている。
イ 開ける前に扉をノックする。
ウ まさか雨は降らないだろう。
エ 美しい星が空に輝いている。

(2) 傍線部② 自律性 とありますが、二重傍線部A～Dのうち、自律性にあたるものはどれですか。次のア～エのうちから、その組み合わせとして最も適当なものを**一つ**選び、その記号を書きなさい。（4点）

ア AとD　**イ** CとD　**ウ** AとB　**エ** BとC

(3) 傍線部③ 自分なりの理解 とありますが、それに必要なものは何だと述べていますか。本文中から**二十二字**で**そのまま**抜き出し、**最初の五字**を書きなさい。（4点）

(4) 傍線部④ 「承認」の持つもっとも基本的な働き とありますが、これはどのようなことですか。それを次のように説明するとき、[　]にあてはまる言葉を、「アイデンティティ」という語を用いて、**二十五字以上三十五字以内**で書きなさい。（6点）

他者から自分の長所などを伝えられることで、[　　　　]こと。

(5) 次のア～エのうち、本文の展開について説明したものとして、最も適当なものはどれですか。**一つ**選び、その記号を書きなさい。（4点）

ア はじめに一般的な世間の考え方を述べ、用語の意味を確認しつつ、続く部分では例を挙げながら筆者の考えを説明している。
イ まず話題を提示し、大人と子どもの価値観の違いに着目しつつ、一般的な世間の考え方を最後により詳しく説明している。
ウ 最初に用語をすべて説明し、具体例を紹介しつつ、最後に一般的な世間の考え方に筆者の考えを付け加えて説明している。
エ 冒頭で筆者の考えを述べ、読者に問いかけつつ、後半で再び筆者の考えと一般的な世間の考え方を対比させて説明している。

3 次の短歌[A]、[B]、[C]とそれぞれに続く文章を読んで、あとの(1)～(3)の問いに答えなさい。（本文中の[A]、[B]、[C]の記号は、出題の都合上付けたものです。）（4点×3）

[A] 青春はみづき(注)の下をかよふ風あるいは遠い線路のかがやき
高野公彦《たかのきみひこ》『水木《みずき》』

青春とは、水木の葉の下を吹き過ぎる風のようなもの。または、ずっと遠くまで続いている線路が、日の光を受けて輝くようなもの。
（千葉聡《ちばさとし》「はじめて出会う短歌１００」による）

（注）みづき…初夏に白い花を咲かせる高木《こうぼく》。水木。

[B] 虹よ立て夏の終りをも生きてゆくぼくのいのちの頭上はるかに
早坂類《はやさかるい》『ヘヴンリー・ブルー』

夏の終わりも、こうして生きている、小さな僕のせつなさや焦りやあこがれを超えて、どーんと大きく、ずっと遥《はる》かな存在として、虹よ、立っていてほしい。
（千葉聡「はじめて出会う短歌１００」による）

ね、簡単でしょ？

　私たちは多くの場合、自律性こそが大切だと教えられて育ちます。私も小学生のころは「C自分で考え、自分で行動しよう」と先生にいつも言われていました。D何かがわからなくて答えを聞こうとすると、「まずは自分で考えてみなさい」と怒られたものです。

　ただし、自律性と他律性が、まるで水と油のように、決して交わることなく対立するものとして捉えられるなら、そうした考え方には疑問の余地があります。たとえば「自律的であるためには他律的であってはならず、また他律的であるならば決して自律的ではない」という考えは、おそらく私たちの現実を反映したものではありません。なぜなら人間は、自分ひとりの力では、自分のアイデンティティを形成することも、認識することもできないからです。

　アイデンティティとは、言い換えれば「自分は何者なのか」「自分にはどんな可能性があるのか」ということについての③自分なりの理解です。

　たとえば子どもは、大人からさまざまな可能性を提示され、それを一つ一つ試していくことによって、自分を少しずつ知っていくことになります。

　ある子どもが歌をうたったとき、そばにいた大人がそれを聞き、うれしそうに微笑《ほほえ》んだとしましょう。するとその子は、「自分には歌をうたうことができるんだ。そしてそれによって、他の人を喜ばせることもできるんだ」と気がつきます。そうした、他者とのかかわりからもたらされる気づきの蓄積が、「自分は何者なのか」「自分には何ができるのか」というアイデンティティの形成には欠かすことができないのです。

　子どもは、まわりの大人から世話や関与を受けることなしに生きていくことはできません。その意味で、子どもは自分を育ててくれる大人たちに対して他律的です。しかし、その他律性は、子どもの人生から自律性を奪い去ることを決して意味しません。むしろ反対に、自律性とはそうした他律性のなかからしか育まれてこないものなのです。

　つまり、自律性と他律性はつながっています。私たちは、自分が何者であるかを知り、自分のアイデンティティを確立するために、どうしても他者の力を借りなければならないのであり、それは決してよくないことではなく、むしろ人が成長していく上で自然なあり方なのです。

　同じことが、子どもだけでなく大人についても言えます。大人もまた、他者の影響を受けながらアイデンティティを形成するのです。そして、大人にとってのそうした他者の代表例が、友達です。

　たとえばみなさんは、受験や、クラブなどへの申し込み、何かの活動などのために、自分の性格や長所を書類に書いて提出しなければならなくなったとき、何を書いたらいいのかわからなくなることはありませんか。そんなときに有効な対処法の一つは、友達にアイデアを書いてもらう、という方法です。そうして書かれたものを見て、「なるほど、自分にはこういう長所があるのか」と、はじめて自分の個性に気づかされることはよくあることです。

　反対に、私が友達に長所を書いてあげたことも何度かあります。私としては、その友達の長所としてはあまりにもあたりまえなことを書いているつもりなのに、それを読んだときの友達の顔は、たいていの場合はうっすらとした驚きに包まれています。それくらい、私たちは自分のことをよくわかっていないのです。

　おそらく、ここに④「承認」の持つもっとも基本的な働きが表れています。

（戸《と》谷《や》洋志《ひろし》「SNSの哲学　リアルとオンラインのあいだ」による）

分の経験や勘に頼りきっていたことに罪悪感が生まれたから。

エ　ワコに対してきちんと技術を教えるよう曽我から注意されたうえに、自信を持って説明できなかったことを恥じているから。

(3)　傍線部③「時代遅れの慣習はないよな？」とありますが、このことから曽我のどのような考えが読み取れますか。次のア～エのうちから最も適当なものを**一つ**選び、その記号を書きなさい。(4点)

ア　職人は菓子作りにおいて、経験や勘に頼らず、確かな技術を理解し教えていくべきだという考え。

イ　職人は菓子作りにおいて、技術向上にこだわり、仲間に頼らないで感性を磨くべきだという考え。

ウ　職人は菓子作りにおいて、古いしきたりを捨て、新しい菓子の製法を開発すべきだという考え。

エ　職人は菓子作りにおいて、伝統を見直し、作業場の人間関係を改善していくべきだという考え。

(4)　傍線部④「浅野の目がにっこり笑った」とありますが、浅野がこのような表情になったのはなぜですか。それを次のように説明するとき、□にあてはまる言葉を、**四十五字以上五十五字以内**で書きなさい。(6点)

□から。

(5)　次の会話は、この文章の音読のしかたについて話し合っている様子の一部です。□には、どのような言葉があてはまりますか。**二十字以内**で書きなさい。(4点)

やよいさん　二重傍線部A「はい！」は、先輩から怒鳴られて慌てて返事をしている場面だから、びっくりしている感じや、焦っている感じで読むといいと思うよ。

さつきさん　そうだね。それに対して二重傍線部B「はい！」は、曽我が職人みんなに語った後の返事だね。みんなが「はい！」と答えている中で、ワコも曽我の言葉を受けて□と決意する場面だから、その決意の強さが伝わるような感じで読むといいんじゃないかな。

やよいさん　それぞれの「はい！」の違いが伝わるように読みたいね。

2　次の文章を読んで、あとの(1)～(5)の問いに答えなさい。

自分のアイデンティティは自分自身で確立するべきであって、自分のアイデンティティの拠《よ》り所を他者からの承認に求めようとすると、結局、依存と不安と疎外の泥沼に陥ってしまう。それは本人にとって①まったくハッピーなことではない――そのような意見を持っている人は、世間には結構多いのではないでしょうか。

このような考え方は、「A他者に依存することはよくないことであり、B自分自身で物事を決められることのほうが尊重されるべきだ」という価値観を前提にしています。これは、哲学の言葉を用いるなら、「②自律性」を重視する発想と言えます。それに対して、他者に依存し、他者なしでは生きていけなくなってしまうことは「他律性」と呼ばれます。

自律性とは「自分を自分で律することができる」ということであり、一方、他律性とは「他者に律される」、つまり他者の言いなりになってしまうということです。

はい、また難しい言葉使いやがったな、と思いました？　それについてはすみません。でも、内容は簡単です。他者に頼らないでいられることが自律性、他者に頼らないではいられないことが他律性です。

てるのを見て、昔からのやり方なのかと……」
　彼がおずおずと返した。
「蒸し菓子や焼き菓子は、底の部分がもっとも火が通りにくいから生地を薄くするんだ」
　曽我がそう説明する。
「おまえも若いんだから、〝昔からのやり方〟なんて口にせず、自分のしている作業の意味を、言葉で説明できるようになれ」
　②浅野がますます身を小さくした。
「この作業場では、曖昧さを排除するようにしよう。〝なぜ、そうするのか〟を、先輩職人は具体的、論理的に後輩に教えろ。意味が分からず行っていることは、ツルか俺に訊《き》け。そうすることで、奥山堂のお菓子の規格を標準化するんだ」
　そこで曽我が鶴ヶ島に視線を向ける。
「ツル、ここでは〝技術は見て盗め〟なんて③時代遅れの慣習はないよな？」
　鶴ヶ島が両手を強く握り締め、うつむき加減になった。その顔が紅潮している。
「職人には、本物の職人と、えせ職人がいる、と俺は言った。では、本物の職人とはなにか――それは、その人でなければつくることができない、唯一無二の技術を持つ職人のことだ。みんな、本物の職人を目指して常に耳目を働かせろ。全身でお菓子づくりを学べ」
B「はい！」
　包餡を再開したワコに、「おい」と浅野が声をかけてきた。おまえのせいで恥をかかされた、と文句をつけられるのかと思った。だが違った。
「饅頭の包餡の八割ができたあたりで、今度は反時計回りにするといい」
　ぷっくりとした手で実演してみせてくれる。
「どうしてですか？」
　小さな目で睨《にら》み返された。
「それはな、ずっと時計回りにしてると生地が一方に絞られるからだ。途中で反対に回すことで生地を整えるんだよ」
「なるほど」
　④浅野の目がにっこり笑った。
「実は、そういうことなんだなと、さっきの工場長の話で気がついた。今までなにげなくやってたんだけど、さ」
「ありがとうございます！」
　ワコは急いで頭を下げる。

（上野《うえの》歩《あゆむ》「お菓子の船」による）

（注）包餡《ほうあん》…餡子《あんこ》を包むこと。

(1)　傍線部①一心に　とありますが、これはどのような様子を表していますか。次のア～エのうちから最も適当なものを**一つ**選び、その記号を書きなさい。（3点）

ア　緊張している様子　**イ**　集中している様子
ウ　感心している様子　**エ**　尊敬している様子

(2)　傍線部②浅野がますます身を小さくした　とありますが、それはなぜですか。次のア～エのうちから最も適当なものを**一つ**選び、その記号を書きなさい。（4点）

ア　饅頭の包み方を曽我から注意されたうえに、自分の指導の未熟さを自覚してワコに教える資格などないと思い知ったから。
イ　ワコへのおごった態度を曽我から注意されたうえに、先輩のツルにも迷惑をかけてしまったことに申し訳なさを感じたから。
ウ　技術の高さに対するうぬぼれを曽我から注意されたうえに、自

＜国語＞

時間　五〇分　　満点　一〇〇点

1 次の文章は、製菓専門学校を卒業したばかりのワコが、工場長の曽我《そが》や、先輩職人の鶴ヶ島《つるがしま》(ツル)や浅野《あさの》から指導を受けながら、菓子店である奥山堂で修業している場面です。ツルからは「仕事は見て盗むものだ」と言われ、日々の修業は厳しいものでした。この文章を読んで、あとの⑴～⑸の問いに答えなさい。

奥山堂の作業台に向かい、ワコは包餡(注)に挑んでいた。饅頭生地《まんじゅうきじ》を左右の手のひらで挟んで転がし、丸く整える。右手の親指の下のぽっこりとした土手の部分で、左手にある丸い生地を平らにする。平らになった円形の生地の真ん中に餡玉《あんだま》を載せ、左手の中で時計回りに回しながら生地で餡を包んでいき、最後に右手の指先でつまんで閉じる。

「ワコ、遅いぞ！」

向こうにいる鶴ヶ島から怒鳴られた。

慌てて、A「はい！」と返事し、隣で包餡している先輩、浅野の手の動きを参考にしようと目をやる。すると浅野が、太った身体《からだ》に抱え込むようにして隠してしまった。

「ちょっと寄越《よこ》せ」

ワコの肩越しに、曽我のぎょろっとした目が覗《のぞ》き見ていた。ワコは、自分が包んだ饅頭を曽我に渡す。すると、ステンレス製のヘラで、饅頭を半分に切った。

「これじゃダメだ」

どうしてだろう？　ワコの饅頭の餡子は、真ん中に包まれている。そうなるように気をつけて包餡したのだ。少し時間はかかってしまったのだけれど。

「おまえのを見せてみろ」

曽我が言って、ワコの隣にいる浅野から受け取った饅頭を半分に切る。

「どうだ、ワコ？」

「あ！」

浅野が包餡した饅頭は、餡子の上側の生地が厚く、底のほうを薄くして包まれていた。

そこで曽我が浅野に向けて、「おまえも、自分の包餡してるところを隠すなんてケチ臭いことをするな。後輩にはきちんと教えてやれ」と指示する。浅野は大柄な身体を小さくしていた。

「いいか」と曽我が今度は、作業場にいる全員に向けて告げる。「饅頭、羊羹《ようかん》、餅《もち》、最中《もなか》——この国には伝統の技術と製法による和菓子が伝えられている。和菓子の主な材料は小豆やいんげん豆などの豆類、小麦粉、上新粉《じょうしんこ》、白玉粉《しらたまこ》などの粉類、そして砂糖だ。これらの食材を使い、蒸す、焼く、練るなどの技法を使い分ける、それだけだ」

みんな作業する手を止め、曽我の声に①一心に耳を傾けている。

「職人の世界には、本物の職人と、中途半端なえせ職人がいる。俺は、えせ職人てやつが大嫌いだ。この手の連中は、古いしきたりを守ることしか考えちゃあいない。経験や勘に頼り、そのくせ自分の技術を定量的、論理的に説明できない」

曽我が、浅野に向かって問う。

「おまえは包餡した饅頭の底を薄くしていた。どうしてだか説明してみろ」

「えっと、みんな饅頭をつくる時にはそうしてるし、先輩がそうやっ

2024年度

解　答　と　解　説

《2024年度の配点は解答用紙集に掲載してあります。》

<数学解答>

1　(1)　2　(2)　$9x-6$　(3)　$8\sqrt{6}$　(4)　$(x+4)^2$　(5)　$x=\frac{3\pm\sqrt{29}}{2}$

2　$10a+b\geqq 500$　**3**　$\frac{1}{2}$

4　(1)　12cm　(2)　70度　(3)　9倍　**5**　右図1

6　(1)　8冊　(2)　右図2

7　(1)　$\frac{3}{16}$　(2)　大きくなる(理由は解説参照)

8　(スケッチブック1冊の定価)800円，(色えんぴつ1セットの定価)650円(解く過程は解説参照)

9　解説参照

10　(1)　$y=-6x+1050$　(2)　115分

11　(1)　(2，4)　(2)　$a=\frac{1}{3}$　(3)　$-\frac{2}{3}$

12　(1)　面ACD，面BCD　(2)　$6\sqrt{2}$ cm　(3)　$18\sqrt{7}\,\mathrm{cm}^3$

図1

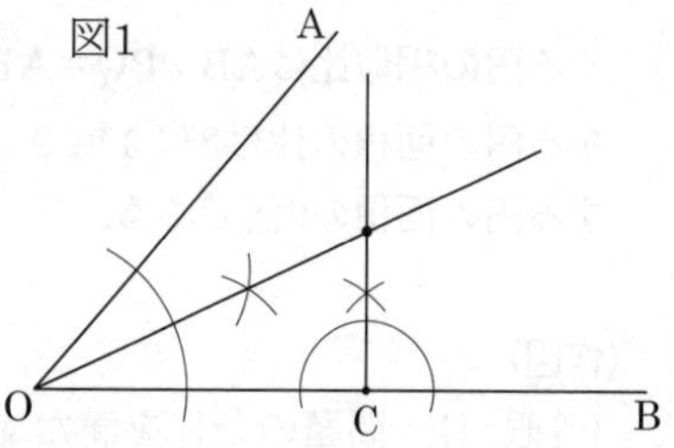

図2

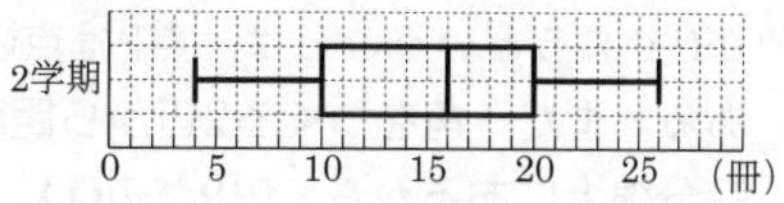

<数学解説>

1　(数・式の計算，平方根，因数分解，二次方程式)

(1)　$-2+5-1=-2-1+5=(-2)+(-1)+(+5)=(-3)+(+5)=+(5-3)=2$

(2)　分配法則を使って，$6\left(\frac{3}{2}x-1\right)=6\times\frac{3}{2}x+6\times(-1)=9x-6$

(3)　$4\sqrt{2}\times 2\sqrt{3}=4\times\sqrt{2}\times 2\times\sqrt{3}=4\times 2\times\sqrt{2}\times\sqrt{3}=4\times 2\times\sqrt{2\times 3}=8\sqrt{6}$

(4)　乗法公式$(\boldsymbol{a}+\boldsymbol{b})^2=\boldsymbol{a}^2+2\boldsymbol{ab}+\boldsymbol{b}^2$より，$x^2+8x+16=x^2+2\times 4\times x+4^2=(x+4)^2$

(5)　**2次方程式**$\boldsymbol{ax^2+bx+c=0}$**の解は，**$\boldsymbol{x=\frac{-b\pm\sqrt{b^2-4ac}}{2a}}$で求められる。問題の2次方程式は，$a=1$，$b=-3$，$c=-5$の場合だから，$x=\frac{-(-3)\pm\sqrt{(-3)^2-4\times 1\times(-5)}}{2\times 1}=\frac{3\pm\sqrt{9+20}}{2}=\frac{3\pm\sqrt{29}}{2}$

2　(不等式)

10円硬貨がa枚で，10(円)×a(枚)＝$10a$(円)　1円硬貨がb枚で，1(円)×b(枚)＝b(円)　これらの合計金額は$10a$(円)＋b(円)＝$10a+b$(円)　この合計金額が500円以上であったから，このときの数量の間の関係は$10a+b\geqq 500$である。

3　(比例関数)

反比例のグラフのxとyの関係は，定数aを用いて$y=\frac{a}{x}$と表される。このグラフが点(2，2)を通るから，$2=\frac{a}{2}$　$a=2\times 2=4$　このときのxとyの関係は$y=\frac{4}{x}$と表せる。よって，このグラフ上で，x

座標が8である点Aのy座標は，$y=\frac{4}{8}=\frac{1}{2}$

4 （線分の長さ，角度，面積比）

(1)　BC//DEより，**平行線と線分の比についての定理**を用いて，DE：BC＝AD：AB＝AD：(AD＋DB)＝3：(3＋6)＝3：9＝1：3　BC＝3DE＝3×4＝12(cm)

(2)　点Pを$\angle x$＝∠APDのようにとる。BD＝CDより，△DBCは∠DBC＝∠DCB＝42°の二等辺三角形であり，内角の和は180°だから，∠BDC＝180°−2∠DBC＝180°−2×42°＝96°　△ADPの**内角と外角の関係**から，$\angle x$＝∠BDC−∠DAP＝96°−26°＝70°

(3)　**すべての円はお互いに相似な図形である**。PQ＝$\frac{1}{3}$ABより，ABを直径とする円とPQを直径とする円の**相似比**はAB：PQ＝AB：$\frac{1}{3}$AB＝3：1だから，ABを直径とする円の面積とPQを直径とする円の面積の比は3^2：1^2＝9：1である。これより，ABを直径とする円の面積は，PQを直径とする円の面積の9倍である。

5 （作図）

(着眼点)　問題の条件を満たす円の中心をPとする。**接線と接点を通る半径は垂直に交わる**から，辺OBと円Pとの接点がCであるということは，点Pは点Cを通る辺OBの垂線上にある。また，**角をつくる2辺から距離が等しい点は，角の二等分線上にある**から，円Pが辺OA，OBの両方に接するということは，点Pは∠AOBの二等分線上にある。

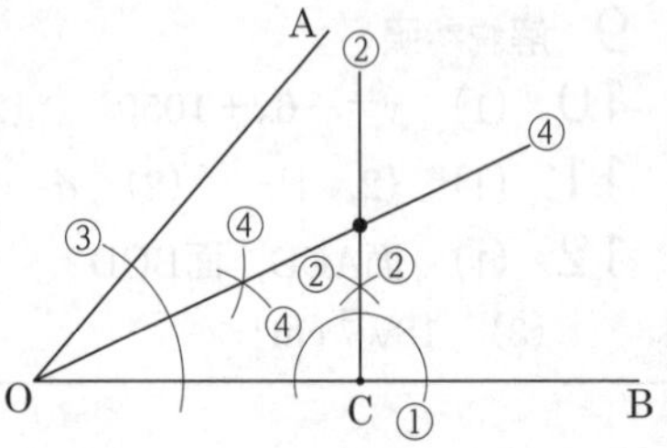

(作図手順)次の①～④の手順で作図する。　①　点Cを中心とした円を描き，辺OB上に交点をつくる。　②　①でつくったそれぞれの交点を中心として，交わるように半径の等しい円を描き，その交点と点Cを通る直線(点Cを通る辺OBの垂線)を引く。　③　点Oを中心とした円を描き，辺OA，OB上に交点をつくる。　④　③でつくったそれぞれの交点を中心として，交わるように半径の等しい円を描き，その交点と点Oを通る直線(∠AOBの二等分線)を引き，点Cを通る辺OBの垂線との交点に●印を付ける。

6 （資料の散らばり・代表値）

(1)　**箱ひげ図**において，**中央値(第2四分位数)**は箱の中の仕切りの線で表されるから，1学期に読んだ本の冊数の中央値は8冊。

(2)　**最小値**は4冊，**最大値**は26冊である。また，**四分位数**とは，全てのデータを小さい順に並べて4つに等しく分けたときの3つの区切りの値を表し，小さい方から**第1四分位数，第2四分位数，第3四分位数**というから，第1四分位数は冊数の少ない方から3番目の10冊，第2四分位数は冊数の少ない方から5番目と6番目の**平均値**$\frac{15+17}{2}$＝16(冊)，第3四分位数は冊数の多い方から3番目の20冊である。

7 （確率）

(1)　2人のカードの選び方は，(あおいさんが選んだカード，ひなたさんが選んだカード)＝($\boxed{1}$, $\boxed{1}$)，($\boxed{1}$, $\boxed{2}$)，($\boxed{1}$, $\boxed{3}$)，($\boxed{1}$, $\boxed{4}$)，($\boxed{1}$, $\boxed{1}$)，($\boxed{1}$, $\boxed{2}$)，($\boxed{1}$, $\boxed{3}$)，($\boxed{1}$, $\boxed{4}$)，($\boxed{2}$, $\boxed{1}$)，($\boxed{2}$, $\boxed{2}$)，($\boxed{2}$, $\boxed{3}$)，($\boxed{2}$, $\boxed{4}$)，($\boxed{6}$, $\boxed{1}$)，($\boxed{6}$, $\boxed{2}$)，($\boxed{6}$, $\boxed{3}$)，($\boxed{6}$, $\boxed{4}$)の16通り。このうち，引き分けになるのは～～を付けた3通り。よって，求める確率は$\frac{3}{16}$

(2)　(理由)　(例)あおいさんが勝つ確率は，数を変更する前は$\frac{5}{16}$，数を変更した後は$\frac{3}{8}$で，数を変更した後の方が大きいから。　(補足説明)数を変更する前，あおいさんが勝つのは，(1)の<u>　　</u>を付けた5通り。数を変更した後，2人のカードの選び方は，(あおいさんが選んだカード，ひなたさんが選んだカード)＝<u>($\boxed{2}$, $\boxed{1}$)</u>，($\boxed{2}$, $\boxed{2}$)，($\boxed{2}$, $\boxed{3}$)，($\boxed{2}$, $\boxed{4}$)，<u>($\boxed{2}$, $\boxed{1}$)</u>，($\boxed{2}$, $\boxed{2}$)，($\boxed{2}$, $\boxed{3}$)，($\boxed{2}$, $\boxed{4}$)，<u>($\boxed{3}$, $\boxed{1}$)</u>，<u>($\boxed{3}$, $\boxed{2}$)</u>，($\boxed{3}$, $\boxed{3}$)，($\boxed{3}$, $\boxed{4}$)，<u>($\boxed{3}$, $\boxed{1}$)</u>，<u>($\boxed{3}$, $\boxed{2}$)</u>，($\boxed{3}$, $\boxed{3}$)，($\boxed{3}$, $\boxed{4}$)の16通りで，このうち，あおいさんが勝つのは<u>　　</u>を付けた6通り。

8 (方程式の応用)

(解く過程)　(例)スケッチブック1冊の定価をx円，色えんぴつ1セットの定価をy円とすると

$$\begin{cases} x+y=1450\cdots① \\ \frac{70}{100}x+\frac{80}{100}y=1080\cdots② \end{cases}$$

②より　$7x+8y=10800\cdots③$　③−①×7より　$y=650$　①より

$x=800$　これらは問題に適している。

9 (相似の証明)

(証明)　(例)△ADCと△FEDにおいて，円Oにおける$\overset{\frown}{\mathrm{CD}}$の円周角は等しいので∠CAD＝∠DFE…①　円OにおいてACは直径であるから，∠ADC＝90°…②　円O'においてBCは直径であるから∠BEC＝90°　したがって∠FED＝180°－∠BEC＝90°…③　②，③より∠ADC＝∠FED…④　①，④より，2組の角がそれぞれ等しいから，△ADC∽△FED

10 (関数とグラフ)

(1)　2点(0, 1050)，(60, 690)を通る一次関数とみなすと，そのグラフは傾きが$\frac{690-1050}{60-0}=-6$，切片が1050の直線だから，$y=-6x+1050\cdots①$　と表される。

(2)「強」のままで使用したとき，タンクの水が完全になくなるまでの時間は，①に$y=0$を代入して，$0=-6x+1050$　$x=175$より，175分。また，1050mL給水されている加湿器を「強」で60分間使用した後，タンクに残っている水の量は，①に$x=60$を代入して，$y=-6\times60+1050=690$より，690mL。この後，「弱」に切り替えると，タンクの水は毎分$\frac{1050-1020}{10}=3$(mL)ずつ減るとみなせるから，タンクに残っている690mLの水が完全になくなるまでに$\frac{690}{3}=230$(分)かかり，タンクの水が完全になくなるまでの時間は$60+230=290$(分)である。これより，$290-175=115$(分)長くなる。

11 (図形と関数・グラフ)

(1)　点Pのx座標を1とするとき，点Rのx座標も1である。点Rは$y=4x^2$上にあるから，そのy座標は$y=4\times1^2=4$　これより，点Qのy座標も4となる。点Qは$y=x^2$上にあるから，そのx座標は$4=x^2$　$x=\pm\sqrt{4}=\pm2$　点Qのx座標は正であるから$x=2$　よって，Q(2, 4)

(2)　点Pのx座標をaとすると，P$(a,\ a^2)$，R$(a,\ 4a^2)$　また，点Qのx座標をbとすると，Q$(b,\ b^2)$　問題の条件より，PR＝QRだから，$4a^2-a^2=b-a$　$b=3a^2+a$　よって，$y=x^2$について，xの値がaからbまで増加するときの**変化の割合**は，$\frac{b^2-a^2}{b-a}=\frac{(b+a)(b-a)}{b-a}=b+a=3a^2+a+a=3a^2+2a\cdots①$　また，$y=x^2$について，xの値がaからbまで増加するときの変化の割合は，$\frac{y\text{の増加量}}{x\text{の増加量}}=\frac{\mathrm{PR}}{\mathrm{QR}}=1\cdots②$　①，②より，$3a^2+2a=1$　$3a^2+2a-1=0$　**解の公式**を用いて，

$a=\frac{-2\pm\sqrt{2^2-4\times3\times(-1)}}{2\times3}=\frac{-2\pm\sqrt{4+12}}{6}=\frac{-2\pm4}{6}$　ここで$a>0$だから，$a=\frac{-2+4}{6}=\frac{1}{3}$

(3)　前問(1)と同様に考えると，点Pのx座標を2とするとき，P(2，4)，Q(4，16)，R(2，16)　これより，直線PQの傾きは$\frac{16-4}{4-2}=6$　△PQRと△PQSの底辺をそれぞれ線分PQと考えると，△PQR＝△PQSより，△PQRと△PQSの高さは等しいから，RS//PQであり，直線RSの傾きも6に等しい。よって，直線RSの式を$y=6x+c$とおくと，点Rを通るから，$16=6\times2+c$　$c=4$　直線RSの式は$y=6x+4$…③　直線RSとx軸との交点がSだから，点Sのx座標は，③に$y=0$を代入して，$0=6x+4$　$x=-\frac{2}{3}$である。

12 (空間図形，線分の長さ，体積)

(1)　四面体ABCDの面は，面ACD，面BCD，面CAB，面DABの4つあり，このうち，辺CDをふくむ面は，面ACD，面BCDの2つである。

(2)　△ACDはAC＝ADの二等辺三角形で，二等辺三角形の頂角からの垂線は底辺を2等分するから，$CH=\frac{CD}{2}=\frac{6}{2}=3$(cm)　△ACHに三平方の定理を用いて，$AH=\sqrt{AC^2-CH^2}=\sqrt{9^2-3^2}=6\sqrt{2}$ (cm)

(3)　CD⊥AH，CD⊥BHより，CD⊥面ABHだから，三角錐C－ABH，三角錐D－ABHの底面をそれぞれ面ABHと考えると，高さはそれぞれCH，DHであり，CH＝DH＝3(cm)である。△ACD≡△BCDより，AH＝BHだから，△ABHはAH＝BH＝$6\sqrt{2}$ (cm)の二等辺三角形である。点Hから辺ABに垂線HIをひき，△AHIに三平方の定理を用いると，$HI=\sqrt{AH^2-AI^2}=\sqrt{(6\sqrt{2})^2-3^2}=3\sqrt{7}$ (cm)　以上より，(四面体ABCDの体積)＝(三角錐C－ABHの体積)＋(三角錐D－ABHの体積)＝$\frac{1}{3}\times$△ABH$\times$CH$+\frac{1}{3}\times$△ABH$\times$DH$=\frac{1}{3}\times$△ABH$\times$(CH＋DH)$=\frac{1}{3}\times\frac{1}{2}\times$AB$\times$HI$\times$CD$=\frac{1}{3}\times\frac{1}{2}\times6\times3\sqrt{7}\times6=18\sqrt{7}$ (cm³)

＜英語解答＞

1　(1)　エ　(2)　イ　(3)　ア

2　(1)　ア　(2)　ウ　(3)　エ

3　(1)　エ　(2)　イ　(3)　ウ

4　ア

5　(1)　ア　(2)　エ　(3)　イ　(4)　ウ

6　(1)　ウ　(2)　エ　(3)　people will become interested in

7　(1)　ウ　(2)　イ　(3)　(例1)do his best　(例2)continue working hard

8　(1)　ウ　(2)　イ　(3)　ア　(4)　take many actions　(5)　エ

9　(1)　many students are　(2)　ask someone to play　(3)　Watching those monkeys is popular for

10　(1)　(例1)I would choose school uniforms　(例2)I would choose regular clothes　(2)　(例1)You can wear school uniforms for one year and you don't have to think about what to wear to school.　(例2)You need to buy new school uniforms. Also, you choose what to wear when it's too hot in summer.

＜英語解説＞

1・2・3・4 (リスニング)

放送台本の和訳は，59ページに掲載。

5 (会話文問題：空所補充)

(1)　A：美術館へ行きましょう。今日の午後は空いていますか？／B：いいえ。ピアノのレッスンがあるのです。明日はどうですか？／B：いいですね。　ここでの freeは「ひまな，(時間が)空いている」の意味。(例)I am free this afternoon. (私は今日の午後空いています。)

(2)　A：私の腕時計が止まってしまいました。今夜時計が必要なのに。／B：まあ，そうなのですか？　私は時計を2つ持っていますよ。／A：あなたのものを貸してもらえますか？／B：いいですよ。私の時計を1つお貸ししましょう。 **my** ＝私の　**mine** ＝私のもの　**your** ＝あなたの **yours** ＝あなたのもの

(3)　A：これは私の3匹の犬の写真です。／B：その小さいのは犬の赤ちゃんですか？／A：いいえ。それは3匹の中でいちばん年上です。／B：本当ですか？　小さいのでその犬が一番若いと思いました。**<the ＋形容詞の最上級～＋ of ＋複数名詞…>で「…の中で最も～だ」**

(4)　A：どんな(種類の)本を読んでいるのですか？　／B：恋愛小説を読んでいます。／A：有名な作家によって書かれたものですか？　／B：いいえ。世界中で人気のある歌手によって書かれた話です。　先行詞 a singer を **関係代名詞 who** 以下の節で後ろから説明する文にすればよい。空所直後が been popular all over the world と続いているので**現在完了形<have (has)＋過去分詞>**になるように，　ウ　who has が適当。「(過去から今までずっと)世界中で人気のある」の意味を表す。

6 (会話文問題：語句補充，語句の解釈)

(全訳)　ソフィア：この黄色いタイルの上に自転車が何台かあるわね。このタイルは何かしら？

由菜　　：これは身体障がい者のための点字ブロックよ。

ソフィア：知らなかったわ。そのブロックの上に自転車が駐輪してあるなんてとても残念に思うわ。

由菜　　：私もそう思うわ。

ソフィア：この通りには，2種類のブロックがあるわね。その違いは何かしら？

由菜　　：直線のブロックはその線に沿ってまっすぐに歩くことができるということを示しているのよ。

ソフィア：点があるあれらのブロックはどうかしら？

由菜　　：それらは注意する必要があるということを示しているのよ。曲がり角やエスカレーターの近くによく置かれているわ。

ソフィア：なるほど。それらの2種類のブロックを使うことで，身体障がい者はどちらの方向に行けばよいかということと気をつけなければいけない場所を理解できるのね。

由菜　　：点字ブロックは日本で発明されたということは知っている？

ソフィア：いいえ。素晴らしいわ。私の国ではこのようなタイルは見たことがないわ。

由菜　　：同じようなブロックはたくさんの場所で使われているのよ，世界中の駅，空港，そしてショッピングモールなどでね。

ソフィア：まあ，そうなの？　世界中の身体障がい者にとってとても役に立つわね。

由菜　　：そうね。身体障がい者が外に出る機会を増やしているのよ。

ソフィア：見て！　むこうにある点字ブロックには絵が描いてあるわ。とてもきれいね。
由菜　　：まあ，あれは見たことがないわ。点字ブロックに絵を描くのはいいアイデアね。
ソフィア：その通りだわ。その絵を楽しむことで，みんな点字ブロックに興味をもつようになるもの。
由菜　　：そうね。そうすればきっと誰もその上に自転車を駐輪しなくなるわ。
ソフィア：おもしろいわね！　後ほど家で絵が描いてある点字ブロックについての情報をもっと探してみない？
由菜　　：楽しそう！

(1)　全訳参照。由菜の3番目4番目の発言に注目。　ウ　which way to go＝どちらの方向へ行けばよいかが適当。　when to ～＝いつ～するのか　where to ～＝どこで～するのか　how to～＝どのように～するのか

(2)　全訳参照。下線部を含むソフィアの発言の前後の由菜の発言に注目。　エ「身体障がい者は外国で点字ブロックを使って容易に歩くことができる」が適当。

(3)　(問題文訳)私のブログをご覧いただきありがとうございます。私は画家で，点字ブロックに絵を描いています。多くの人たちが点字ブロックに書かれた私の絵を見てくれてとても嬉しいです。私の絵を見ることでみんなが点字ブロックに興味をもつようになるといいと思っています。ソフィアの最後から2番目の発言に注目。　**be interested in ～＝～に興味をもつ**

7　(長文読解問題・物語文：要旨把握，空所補充，自由・条件英作文)

(全訳)　直樹は小さな町の小さな小学校に通っていました。彼のクラスには10人しか生徒がいませんでした。彼らは仲の良い友だち同士でした。彼の学校の外には美しい森がありました。春には，直樹は時々窓の外を眺めました。よくツバメが空を飛んでいました。ある日，直樹が外を見ていると，彼の先生，サトウ先生が言いました，「あなたはツバメが好きなのね？」　直樹は言いました，「はい。僕は勉強は得意ではありませんが，ツバメを見るのは好きです」　サトウ先生は微笑んで言いました，「勉強も楽しくなるわよ」

雨の季節が始まった時，ツバメたちは直樹の教室の窓の近くに巣を作り，巣の下にたくさんのツバメのフンが落ちました。直樹のクラスメイトの中には汚いという人たちもいました。直樹はそれを聞いて残念に思い，巣の下をきれいにしようと決めました。直樹がそこを掃除し始めると，サトウ先生が手伝ってくれました。まもなく，彼のクラスメイトたちも(2人と)一緒に掃除を始めました。彼らは夏まで掃除を続けました。サトウ先生は直樹の勉強も手助けしてくれたので，彼は以前よりも熱心に勉強しました。3月に，サトウ先生は退職のために学校を離れなければなりませんでした。直樹は彼女に感謝をしたかったので，お母さんとそれについて考え，彼女のためにツバメのブローチを作ることにしました。サトウ先生が学校を離れる時，直樹は言いました，「サトウ先生，僕を手助けしてくださってありがとうございました。僕は将来先生のような教師になりたいです」　サトウ先生は言いました，「直樹，あなたは優しい男の子です。ずっと掃除をしてくれてありがとう。あなたはいつも最善を尽くしますね」

8年後，直樹は大きな都市の大学に通い，一人暮らしを始めました。彼の夢はサトウ先生のような教師になることでした。しかし，大都市で暮らすことは彼にとっては難しいことでした。美しい木々はなく，ツバメも見ることはできませんでした。また，彼はそこでは友だちが一人もいませんでした。(1)およそ1か月後，彼はもう彼の故郷の町に戻りたくなっていました。

5月のある日，直樹は小さな美容室に行きました。彼は自分自身を変えたかったのです。直樹は椅子に座り鏡を見た時，驚きました。美容師は彼が作ったブローチをつけていたのです。彼は彼女

になんと言えばよいのか分からずお店を出ました。彼はこう思いました，「あのブローチは僕がサトウ先生にあげたものに違いない」

1か月後，直樹は再びその美容室に行きました。その美容師は同じツバメのブローチをしていました。直樹は彼女に言いました，「素敵なブローチですね！」　彼女は言いました，「ありがとうございます。私は去年美容師になったのですが，ここに来るまでは不安でした。このブローチは私の祖母の宝物なのですが，彼女は私にお守りとしてこれをくれたのです。教師だった時に生徒からもらったものだと言っていました」　直樹はそれを聞いて驚きました。その美容師は言いました，「祖母は，その生徒はいつも一生懸命頑張り続ける優しい男の子だと言っていました。このブローチは私の宝物で，私を励ましてくれるのです」　直樹は言いました，(2)「僕は②あなたのおばあ様のような①先生に③小学校で出会いました」

その後，直樹は雨の中，道を歩きました。都会の空にはツバメはいませんでしたが，彼はここでの将来に喜びを感じていました。

(1)　全訳参照。　第3段落の内容に注目。　ウ「直樹は，ツバメも友だちもおらず一人ぼっちだったので不安だった」が適当。

(2)　(I met)a teacher (like)your grandmother (in)elementary school(.)全訳参照。

(3)　(問題文訳)T：このお話の直樹についてどう思いますか？／S：彼はとても優しいと思います。／T：教師になるために，お話の最後で直樹は何をしようと心に決めたでしょう？　どう思いますか？／S：私は，彼は最善を尽くそうと／一生懸命頑張り続けようと心に決めたと思います。

第6段落の内容から，直樹は美容師との出会いでサトウ先生が励ましてくれたことを思い出し，前向きな気持ちになれたと解釈するのが自然。第2段落最後の一文，及び第5段落最後から2文目がヒントになる。

8 (長文読解問題・論説文：要旨把握，空所補充，語句の解釈・指示語)

(全訳)

1　偉大な発見をしたいと思ったらどうしますか？　あなたは「それを成し遂げるために一生懸命取り組む」と言うかもしれません。人々は歴史上，懸命に取り組み偉大な発見をしてきました。それらの発見は私たちの生活を豊かに，そして容易にしてきました。驚いたことに，最も偉大な発見のほとんどは偶然にもたらされたのです。

2　思いもよらない発見はいつでももたらされます。例えば，10年以上前，中国で，ある会社が洗濯機を作りました。その会社は「おたくの洗濯機はいつも壊れる。ジャガイモを洗おうとするが，うまく動かない」という農場経営者からの電話を受けました。他の会社ならこのような電話を受けた時普通どうするでしょう？　他の会社なら農場経営者にこう言うでしょう，「洗濯機でジャガイモを洗わないでください。その製品はジャガイモを洗うために作られていません。わが社の洗濯機は衣類用です」　しかし，この会社はそうはしませんでした。彼らは世界中の多くの農場経営者が同じ問題を抱えていると考えました。そこで彼らは泥フィルターを開発し，そのフィルターを搭載したジャガイモ洗浄機を作りました。そのジャガイモ洗浄機はその会社の人気製品のひとつになっています。

3　これは偶然になされた偉大な発見です。偶然によって偉大な発見がもたらされることはセレンディピティと呼ばれています。科学と科学技術の分野では，現在私たちにとって必要な多くのものがセレンディピティによってもたらされました。多くの人が，ニュートンが木から落ちるリンゴを見て偶然に万有引力の概念を発見したということを知っています。研究者たちは，セレンディピティをより多く生じさせるためのいくつかの重要な方法があると言います。第一に，自分たちとは異なる意見を聞くべきだということです。第二に，さまざまなことに興味をもつことによってたくさんの行動を起こすことが必要だということです。これらのことをすることによって，私たちはセレンディピティをもたらす新しい考えを思いつくことができるのです。

4　今日では，皆さんの周りにはたくさんのものと情報があります。あなたにとって興味のないものや退屈なもの，あるいはあなたの考えとは異なるものを目にすることもよくあるでしょう。しかし，それらのものを受け入れることによって，新しい考えを思いつくことができるのです。新しい考えはセレンディピティを起こりやすくし，そしてセレンディピティは私たちの生活をより良くするでしょう。

皆さんの周りの世界を，多くの新しいさまざまな視点で見てください，そうすればセレンディピティを起こせるかもしれません。

(1)　全訳参照。For example ＝例えばが適当。　But ＝しかし　Because of ＝～のために(理由)　Instead ＝その代わりに

(2)　全訳参照。①農場経営者が洗濯機でジャガイモを洗った。→④洗濯機が壊れた。→②その会社はなぜ洗濯機が壊れたのか分かった。→③その会社はジャガイモ用の洗浄機を作った。

(3)　全訳参照。ア　偶然にもたらされた発見が適当。

(4)　(問題文・解答例訳)T：セレンディピティを起こしたいと思いますか？／S：はい，思います。／T：どのようにそれをしますか？／S：私はさまざまな意見を聞き，セレンディピティをおこすためにたくさん行動を起こします。　第3段落最後から2文目に注目。take action ＝行動を起こす

(5)　全訳参照。　ア　人々は懸命に取り組み，歴史上偉大な発見をしてきた。　イ　ジャガイモ洗浄機はよく知られる製品のひとつになっている。　ウ　ニュートンは万有引力の概念を偶然に発見した。　エ　多くの新しいいろいろな方法で周りの世界を見よう。(〇)「筆者が最も伝えたいこと」は結論(まとめ)の部分となっている第4段落最後の一文の内容だと理解するのが自然。

9 (会話文問題：語句の並べ換え)

(1)　A：私は大きな学校に通っています。／B：大きな学校ですか？　あなたの学校にはどのくらいの数の生徒がいますか？／A：700人の生徒がいます。／B：わあ，とても多いですね。(How) many students are (there in your school?) **<How many ＋複数名詞…＋ are there ～?>＝どのくらいの…がいますか(ありますか)？**

(2)　A：クミの誕生日パーティーに何をするつもりですか？／B：私は彼女のために歌を歌うつもりです。／A：あなたと一緒に歌いたいです。それでは，誰かにピアノで何か弾くように頼みますね。／B：いいですね。(So, I will) ask someone to play (something on the piano.) **<ask ＋人＋ to ＋動詞の原形～>＝(人)に～するように頼む**

(3)　A：私はこの前の週末家族と長野に行きました。／B：そこでお風呂に入っているサルを見ましたか？／A：いいえ，見ませんでした。どうしてですか？／B：そのサルたちを見ることが長野の多くの観光客に人気があるのです。 Watching those monkeys is popular for (a lot of tourists in Nagano.)　ここでの **Watching** は「見ること」の意味を表す動名詞。Watching those monkeys が文の主語になる。

10 (自由・条件英作文)

(問題文・解答例訳)

【エミリーからあなたへのメール】

こんにちは，＿＿＿さん

あなたの学校に何を着ていけばよいのかについて質問があります。

あなたの学校には制服があるそうですね。私は制服を着たほうがいいですか，それとも私服ですか？

あなたは制服と私服のどちらを選びますか？　そしてそれはなぜですか？

エミリーより

【あなたからエミリーへの返信メール】

こんにちは，エミリー

私があなただったら，①制服を選びます。／私服を選びます。

それにはいくつか理由があります。②1年間制服を着ることができて，学校に何を着ていこうか考えなくていいのです。／新しい制服を買う必要があります。また，夏のとても暑い時に何を着るかを選ぶことができます。

このような理由で，それを着た方がいいと思います。会えるのを楽しみにしています。それではまた。

＿＿＿より

2024年度英語　リスニングテスト

〔放送台本〕

英語はすべて2回繰り返します。メモをとってもかまいません。

1　これは，二人の対話を聞いて答える問題です。これから，女性と男性が英語で対話をします。それぞれの対話は，女性，男性，女性，男性の順で行われます。最後に，男性が話す英語の代わりにチャイムが鳴ります。このチャイムの部分に入る英語として最も適当な答えを，それぞれ，問題用紙のア，イ，ウ，エのうちから一つずつ選んで，その記号を書きなさい。

(1)　*A*: What did you do yesterday?
B: I saw a movie.
A: How was it?
B: (チャイム)

(2)　*A*: Big news!
B: What?
A: My team won the first prize at the dance contest.
B: (チャイム)

(3)　*A*: Look at this picture. This is my favorite American writer. Do you know about him?
B: Yes, I do. I like him too.
A: Which books have you read before?
B: (チャイム)

〔英文の訳〕

(1)　A：昨日は何をしましたか？
B：映画を見ました。
A：どうでしたか？

B：エ　素晴らしかったです。

(2)　A：大ニュースです！

B：何ですか？

A：私のチームがダンスコンテストで優勝しました。

B：イ　それはすごいですね。(私はあなたをとても誇りに思います。)

(3)　A：この写真を見てください。これは私が好きなアメリカの作家です。彼について知っていますか？

B：はい，知っています。私も彼が好きです。

A：これまでどの本を読みましたか？

B：ア　私は彼の有名な本を(複数)読みました。

〔放送台本〕

2　これは，デパートの案内板を見ている留学生のカレン(Karen)と高校生の武(Takeshi)との対話を聞いて答える問題です。二人の対話の後，その内容について英語で質問をします。(1)，(2)，(3)の質問に対する最も適当な答えを，それぞれ，問題用紙のア，イ，ウ，エのうちから一つずつ選んで，その記号を書きなさい。

Karen:　This department store has seven floors. It is big, right?

Takeshi:　Yes. There are many kinds of things here.

Karen:　I'm going to go hiking with my friends next weekend. I need a bag, a map and shoes for hiking. I'll buy a bag and shoes today.

Takeshi:　OK. You can buy a bag on the second floor and you can buy shoes on the fifth floor.

Karen:　That's right. Do you have anything to buy, Takeshi?

Takeshi:　Yes. I want to buy a new dictionary.

Karen:　You already have a dictionary. Why do you need a new one?

Takeshi:　Well, I have an English dictionary, but I'll study Chinese with my friends next month. So I need a Chinese dictionary.

Karen:　I see. We're on the first floor now. Then, let's go to the bookstore on the top floor first.

Takeshi:　Yes, let's.

(1)　What will Karen buy at the department store?

(2)　Why will Takeshi need a new dictionary?

(3)　Which floor is the bookstore on?

〔英文の訳〕

カレン：このデパートは7階建てなのね。大きいデパートよね？

武　　：そうだね。ここにはたくさんいろいろなものがあるよ。

カレン：次の週末に友だちとハイキングに行く予定なの。かばん，地図,それからハイキング用の靴が必要なのよ。今日はかばんと靴を買うつもりよ。

武　　：分かった。かばんは2階で，靴は5階で買えるよ。

カレン：そうね。あなたは何か買うものはある，タケシ？

武　　：うん。新しい辞書が欲しいんだ。

カレン：もう辞書は持っているじゃない。どうして新しいものが必要なの？

武　　：うん，英語の辞書は持っているんだけど，来月友だちと中国語を勉強するつもりなんだ。だから中国語の辞書がいるんだよ。

カレン：そうなのね。今私たちは1階にいるわね。それじゃあ，最初に最上階の本屋さんへ行きましょう。

武　　：そうしよう。

(1)　カレンはデパートで何を買うつもりですか？
　答え：ア　カレンはかばんと靴を買うつもりです。

(2)　なぜ武は新しい辞書が必要なのですか？
　答え：ウ　武は来月中国語を勉強するつもりです。

(3)　本屋さんはどの階にありますか？
　答え：エ　本屋さんは7階にあります。

〔放送台本〕

3　これは，英語による説明を聞いて答える問題です。あなたは留学先の学校で行われる行事の説明を聞いてメモをとっています。これから放送される英語の説明を聞いて，(1)，(2)，(3)の空所に入る最も適当な答えを，それぞれ，問題用紙のア，イ，ウ，エのうちから一つずつ選んで，その記号を書きなさい。

Now, I'm going to tell you about our school festival. Our school will have a school festival on Saturday, November 30th. Students from many different countries will join this event. So, it will be a good chance to share different cultures and ideas. In this event, you can give a presentation to let students know about your cultures and ideas. First, introduce yourself in English. Second, talk about your country's dance, music, art, or food. You can choose one thing. If you want to give a presentation, please send an e-mail to the event office before November 13th. Enjoy the school festival.

〔英文の訳〕

それでは，私たちの学校の学園祭にについて説明します。私たちの学校では(1)11月30日土曜日に学園祭が行われます。さまざまな国から来た生徒たちがこの行事に参加します。だから，異なる文化や考えを共有する良い機会になるでしょう。この行事では，あなたの(国の)文化や考え方について生徒たちに理解してもらうために発表をすることができます。はじめに，(2)英語で自己紹介をしてください。2番目に，あなたの国の踊り，音楽，芸術，あるいは食べ物について話してください。(テーマを)1つ選ぶことができます。発表をしたい場合は，11月13日より前に(11月12日までに)(3)行事事務所にメールを送ってください。学園祭を楽しみましょう。

〔放送台本〕

4　これは，英語による説明を聞いて答える問題です。これから放送される英語の内容について英語で質問をします。その質問に対する最も適当な答えを，問題用紙のア，イ，ウ，エのうちから一つ選んで，その記号を書きなさい。

You want to buy a black T-shirt at a shop. You find a good one, but it is too small.

Question: What will you say to the clerk?

〔英文の訳〕

あなたはお店で黒いTシャツを買いたいと思っています。あなたは良いものを見つけましたが，サイズが小さすぎました。

質問：あなたは店員に何と言いますか？

答え：ア　違うサイズのものを見せていただけますか？

＜理科解答＞

1　(1)　イ　(2)　エ　(3)　イ　(4)　ア　(5)　ウ　(6)　ア　(7)　ウ　(8)　エ

2　(1)　イ　(2)　ウ　(3)　ア　(4)　①　示準化石　②　(例)広い範囲に，ほぼ同時期に堆積する

3　(1)　主根　(2)　ウ　(3)　アジサイ　ア　トウモロコシ　ウ　(4)　(例)葉Hは，光があたって気孔が開き，蒸散が盛んに起こったから。

4　(1)　周波数　(2)　120cm/s　(3)　(記号)　イ

(理由)　(例)区間A～Dと区間Eを比べると，テープの長さの変化量が一定ではなくなっているから。　(4)　エ

5　(1)　乱反射　(2)　ア　(3)　170 g

(4)　(例)中の水をこおらせたペッボトルの密度が，食塩水の密度よりも小さいため。　(5)　右図　(6)　イ

(7)　エ　(8)　ウ

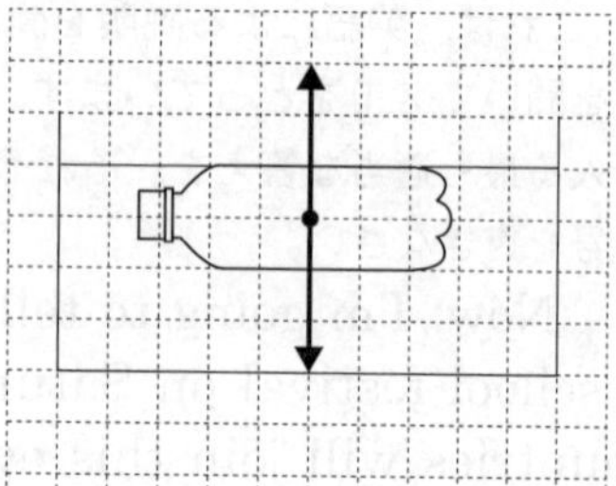

6　(1)　Fe＋S → FeS　(2)　イ　(3)　エ　(4)　A　3.5　B　0　C　0　D　2.0

＜理科解説＞

1　**(小問集合－動物の特徴と分類：節足動物，生物の成長と生殖：有性生殖，植物の特徴と分類，光と音：音の振幅，電流：電流計と電圧計，酸・アルカリとイオン，化学変化と電池：金属イオン・イオン化傾向，天気の変化：寒冷前線，日本の気象：冬の天気図)**

(1)　**節足動物**はカニであり，**外骨格**があるのが特徴である。そのほかに，無セキツイ動物のなかまは，イカ・軟体動物，ミミズである。イモリはセキツイ動物・両生類である。

(2)　正しいものは，**被子植物は，卵細胞が受精し，種子ができるとする**エ。シダ植物は胞子で殖え，花は咲かない。裸子植物には，子房がなく，胚珠がむき出し。コケ植物は，胞子のうの中に胞子ができる。

(3)　おんさをより強い力でたたくと**振幅が大きくなる**。よって，イが正しい。

(4)　**電流計**は回路に**直列**につなぐ。**電圧計**は回路に**並列**につなぐ。よって，アが正しい。

(5)　**フェノールフタレイン溶液**を加えると**赤色**になるのは，**アルカリ性の物質**であるため，**セッケン水**である。

(6)　金属のイオンへのなりやすさを**イオン化傾向**という。実験1で硫酸亜鉛水溶液にマグネシウム板を入れた場合，マグネシウム板の表面に亜鉛が付着したのは，$Mg \rightarrow Mg^{2+} + 2e^-$，によって**マグネシウムが金属の陽イオンとなって水溶液中にとけ出し**，$Zn^{2+} + 2e^- \rightarrow Zn$，によって亜鉛イオンが電子を2個受けとって**亜鉛イオンが金属になったからである**。よって，イオン化傾向は，Mg＞Zn，である。同様にして，実験3から，Zn＞Cu，であることがわかる。以上から，

イオンになりやすい順は，Mg＞Zn＞Cu，である。

(7)　寒冷前線付近では，**激しい上昇気流**が発生するため，発達する雲は**積乱雲**である。

(8)　日本の冬の天気は，冷えたユーラシア大陸上でシベリア高気圧が発達し，日本列島の東の海上には低気圧があることが多く，**「西高東低の冬型の気圧配置」**になる。天気図を見ると，日本列島付近では，**南北方向の等圧線がせまい間隔で並び**，**北西の季節風**がふく。よって，エが正しい。

2　**(火山活動と火成岩：火山灰に含まれる鉱物を取り出す操作と観察・無色鉱物からマグマの考察，火山灰の堆積と鍵層，地層の重なりと過去の様子：火山灰の堆積と鍵層・示準化石，身近な地形や地層，岩石の観察)**

(1)　火山灰を少量とり，鉱物を観察しやすくするための操作は，**火山灰を蒸発皿に入れ，水を加えて指で押し洗いし，にごった水を捨てよく乾かす。**

(2)　図Ⅰから，火山は霧島山新燃岳と考えられ，火山灰が飛んだ距離から噴火は激しいもので，マグマはねばりけが強いものであったと考えられる。表から，火山灰には，**長石やセキエイなどの無色鉱物が多くふくまれているため**，**火山灰の色は白っぽく，マグマはねばりけが大きい。**

(3)　噴火地点から近いAはBと比べて，堆積した火山灰の粒は大きいものが多く，堆積した火山灰の層は厚い。

(4)　ビカリアの化石や火山灰は，これらの地層が堆積したおおよその年代を知るための手がかりとなる。**ビカリアは，ある時期にだけ栄え，広い範囲にすんでいたという特徴がある**ため，このような生物の化石を**示準化石**という。また，**火山灰は広い範囲に，ほぼ同時期に堆積する**ため，火山が噴火した時代がわかれば，**火山灰の層を鍵層**として，**離れた地層を比べる**ときに利用することができる。

3　**(植物の体のつくりとはたらき：対照実験による蒸散実験から双子葉類と単子葉類の葉の気孔の数の分布の違い・気孔の開閉と光の関係・維管束)**

(1)　双子葉類であるアジサイの根は，1本の太い主根とそこからのびる側根からなる。

(2)　双子葉類の茎は，**維管束が輪のように並んでいる。**維管束は**中心に近い部分**に赤いインクで着色した**水が通った道管**，**外側に葉で作られた栄養分が運ばれる師管**の順に並んでいる。

(3)　アジサイについては，Aは葉の表側にワセリンをぬったため，裏側の気孔が蒸散のはたらきをしている。Bは葉の裏側にワセリンをぬったため，表側の気孔が蒸散のはたらきをしている。表より，**蒸散量がAの方がBより多いため**，**アジサイの葉の気孔の数は，葉の表側より裏側に多い**といえる。**トウモロコシ**については，表より，蒸散量がDとEでほぼ同じであるため，トウモロコシの葉の気孔の数は，**葉の表側と裏側でほぼ等しい**といえる。

(4)　多くの植物では光が当たると気孔が開き，蒸散がさかんにおこる。実験3で，光を当てなかったGでは，閉じたままの気孔が多かったため，しおれなかった。**葉Hがしおれたのは，葉Hは，光にあたって気孔が開き，蒸散が盛んに起こったから**である。

4　**(力と物体の運動：一定の力がはたらき続けるとき，摩擦力がはたらき続けるとき，力がはたらかないときの水平面上での物体の運動)**

(1)　東日本で使用すると1秒間に50打点する記録タイマーを西日本で使用すると，1秒間に60打点になるのは，コンセントから取り出す**電流の周波数**が，**東日本では50Hz，西日本では60Hz**と異なるためである。

(2)　記録タイマーは1秒間に50打点するため，0.1秒間では5打点する。図Ⅲより，区間Bの台車の平均の速さ〔cm/s〕＝$\frac{12〔\mathrm{cm}〕}{0.1〔\mathrm{s}〕}$＝120〔cm/s〕である。

(3)　図Ⅲにおいて，縦軸のテープの長さは，0.1秒間に台車が進んだ距離、つまり0.1秒間の平均の速さを表す。区間A，B，C，Dはそれぞれ，6cm/s，12cm/s，18cm/s，24cm/sであり，0.1秒間の平均の速さが6cm/sの一定の割合で大きくなっている。しかし，区間Eでは0.1秒間の平均の速さが大きくなった割合は約5cm/sであり，減少している。すなわち，区間A～Dと区間Eを比べると，0.1秒間の平均の速さが大きくなる割合(テープの長さの変化量)が一定ではなくなっている。これは，区間Eでおもりが床にぶつかり，ぶつかった時から台車には運動方向への力がはたらかなくなり，慣性の法則により等速直線運動になるからである。区間FとGは等速直線運動の記録である。

(4)　おもりが床にぶつかるまでは，実験1の台車は摩擦力がはたらかないため，おもりにより一定の大きさの力がはたらき続けて，速さが一定の割合で大きくなる運動をする。一方，台との間に摩擦力がはたらく，台車と同じ質量の木片の場合は，一定の大きさの摩擦力が運動方向とは逆向きにはたらき続けるため，木片にはおもりによる力から摩擦力を引いた一定の大きさの力がはたらき続けて，速さが一定の割合で大きくなる運動をする。よって，おもりが床にぶつかるまでは木片の運動方向の速さは，実験1の台車より小さくなる。また，おもりが床にぶつかるまでの時間は，木片の方が実験1の台車より速さが小さいため，多くかかる。おもりが床にぶつかった後は，実験1の台車は，運動方向に力がはたらかなくなるため等速直線運動をするが，木片にはおもりから運動方向の力を受けなくなっても運動方向とは逆向きの摩擦力が一定の大きさではたらき続けるため，止まるまで，速さは一定の割合で小さくなる。

5

(総合問題・小問集合－光と音：光の乱反射，動物の体のつくりとはたらき，水溶液：濃度，身のまわりの物質とその性質：密度，力のつり合いと合成・分解：浮力，天体の動きと地球の自転・公転：白夜，自然の環境調査と環境保全：地球温暖化，天気の変化：飽和水蒸気量)

(1)　光は物体の表面にある細かい凹凸にあたることで，さまざまな方向に反射する。これを乱反射という。

(2)　肉食動物は，草食動物に比べて両目の視野が重なる範囲が広く，立体的に見える範囲が広い。

(3)　3.4％の食塩水5.0kgをつくるのに必要な食塩の質量は，5000〔g〕×0.034＝170〔g〕，より，170gである。

(4)　[6]で，中の水をこおらせたペットボトルが食塩水に浮いたのは，中の水をこおらせたペットボトルの密度が，食塩の密度よりも小さいためである。

(5)　図Ⅳのペットボトルはうかんでいるので，重力と浮力はつりあっている。図Ⅳのペットボトルの中の水はこおっているが，図Ⅴのペットボトルの中の氷はとけている。両方のペットボトルの中の氷と水の質量は変わらない。よって，ペットボトルにはたらく重力の大きさは等しい。以上より，図Ⅴのペットボトルにはたらく重力の大きさの3目盛り分に等しい大きさの重力を作用点から下向きに図Ⅳにかく。重力の大きさの3目盛り分に等しい大きさの浮力を作用点から上向きに図Ⅳにかく。

(6)　容器AとBでは容器の大きさと容器に入れた水の体積は等しいが，容器の表面積はAの方がBよりも小さく，Aの方が冷えにくい。容器AとCでは容器の表面積は等しいが，容器に入れた水の体積はAの方がCよりも大きく，Aのほうが冷えにくい。よって，体積が大きく，表面積が小さいほど冷えにくい。

(7)　**夏至の日の北極点**では**白夜**という現象が見られる。**地軸の傾き**によって，北極点では夏になると，1日中，**太陽は沈まず，地平線の近くを動く**。よって，エが正しい。

(8)　表Ⅱの**北極圏をおおう氷の平均の面積の減少**は，地球の温暖化によって引き起こされている。大気中で，**二酸化炭素**や**メタン**などの**温室効果ガス**が増加することで，**地球温暖化**が引き起こされると考えられている。**地球の平均気温が高くなると大気中の飽和水蒸気量が大きくなる**ので**局地的な大雨などが起こりやすくなる**といわれている。

6　**(化学変化：鉄と硫黄の加熱実験・発熱反応・化学反応式，化学変化と物質の質量，気体の発生とその性質)**

(1)　**鉄と硫黄**を混ぜ合わせて**加熱**すると，光と熱を出す激しい化学変化が起こり，**硫化鉄**ができる。硫化鉄は，鉄の原子と硫黄の原子が1：1の比で結びついた物質であり，**化学式**を用いて，**化学反応式**で表すと，**Fe＋S→FeS**，である。

(2)　鉄と硫黄の混合物の加熱では，赤くなりはじめたところで**加熱をやめても反応が続く**。そのその理由は，**鉄と硫黄の化合は発熱反応**であるため，**周囲に熱を放出して反応が進む**からである。

(3)　加熱前の鉄Feと硫黄Sの**混合物**は**鉄をふくんでいる**ためフェライト**磁石につく**が，加熱により化学変化してできた黒い物質は，鉄と硫黄の**化合物**である**硫化鉄FeS**で，もとの鉄や硫黄とは**性質が異なる別の物質**になっているため，**磁石につかない**。加熱後できた**硫化鉄FeS**に**うすい塩酸**を加えると，**硫化水素**という**特有なにおいのある**気体を発生する。反応前の**鉄Fe**に**うすい塩酸**を加えると，**においのない水素**の気体が発生する。

(4)　鉄と硫黄は，**質量比7：4で過不足なく反応**するため，**鉄7.0gと硫黄2.0gを反応させた場合**，2.0gと過不足なく反応する鉄の質量をxgとすると，x〔g〕：2.0〔g〕＝7：4，x〔g〕＝3.5〔g〕であるため，**鉄3.5gが反応せずに残る**。**鉄7.0gと硫黄6.0gを反応させた場合**，鉄7.0gと過不足なく反応する硫黄の質量は4.0gであるため，**硫黄2.0gが反応せずに残る**。

＜社会解答＞

1　(1)　イ　(2)　ウ

2　(1)　ウ　(2)　天保の改革　(3)　ア　(4)　(例)自分の娘を天皇のきさきとして，政治の実権を握った。　(5)　A→D→C→B

3　(1)　イ　(2)　(例)扇状地は水はけが良く，果樹園に利用しやすいため。　(3)　ウ

4　(1)　ア　(2)　メディアリテラシー　(3)　エ　(4)　エ

5　(1)　イ　(2)　ウ　(3)　ア　(4)　(例)第1作トウモロコシは大豆と生育期が重なっているが，第2作トウモロコシは大豆と生育期がずれているから。

6　(1)　イとウ　(2)　ア　(3)　(例)第二次世界大戦が終結し，海外からの引きあげによって人々が移動したため。　(4)　エ

7　(1)　日本銀行　(2)　A　ウ　B　ア　C　イ　(3)　(例)平均寿命が短く，医師数が少ない傾向がある。

8　(1)　エ　(2)　エ　(3)　(利点)　(例)資料【Ⅰ】 どの世代もスマートフォンの保有率が上がってきていて，多くの人が利用できる。　資料【Ⅱ】 支払いや売上の集計などの会計業務が楽になる。　資料【Ⅲ】 利用した人には，得がある。　(課題)　(例)資料【Ⅰ】 70

歳代や80歳以上の世代では，スマートフォン保有率が低く，利用できない人がいる。
資料【Ⅱ】　ネットワーク回線が使用できない場合には，支払いができない。
資料【Ⅲ】　利用していない人には，得がない。

＜社会解説＞

1　**(地理的分野―世界―地形・気候)**

(1)　東京からみて左上にあることから判断する。

(2)　A・Bの都市ともに略地図中の「東京から10,000km」の円の内側に位置するが，Bの方がより内側であることから判断する。オーストラリア大陸の中央部には砂漠が広がる。

2　**(歴史的分野―日本史―時代別―古墳時代から平安時代，鎌倉・室町時代，安土桃山・江戸時代，日本史―テーマ別―政治・法律，文化・宗教・教育)**

(1)　天智天皇の弟である**天武天皇**は，**壬申の乱**で天智天皇の子である大友皇子に勝利した。

(2)　天保の改革では，株仲間の解散のほかにも，江戸や大阪周辺の土地を幕府の直轄領にしようとしたが，大名などの反対にあい失敗した。

(3)　北条時宗が活躍したのは鎌倉時代。イが古墳時代，ウが平安時代，エが奈良時代のようす。

(4)　藤原氏が**摂政**や**関白**の位についたのに対して，平清盛は**太政大臣**の位について実権を握った。

(5)　Aが飛鳥時代，Bが江戸時代，Cが鎌倉時代，Dが平安時代の人物。

3　**(地理的分野―日本―地形図の見方，日本の国土・地形・気候)**

(1)　ア　北東ではなく，南西。　ウ　奥松川橋付近に「166」「162」，大萱橋付近に「122」と標高を示す地点が見られるため，標高差は40m前後と考えられる。　エ　2万5千分の1の地形図上での直線距離が約3cmであることから，実際の距離は3(cm)×25000＝75000(cm)＝750(m)程度。

(2)　扇状地は水もちが悪く傾斜もあるため，水田には不向き。

(3)　若松は**奥羽山脈**以西の内陸部に位置するため，太平洋沿岸部に位置する小名浜に比べて**冬の気温が低く，冬の降水量が多くなる。**

4　**(公民的分野―憲法・基本的人権，民主主義)**

(1)　文中の「**小選挙区制**」「**全国を11のブロックに分けて**」などから衆議院議員の選挙であると判断する。参議院議員の選挙では，都道府県選挙区制と全国を1つのブロックとする比例代表制とを組み合わせた制度がとられている。

(2)　情報リテラシー，クリティカルシンキングも可。

(3)　資料中の「政権を担当している政党」から与党と判断できる。資料から，自由民主党と公明党とで内閣が連立されていることが読み取れる。

(4)　資料Ⅰのように居住地によって一票の価値に格差が存在したり，資料Ⅱのように父母が結婚関係にないだけで日本国籍を取得できないのは，日本国憲法**第14条**で国民の「**法の下の平等**」に反するという判決が出ている。

5　**(地理的分野―世界―人々のくらし・宗教，地形・気候，産業，交通・貿易)**

(1)　Aの都市は**アンデス山脈**上に位置するため，高山気候となる。

(2)　インカ帝国は現在の**ペルー**を中心に栄えていた。南アメリカ州では**カトリック**を信仰する人々が多い。

(3)　チリは世界一の**銅**の産出量をほこる。イがクウェート，ウがエチオピア，エがフランス。

(4)　資料Ⅱから，生育期について，大豆が10月から12月，第1作トウモロコシが9月から1月，第2作トウモロコシが1月から5月であることが読み取れる。

6 (歴史的分野―日本史―時代別―明治時代から現代，日本史―テーマ別―政治・法律，経済・社会・技術)

(1)　ア　1900年の人口が70万人強，1940年が約110万人。　エ　1910年以前の人口は80万人未満。

(2)　初代内閣総理大臣となった**伊藤博文**は，大日本帝国憲法の草案を作成したり，立憲政友会を設立したりした。

(3)　1945年にポツダム宣言を受諾して終戦を迎えて以降，軍人や海外で活動していた民間人が日本に帰国した。シベリア抑留兵や中国残留孤児など，長い間帰国が叶わなかった人々もいた。

(4)　資料Ⅰの③の時期は，**高度経済成長**の頃。公害対策基本法が制定されたのは1967年。アが明治時代，イが大正時代，ウが昭和初期のようす。

7 (公民的分野―経済一般)

(1)　日本銀行は，紙幣を発行できる唯一の**発券銀行**としての役割を担っている。

(2)　図中のA・Cに向かう矢印の元に「利潤」があることに着目する。株式会社の**利潤**の一部は出資者に**配当**として還元され，残りの大部分はその後の生産のための設備投資などに使われる。

(3)　資料Ⅰの数値が小さい国ほど，資料Ⅱ・Ⅲの数値も小さくなっていることが読み取れる。

8 (地理的分野―日本―資源・エネルギー，地理的分野―世界―資源・エネルギー，歴史的分野―日本史―時代別―安土桃山・江戸時代，明治時代から現代，日本史―テーマ別―文化・宗教・教育，公民的分野―財政・消費生活)

(1)　日本は**火力発電**の割合が高い。アがフランス，イがドイツ，ウがブラジル。

(2)　日露戦争は明治時代後期のできごと。アが戦国時代，イが江戸時代，ウが明治時代前期のできごと。

(3)　資料Ⅰから，60歳代以下の人々の80％以上がスマートフォンを保有している一方，70歳代が60％未満，80歳代が約20％の保有率であることが読み取れる。資料Ⅱから読み取れる課題として，スマートフォン決済は高齢者にとっては手順が多く煩雑で，手間取ることなども考えられる。

＜国語解答＞

1　(1)　イ　(2)　エ　(3)　ア　(4)　(例)今までなにげなくやってきた作業の意味に気がつき，ワコに言葉で具体的，論理的に教えることができてうれしかった(から。)
(5)　(例)本物の菓子職人を目指して，全身で学ぼう

2　(1)　ウ　(2)　エ　(3)　他者とのか　(4)　(例)(他者から自分の長所などを伝えられることで，)よくわかっていなかった自分の個性に気づき，アイデンティティを形成する(こと。)　(5)　ア

3　(1)　ウ　(2)　エ　(3)　イ

4　(1)　おのずから　(2)　うるはしくうちある人　(3)　イ　(4)　a　(例)周囲の環境　b　(例)本来の性質

5　(1)　ウ　(2)　(例)私は，職業を選ぶにあたって自分の興味や好みに合っているかを重視したい。自分が興味のある内容の仕事ならばやりがいを持って働けると思うからだ。

私は将来を考えるうえで，職業体験に積極的に参加したい。その目的は，体験を通して仕事の良さや大変さを学び，職業についての理解を深めることだ。

6　(1)　えつらん　(2)　さと(す)　(3)　なだれ　(4)　歓迎　(5)　営(む)　(6)　週刊

＜国語解説＞

1　(小説—情景・心情，内容吟味，語句の意味)

(1)　傍線部①「一心に」は，**心を一つのことに集中する**様子を表す言葉である。

(2)　「身を小さくする」は，緊張やおそれなどのために堂々としていられなくなること。浅野は**包餡のときの手元をわざとワコから隠したことを曽我に見咎められたうえ，曽我の問いにきちんと答えられなかった**ことを恥ずかしく思ったのである。このことをふまえたエが正解。アは，「饅頭の包み方を曽我から注意された」「ワコに教える資格などない」が不適当。イは，「先輩のツルにも迷惑をかけてしまった」が本文と合わない。ウは，浅野が曽我から注意されたのは「うぬぼれ」ではないので不適当である。

(3)　曽我が考える「本物の職人」は，**「経験や勘」に頼らず，「自分の技術を定量的，論理的に説明」できる**者であり，「先輩職人は**具体的，論理的に後輩に教えろ**」と言っている。これと一致するのは，アである。イは，「仲間に頼らないで感性を磨く」が誤り。ウは，「新しい菓子の製法を開発すべき」が的外れ。曽我は菓子作りのあり方を説明したのであり，エの「人間関係」の改善について述べたのではない。

(4)　浅野はそれまで，**なにげなく“昔からのやり方”**で菓子を作っていた。しかし，曽我の話をきっかけに**作業の意味に気がつき**，ワコに言葉で**具体的，論理的に教える**ことができたため，自分がやっていることに確信をもつことができて**うれしかった**のである。このことを，「から。」に続く形で45～55字で書く。

(5)　曽我の「みんな，**本物の菓子職人を目指して**常に耳目を働かせろ。**全身で**お菓子づくりを**学べ**。」という言葉を受けた内容を書く。20字以内という制限があるので，内容が重複しているところを整理して，**「学ぼう」**など決意を表す文末表現とする。

2　(論説文—内容吟味，文脈把握，段落・文章構成，品詞・用法)

(1)　傍線部①「まったく」は**副詞**。ア「大きな」は連体詞，イ「開ける」は動詞，ウ**「まさか」**は副詞，エ「美しい」は形容詞。

(2)　「自律性」は，二重傍線部Bの**「自分自身で物事を決められる」**を言い換えた表現である。これと対照的なのが二重傍線部A「他者に依存する」ことであり，これは「他律性」と呼ばれる。また，二重傍線部Cの**「自分で考え，自分で行動」する**ことは自律性，Dの「答えを聞こうとする」は他人に依存することであるから他律性である。したがって，自律性にあたるのはBとCであり，エが正解となる。

(3)　傍線部③の二つ後の段落に**「他者とのかかわりからもたらされる気づきの蓄積**が，『自分は何者なのか』『自分には何ができるのか』というアイデンティティの形成には欠かすことができない」とあるので，ここから「他者とのかかわりからもたらされる気づきの蓄積」を抜き出し，最初の5字を書く。

(4)　筆者は，大人も**他者の影響を受けながらアイデンティティを形成する**と述べ，大人にとっての他者の代表例として「友達」を挙げている。「自分の性格や長所」は**自分ではよくわからない**もので，**友達に指摘されることではじめて自分の個性に気づく**ことが多いのである。この内容をふまえ，字数制限に注意して解答欄の前後の言葉につながるように答えを書く。

(5)　この文章は，はじめに「自分のアイデンティティは自分自身で確立するべき」という**一般的な世間の考え方**を述べ，「自律性」「他律性」「アイデンティティ」といった**用語の意味を確認**しつつ，子どもが歌をうたったときのことなどの**例を挙げながら筆者の考えを説明**しているので，アが正解。他の選択肢は，「一般的な世間の考え方」を最後または後半で説明していると述べているので，誤りである。

3 (短歌―内容吟味，表現技法・形式)

(1)　短歌🄰は，最後が「かがやき」という名詞，すなわち体言であることから，**体言止め**という表現技法が用いられているとわかる。体言止めが用いられているのは，「雲」で終わっているウである。

(2)　短歌🄰は，「あるいは」が前後のどちらかであることを表す接続語であることから，「青春」を**「かよふ風」と「遠い線路のかがやき」**にたとえていることがわかる。**青春のさわやかさや将来への希望**をイメージさせているので，エが正解。アは青春を「葉」にたとえていると説明している点，「青春のはかなさ」をイメージさせるとしている点が誤り。イは，「若者の大人に対する反発心」が不適当。ウは，「『かよふ風』とたとえた直後に否定し」が誤りである。

(3)　空欄Ⅰは，短歌🄱に続く文章の「小さな僕……を超えて，どーんと大きく，ずっと遥かな存在」を「**自分の及ばない存在**」と表現したイ，または「ちっぽけな自分と対照的な存在」と表現したウが入る。アの「理解」やエの「架け橋」は短歌🄱に合わない。空欄Ⅱは，短歌🄲に続く文章の「わたしの思いがどこまでも広がっていくようなすがすがしい秋の心」を「**開放感や気持ちのよさ**」と表現したイ，または「自由」と表現したエが入る。アの「寂しい自分」やウの「好奇心」は短歌🄲に合わない。したがって，両方を満たすイが正解となる。

4 (古文・漢文―内容吟味，文脈把握，脱文・脱語補充，仮名遣い)

〈口語訳〉《Ⅰ》よもぎは枝の伸び方が真っすぐではない草だが，麻と交じって生えると，曲がって伸びていく場所がないために，不本意ながら，真っすぐ伸び育っていくのである。心の悪い人でも，きちんとしている人の中に交わっていると，そういう人でもやはりあれこれと気遣うことが多くなり，自然と正しくなるものである。

《Ⅱ》万物を発育させるのはその本性である。草はそれにより柔らかくなり，木はそれにより硬くなる。草を木のようにさせたり，木を草のようにさせたりすることはできない。そのため君子はそれぞれの素質に従って人を治めていくのであり，自分の意志により強引に治めるのではない。

(1)　「づ」を「ず」に直して「**おのずから**」と書く。

(2)　《Ⅰ》では，「蓬」を「心の悪しき人」にたとえ，「麻」を「**うるはしくうちある人**」にたとえている。

(3)　《Ⅱ》では，「草」と「木」を対比している。「草」は「柔」なので，「木」はこれと反対の意味をもつイの「剛」ということになる。　イ

(4)　a　《Ⅰ》では，本来曲がって伸びるはずのよもぎも周囲の麻の影響で真っすぐに伸びると述

べている。どのように育つかは「周囲の環境」によるということである。　b《Ⅱ》では，草は木にはならないし木は草にならないと述べている。どのように育つかは「本来の性質」によるということである。a・bとも，同じ意味の5字以内の言葉であれば正解とする。

5 (会話・議論・発表―内容吟味，作文)

(1)　アは，「つまらない」の割合が最も低いのは日本なので誤り。イは，「生活のため」「社会人としての義務」の割合が日本の次に高いのは中国の高校生なので誤り。ウは，日本の高校生は「やりがいがある」「生活のため」の割合が他の項目より高く，米国の高校生は「楽しい」「やりがいがある」の割合が他の項目より高いので適当である。エは，日本の高校生は「苦しい」「生活のため」より割合が低い項目があるので誤り。

(2)　二つの段落で構成し，91～150字で書くこと。第1段落は，自分が職業を選ぶ場合に重視したいことを《資料Ⅱ》から一つ選び，その理由を書く。第2段落は，自分が将来を考えるうえで取り組みたいことと，その目的を具体的に書く。解答例では，第1段落で「自分の興味や好みに合っていること」を選び，その理由を述べている。また，第2段落では，具体的に取り組みたいこととして職業体験を挙げ，職業についての理解を深めるという目的を述べている。書き終わったら必ず読み返して，誤字・脱字や表現のおかしなところは書き改める。

6 (知識―漢字の読み書き)

(1)　「閲覧」は，図書館などでそこにある書物や新聞を読んだり調べたりすること。(2)　「諭す」は，物事の道理を言い聞かせること。　(3)　「雪崩」は，特別な読み方をする熟語である。
(4)　「歓迎」の「迎」のつくりの部分の形に注意。　(5)　「営」は，上の点の向きに注意。
(6)　「週刊」を同音の「週間」「習慣」などと混同しないように注意する。

岩手県公立高等学校

2023年度

入　試　問　題

2023年度

●くわしい解説……47ページ

＜数学＞

時間　50分　　満点　100点

1　次の⑴～⑸の問いに答えなさい。（４点 × ５）

⑴　$4-7$　を計算しなさい。

⑵　$2x-(3x-y)$　を計算しなさい。

⑶　$(\sqrt{6}+\sqrt{2})(\sqrt{6}-\sqrt{2})$　を計算しなさい。

⑷　$x^2+10x+24$　を因数分解しなさい。

⑸　２次方程式　$x^2-5x+5=0$　を解きなさい。

2　周の長さが $4a$ cmの正方形があります。このとき，正方形の面積を，文字を使った式で表しなさい。（４点）

3　次のア～エは，$y=ax$ のグラフまたは $y=\dfrac{a}{x}$ のグラフと，点A（１，１）を表したものです。
　ア～エのうち，$y=\dfrac{a}{x}$ の a の値が１より大きいグラフを表しているものはどれですか。**一つ**選び，その記号を書きなさい。（４点）

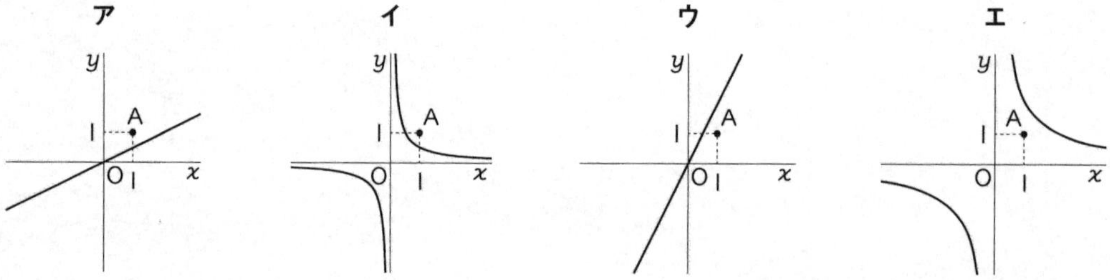

4　次の⑴～⑶の問いに答えなさい。（４点 × ３）

⑴　右の図のように，円錐《えんすい》の展開図で，側面になるおうぎ形の弧に対する弦をかき入れました。
　次のア～エのうち，この展開図を組み立てたときにできる円錐として正しいものはどれですか。**一つ**選び，その記号を書きなさい。

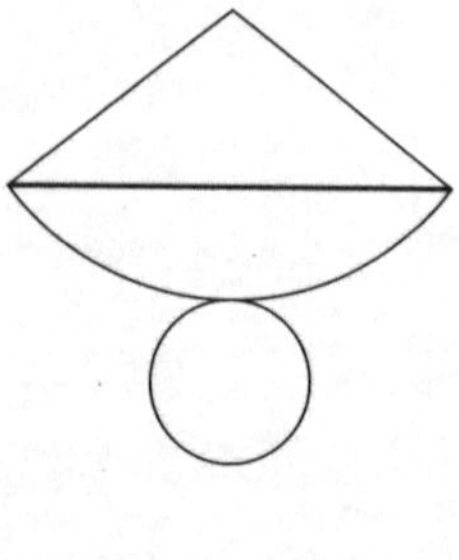

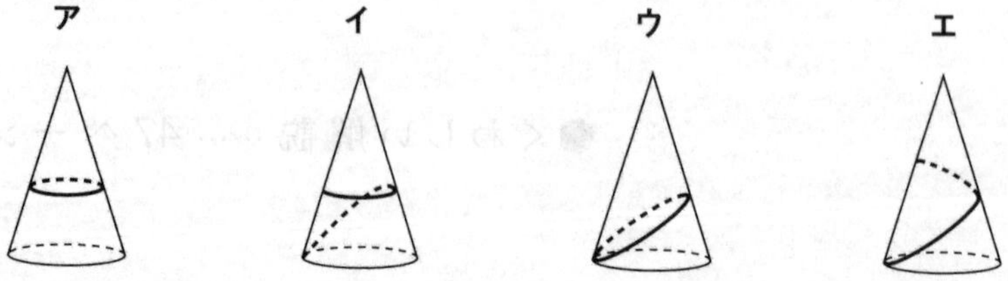

⑵　右の図で，四角形ABCDは平行四辺形です。
DC＝DEのとき，∠xの大きさを求めなさい。

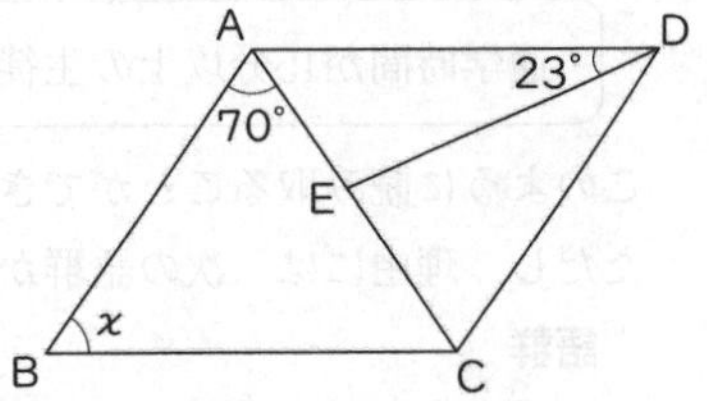

⑶　右の図は，線分AB，AC，CBをそれぞれ直径として３つの円をかいたものです。
３つの円の弧で囲まれた色のついた部分の周の長さを求めなさい。
ただし，円周率はπとします。

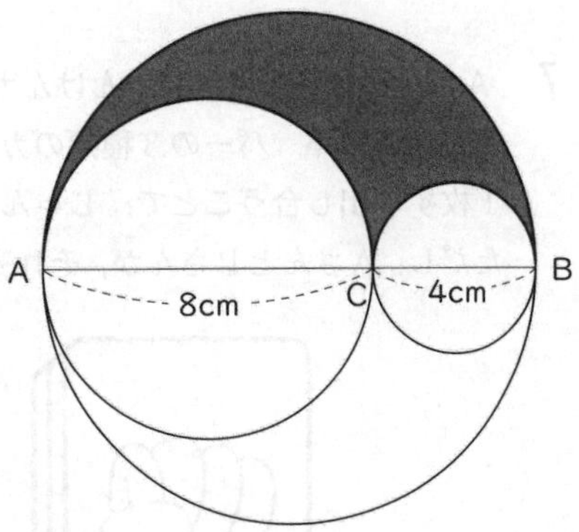

5　右の図の直角三角形ABCで，辺ABを底辺とするときの高さを表す線分を作図しなさい。ただし，作図には定規とコンパスを用い，作図に使った線は消さないでおくこと。（４点）

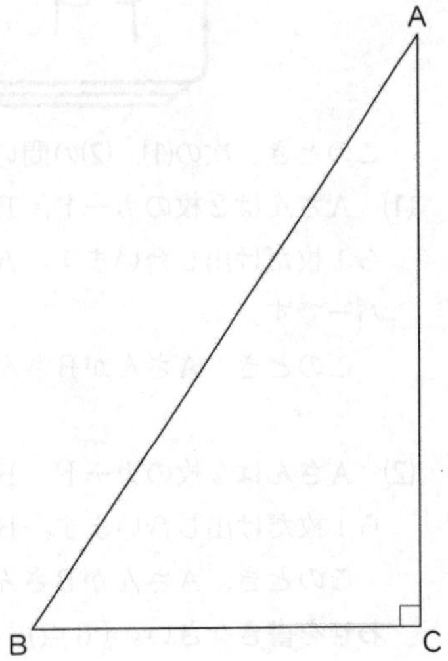

6　あるクラスの生徒32人に対して，通学時間の調査を行いました。次の図は，通学時間の分布のようすを箱ひげ図に表したものです。

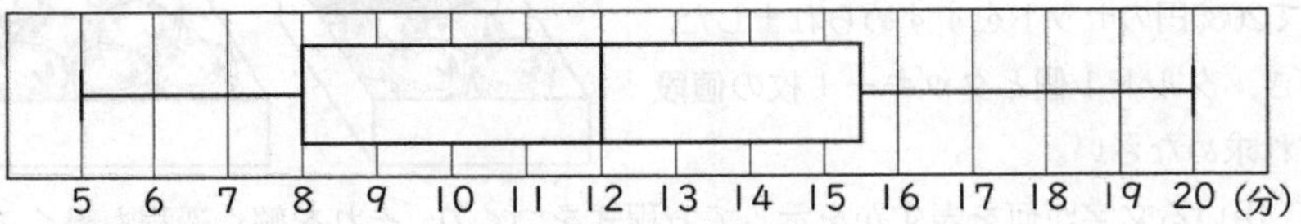

この箱ひげ図から，次のページのようなことを読み取ることができます。

通学時間が15分以上の生徒が８人以上いる。

このように読み取ることができるのはなぜですか。その**理由**を簡単に書きなさい。
ただし，理由には，次の語群から用語を１つ選んで用いること。（４点）

語群

第１四分位数	第２四分位数	第３四分位数

7　Ａさんとさんは，じゃんけんカードで遊んでいます。

グー，チョキ，パーの３種類のカードのうち何枚か持ち，これらを裏返してよくきったものから１枚ずつ出し合うことで，じゃんけんをします。

ただし，ＡさんとＢさんが，それぞれどのカードを出すことも同様に確からしいものとします。

このとき，次の⑴，⑵の問いに答えなさい。

⑴　Ａさんは２枚のカード，Ｂさんも２枚のカードを持っていて，それぞれ持っているカードから１枚だけ出し合います。Ａさんのカードは，グーとチョキです。Ｂさんのカードは，グーとパーです。

このとき，ＡさんがＢさんに勝つ**確率**を求めなさい。（４点）

⑵　Ａさんは２枚のカード，Ｂさんは３枚のカードを持っていて，それぞれ持っているカードから１枚だけ出し合います。Ｂさんのカードは，グー，パー，パーです。

このとき，ＡさんがＢさんに勝つ確率が$\frac{1}{2}$となるような，Ａさんの２枚のカードの**組み合わせ**を書きなさい。（６点）

8　みずきさんは，お菓子屋さんでお土産を選んでいます。店員さんから，タルト４個とクッキー６枚で1770円のセットと，タルト７個とクッキー３枚で2085円のセットをすすめられました。

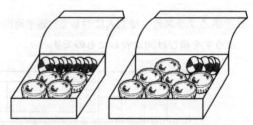

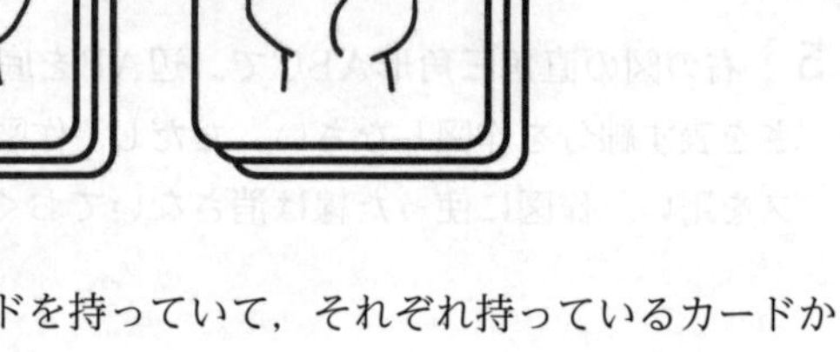

このとき，タルト１個とクッキー１枚の**値段**をそれぞれ求めなさい。

ただし，用いる文字が何を表すかを示して方程式をつくり，それを解く過程も書くこと。なお，消費税は考えないものとします。（６点）

9　次の図のように，円Oの周上に異なる3点A，B，Cがあり，線分ABは円Oの直径となっています。点Bを通る円Oの接線をひき，直線ACとの交点をDとします。

このとき，△ABC∽△ADBであることを**証明**しなさい。（6点）

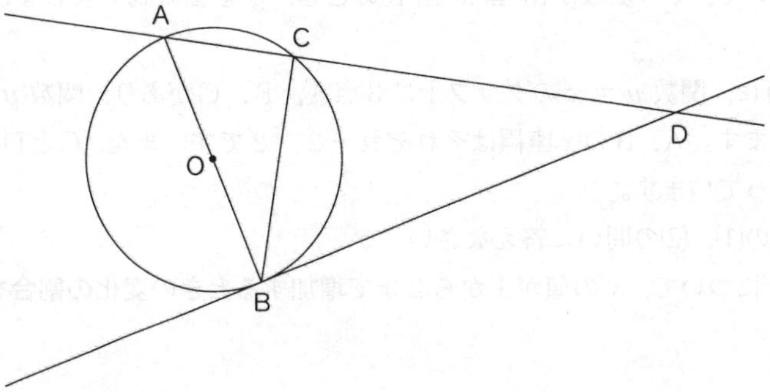

10　飛行機に乗るときは，荷物の中に危険物が入っていないか確認するため，荷物をX線《エックスせん》検査機に通す検査をすることになっています。

次の図Ⅰは，その荷物検査のようすを真上から見たものです。スーツケースなどの荷物は，ベルトコンベアに乗せられ，矢印（⇨）の方向に一定の速さで運ばれて，X線検査機を通過します。スーツケースAが，X線検査機に入ってから$x$cm進んだとき，スーツケースAとスーツケースBがX線検査機の中に入っている部分の上面の面積の合計を$y$cm²とします。2つのスーツケースの間の距離は40cmです。また，X線検査機の長さをℓcm，スーツケースBの上面の面積をScm²とします。なお，どちらのスーツケースも直方体であると考えます。

下の図Ⅱは，xとyの関係をグラフに表したものです。

図Ⅰ

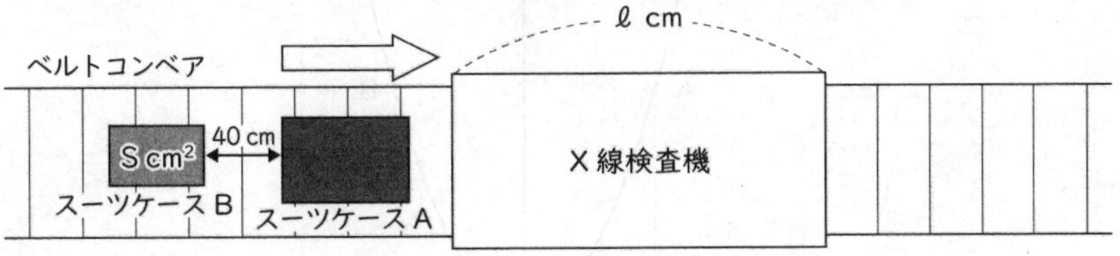

図Ⅱ

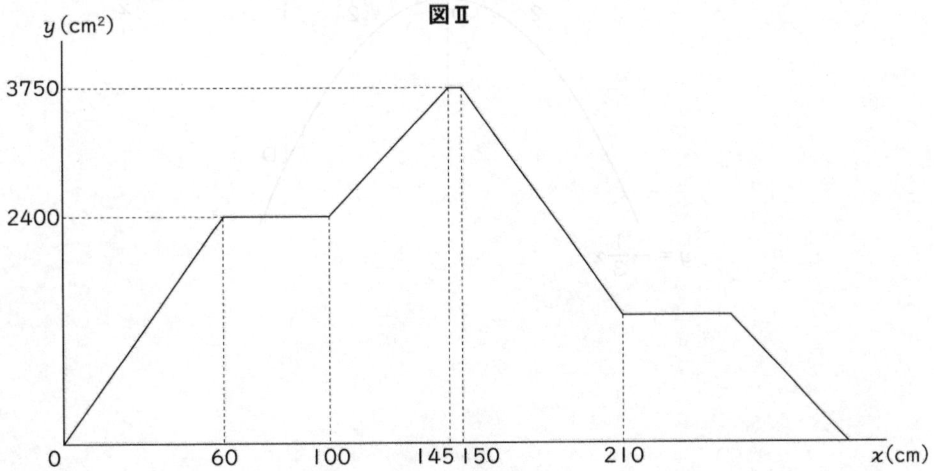

このとき，次の⑴，⑵の問いに答えなさい。

⑴　X線検査機の**長さ** ℓ と，スーツケースBの上面の**面積S**を求めなさい。（２点 × ２）

⑵　グラフにおいて，x の変域が $150 \leqq x \leqq 210$ のとき，y を x の式で表しなさい。（６点）

11　下の図のように，関数 $y = x^2$ のグラフ上に３点A，B，Cがあり，関数 $y = -\dfrac{1}{3}x^2$ のグラフ上に点Dがあります。A，Bの x 座標はそれぞれ－２，２です。また，CとDの x 座標は等しく，２より大きくなっています。

このとき，次の⑴，⑵の問いに答えなさい。

⑴　関数 $y = x^2$ について，x の値が１から２まで増加するときの**変化の割合**を求めなさい。

（４点）

⑵　△ABCと△ABDの面積が等しいとき，点Cの $\boldsymbol{x}$ **座標**を求めなさい。（６点）

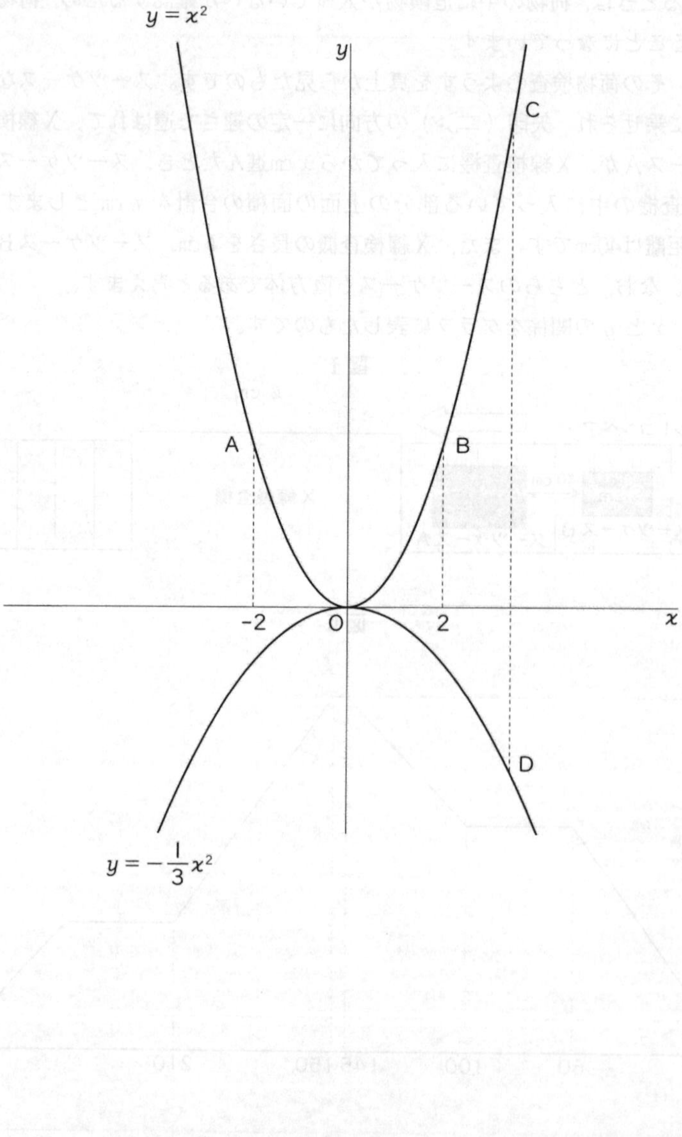

12　下の図は，AB＝６㎝，AD＝５㎝，AE＝７㎝の直方体ABCD－EFGHです。
このとき，次の⑴，⑵の問いに答えなさい。

⑴　線分AFの長さを求めなさい。（４点）

⑵　辺CG上に，PG＝２㎝となるような点Pをとったとき，四面体AHFPの体積を求めなさい。（６点）

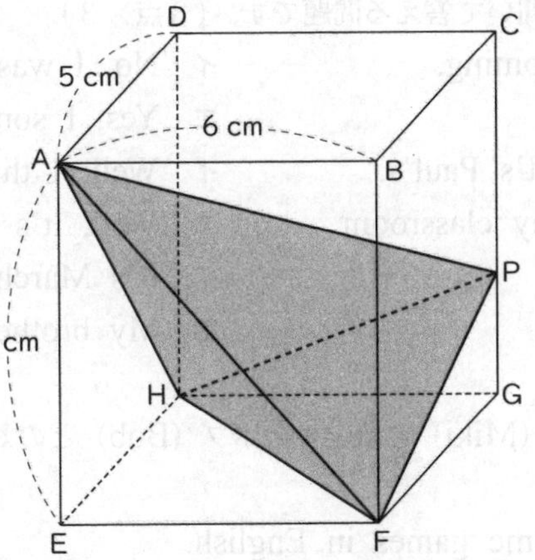

<英語>

時間　50分　　満点　100点

１，２，３，４は，放送を聞いて答える問題です。放送の指示に従って答えなさい。

1　これは，二人の対話を聞いて答える問題です。（３点×３）

⑴　ア　No, I'm not coming.　　イ　No, I wasn't hungry.
　　ウ　Yes, I just did.　　エ　Yes, I sometimes go.

⑵　ア　Well, I think it's Paul's.　　イ　Well, I think it's mine.
　　ウ　Well, it's in my classroom.　　エ　Well, it's under the desk.

⑶　ア　A week ago.　　イ　It's March 7.
　　ウ　My friend was.　　エ　My brother did.

2　これは，高校生の美樹（Miki）と留学生のボブ（Bob）との対話を聞いて答える問題です。（３点×３）

⑴　ア　Bob played some games in English.
　　イ　Bob practiced *kendo* with his friends.
　　ウ　Bob saw a local *judo* team.
　　エ　Bob took a class in English.

⑵　ア　Miki teaches English to Bob.　　イ　Miki talks about many topics.
　　ウ　Miki does *judo*.　　エ　Miki practices *kendo*.

⑶　ア　In Bob's classroom.　　イ　In Miki's classroom.
　　ウ　At the city library.　　エ　At the school library.

3　これは，英語による説明を聞いて答える問題です。（３点×３）

【地図】

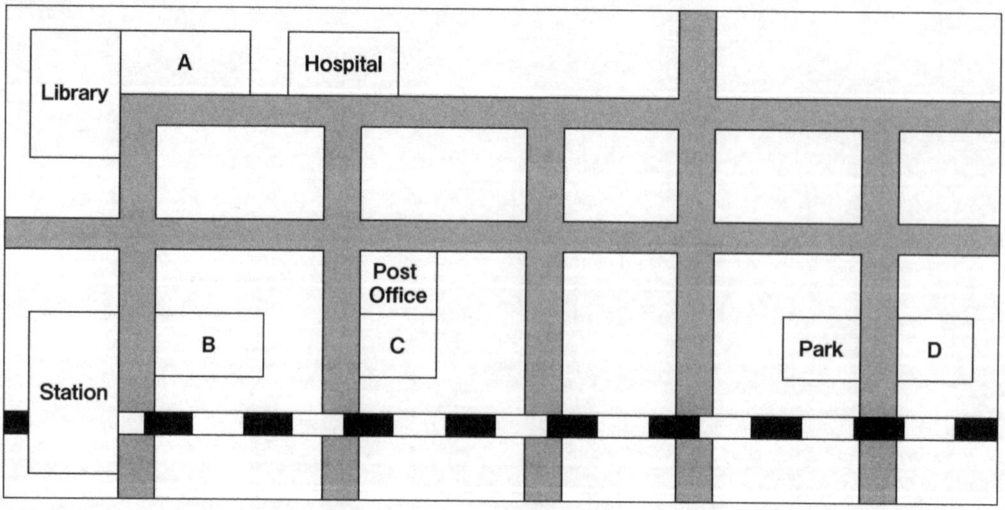

【メモ】

Shop's Name	Place	Memo
Shop King	(1)	
Shop Moon		(2)
Shop Star		(3)

(1)　ア　A　　イ　B　　ウ　C　　エ　D

(2)　ア　ice cream and chocolate　　イ　ice cream and pizza
　　ウ　pasta and chocolate　　エ　pasta and pizza

(3)　ア　I can visit there to get a bicycle.
　　イ　I can buy many kinds of cheap foods there.
　　ウ　I can show a present to my family there.
　　エ　I can find a book which has many pictures there.

4　これは，英語による説明を聞いて答える問題です。（３点）

ア　Can I lend you my dictionary?
イ　Can I use your dictionary?
ウ　Why don't you borrow a dictionary?
エ　Why don't you buy a dictionary?

5　次の対話文(1)～(4)の［　　］に入る最も適当な英語を，あとのア～エのうちからそれぞれ一つずつ選び，その記号を書きなさい。（２点×４）

(1)　*A:* Do you like reading books, Tom?
　　B: Yes. I want to read Japanese manga. ［　　］ there a library in this town?
　　A: Yes. You can enjoy reading many Japanese manga there.
　　ア　Do　　イ　Does　　ウ　Are　　エ　Is

(2)　*A:* We'll have a party this Friday. Everything is ready.
　　B: Oh, is it?
　　A: Yes. So you ［　　］ have to bring anything for the party.
　　B: OK. I can't wait!
　　ア　aren't　　イ　can　　ウ　don't　　エ　should

(3)　*A:* Do you know where Mary is?
　　B: Yes. She's at home. She didn't come to school today.
　　A: What happened?
　　B: She ［　　］ sick since last week. I hope she'll come to school tomorrow.
　　ア　didn't have　　イ　has been　　ウ　isn't feeling　　エ　was felt

(4)　*A:* Do you sometimes want to go back to the past?
　　B: Yes, but of course we can't do that now.
　　A: If you ［　　］ go back to the past, what would you do?

B: I would say to myself, "You should do everything you want to do."

ア could　イ didn't　ウ had　エ weren't

6 次の英文は，晴（Haru）とクリス博士（Dr. Chris）とのオンラインでの対話の一部です。晴は，「宇宙での生活」に関する英語の発表活動に向けた準備をしていて，宇宙に詳しいクリス博士にインタビューをしています。これを読んで，あとの(1)~(3)の問いに答えなさい。（4点×3）

Dr. Chris : How was your *research about space?

Haru : I read books about food in space. *Astronauts can't eat their favorite foods easily, right?

Dr. Chris : That's right. Food from many countries is sent to space, but astronauts can't enjoy many kinds of foods.

Haru : Vegetables are good for their health, but they can't often eat fresh vegetables in space.

Dr. Chris : That's a good point. The big reason is money. About 1,000,000 yen is needed to send about 500 *grams of food to space. Also, some people think it isn't easy to grow vegetables in space.

Haru : I don't think it's a difficult thing to do.

Dr. Chris : Actually, you're right, Haru. One vegetable was grown in a space *experiment.

Haru : I want to know how the vegetable was grown in space.

Dr. Chris : I'll tell you about an interesting machine. Its name is "Veggie."

Haru : "Veggie!" That's an interesting name.

Dr. Chris : It uses *LED lights. Vegetables can't get *sunlight at night, but "Veggie" can give light to them *all day. Also, it needs *less water than a farm on the *earth.

Haru : How useful! What vegetable was grown in the experiment?

Dr. Chris : *Lettuce was.

Haru : Lettuce! Let me think about ①<u>the reasons for growing lettuce.</u> Well..., I think it's very easy to eat because we don't often cook it.

Dr. Chris : That's true. Astronauts can do other things if they can *save time. Also, lettuce can grow faster than other vegetables in space.

Haru : I see. I'm glad to learn about those things.

Dr. Chris : Living in space isn't easy and food is important. So we should grow food in space to stay there for a long time.

Haru : Experiments in space may make life there easier in the future. Then maybe I'll be able to live there someday. That's my dream.

Dr. Chris : Haru, you can become a person who will ②<u>do so.</u>

Haru: Thanks, Dr. Chris. Next time I'd like to talk with you about astronauts' clothes.

Dr. Chris: Sure.

research　研究　astronaut(s)　宇宙飛行士　gram(s)　グラム（重さの単位）　experiment　実験
LED light(s)　LEDライト　sunlight　太陽光　all day　一日中　less　より少ない
earth　地球　lettuce　レタス　save　節約する

(1)　次のスライドは，晴が発表用に作成したものの一部です。スライド中の［Ⅰ］，［Ⅱ］に入る英語は何ですか。本文の内容に合うように，右のア～エのうちから，その英語の組み合わせとして最も適当なものを一つ選び，その記号を書きなさい。

【スライド】

Foods in Space

Astronauts can't often eat fresh vegetables

・Carrying them to space is［　Ⅰ　］.
・It is difficult to grow them in space.

Machine to grow vegetables : Veggie

・The LED lights of Veggie give light to vegetables for a［　Ⅱ　］time than the sun.
・Veggie needs less water than a farm on the earth.

	ア	イ	ウ	エ
Ⅰ	cheap	cheap	expensive	expensive
Ⅱ	longer	shorter	longer	shorter

(2)　文中の下線部① the reasons for growing lettuce について，次のア～エのうち，その内容として正しいものはどれですか。一つ選び，その記号を書きなさい。

ア　Astronauts can eat lettuce without cooking it and lettuce can grow fast.
イ　Astronauts can enjoy eating delicious lettuce after they cook it.
ウ　Astronauts have to cook lettuce because it grows fast.
エ　Astronauts have to learn how to get sunlight all day.

(3)　次のア～エのうち，文中の下線部② do so が指し示す内容として正しいものはどれですか。一つ選び，その記号を書きなさい。

ア　make astronauts' clothes　　イ　live in space
ウ　grow space vegetables　　エ　create space foods

7　次の英文は，２人の女性，華（Hana）と泉（Izumi）の物語です。これを読んで，あとの(1)～(3)の問いに答えなさい。（４点×３）

Hana and Izumi were high school students and good friends. Hana played the piano very well and wanted to go to music school. Izumi liked to write *poems, but she didn't know what she was going to be in the future.

One afternoon, Izumi went to Hana's house. Hana practiced piano and Izumi listened to it. Hana's music was beautiful. When Hana finished playing, Izumi wrote a poem and gave it to Hana. Izumi said, "Read it later." Then she asked, "What should I do in the future?" Hana said, "You're very kind. How about a job that can help people?" They talked a lot. In the evening, Izumi left Hana's house. Hana read Izumi's poem. Its name was "Hope." The next day, Izumi asked Hana at school, "How was my poem?" Hana answered, "It was beautiful." In high school, Hana often *encouraged Izumi to do her best.

After high school, Hana went to music school in New York, and Izumi went to *nursing school.

Five years later, Izumi worked as a nurse in her hometown. She helped her *patients every day. Sometimes she worked at night even when she was tired. She liked her job, but she was busy. She started to look for a new job. One day, she got a letter from Hana and there was a ticket with it. Izumi knew that Hana would come to have a piano concert in her town. Izumi wanted to see Hana.

At the concert, Izumi thought Hana was in a different world because her *performance was more wonderful than before. After the concert, they enjoyed talking. Izumi said, "Hana, you chose a good job. You became a wonderful *pianist and I'm a nurse now, but ① I want to think more about my life." Hana listened and said, "Well, I understand. I'm sorry, but I have another performance, and I have to go. I'll send a letter to you later."

A week later, a *parcel from Hana arrived at Izumi's house. Izumi was surprised and opened it. There was a letter and a CD of a piano *piece played by Hana inside. The name of the piece was "Hope." In ② the letter, Hana wrote, *I am working hard *thanks to the poem, "Hope," that you gave me. In your poem, you wrote, "I have a wonderful friend, so I'll never lose hope *even if I have *hardships in the future." You're a person who can help people.* When Izumi listened to the sound of the piano, she remembered her poem, "Hope."

poem(s) 詩　encourage(d) 励ます　nursing school 看護学校　patient(s) 患者
performance 演奏　pianist ピアニスト　parcel 小包　piece 楽曲
thanks to ～ ～のおかげで　even if ～ たとえ～でも　hardship(s) 困難

⑴ 次のⅠ～Ⅳの英文を本文の流れに合うように並べかえた場合，どのような順番になりますか。下のア～エのうちから最も適当なものを一つ選び，その記号を書きなさい。

Ⅰ：Izumi became a nurse in her hometown.
Ⅱ：Izumi knew that the poem Izumi wrote encouraged Hana.
Ⅲ：Izumi knew that Hana would come back to their hometown.
Ⅳ：Izumi talked about her future a lot with Hana in Hana's house.

ア Ⅲ→Ⅰ→Ⅳ→Ⅱ　イ Ⅲ→Ⅳ→Ⅱ→Ⅰ
ウ Ⅳ→Ⅰ→Ⅲ→Ⅱ　エ Ⅳ→Ⅲ→Ⅰ→Ⅱ

(2) 文中の下線部① I want to think more about my life. について，次のア～エのうち，その内容として最も適当なものはどれですか。一つ選び，その記号を書きなさい。

ア　Izumi wanted to change her job.
イ　Izumi wanted to give up playing the piano.
ウ　Izumi wanted to help more patients as a nurse.
エ　Izumi wanted to work more at night.

(3) 次の英文は，文中の下線部② the letter に対して，泉が返信した手紙の一部です。下のア～エのうち，□ に入る最も適当な英語はどれですか。一つ選び，その記号を書きなさい。

> Thank you for sending me a letter and a CD. I was happy to listen to your piano piece. I forgot my poem, but you made me remember it again. Now I know that we were encouraged by □.

ア　your "Hope," the piano piece
イ　my "Hope," the poem
ウ　our "Hopes," the parcel and the CD
エ　our "Hopes," the poem and the piano piece

8

次の英文は，京都の２つの会社の取り組みについて述べたものです。これを読んで，あとの(1)～(5)の問いに答えなさい。なお，文中の1～4は，段落の番号を示しています。（４点×５）

1 What do you do if your favorite things break? Some of you may think, "I should buy a new one." Others may think, "I wish I could use it again." It is true that you can get new things easily today, but is that good? There are companies that *repair old and broken things in Kyoto. They are also trying to protect *traditional Japanese culture. Here are two examples.

montsuki（紋付）

2 One company works hard to keep old clothes and *reuse them by using a traditional Japanese *technique. It is black *dyeing. They have been dyeing *montsuki* for 100 years. *Montsuki* is traditional Japanese *formal wear and its color is black. They hoped their dyeing techniques would be useful for something, so the company started to dye old and dirty clothes in 2013. For the company, it is important to protect their technique, and black is a popular color in fashion. With the company's technique, many people can wear their favorite clothes which are now □. It is wonderful to continue wearing the clothes without *throwing them away.

3 Second, a *lacquerware company is trying to repair broken things. In Japan, there is a technique called *kintsugi*. It is a technique to repair broken things

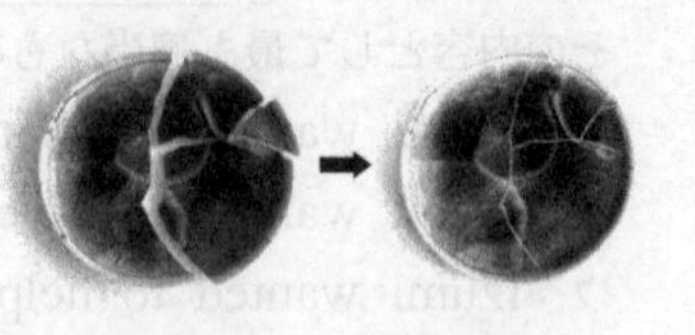
kintsugi（金継ぎ）

such as dishes and cups. *Lacquer and *powdered gold are used to *glue the broken parts of the dishes together. Some of you may usually throw away broken things. However, if you repair them by using *kintsugi*, you can use them again and enjoy the beautiful *gold lines. The company also sells a *kintsugi* *kit. When you repair your broken dishes or cups by yourself, you may become more *attached to them. You need many days to repair the cups, but it is easy to understand how to do it by watching a *video. After *kintsugi*, the cups will look more beautiful. So you can have the *kintsugi* experience at home with the kit.

[4] Now, there are many cheap things in the world, so you can buy new things easily. However, Japan has traditional techniques to *restore old and broken things. You can use them again if you use these techniques. You will *value your favorite things more than before. Let's think again before throwing away broken things.

repair　修理する　　traditional　伝統的な　　reuse　再使用する　　technique(s)　技法
dye(ing)　染める　　formal wear　正装　　throw(ing) ～ away（throw away ～）　～を捨てる
lacquerware　漆器　　lacquer　漆　　powdered gold　金粉　　glue ～ together　～をくっつける
gold line(s)　金色のつなぎ目　　kit　道具一式　　attached　愛着がある　　video　動画
restore　復元する　　value　大切にする

⑴　次のア～エのうち，段落[2]の内容を示すものとして最も適当なものはどれですか。一つ選び，その記号を書きなさい。

ア　One company dyes old clothes because new clothes are not cheap.
イ　One company has a traditional technique of dyeing and dyes only *montsuki*.
ウ　One company started to dye and sell *montsuki* in 2013.
エ　One company uses their traditional technique to dye old clothes.

⑵　文中の □ に入る最も適当な英語は何ですか。次のア～エのうちから一つ選び，その記号を書きなさい。

ア　gold　　イ　cheap　　ウ　broken　　エ　black

⑶　文中の下線部 the *kintsugi* experience について，次のア～エのうち，その内容として正しいものはどれですか。一つ選び，その記号を書きなさい。

ア　People can watch a video to learn how to sell their broken cups.
イ　People can glue the broken parts of their favorite cups together.
ウ　People can dye their favorite clothes to continue wearing the clothes.
エ　People can buy new and beautiful cups from a lacquerware company.

⑷　次の英文は，英語の授業で生徒が *kintsugi* の説明をノートにまとめているものです。[　　] に入る最も適当な**英語５語**を書きなさい。

> *Kintsugi* is a traditional Japanese technique to repair broken things. We need lacquer and powdered gold for *kintsugi*. If we use this technique, [　　　　　　　　　　].

⑸　次のア～エのうち，本文の内容に沿ったタイトルとして最も適当なものはどれですか。**一つ**選び，その記号を書きなさい。

ア　How to Buy Beautiful Things to Protect Japanese Culture
イ　How to Dye Your Favorite Clothes with Japanese Techniques
ウ　How to Reuse Your Favorite Things with Japanese Techniques
エ　How to Throw Away Broken Things to Protect Japanese Culture

9　次の⑴～⑶の〔　〕内の英語を正しく**並べかえて**，それぞれの対話文を完成させなさい。

（３点×３）

⑴　*A:* Do you study English at home every day?
B: Yes, I do.　I also study French.
A: Why do you study English and French?
B: The two languages〔 are / in / taught 〕my country.

⑵　*A:* What did you do last weekend?
B: I went to Hiraizumi and took some pictures there.
A: Can〔 me / show / some / you 〕?
B: Of course.　Here are the pictures.

⑶　*A:* How many brothers or sisters do you have?
B: I have a sister.　This is a picture of my family.
A: Which person is your sister in this picture?
B: Well, she is the girl〔 a book / a cap / and / has / wears / who 〕in her hand.

10　次の場面と状況を踏まえ，あとの⑴，⑵の問いに答えなさい。

〔場面〕　あなたは英語の授業で，来週日本に来る留学生のアリス（Alice）のために，あなたの家で行う歓迎パーティーの食事について話し合っています。

〔状況〕　話し合いで，“get restaurant food” という案と “cook at home” という案があげられ，どちらが良いか意見をあとのワークシートにまとめることになりました。

【ワークシート】

> 英語の質問（ア）
> Which do you want to do, get restaurant food or cook at home?

①

英語の質問（イ）

Why do you want to do so?

②

(1)　この〔状況〕で，あなたはどちらの方法を選びますか。ワークシートの英語の質問（ア）の答えとして，［①］に入る適当な英語を，６語以上で書きなさい。（３点）

(2)　(1)であなたが選んだ理由となるように，英語の質問（イ）の答えとして，［②］に入る適当な英語を，20語以上で書きなさい。ただし，文の数はいくつでもかまいません。（６点）

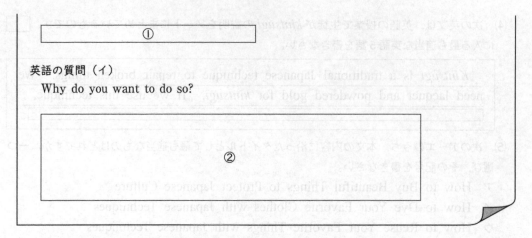

＜理科＞

時間　50分　満点　100点

1　次の(1)~(8)の問いに答えなさい。(2点×8)

(1)　次のア～エのうち，血液の成分の中で酸素を主に運んでいるものはどれですか。最も適当なものを**一つ**選び，その記号を書きなさい。

ア　赤血球　**イ**　白血球　**ウ**　血小板　**エ**　血しょう

(2)　次のア～エのうち，無性生殖を行わず，有性生殖だけを行う生物はどれですか。正しいものを**一つ**選び，その記号を書きなさい。

ア　イソギンチャク　**イ**　サツマイモ　**ウ**　ネズミ　**エ**　ミカヅキモ

(3)　ある地域で採取した花こう岩と玄武岩について，岩石に含まれる有色鉱物の割合と鉱物の粒の大きさの関係に注目して，図に整理しました。次のア～エのうち，整理した図として正しいものはどれですか。**一つ**選び，その記号を書きなさい。

ア

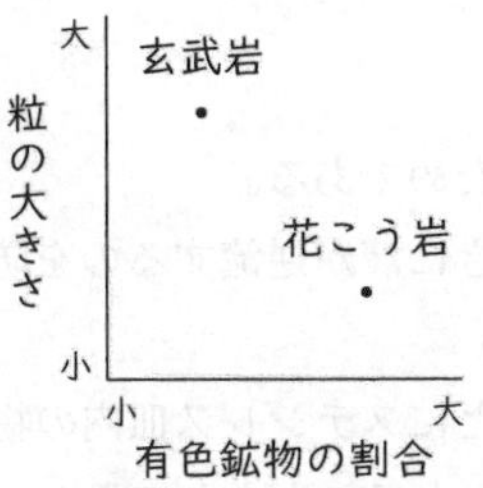

イ

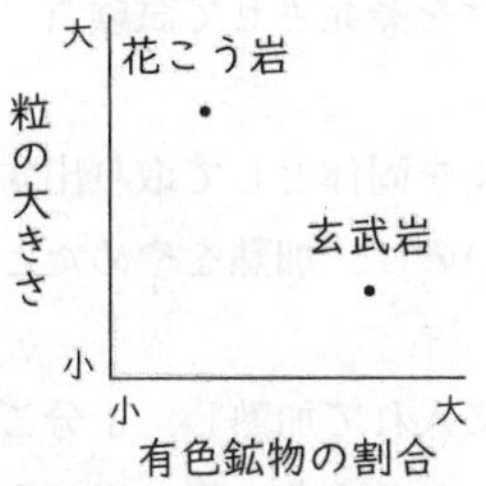

ウ

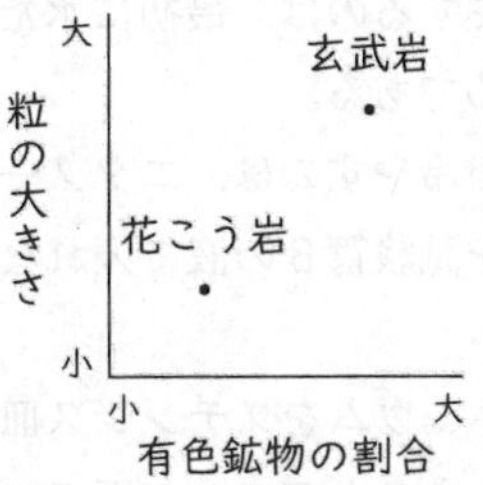

エ

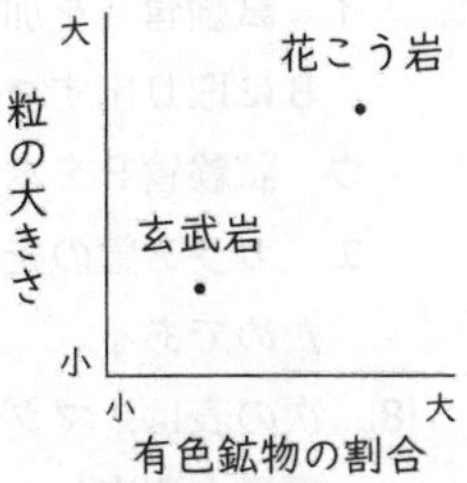

(4)　右の図は太陽を模式的に表したもので，図中のXは周囲よりも温度が低い部分，Yは太陽全体をつつんでいる高温のガスです。このXとYをそれぞれ何といいますか。次のア～エのうちから，XとYの組み合わせとして正しいものを**一つ**選び，その記号を書きなさい。

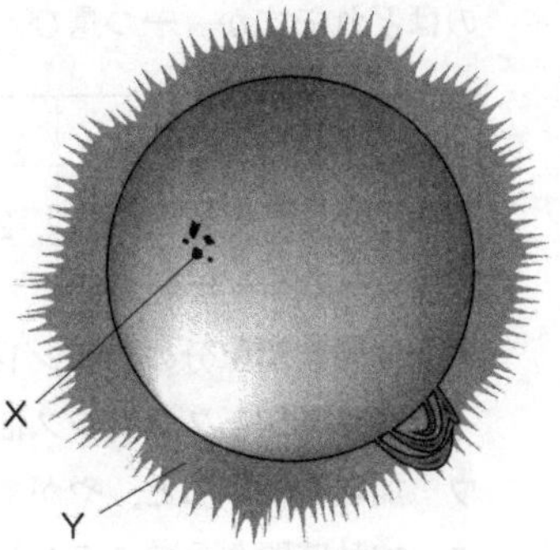

	X	Y
ア	黒点	コロナ
イ	黒点	プロミネンス
ウ	クレーター	コロナ
エ	クレーター	プロミネンス

(5)　右の図のようなモノコードで，ことじとXの間で弦の中央をはじいて音を出しました。あとのア～エのうち，このモノコードで音の大きさを変えずに，より低い音を出す方法として正しいものはどれですか。**一つ**選び，その記号を書きなさい。

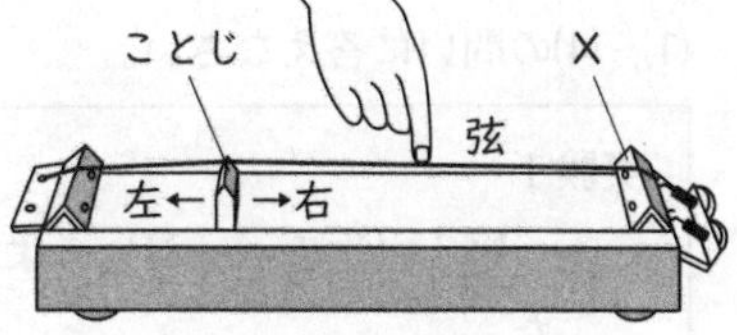

モノコード

ア　ことじの位置を変えずに，弱く弦をはじく。

イ　ことじの位置を変えずに，強く弦をはじく。

ウ　ことじの位置を右にずらし，同じ強さで弦をはじく。

エ　ことじの位置を左にずらし，同じ強さで弦をはじく。

⑹　次のア～エのうち，慣性の例として最も適当なものはどれですか。**一つ**選び，その記号を書きなさい。

ア　小球を自由落下させると，速さを増しながら落下した。

イ　平らな床の上でドライアイスを滑らせると，同じ速さで進み続けた。

ウ　水泳のターンで壁をけると，けった向きに対して反対の向きに進んだ。

エ　木の板に画びょうをあてて，垂直方向から力を加えると，板にささった。

⑺　右の図のような装置で，エタノールをとり出すために試験管Aに赤ワインを入れて蒸留しました。次のア～エのうち，実験操作について正しく説明したものはどれですか。**一つ**選び，その記号を書きなさい。

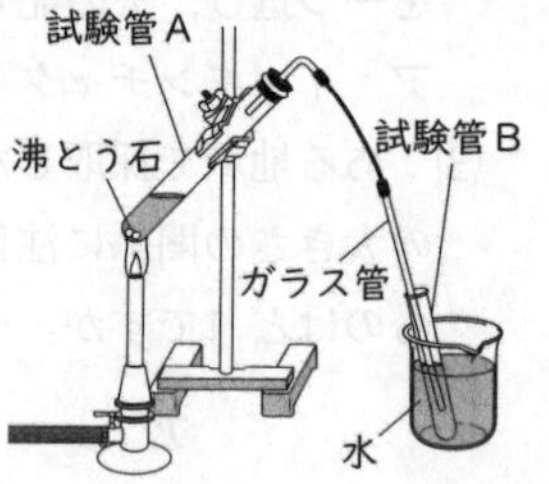

ア　試験管Aに沸とう石を入れるのは，赤ワインの沸とうを防ぐためである。

イ　試験管Aを加熱するのは，最初に水だけを蒸発させて試験管Bに取り出すためである。

ウ　試験管Bを水で冷やすのは，エタノールを固体として取り出すためである。

エ　ガラス管の先を試験管Bの液に入れないのは，加熱をやめたときに液が逆流するのを防ぐためである。

⑻　次の表は，マグネシウムをステンレス皿に入れて加熱し，１分ごとにステンレス皿内の物質の質量を測定したときのものです。下のア～エのうち，表から読みとれることとして正しいものはどれですか。**一つ**選び，その記号を書きなさい。

加熱時間〔分〕	0	1	2	3	4	5	6
ステンレス皿内の物質の質量〔g〕	2.40	3.36	3.72	3.96	4.00	4.00	4.00

ア　加熱時間１分のステンレス皿内の物質の質量は，加熱時間０分と比べて3.36 g 増加する。

イ　加熱時間とステンレス皿内の物質の質量は，比例の関係にある。

ウ　加熱を続けると，やがてステンレス皿内の物質の質量は変化しなくなる。

エ　加熱時間０分のステンレス皿内の物質の質量と，加熱時間６分のステンレス皿内の物質の質量の比は２：３である。

2　植物が行う光合成について調べるため，次のような実験を行いました。これについて，あとの⑴～⑷の問いに答えなさい。

実験１

1　図Ⅰ（次のページ）のようなふ入りの葉をもつ植物を用意し，暗いところに一晩置いた。

[2] 図Ⅱのように，[1]の植物の葉の一部をアルミニウムはくでおおい，十分に日光をあてた。このとき，図Ⅲの A ～ D のように，日光があたった部分とあたらなかった部分ができた。

図Ⅰ

図Ⅱ

図Ⅲ

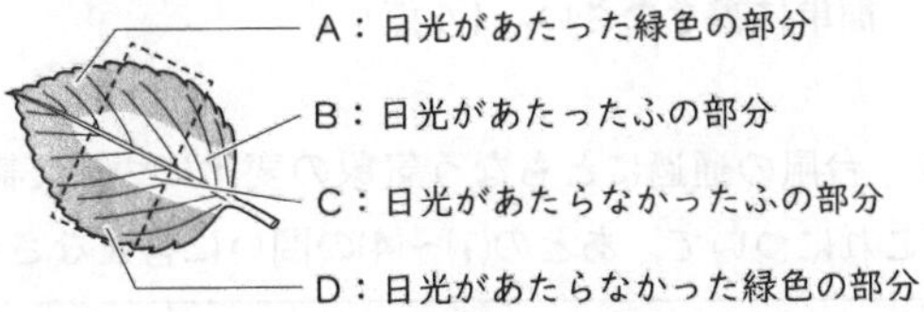

[3] アルミニウムはくをはずした図Ⅲの葉を，温めたエタノールにひたし，脱色した。エタノールから葉をとり出して水で洗い，ヨウ素液につけ，葉の色の変化を観察した。

[4] [3]の結果を表Ⅰにまとめた。

表Ⅰ

葉の部分	色の変化
A	青紫色になった
B	変化しなかった
C	変化しなかった
D	変化しなかった

実験 2

[5] 青色のBTB溶液を用意し，ストローで息を吹き込んで緑色にした。

[6] 図Ⅳのように，オオカナダモを入れた試験管Xと，空の試験管Yに，[5]のBTB溶液をそそいでゴム栓でふたをした。

[7] 試験管X，Yに十分に光をあててしばらく置いたあと，BTB溶液の色の変化を調べた。

[8] [7]の結果を表Ⅱにまとめた。

図Ⅳ

試験管X　　試験管Y

表Ⅱ

試験管	ＢＴＢ溶液の色
X	青色
Y	緑色

(1) 生態系において，植物のように光合成によって有機物をつくり出す生物を何とよびますか。**ことば**で書きなさい。（3点）

(2) 次の文は，表Ⅰから明らかになったことについて述べたものです。文中の（あ）～（え）にあてはまるのは，A～Dのどれですか。それぞれ**一つずつ**選び，その記号を書きなさい。ただし，同じ記号を何度選んでもかまいません。（2点 × 2）

> 葉の（　あ　）と（　い　）を比べることで，葉の緑色の部分で光合成が行われていることがわかった。また，葉の（　う　）と（　え　）を比べることで，光合成を行うためには光が必要だとわかった。

(3)　**実験2**で，試験管Yは対照実験のために用意したものです。試験管Yに光をあてる実験から，どのようなことが分かりますか。**光**と**BTB溶液**ということばを用いて，簡単に書きなさい。（3点）

(4)　[8]で，試験管XのBTB溶液が青色になり，アルカリ性を示したのはなぜですか。その**理由**を簡単に書きなさい。（4点）

3　台風の通過にともなう気象の変化について調べるため，次のような資料収集を行いました。これについて，あとの(1)~(4)の問いに答えなさい。

資料

[1]　図は，台風が岩手県を通過したある日の，午前6時の天気図である。

図

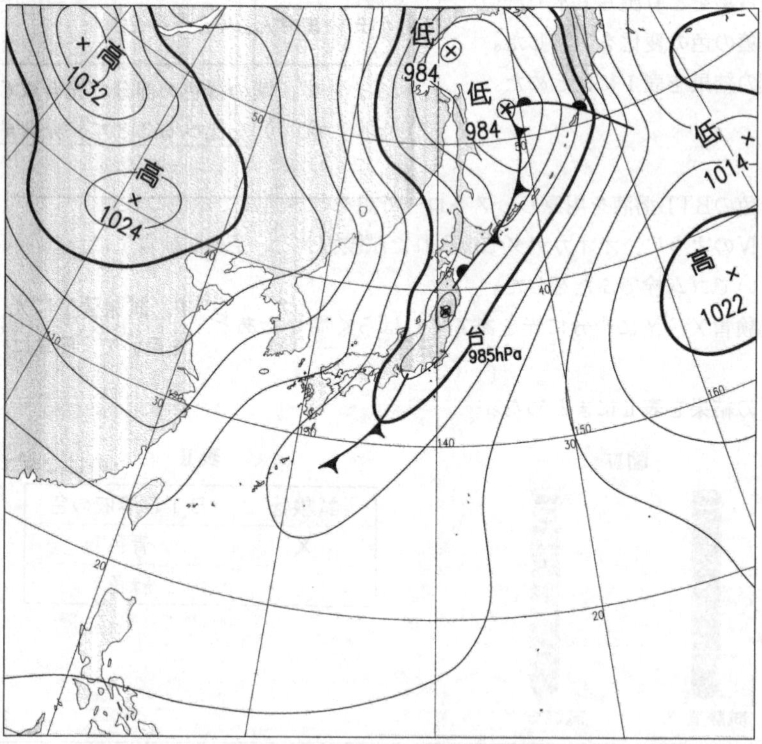

[2]　[1]で，盛岡における午前中の1時間ごとの天気，風向，風力，気温，湿度を表にまとめた。

表

時刻〔時〕	3	4	5	6	7	8	9	10	11	12
天気	くもり	雨	雨	雨	雨	雨	雨	くもり	くもり	くもり
風向	南	南	南	南南東	北	北北東	北	北	北北東	北北東
風力	4	3	3	2	3	5	4	5	4	3
気温〔℃〕	25.6	24.9	25.2	24.2	23.2	17.2	15.9	16.0	16.4	16.4
湿度〔%〕	84	89	89	97	93	97	96	89	85	80

(1)　次のア～エのうち，前線や台風の特徴として最も適当なものはどれですか。**一つ**選び，その記号を書きなさい。（３点）

ア　前線は移動性高気圧の中心からのびている。

イ　前線は日本付近ではおよそ東から西へ移動する。

ウ　台風は熱帯低気圧が発達したものである。

エ　台風はあたたかい空気と冷たい空気の境目で発生する。

(2)　[2]で，盛岡における午前11時の天気，風向，風力を天気図記号で表すとどのようになりますか。解答用紙の◌に**天気**を，16方位を表す点線………に**風向**を，矢ばねの数で**風力**をかき入れなさい。（３点）

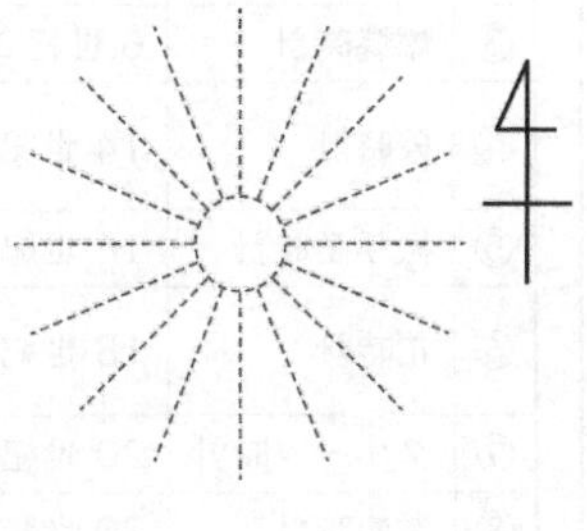

(3)　次の文は，この台風の進路について述べたものです。下のア～エのうち，文中の（Ｘ），（Ｙ）にあてはまることばの組み合わせとして最も適当なものはどれですか。**一つ**選び，その記号を書きなさい。（４点）

> 台風のまわりでは，風が（　Ｘ　）にふいている。[2]から，台風通過の前後で，風向が南寄りから北寄りに変化したことから，この台風は岩手県を（　Ｙ　）に通過したと考えられる。

	ア	イ	ウ	エ
Ｘ	反時計回り	反時計回り	時計回り	時計回り
Ｙ	西から東	東から西	西から東	東から西

(4)　台風が発達するのは，空気中に多量の水蒸気があるときです。気温25℃と気温５℃で，ともに湿度が90％のとき，空気１m^3に含まれる水蒸気量の差は何ｇですか。小数第２位を四捨五入して小数第１位まで求め，**数字**で書きなさい。なお，飽和水蒸気量は右に示す表のとおりです。（４点）

気温〔℃〕	飽和水蒸気量〔g/m^3〕
30	30.4
25	23.1
20	17.3
15	12.8
10	9.4
5	6.8
0	4.8

4 時計の歴史について調べ，次のような資料にまとめました。これについて，あとの(1)～(8)の問いに答えなさい。

資料

	時計	年代	説明
①	日時計	紀元前 4,000 年ころ	棒や石の柱が地面につくる影の位置や長さで時刻をはかった。
②	水時計	紀元前 1,400 年ころ	容器から水を流し，容器内の水の量で時間をはかった。
③	燃焼時計	6 世紀ころ	ろうそくやランプを燃やして時間をはかった。
④	砂時計	14 世紀ころ	船の上で時間をはかる手段として使われた。砂や大理石の細かい粒を使用することがあった。
⑤	振り子時計	16 世紀ころ	振り子を使うことにより，時計の精度は飛躍的に向上した。
⑥	花時計	18 世紀中ごろ	植物学者のリンネが，ほぼ定まった時刻に花が開閉するのを見て時計のかわりになると考えた。
⑦	クオーツ時計	20 世紀前半	水晶を用いて，非常に正確な時計が開発された。
⑧	炭素時計	20 世紀中ごろ	炭素に含まれる放射性物質により生物の生存した年代を調べた。

(1) ①について，図Ⅰのように地面に垂直な棒をたてた日時計をつくりました。この日時計を用いて，岩手県で夏至の日に，棒の影の先端を線で結ぶと，どのようになりますか。次のア～エのうちから，最も適当なものを**一つ**選び，その記号を書きなさい。（4点）

図Ⅰ

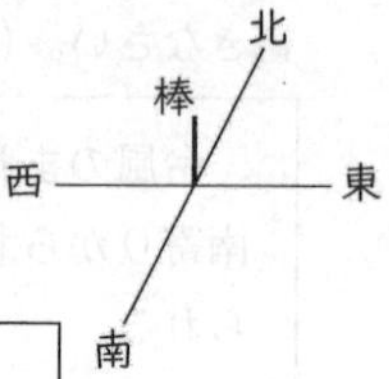

ア イ ウ エ

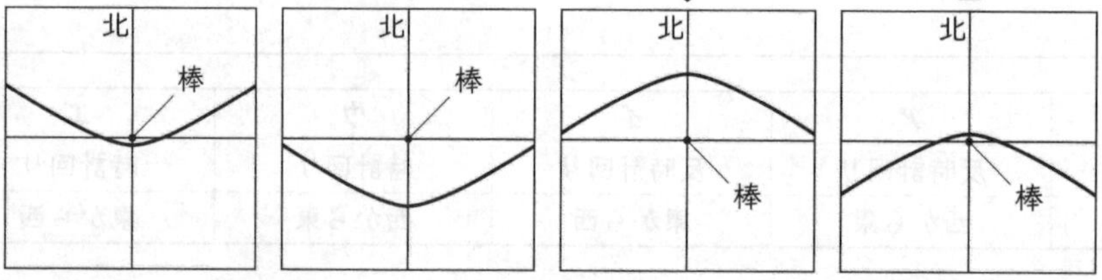

(2) ②について，水時計のしくみを調べるため，図Ⅱのようにペットボトルで模型をつくり，水を入れて下の穴から水を出し，一定時間ごとに水面の高さを示す線をかきました。次のア～ウのうち，かいた線の間隔として最も適当なものはどれですか。**一つ**選び，その記号を書きなさい。また，そのようになる**理由**を，水の量にふれながら簡単に書きなさい。（4点）

図Ⅱ

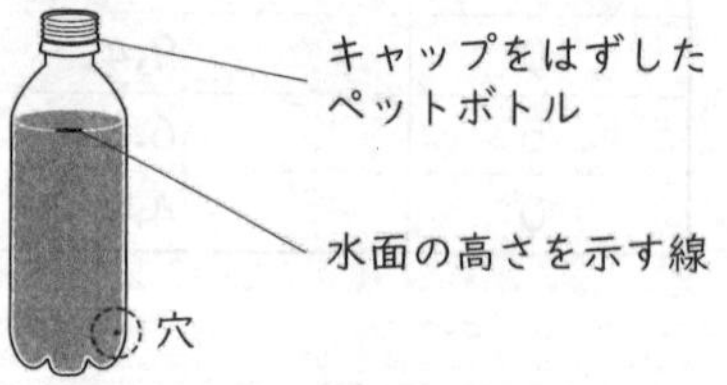

ア イ ウ

(3) ③について，次のページの文はろうそくに火をつけたときの，ろうの変化について述べたものです。次のページのア～エのうち，文中の（X）～（Z）にあてはまることばの組み合わせとして最も適当なものはどれですか。**一つ**選び，その記号を書きなさい。（3点）

熱せられたろうが（　X　）変化で気体になり，さらに熱せられて（　Y　）変化を起こして二酸化炭素と（　Z　）になって空気中に拡散する。

	ア	イ	ウ	エ
X	化学	化学	状態	状態
Y	状態	状態	化学	化学
Z	水	酸素	水	酸素

(4)　④について，大理石は，石灰岩が長い年月をかけて変化してできたものです。次のア～エのうち，石灰岩の特徴として正しいものはどれですか。**一つ**選び，その記号を書きなさい。（３点）

ア　マグマが冷え固まってできた岩石で，うすい塩酸をかけると気体が発生する。
イ　マグマが冷え固まってできた岩石で，ハンマーでたたくと火花が出るほどかたい。
ウ　生物の骨格や殻が堆積してできた岩石で，うすい塩酸をかけると気体が発生する。
エ　生物の骨格や殻が堆積してできた岩石で，ハンマーでたたくと火花が出るほどかたい。

(5)　⑤について，図Ⅲは，振り子でaの位置にあったおもりが，bを通り，aと同じ高さのcの位置まで上がったようすを表したものです。このとき，おもりの位置と力学的エネルギーの関係をグラフで表すとどのようになりますか。次のア～エのうちから，正しいものを**一つ**選び，その記号を書きなさい。（３点）

図Ⅲ

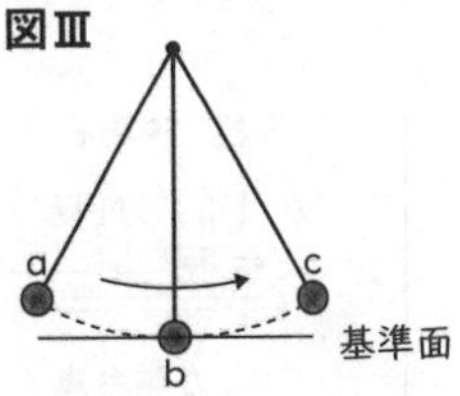

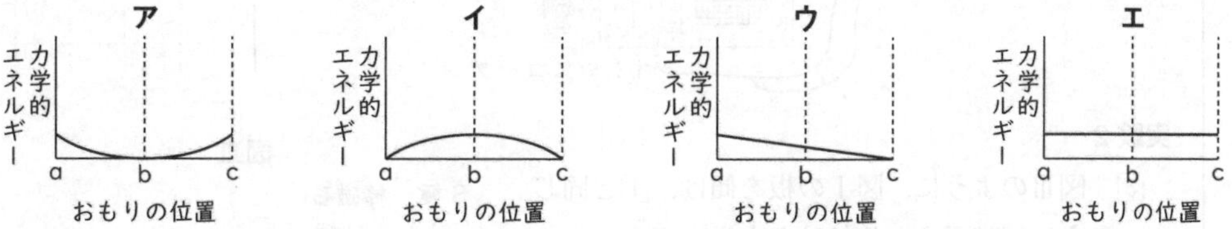

(6)　⑥について，花時計にはアサガオ，タンポポ，ユリが用いられました。次のア～エのうち，これらの３つの花の共通点を説明したものとして最も適当なものはどれですか。**一つ**選び，その記号を書きなさい。（３点）

ア　子葉が１枚の単子葉類である。　　**イ**　子葉が２枚の双子葉類である。
ウ　花弁がはなれている離弁花類である。　　**エ**　胚珠が子房の中にある被子植物である。

(7)　⑦について，天然の水晶は，地下で長い時間をかけてできた結晶です。結晶ができるようすを調べるため，ミョウバンを用いて次のような実験を行いました。

ミョウバンを60℃の水40.0ｇにとかして飽和水溶液をつくった。この飽和水溶液を20℃までゆっくりと冷やしたところ，大きなミョウバンの結晶ができた。

このとき，ミョウバンの結晶は何ｇできますか。小数第１位まで求め，**数字**で書きなさい。ただし，ミョウバンの溶解度曲線は図Ⅳのとおりとします。（４点）

図Ⅳ

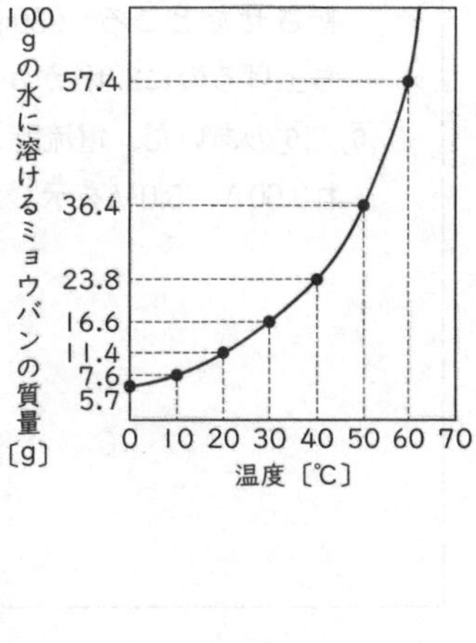

(8) ⑧について，化石の年代を調べた結果，現在では鳥類はハチュウ類から進化したと考えられています。鳥類とハチュウ類に共通する特徴は何ですか。また，ハチュウ類にはない鳥類だけの特徴は何ですか。それぞれ**一つずつ**，簡単に書きなさい。（4点）

5 エネルギーの変換について調べるため，次のような実験を行いました。これについて，あとの(1)～(4)の問いに答えなさい。

実験1

[1] 図Ⅰのように，コイルをオシロスコープにつなぎ，コイルの中に板を水平に通した。力学台車に棒磁石をN極が台車の進行方向に向くようにとり付けた。

[2] 板の上を，一定の速さで力学台車を走らせてコイルを通過させた。このとき，オシロスコープの波形は図Ⅱのようになり，台車の通過前後で電圧がプラスからマイナスに変化した。

図Ⅰ

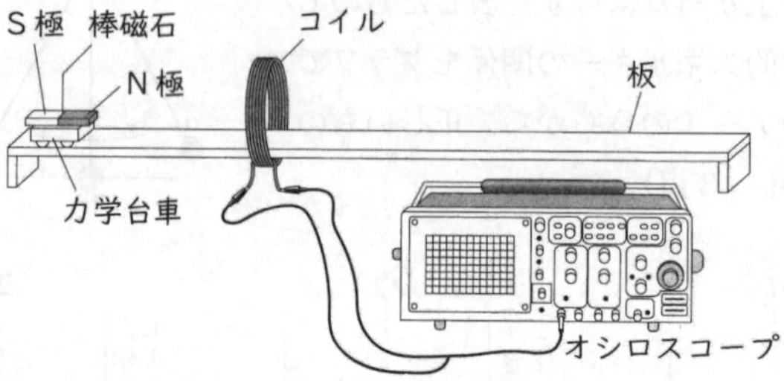

図Ⅱ

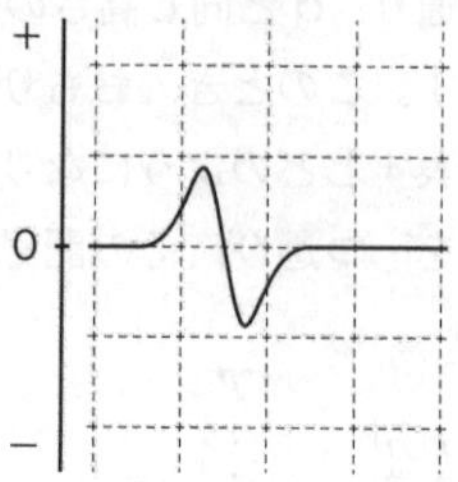

実験2

[3] 図Ⅲのように，図Ⅰの板を傾け，[1]と同じように棒磁石をとり付けた力学台車を，上の方から静かに放してコイルを通過させ，オシロスコープの波形を観察した。

図Ⅲ

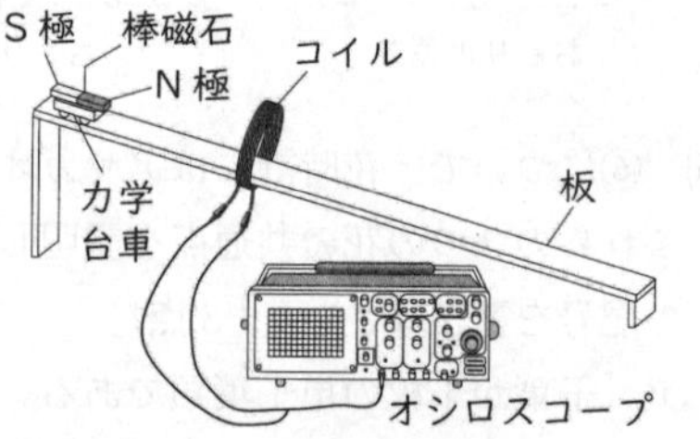

実験3

[4] 図Ⅳのように，滑車つきモーターでおもりを持ち上げるための装置を組みたてた。

[5] スイッチを入れて滑車つきモーターを回転させたところ，250gのおもりを0.60m持ち上げるのに2.0秒かかった。

[6] [5]のあいだ，電流計と電圧計の値はそれぞれ0.60A，5.0Vを示した。

図Ⅳ

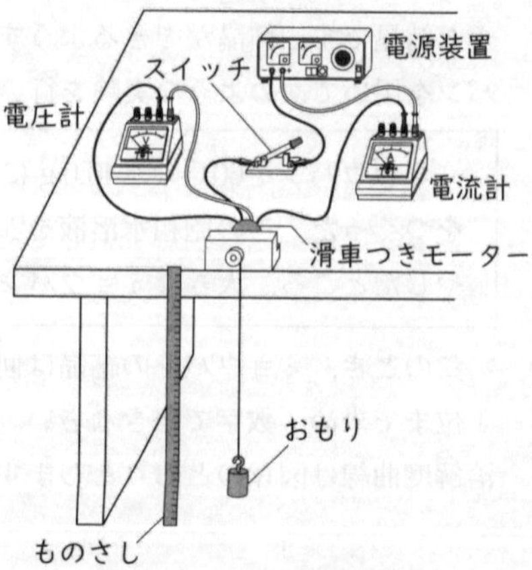

⑴　[2]で，磁石がコイルに近づくことで，コイルの内部の磁界が変化し，電流が流れました。この電流を何といいますか。**ことば**で書きなさい。（３点）

⑵　[3]で，次のア～エのうち，このときのオシロスコープの波形として最も適当なものはどれですか。**一つ**選び，その記号を書きなさい。（４点）

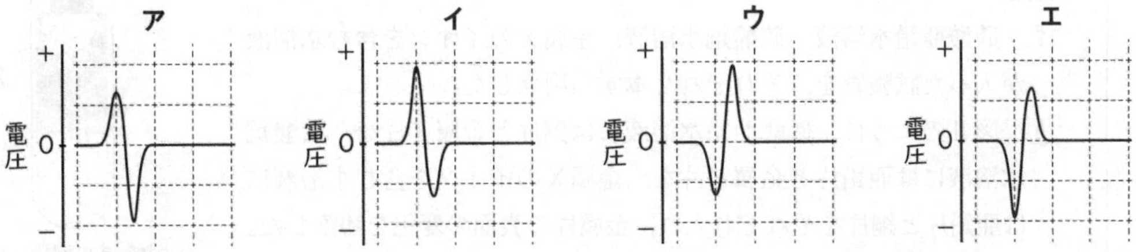

⑶　[5]で，モーターに電流を流したとき，磁界の向き（⇨）とコイルが回転する方向（➡）を模式的に表すとどのようになりますか。次のア～エのうちから，最も適当なものを**一つ**選び，その記号を書きなさい。（３点）

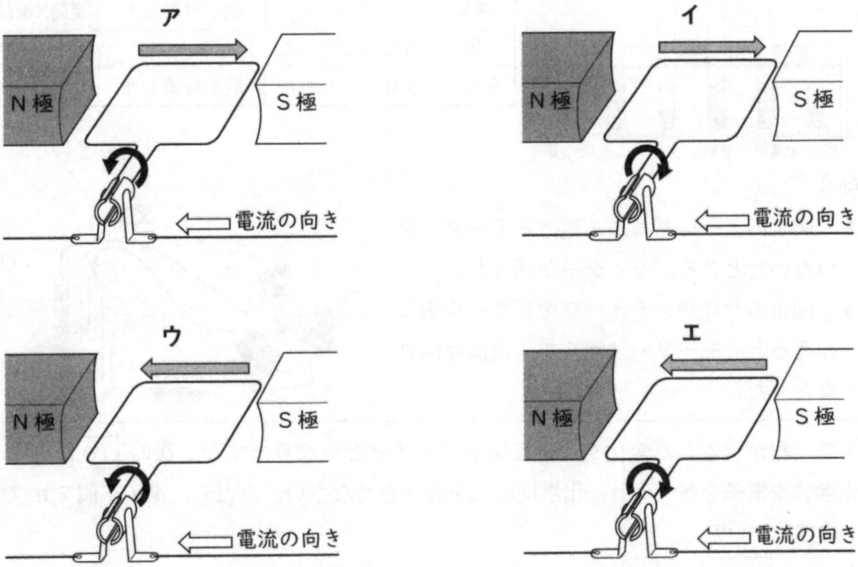

⑷　[5]で，モーターがおもりにした仕事は何Jですか。小数第１位まで求め，**数字**で書きなさい。また，[5]，[6]で，エネルギーの変換効率は何％ですか。**数字**で書きなさい。ただし，100gの物体にはたらく重力の大きさを１Nとします。（４点）

6　金属とイオンの性質と電池のしくみについて調べるため，次のページのような実験を行いました。これについて，あとの⑴～⑷の問いに答えなさい。

実験１

1 銅線を硝酸銀水溶液に入れたところ，図Ⅰのように銅線のまわりに銀が付着した。

図Ⅰ

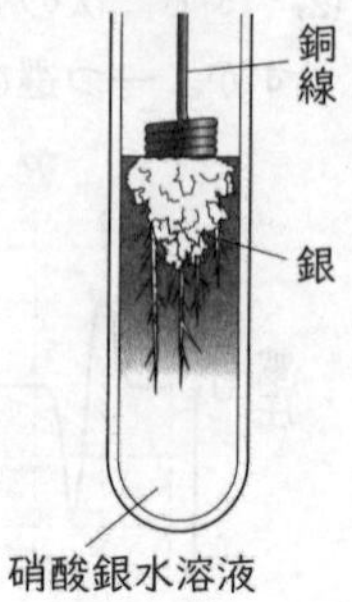

実験２

2 硫酸亜鉛水溶液，硫酸銅水溶液，金属Ｘのイオンを含む水溶液が入った試験管を，それぞれ２本ずつ用意した。

3 図Ⅱのように，硫酸亜鉛水溶液には銅片と金属Ｘ片を，硫酸銅水溶液には亜鉛片と金属Ｘ片を，金属Ｘのイオンを含む水溶液には亜鉛片と銅片をそれぞれ入れ，金属片の表面の変化を観察した。

4 3の結果を表にまとめた。

図Ⅱ

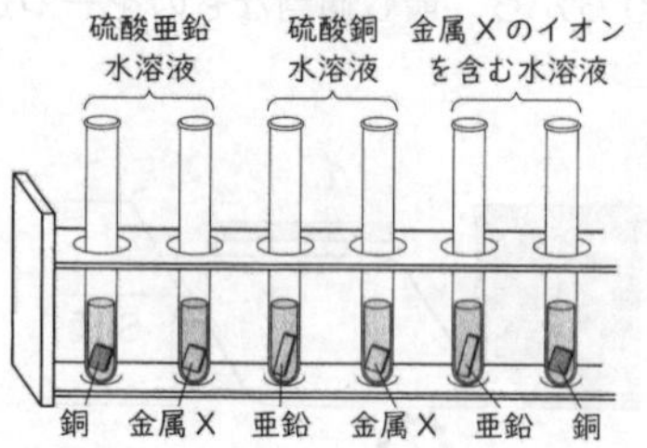

表

	硫酸亜鉛水溶液	硫酸銅水溶液	金属Ｘのイオンを含む水溶液
亜鉛		銅が付着した	金属Ｘが付着した
銅	反応しなかった		反応しなかった
金属Ｘ	反応しなかった	銅が付着した	

実験３

5 図Ⅲのようにダニエル電池とモーターをつないだところ，モーターが回った。

6 図Ⅲのセロハンチューブをビニール袋にかえると，モーターは回らず，電流は流れなかった。

図Ⅲ

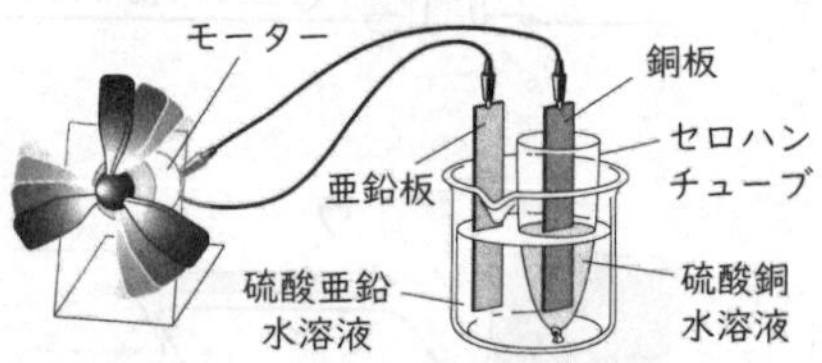

(1) 1で，銀が付着した変化を化学反応式で表すとどうなりますか。次の ① ， ② に適当な**化学式**や**電子**を書き入れ，化学反応式を完成させなさい。ただし，電子１個をe^{-}で表すこととします。（３点）

Ag^{+} ＋ ① → ②

(2) 4で，亜鉛，銅，金属Ｘの３つの金属をイオンになりやすい順番に並べると，どのようになりますか。その順番を**数字**で書きなさい。（４点）

(3) 5で，次のア～エのうち，図Ⅲのダニエル電池の亜鉛板と銅板で起きている変化の組み合わせとして，正しいものはどれですか。**一つ**選び，その記号を書きなさい。（３点）

	亜鉛板	銅板
ア	亜鉛が電子を失い，とけ出した	銅イオンが電子を受けとり，銅が付着した
イ	亜鉛が電子を失い，とけ出した	銅が電子を失い，とけ出した
ウ	亜鉛イオンが電子を受けとり，亜鉛が付着した	銅イオンが電子を受けとり，銅が付着した
エ	亜鉛イオンが電子を受けとり，亜鉛が付着した	銅が電子を失い，とけ出した

(4) 6で，モーターが回らず，電流が流れなかったのはなぜですか。その理由を，**イオン**ということばを用いて簡単に書きなさい。（４点）

＜社会＞

時間　50分　　満点　100点

1　次の略地図は，緯線と経線が直角に交わったもので，緯線と経線は，それぞれ30度の間隔で描かれています。これを見て，下の⑴，⑵の問いに答えなさい。（３点×２）

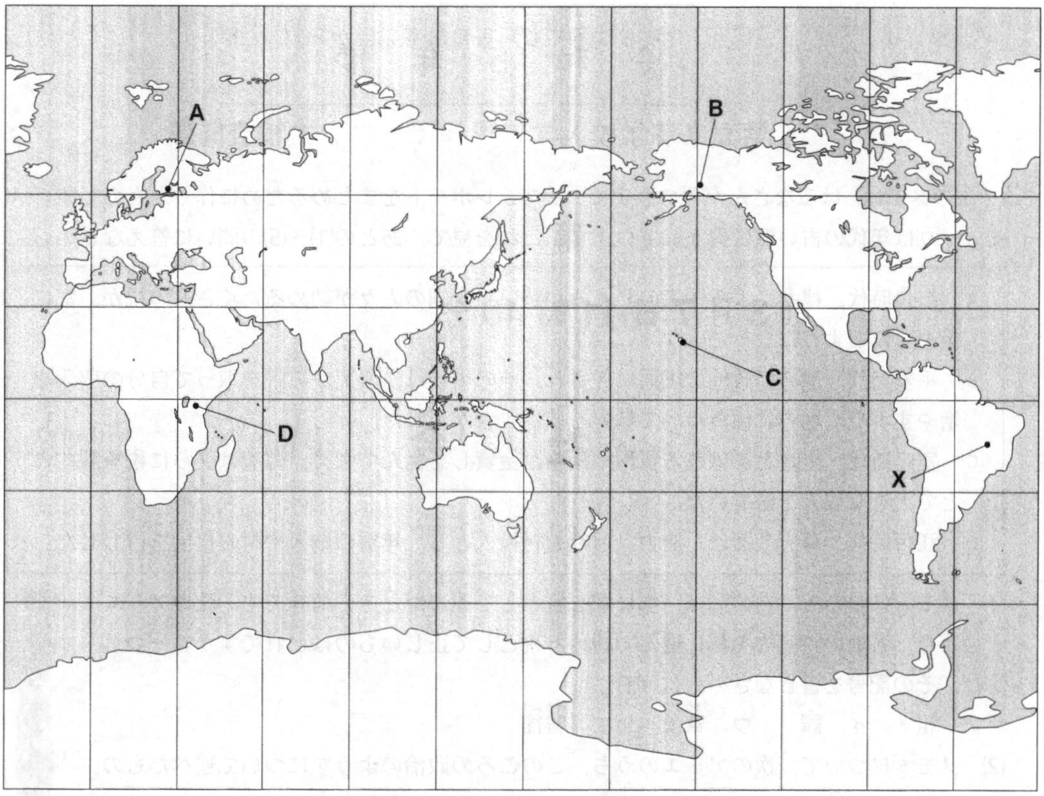

⑴　略地図中のＸの都市があるのは何大陸ですか。次のア～エのうちから**一つ**選び，その記号を書きなさい。

ア　アフリカ大陸
イ　南アメリカ大陸
ウ　ユーラシア大陸
エ　オーストラリア大陸

⑵　次のページの文は，岩手県に住んでいるまことさんと外国に住んでいるかえでさんが，日本時間の１月１日午後１時にオンラインで会話したときの一部です。略地図中のＡ～Ｄの都市のうち，かえでさんが住んでいるのはどこですか。**一つ**選び，その記号を書きなさい。

新年あけましておめでとう。久しぶりだね。

久しぶり。こちらは，まだ12月31日だよ。

ああ，そうか。ところで，岩手の冬は，
とても寒いけど，そちらはどう？

こちらは冬でも，毎日最高気温が20℃以上
だよ。

まことさん　　かえでさん

2 次のメモは，はるなさんが税の歴史について，レポートをまとめるために作ったものです。メモ[A]～[D]は年代の古い順に書かれています。これを見て，あとの(1)～(5)の問いに答えなさい。

[A] 奈良時代，律令による国家のしくみが整い，全国の人々が納めるたくさんの税が，都に集められるようになった。
[B] 平安時代，地方の政治は国司に任され，その中には，農民から税を取って自分の収入を増やす者や，地方に住みついて勢力を伸ばす者が現れた。
[C] 室町時代，土倉とよばれる質屋や酒屋が金貸しを営んで栄え，幕府は彼らに税を課すことで大きな収入を得ていた。
[D] 江戸時代，幕府や藩は，有力な百姓を村役人とし，年貢の納入や村の自治を行わせた。

(1) メモ[A]について，右の図は，都に塩を税として運んだときの荷札です。次のア～エのうち，各地の特産物を都に運んで納める税として正しいものはどれですか。**一つ**選び，その記号を書きなさい。（３点）

ア 租《そ》　**イ** 調《ちょう》　**ウ** 奉公《ほうこう》　**エ** 雑徭《ぞうよう》

図

(2) メモ[B]について，次のア～エのうち，このころの政治のようすについて述べたものとして，最も適当なものはどれですか。**一つ**選び，その記号を書きなさい。（４点）

ア 公事方御定書という裁判の基準になる法律が定められ，庶民の意見を聞く目安箱が設置された。

イ 裁判を公平に行うための基準として，御成敗式目が定められ，その内容は長く武家政治の手本とされた。

ウ 蘇我氏父子を倒し，中国から帰った留学生らの協力を得ながら，新しい政治のしくみをつくる改革が行われた。

エ 天皇が幼い時には摂政，成人したのちは関白という職が置かれ，摂政や関白が中心となった政治が行われるようになった。

(3) メモ[C]について，商人や手工業者らは，同業者ごとに団体をつくり，武士や貴族，寺社に税を納めて保護を受け，商品の製造や販売を独占する権利を確保しました。この同業者ごとの団体を何といいますか。**ことば**で書きなさい。（４点）

⑷　メモDについて，次の資料Ⅰは，江戸幕府が出した法令の一部です。資料Ⅱは，江戸幕府の収入について表したものです。資料Ⅰのように，幕府がたばこなど米以外の作物を栽培しないようにしたのはなぜですか。その**理由**を，資料Ⅱからわかることにふれて，簡単に書きなさい。（４点）

資料Ⅰ

一　幕領でも，私領でも，本田畑にたばこを栽培しないように申し付ける。

（御当家令条から作成）

資料Ⅱ

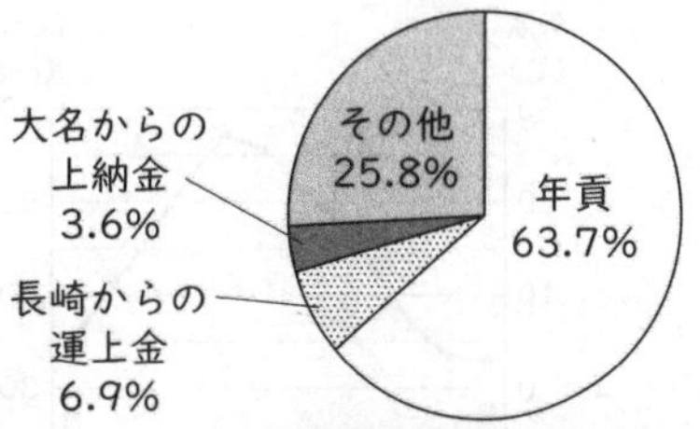

（岩波講座日本歴史12から作成）

⑸　次のメモXは，はるなさんが新たに作ったものです。メモA～DにメモXを加えて年代の古い順に並べる場合，メモXはどの位置に入りますか。次のア～エのうちから**一つ**選び，その記号を書きなさい。（３点）

X　荘園や公領ごとに地頭が置かれ，地頭が土地の管理や年貢の取り立てを行うようになった。

ア　AとBの間　　イ　BとCの間　　ウ　CとDの間　　エ　Dよりも後

3　右の略地図は，中部地方を中心に描いたものです。これを見て，あとの⑴～⑶の問いに答えなさい。

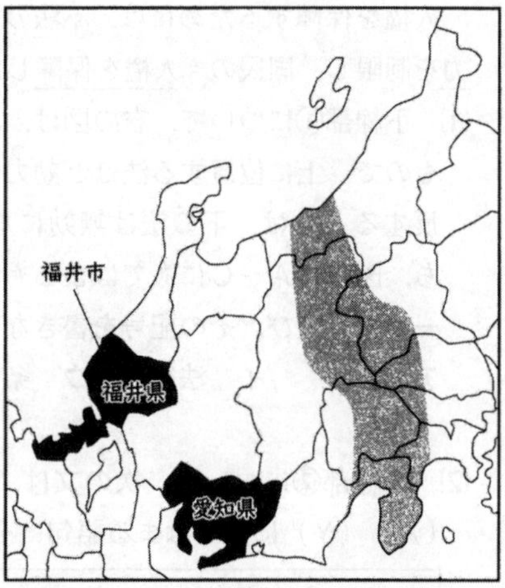

⑴　略地図中のは，地面が大きく落ち込んだ溝のようなところのおよその位置を示しています。これを境に本州の地形や地質が東と西で大きく異なっています。この溝のようなところを，何といいますか。**ことば**で書きなさい。（４点）

⑵　次の表中のア～エは，2017年の愛知県，沖縄県，千葉県，長野県のいずれかの製造品出荷総額に占める重工業，化学工業，軽工業の割合を示したものです。このうち，愛知県を示しているものはどれですか。**一つ**選び，その記号を書きなさい。（３点）

	重工業の割合（%）	化学工業の割合（%）	軽工業の割合（%）	製造品出荷総額（単位：十億円）
ア	34.5	43.9	21.6	12,126
イ	74.9	6.4	18.7	6,168
ウ	81.9	9.1	9.1	46,968
エ	20.5	5.7	74.6	480

※調査の方法等により，合計が100.0%にならないことがある。

（データブック・オブ・ザ・ワールド2021から作成）

(3) 福井県などの北陸地方では，稲作の副業から発展した伝統産業や地場産業が盛んです。次の資料Ⅰは，福井市の月別の平均気温と降水量を表したものです。資料Ⅱは，福井県における稲作の一年間の流れを示したものです。福井県などの北陸地方で，伝統産業や地場産業が発展したのはなぜですか。資料Ⅰと資料Ⅱからわかることにふれて，簡単に書きなさい。（4点）

資料Ⅰ

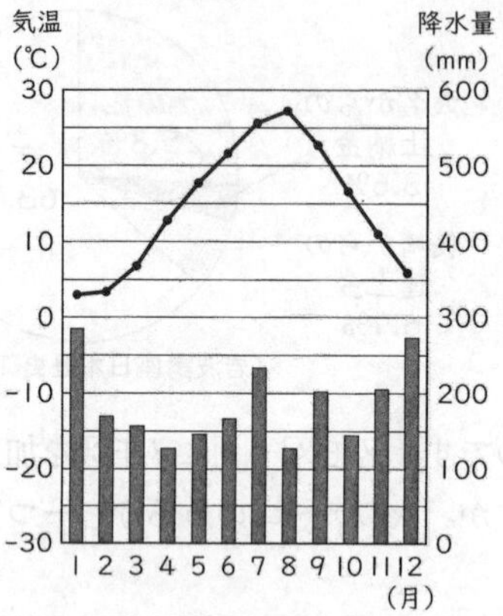

（データブック・オブ・ザ・ワールド2021から作成）

資料Ⅱ

月	作業
1月	
2月	
3月	田植え準備
4月	田植え準備
5月	田植え・生育期
6月	田植え・生育期
7月	田植え・生育期
8月	収穫
9月	収穫
10月	土づくり
11月	土づくり
12月	

（福井県資料から作成）

4　次の文を読んで，下の(1)～(3)の問いに答えなさい。

人権を保障するためには，①法の役割が重要です。法の支配に基づき，憲法によって②国家権力を制限し，国民の③人権を保障しようとすることを立憲主義といいます。

(1) 下線部①について，右の図は，法の構成を模式的に表したもので，上に位置する法ほど効力が強く，下の法が上の法に反するときは，下の法は無効になります。次のア～ウのうち，図中のA～Cにあてはまるものはそれぞれどれですか。**一つずつ**選び，その記号を書きなさい。（3点）

ア　憲法　　イ　法律　　ウ　条例・命令

図

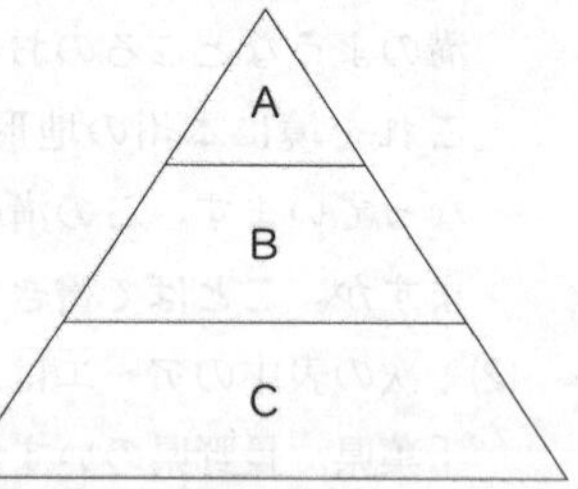

(2) 下線部②について，次の文は，国会の地位について述べた日本国憲法の一部です。文中の（X），（Y）にあてはまる語句はそれぞれ何ですか。**ことば**で書きなさい。（4点）

> 国会は，国権の（　X　）機関であって，国の唯一の（　Y　）機関である。

(3) 下線部③について，法を基準として争いや事件を解決する裁判を通して，私たちの権利は守られています。次のページの資料は，**一つ**の内容について**3**回まで裁判を受けられるわが国の制度のしくみについて示したものです。このようなしくみとしているのはなぜですか。その**理由**を，この制度の名称を明らかにして，簡単に書きなさい。（4点）

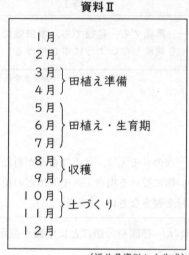

資料

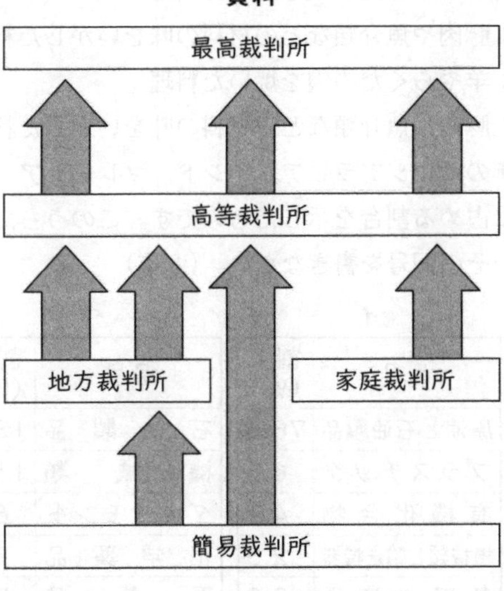

※⬆は控訴，上告，抗告を表す。

5　次の略地図は，アジア州を中心に描いたものです。これを見て，あとの⑴～⑷の問いに答えなさい。

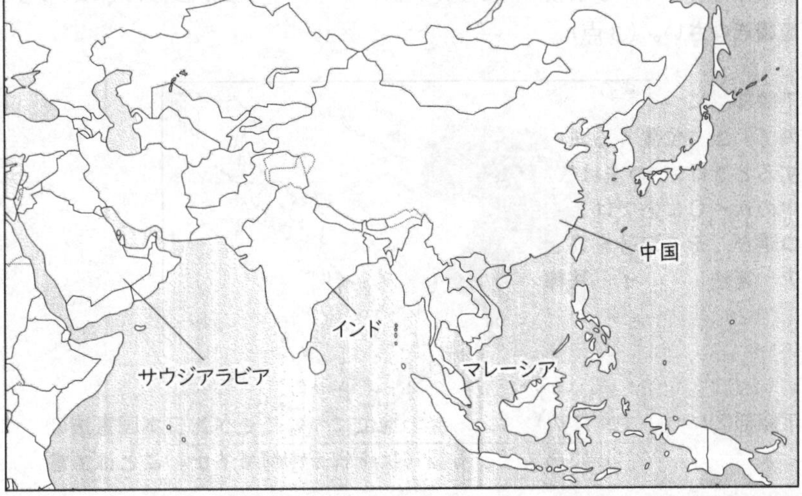

⑴　次の文は，アジア州の自然環境と人々の暮らしについて述べたものです。次のページのア～エのうち，文中の（ a ），（ b ）にあてはまることばの組み合わせとして正しいものはどれですか。**一つ**選び，その記号を書きなさい。（3点）

> 東アジアから南アジアにかけての地域では，（　a　）が人々の生活に大きな影響を与えている。そのため，稲作を中心とした農業が盛んとなり，米を一年に二回収穫できる地域も多くみられる。（　a　）の影響が及ばない西アジアでは，乾燥帯に属するところが多く，そうした気候の中で（　b　）がみられる。

ア　a：季節風　　b：羊やらくだの肉を焼いた料理
イ　a：季節風　　b：豚肉や魚介類などの材料の味をいかした料理
ウ　a：偏西風　　b：羊やらくだの肉を焼いた料理
エ　a：偏西風　　b：豚肉や魚介類などの材料の味をいかした料理

⑵　次のア～エは，2019年のサウジアラビア，インド，マレーシア，中国のいずれかの国の輸出上位５品目と輸出総額に占める割合を示したものです。このうち，インドを示しているものはどれですか。**一つ**選び，その記号を書きなさい。（３点）

ア

品目	割合（%）
機械類	43.9
衣類	6.3
繊維と織物	4.8
金属製品	3.8
自動車	3.3
輸出総額	２兆4,989億ドル

イ

品目	割合（%）
原油と石油製品	76.5
プラスチック	6.8
有機化合物	4.9
機械類と輸送機器	2.5
基礎工業品	2.3
輸出総額	2,945億ドル

ウ

品目	割合（%）
石油製品	13.2
機械類	11.6
ダイヤモンド	6.8
化学薬品	5.6
医薬品	5.5
輸出総額	3,249億ドル

エ

品目	割合（%）
機械類	43.3
石油製品	6.3
液化天然ガス	4.2
精密機械	3.9
パーム油	3.5
輸出総額	2,474億ドル

（データブック・オブ・ザ・ワールド2021から作成）

⑶　下の図は，アジア州の宗教の分布を示したものです。図中のＸ，Ｙのそれぞれの範囲で，多くの人々に信仰されている宗教は何ですか。次のア～エのうちからそれぞれ**一つずつ**選び，その記号を書きなさい。（３点）

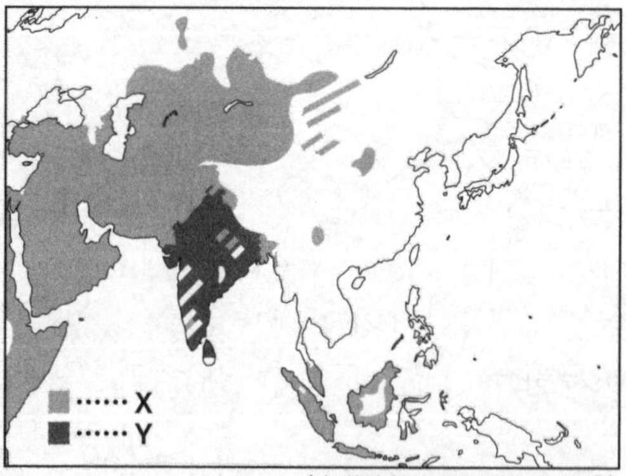

（中学校社会科地図から作成）

ア　仏教　　**イ**　イスラム教　　**ウ**　キリスト教　　**エ**　ヒンドゥー教

⑷　資料Ⅰは，2020年の中国の総生産額上位３つのＡ～Ｃの地域と経済特区を示したものです。資料Ⅱは，資料ⅠのＡ～Ｃの地域の都市の人口について示したものです。ＡおよびＢの地域と比較して，Ｃの地域には，どのような**特徴**がありますか。資料Ⅰと資料Ⅱからわかることにふれて，簡単に書きなさい。（４点）
（資料Ⅰ・Ⅱは次のページにあります。）

資料Ⅰ　中国の総生産額上位３つのＡ～Ｃの地域と経済特区（2020年）

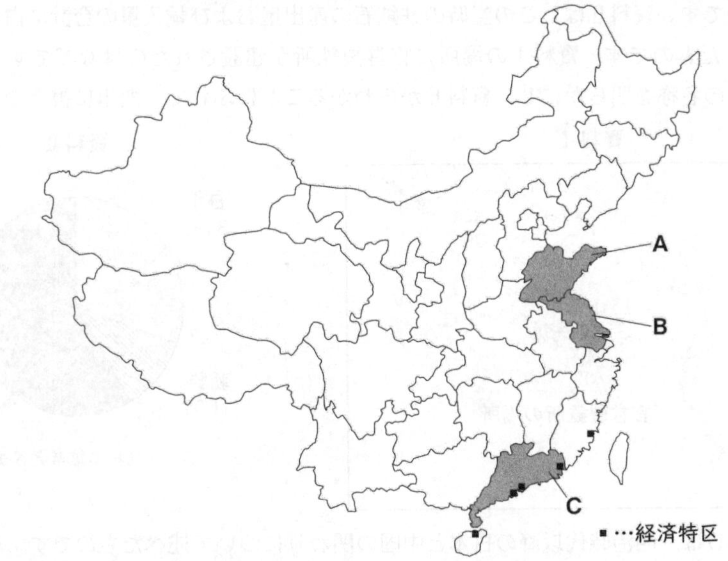

資料Ⅱ　中国の総生産額上位３つのＡ～Ｃの地域の都市の人口（2020年）

地域	地域内の都市の総人口に占める割合（%）	
	都市に戸籍がある人	他の場所から来て都市に半年以上滞在している人
A	52.4	47.2
B	51.6	48.0
C	34.3	65.0

（中国統計年鑑から作成）

6　次の文を読んで，あとの(1)～(4)の問いに答えなさい。

①明治時代のはじめ，政府は，欧米諸国をモデルにしてさまざまな改革を進めた。廃藩置県直後に欧米に派遣された大規模な②使節団での経験を基に近代化は進められた。1880年代後半からは，産業革命の時代をむかえ，日清戦争後に建設された③官営製鉄所は日本の産業を支えた。

(1)　下線部①について，次のア～エのうち，このころのわが国のようすについて述べたものとして，最も適当なものはどれですか。**一つ**選び，その記号を書きなさい。（３点）

ア　国民の所得が増え，テレビや冷蔵庫などの家庭電化製品が普及した。

イ　レンガ造りの建物が増え，道路には馬車が走り，ランプやガス灯がつけられた。

ウ　伊勢神宮への参詣などの旅の習慣が広まり，観光のための名所案内が刊行された。

エ　都市の人々が急増し，タイピストやバスの車掌，電話交換手など職業婦人も増えた。

(2)　下線部②について，この使節団の大使として派遣された人物は誰ですか。次のア～エのうちから**一つ**選び，その記号を書きなさい。（３点）

ア　井伊直弼《いいなおすけ》　　イ　岩倉具視《いわくらともみ》　　ウ　西郷隆盛《さいごうたかもり》　　エ　陸奥宗光《むつむねみつ》

⑶　下線部③について，次の資料Ⅰは，後の重化学工業発展の基礎となった官営製鉄所の場所を示したものです。資料Ⅱは，この当時の鉄鉱石の産出量および輸入量の合計に占める産地別の割合を示したものです。資料Ⅰの場所に官営製鉄所が建設されたのはなぜですか。その**理由**を，**製鉄所の名称**を明らかにし，資料Ⅱからわかることにふれて，簡単に書きなさい。（4点）

資料Ⅰ

資料Ⅱ

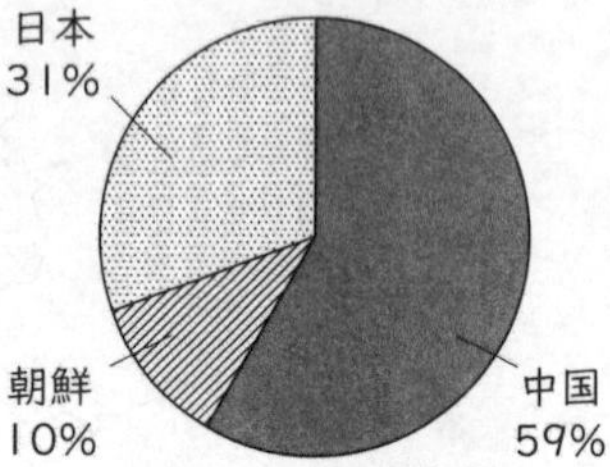

（日本鉱業発達史などから作成）

⑷　次のA～Dは，明治時代以降の日本と中国の関わりについて述べたものです。これらを年代の**古い順**に並べかえ，その記号を書きなさい。（4点）

A　日本の総理大臣の田中角栄《たなかかくえい》が訪問し，国交を正常化した。

B　柳条湖《りゅうじょうこ》事件を機に日本軍は満州を占領し，満州国を建国した。

C　日本との関係が深い孫文《そんぶん》が臨時大総統となって，中華民国が誕生した。

D　領事裁判権を相互に承認するなど，対等な内容の条約を結び国交を開いた。

7　次の資料は，あさみさんが税金について調べたときのホームページの一部です。これらを見て，あとの⑴～⑷の問いに答えなさい。

【税は国民の暮らしを支えています】

私たちが納めた①税金は，②国民の健康で豊かな生活を実現するために，③国や地方公共団体が行う活動の財源となるのです。私たちは一人では生きていけません。税は，私たちが社会で，生活していくための，いわば「会費」といえるでしょう。

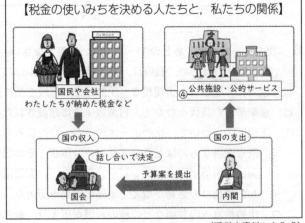

【税金の使いみちを決める人たちと，私たちの関係】

（国税庁資料から作成）

⑴　下線部①について，次のア～エのうち，間接税はどれですか。**一つ**選び，その記号を書きなさい。（3点）

ア　住民税　　イ　所得税　　ウ　消費税　　エ　相続税

(2) 下線部②について，次のア～エのうち，わが国の社会保障制度４つの柱のうち，公衆衛生について述べたものはどれですか。**一つ**選び，その記号を書きなさい。(４点)

ア　生活保護法に基づき生活費などを支給し，最低限度の生活を保障する。

イ　上下水道の整備や，感染症の予防などで，人々の健康保持と環境改善を図る。

ウ　高齢者や障がい者など，社会で弱い立場になりやすい人々に，保護や援助を行う。

エ　加入者や事業主がかけ金を積み立てておき，病気，けが，失業などの際に給付する。

(3) 下線部③について，次の文は，政府が行う財政政策について述べたものです。下のア～エのうち，文中の（X），（Y）にあてはまることばの組み合わせとして正しいものはどれですか。**一つ**選び，その記号を書きなさい。(４点)

> 政府は，不況のときには公共投資を（　X　）させたり，（　Y　）したりすることで，景気を回復させようとする。

ア　X：増加　　Y：減税　　　**イ**　X：減少　　Y：減税

ウ　X：増加　　Y：増税　　　**エ**　X：減少　　Y：増税

(4) 下線部④について，右の図は，政府の役割である福祉と国民の負担の関係を考えるために，縦軸を福祉，横軸を国民の負担として図式化したものです。「大きな政府」は，図中のア～エのどこに位置付けられますか。**一つ**選び，その記号を書きなさい。(４点)

図

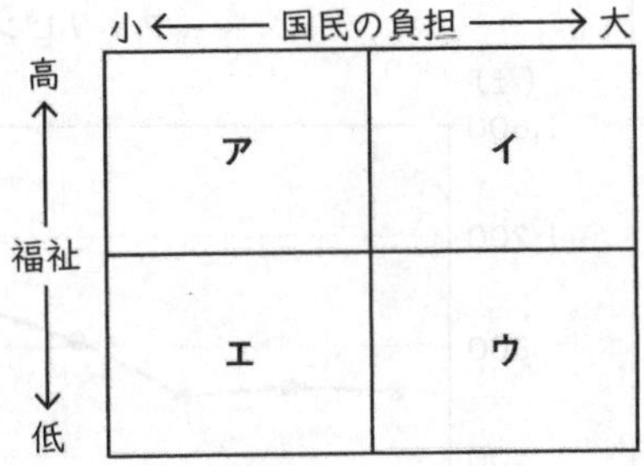

8

次の文を読んで，あとの(1)～(3)の問いに答えなさい。

日本では，20世紀後半の急激な社会の変化の中で①人口構成は，大きく変化した。また，②国同士の交流は，近年拡大し，③国境を越える経済活動も活発である。

(1) 下線部①について，次のA～Cは，日本の1950年，1980年，2010年のいずれかの人口ピラミッドです。これらを，年代の**古い順**に並べかえ，その記号を書きなさい。(３点)

A

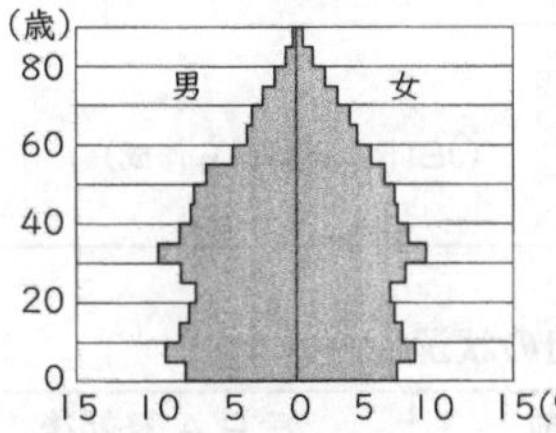

B

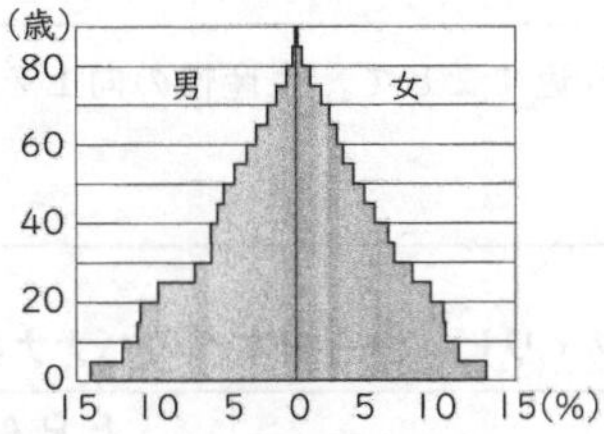

C

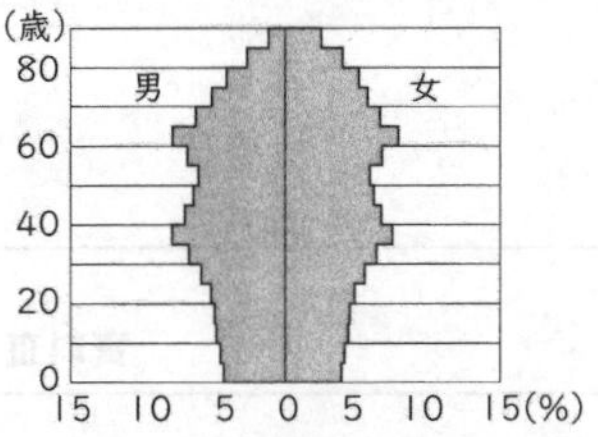

(総務省資料から作成)

(2) 下線部②について，３世紀の中国の歴史書には，倭（日本）のこととして，ある国の女王が中国に朝貢して，印や鏡などのおくり物を受けたことなどが記されています。この国を何といいますか。**ことば**で書きなさい。(３点)

(3)　下線部③について，近年，特定の国や地域同士の間で経済連携協定（EPA）を結び，幅広く経済関係を強化している動きが見られます。下の資料Ⅰ～Ⅲは，2008年に発効した日本とフィリピンが結んでいるEPAに関わるさまざまなことについて示したものです。EPAは，日本とフィリピンにとって，どのような利点があるといえますか。日本にとっての利点とフィリピンにとっての利点の両方について，それぞれ一つの資料を選んで示し，その資料に基づいて簡単に書きなさい。ただし，日本にとっての利点とフィリピンにとっての利点で同じ資料を用いないこととします。(３点×２)

資料Ⅰ　フィリピン人看護師候補者の日本への受入れの状況

・フィリピンの看護師資格をもち，３年以上の実務経験がある者は，日本への入国と３年までの滞在を許可される。
・日本政府は，許可された者が日本の看護師国家試験に合格するための知識及び技術の習得に向けた支援を行う。

（厚生労働省資料から作成）

資料Ⅱ　フィリピンにある日本企業の状況

《フィリピンで事業を展開する日本企業数の推移》

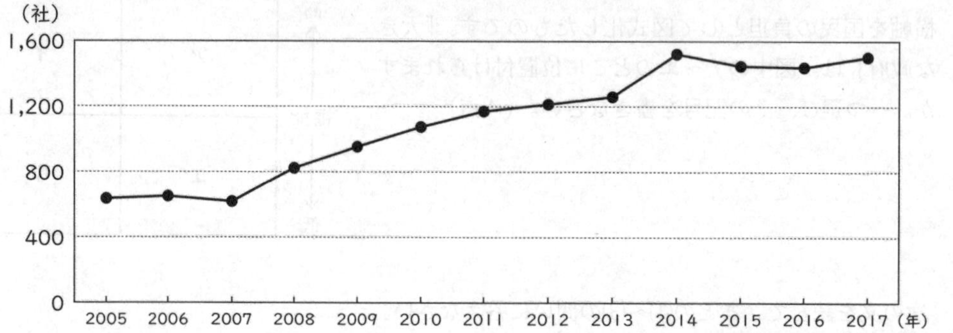

（外務省資料などから作成）

《現地で労働者を雇用後の生産性向上の取り組み》

繰り返すことで，生産性の向上を図る。

（JETRO 資料から作成）

資料Ⅲ　フィリピンから日本へのバナナの輸出の状況

	ＥＰＡ発効前 (2007 年)	ＥＰＡ発効後 (2020 年)
日本へのバナナの輸出時の関税率	40 ～ 50%	0%
日本への輸出総額	608 億円	812 億円

（財務省資料などから作成）

5　次の(1)〜(6)の傍線部分について、漢字の場合は正しい読みをひらがなで書き、カタカナの場合はそれにあたる漢字を楷書で正しく書きなさい。（2点×6）

(1) 抑揚をつけて詩を朗読する。

(2) 国際社会の中で重要な役割を占める。

(3) 和服に合わせて草履を用意する。

(4) 食べ物をソマツにしてはいけない。

(5) ケワしい山道を登る。

(6) 豪華客船が世界一周のコウカイに出る。

《資料Ⅰ》「やさしい日本語」の作り方のポイント

A　回りくどい言い方や不要な繰り返しはしない。
B　二度打ち消す表現を使わない。
C　一文は短くする。
D　外来語（カタカナ語）はできる限り使わない。
E　３つ以上のことを言うときは、箇条書きにする。

（出入国在留管理庁・文化庁「在留支援のためのやさしい日本語ガイドライン」から作成）

《資料Ⅱ》日本で暮らす外国人のためのガイドブック

【日本語版】

近所付き合い

・近所の住人と日頃からあいさつを交わしたり、地域で行われる避難訓練や伝統的行事に参加したりする。

（出入国在留管理庁「生活・就労ガイドブック」から作成）

【やさしい日本語版】

近所《きんじょ》の人《ひと》(＝近《ちか》くに住《す》む人《ひと》)との関係《かんけい》

・近所《きんじょ》の人《ひと》に会《あ》ったら、あいさつします。
・避難訓練《ひなんくんれん》（＝災害《さいがい》のときに安全《あんぜん》に逃《に》げる練習《れんしゅう》や火《ひ》を消《け》す練習《れんしゅう》をすること）に参加《さんか》します。
・お祭《まつ》りなどに参加《さんか》します。

（出入国在留管理庁「生活・仕事ガイドブック（やさしい日本語版）」から作成）

《資料Ⅲ》「外国人とどのように意思の疎通を図っているか」の主な回答

身振り手振りを交えて話すようにしている。
英語などの外国語を使って話すようにしている。
やさしい日本語で分かりやすく話すようにしている。
特に気を使うことなく日本語で話している。

（文化庁「令和元年度『国語に関する世論調査』」から作成）

思疎通を図るときには、工夫や配慮が必要だと思うよ。

彩子さん　では、どのように外国人と意思疎通を図るか、考えてみましょう。

(1)　《資料Ⅱ》の【やさしい日本語版】は、【日本語版】を、《資料Ⅰ》にあるポイントA～Eのいずれか二つを用いて書き換えています。次のア～エのうち、書き換えに用いたポイントの組み合わせとして、最も適当なものはどれですか。**一つ**選び、その記号を書きなさい。（4点）

ア　AとB　**イ**　BとD　**ウ**　CとE　**エ**　AとE

(2)　傍線部　どのように外国人と意思疎通を図るか、考えてみましょう　とありますが、あなたはどのように考えますか。次の【条件】①～③に従ってあなたの考えを**説明する文章**を書きなさい。（12点）

【条件】

①　**原稿用紙の正しい使い方**に従って、二つの段落で構成し、**七行以上十行以内**で書くこと。
②　第一段落では、あなたは外国人とどのように意思疎通を図っていきたいか、《資料Ⅲ》から一つ選んで、その理由を書くこと。ただし、「**特に気を使うことなく日本語で話している**」以外で考えること。
③　第二段落では、第一段落で取り上げたことだけでは意思疎通を図る上で不十分な点を挙げ、そのことに対して配慮したいことを具体的に書くこと。

子が「すぐに」「いそいで」と表現されていますから、「私」は落ち着かない様子だと言えます。

竜太さん　それは、「私」だけではないと思います。第三連では「もどかしそう」「焦ら立って」「幾度も」と、「馬」も気持ちが高まっていることが表現されています。つまり、この「馬」は、「私」自身の心情と重ねられていると考えてよいのではないでしょうか。

友美さん　私は、五感に着目すると、第四連は違いがあることに気が付きました。第一連と第三連では「蹄の音」や「[a]」音、「高く嘶く」声のように、馬の様子が聴覚的に描かれていますが、第四連では、視覚的に描かれています。

昭雄さん　たしかに、第四連では「眼には見える」とあります。でも「未明」を調べたら、夜明けより前を指す言葉だから、暗い時間帯のはずです。だから、馬の姿は暗闇の中に浮かび上がっているように感じられます。そこから、[b]がわかります。

ア　馬のイメージがよりはっきりと印象的に表現されていること
イ　過去に見た馬の姿を夢の中でぼんやりと思い出していること
ウ　暗闇でも馬の実際の姿をしっかり確認することができたこと
エ　馬の心情と私の気持ちの隔たりをうっすら予感していること

(3)　傍線部　未明の馬　とありますが、この詩で「未明の馬」は何を意味していると読み取れますか。次のア～エのうちから最も適当なものを**一つ**選び、その記号を書きなさい。（4点）

ア　大事な使命を果たした達成感と喜び
イ　時間がない早朝の焦りともどかしさ
ウ　これからの未来に対する希望や期待
エ　自分が置かれた状況の厳しさや不安

4　彩子さんたちは、総合的な学習の時間で、地域に住む外国人との交流について話し合いました。次の《話し合いの様子》と《資料Ⅰ》、《資料Ⅱ》、《資料Ⅲ》を見て、あとの(1)、(2)の問いに答えなさい。

《話し合いの様子》

彩子さん（司会）　地域に住む外国人との交流を深めるために、私たちに何ができるかを話し合いましょう。《資料Ⅰ》を見てください。日本に住んでいる外国人に対して、「やさしい日本語」で分かりやすく伝えるためのポイントが紹介されています。

美香さん　《資料Ⅱ》では、外国人に配るガイドブックの内容の一部が紹介されているね。

陽平さん　《資料Ⅰ》のポイントに配慮すると、《資料Ⅱ》の【日本語版】の内容は、【やさしい日本語版】のようになるんだって。これは誰にでも伝わりやすくなる工夫だね。

彩子さん　そのほかに、外国人との交流について、どんな取り組みがありますか。

和樹さん　《資料Ⅲ》は、文化庁の調査で、「外国人とどのように意思の疎通を図っているか」を尋ねたときの主な回答だよ。

美香さん　私なら「特に気を使うことなく日本語で話している」を答えそうだけれど、配慮が必要だよね。

和樹さん　そうだね。私たちは日本語でなら話をしやすいけれど、外国人は難しい日本語にとまどうだろうね。外国人と意

(5) 傍線部⑤ おはする の読み方を現代の仮名遣いに直し、**ひらがな**で書きなさい。(3点)

(6) 傍線部⑥ 御よろこび とありますが、どのようなことについて誰がお祝いをしているのですか。それを次のように説明するとき、[a]、[b] それぞれに**「おほきおとど」**か**「枇杷の大臣」**のどちらかを書きなさい。(4点)

[a] が大臣になれたことを、[b] がお祝いしている。

(7) 国語の授業で、ある生徒が《文章Ⅱ》を読み、《文章Ⅰ》との共通点について次のようにノートにまとめました。このとき、[X] は《文章Ⅰ》からあてはまる言葉を、**十四字でそのまま**抜き出して書き、[Y] は《文章Ⅱ》からあてはまる言葉を、**十五字でそのまま**抜き出して書きなさい。(4点×2)

> 《文章Ⅰ》では、中川先生の言葉によって、自分を「遅咲きの梅」だと感じている莉子が、[X] から大丈夫だと励まされた思いになっている。
> 《文章Ⅱ》では「[Y]」という表現があり、時間がかかりながらも願いが叶って大臣になれたことを表している。
> いずれも、人生と梅を重ねているという点が共通している。

3 次の詩を読んで、あとの(1)~(3)の問いに答えなさい。

未明の馬　丸山薫《まるやまかおる》

夢の奥から蹄《ひづめ》の音が駆けよってくる
それは私の家の前で止まる
もう馬が迎えにきたのだ
私は今日の出発に気付く
すぐに寝床を跳《は》ね起きよう
いそいで身仕度に掛《かか》らねばならない

ああ　そのまも耳に聞こえる
彼がもどかしそうに門の扉《と》を蹴るのが
焦《い》ら立って　幾度も高く嘶《いなな》くの□

そして　眼《め》には見える
霜の凍る未明の中で
彼が太陽のように金《きん》色の翼を生やしているのが

(萩原昌好《はぎわらまさよし》「日本語を味わう名詩入門10」による)

(1) 詩の中の□にはひらがな一字が入ります。次のア~エのうち、どれが入りますか。第三連、第四連に用いられている表現に着目して、最も適当なものを**一つ**選び、その記号を書きなさい。(3点)

ア は　**イ** を　**ウ** で　**エ** が

(2) 次の会話は、国語の授業で、この詩の内容について話し合ったものの一部です。[a] にあてはまる言葉は何ですか。詩の中から**六字でそのまま**抜き出して書きなさい。また、[b] にはどのような言葉が入りますか。あとのア~エのうちから最も適当なものを**一つ**選び、その記号を書きなさい。(4点×2)

先生　皆さんはこの詩をどのように読みましたか。注目した言葉と、その言葉から読み取れる内容について話し合ってみましょう。

敦子さん　第一連には、「夢の奥」から「馬が迎えにきた」とあります。そして第二連では、「私」が準備を始めている様

心に浮かんだお願いをしたの」
莉子は④拍子抜けして、しばらくなにも言えなかった。
まさかこんな形で、こっちのお願いまで叶うとは。

（一色《いっしき》さゆり「飛石を渡れば」による）

（注1）お点前《てまえ》…茶道の作法。
（注2）金団《きんとん》…和菓子の一種。
（注3）梅苑《ばいえん》…梅の木を多く植えた庭園。

《文章Ⅱ》

（注1）おほきおとどは、大臣《おとど》になりたまひて《おなりになって》年ごろ⑤おはするに、《長年その地位にいらっしゃるのに、》（注2）枇杷の大臣はえなりたまはでありわたりけるを、《当時まだ大臣にはおなりになれないままお過ごしになっていたが、》つひに大臣になりたまひに《おなりになった》ける⑥御よろこびに、《お祝いに、》おほきおとど梅を折りてかざしたまひて、《冠におさしになって、》

おそくとく《遅いか早いかの違いはあったが》つひに咲きける梅の花たが植ゑおきし種にかあるらむ《誰が植えておいた種であるのでしょうか》

とありけり。

（「大和物語《やまとものがたり》」による）

（注1）おほきおとど…当時の太政《だいじょう》大臣藤原忠平《ふじわらのただひら》のこと。
（注2）枇杷《びわ》の大臣…藤原仲平《ふじわらのなかひら》のこと。

(1) 傍線部① オアシス とありますが、ここではどのような意味ですか。次のア〜エのうちから最も適当なものを**一つ**選び、その記号を書きなさい。（3点）

ア 現実離れした場所　**イ** 仲間が集まる場所
ウ 目がくらむ場所　**エ** 心が安らぐ場所

(2) 傍線部② 彼女の願いを叶えてあげてください とありますが、そのように願ったのはなぜですか。次のア〜エのうちから最も適当なものを**一つ**選び、その記号を書きなさい。（4点）

ア 美月は、茶道部の活動だけではなく様々な面で自分が越えるべき目標であり、同じ大学を目指す仲間の合格を祈りたいから。
イ 美月は、茶道部の活動において先生も作法の美しさを認めているよきライバルであり、尊敬できる相手の夢を応援したいから。
ウ 美月は、茶道部の活動や学校から帰るあいだぐらいしか親しくできない憧れの存在であり、大切な友人の幸せを願いたいから。
エ 美月は、茶道部の活動の最中でもくだらない話ができるほどにお互い打ち解けている間柄であり、今後も親友を支えたいから。

(3) 傍線部③ 中川先生 とありますが、中川先生はどのような人物として描かれていますか。次のア〜エのうちから最も適当なものを**一つ**選び、その記号を書きなさい。（4点）

ア どんなときも茶道に対して厳しく、莉子の熱意を感じ取り、茶道に対する姿勢の変化をもたらす人物。
イ 普段から誠実な態度で生徒に向き合い、莉子の視野を広げて、莉子の考えに変化をもたらす人物。
ウ 生徒に対しても謙虚な姿勢を常に忘れず、莉子の努力を信じて、卒業後の具体的な助言を与える人物。
エ 信念を持って優しく生徒の指導にあたり、莉子の長所を見出し、価値観を変えるきっかけを与える人物。

(4) 傍線部④ 拍子抜け とありますが、莉子はどのようなことについてそう思ったのですか。それを次のように説明するとき、[　] にあてはまる言葉を、**五十五字以上七十字以内**で書きなさい。（6点）

[　　　　　　] こと。

にっこり笑って彼女がこちらを見た。

――カミサマ、②彼女の願いを叶《かな》えてあげてください。

莉子は心のなかでそう祈っていた。

学業成就《じょうじゅ》のお守りを買ったあと、大通りに向かって境内を歩いていると、うしろから声をかけられた。

ふり返ると、着物姿の中川先生が立っていた。

「先生、やっぱりいらしてたんですね。お茶会ですか」と、美月が嬉《うれ》しそうに言った。

「そう、お手伝いしにね。二人は？」

「合格祈願のお参りです。明日、私たち二次試験があるんです」

「あら、大事な日じゃない。私もあとで、二人の健闘をお祈りしておくわ。そうだ、よかったらこれ、お土産にどうぞ召し上がれ。明日の餞別《せんべつ》よ」

そう言って、中川先生は小さな袋をひとつずつ手渡した。

「なんですか？」

「お茶会で余ったお菓子。雪の降るなか初々《ういうい》しく咲きはじめた梅をイメージしてあるんだって」

「ありがとうございます」

中身を少しのぞくと、白と薄紅の混じったやわらかそうな金団(注2)が箱越しに見えた。

中川先生はおいしいお菓子をいつも部活の場に持参してくれる。いくら部員が遅刻しても、お点前を憶えられなくても、味を楽しむだけでも立派なお稽古であるとして、みんなにふるまうのが中川流らしい。

「梅見のお茶会はどうでしたか」と、美月は訊《たず》ねる。

「すごく贅沢《ぜいたく》だったわよ。私ね、昔から桜よりも梅の方が好きなのよ。梅は早咲きもあれば遅咲きもあって、長く楽しめるでしょう。それに桜と違って、梅は実を結ぶって言うじゃない」

中川先生はどこまでもつづく広大な梅苑(注3)を眺めながら、しみじみと話した。莉子もつられて、その視線を追う。

不思議なことに、さっきまでの梅苑とはどこか違って見えた。相変わらず、空はどんよりとした灰色で、地面にも所々冷たい水溜《た》まりが残る。日陰に植えられた梅は、まだ真冬の只中《ただなか》にいるようだ。

しかし莉子はそのとき、静かな息吹《いぶき》を感じとっていた。

遅咲きの梅も、いつかは花を咲かせ、実を結ぶ。長い目で見れば、きっと大丈夫、そう激励されているようでもあった。

「じゃあ、また来週」

③中川先生はいつものお稽古と同じく、最後にすっとお辞儀をした。

「はい、ありがとうございました」

二人は声を揃《そろ》えて、お辞儀を返す。去って行く姿を見送ったあと、二人はしばらく黙って駐輪場まで歩いた。

「卒業しても、中川先生のところでお茶、習いたいな」

受け取った袋の重さをたしかめながら、莉子が言うと、美月は目を輝かせた。

「ほんとに？ 私も同じこと思ってたの。わー、さっそく願いが叶っちゃった」

「え？」

「さっきお賽銭投げたあと、また莉子とお茶が習いたいってお祈りしたんだ」

「合格祈願したんじゃなかったの？」

「そんなの、どうせ今から頼んだって結果は変わらないから、最初に

てはまる言葉を、**三十五字以上四十五字以内**で書きなさい。（６点）

お掃除ロボットが、［　　　　　　　　　　］から。

(5) 次のア～エのうち、本文の特徴について説明しているものとして、最も適当なものはどれですか。**一つ**選び、その記号を書きなさい。（４点）

ア ロボットの機能の多様性について説明した上で、「あっけらかんとした振る舞い」のように擬人法を用いて論を展開している。

イ ロボットの能力について人間の仕事を奪うとした上で、「敵わないなぁ……」のように心情表現を多用して論を展開している。

ウ ロボットの特徴について「ギブアップ」などカタカナ語を用いて述べた上で、過去の性能と対比させて論を展開している。

エ ロボットの欠点について見方を変えた捉え方を示した上で、「でもどうして、～なのだろう」と問いかけて論を展開している。

2 次の《文章Ⅰ》は、二月の大学入試二次試験の前日に、高校三年生の莉子《りこ》が友人の美月《みつき》と神社を訪れた場面です。《文章Ⅱ》は「大和物語」という古文の一部です。二つの文章を読んで、あとの(1)～(7)の問いに答えなさい。

《文章Ⅰ》

――茶室には、みな頭を低くしてなかに入ります。これは茶室のなかでは、身分の高い人も低い人も対等なのだ、という考えの表れです。

入部してすぐ先輩から習ったことが、莉子の頭を時折よぎった。莉子にとって茶室とは、二年生からはクラスが離れてしまい、付き合うグループも授業のレベルも異なる美月と、つかのま同じ時間を過ごせる特別な空間だった。普段は廊下ですれ違えば手をふり合うくらいの関係でも、ともにお茶を飲み、ともに帰るあいだだけは親しい友だちでいられる気がした。

授業の補習や塾の講習会についていくのに精一杯のなか、三年生の最後まで部活を一度も休まなかったのは、美月に会うためだったと言ってもいい。

サボりやすそうだからという不純な理由で茶道部を選んだ莉子と違って、小さい頃から茶道に憧れていたという美月は、驚くほど早くお点前(注1)を憶《おぼ》えて上達した。

――あなた、きれいな扱い方をするわね。

中川先生から褒められる場面もよくあった。

莉子にとって美月は別世界の存在で、近くで彼女のお点前が見られることや、帰り道にくだらない話ができることは、つねにランク付けされる息苦しい日々のなかで、夢のような①<u>オアシス</u>だった。だから莉子は美月の第一志望をひそかに真似《まね》したのだ。

広々とした本殿の脇には、まさに見ごろを迎えた一本の梅が、悠々と枝を伸ばして日差しを受けていた。みずみずしい薄紅色の八重咲きである。何人もの参拝客がカメラを向けている光景を、莉子はまぶしく見つめた。

「莉子、一緒に鳴らさない？」

気がつくと、順番が回ってきていた。財布から出した五円玉を握りしめ、莉子は「うん、いいよ」と答える。

賽銭《さいせん》を投げ、二人で鈴を鳴らす。二拝してから、ぱんぱんと拍手《かしわで》を打ち、手を合わせた。薄く開けた目で美月を見ると、わざわざマスクをとって目を閉じていた。うっすらと頬を染めたその横顔に、莉子は見とれてしまう。

「よし、完璧」

……。そんな失敗をなんどかくりかえしても、懲りることがない。

そのようなロボットのあっけらかんとした振る舞いに対して、「どうして壁にぶつかると知っていて、ぶつかるのだろう。アホだなぁ……」と思いながらも、いつの間にか応援してしまう。

（注2）先に述べたように、わたしたちの共同行為を生みだすためのポイントは、自らの状況を相手からも参照可能なように表示しておくことである。「いま、どんなことをしようとしているのか」「どんなことに困っているのか」、そうした〈弱さ〉を隠さず、ためらうことなく開示しておくことで、お掃除ロボットは周りの手助けを上手に引きだしているようなのである。

もう一つのポイントは、相手に対する〈敬意〉や〈信頼〉のようなものではないだろうか。お互いの〈弱い〉ところを開示しあい、そして補いあう。一方で、その〈強み〉を称《たた》えあってもいる。このお掃除ロボットは相手を信頼してなのか、その部屋の壁になんのためらいもなく、委ねることをする。一方で、わたしたちも「へー、こんなところのホコリを丹念に吸い集めてしまうわけ？」「すごい、これには敵《かな》わないなぁ……」というわけで、「ここはロボットに任せておこう！」ということを徹底させている。

人とロボットとの共生という言葉があるけれど、③自らをわきまえたお掃除ロボットは、わたしたちとのあいだで、持ちつ持たれつという共生をちゃっかり成功させているようなのである。

（岡田美智男《おかだみちお》「〈弱いロボット〉の思考」による）

（注1）これも…本文より前の段落で別の「関係論的なロボット」について述べていることを受けている。

（注2）先に述べたように…本文より前の段落で述べていることを指す。

(1) 二重傍線部　きれいに　とありますが、次のア～エのうち、これと同じ品詞の語を含むものはどれですか。**一つ**選び、その記号を書きなさい。（3点）

ア　とても穏やかな　**イ**　春の日に　**ウ**　美しい桜の　**エ**　写真を撮る。

(2) 傍線部①　わたしたちの心構えもわずかに変化してくる　とありますが、どのように変化してくるのですか。次のア～エのうちから最も適当なものを**一つ**選び、その記号を書きなさい。（4点）

ア　ロボットは人間より劣ると思っていたが、人間の方が全ての面で劣っていると思うようになる。

イ　ロボットは何でもできると思っていたが、人間の助けを必要とする時があると思うようになる。

ウ　ロボットには人工知能があるのだから、人間のように苦悩する可能性があると思うようになる。

エ　ロボットでさえ失敗するのだから、人間ならばなおさら失敗して当たり前だと思うようになる。

(3) 傍線部②　お互いの得手　とありますが、これはどのようなことですか。それを次のように説明するとき、[a]、[b]にあてはまる言葉を、[a]は本文中から**十六字**で、[b]は本文中から**三十六字**で**そのまま**抜き出し、それぞれ**はじめと終わりの四字**を書きなさい。（4点×2）

ロボットは[a]ことを得手とし、人間は[b]ことを得手としている。

(4) 傍線部③　自らをわきまえたお掃除ロボットは、わたしたちとのあいだで、持ちつ持たれつという共生をちゃっかり成功させているようなのである　とありますが、共生を成功させることができるのはなぜですか。それを次のページのように説明するとき、[ ]にあ

〈国語〉

時間　五〇分　満点　一〇〇点

1 次の文章を読んで、あとの(1)〜(5)の問いに答えなさい。

ひとりで勝手にお掃除してくれるロボット。その能力を飛躍的に向上させるなら、わたしたちの仕事をいつかは奪ってしまうのではないかと心配する向きもある。しかし、もうしばらくは大丈夫なのではないかと思う。一緒に暮らしはじめてみると、その〈弱さ〉もいくつか気になるのだ。

　玄関などの段差から落ちてしまうと、そこからはなかなか這《は》い上がれない。部屋の隅にあるコード類を巻き込んでギブアップしたり、時には椅子やテーブルなどに囲まれ、その袋小路《ふくろこうじ》から抜けだせなくなりそうになる。「アホだなぁ……」と思いつつも、そんな姿になんとなくほっとしてしまう。

　こうした関わりのなかで、①わたしたちの心構えもわずかに変化してくる。ロボットのスイッチを入れる前に、部屋の隅のコードを束《たば》ねはじめる。ロボットの先回りをしては、床の上に乱雑に置かれたモノを取り除いていたりする。いつの間にか、部屋のなかはきれいに片づいている。このロボットの意図していたことではないにせよ、周りの手助けを上手に引きだしながら、結果として「部屋のなかをお掃除する」という目的を果たしてしまう。(注1)これも、まさしく〈関係論的なロボット〉の仲間だったのである。

　先に述べたように「コードを巻き込んで、ギブアップしやすい」というのは、一種の欠陥や欠点であり、本来は克服されるべきものだろう（じつは、いつの間にかパワーアップされたお掃除ロボットの仲間は、こうした欠点を克服しつつある……）。しかし、その見方を変えるなら、この〈弱さ〉は、「わたしたちに一緒にお掃除に参加するための余地や余白を残してくれている」ともいえるのだ。

　そこで一緒にお掃除する様子を眺めてみるとおもしろい。わたしたちとロボットとは、お互いに部屋を片づける能力を競いあいながら、この掃除に参加している風ではない。どこまで手伝えばいいのか、どのような工夫をすれば、このロボットは最後まで完遂してくれるのか。そうした試行錯誤を重ねるなかで、②お互いの得手、不得手を特定しあう。目の前の課題に対して、その連携のあり方を探ろうとする。「相手と心を一つにする」というところまで、まだ距離はありそうだけど、ようやくその入り口に立てたような感じもするのである。

　床の上のホコリを丁寧に吸い集めるのは、ロボットの得意とするところであり、わたしたちに真似《まね》はできない。一方で、ロボットの進行を先回りしながら、椅子を並べかえ、障害物を取り除いてあげることは、わたしたちの得意とするところだろう。一緒にお掃除しながらも、お互いの〈強み〉を生かしつつ、同時にお互いの〈弱さ〉を補完しあってもいる。

　これも多様性というのだろうか、そこでは部屋の壁、わたしたち、そして健気《けなげ》なお掃除ロボットという、さまざまな個性やそれぞれの技が協働しあっていて心地よい。そうした高度な関わりにあっては、ロボットはすべての能力を自らのなかに抱え込む必要はない。わたしたちもまた完全である必要はないということなのだろう。

　でもどうして、このような連携プレーが可能なのだろう。一つにはこのロボットの性格から来るものなのではないかと思う。ぶつかるのを知ってか識《し》らずか、部屋の壁に果敢に突き進んでいく。コードに巻きついても、そこからなかなか離れようとはせず、遂《つい》にはギブアップ

MEMO

大切なことはメモしておこうネ！

2023年度

解　答　と　解　説

《2023年度の配点は解答用紙集に掲載してあります。》

＜数学解答＞

1　(1)　-3　　(2)　$-x+y$　　(3)　4　　(4)　$(x+4)(x+6)$　　(5)　$\dfrac{5\pm\sqrt{5}}{2}$

2　$a^2\text{cm}^2$　　3　エ　　4　(1)　ウ　　(2)　63度　　(3)　12π cm

5　右図　　6　(例)第3四分位数が15分より大きいから。

7　(1)　$\dfrac{1}{4}$　　(2)　チョキとパー

8　(タルト1個の値段)　240円　　(クッキー1枚の値段)　135円

(解く過程は解説参照)

9　解説参照　　10　(1)　($\ell=$)150cm, (S$=$)1350cm^2

(2)　$y=-40x+9750$

11　(1)　3　　(2)　$2\sqrt{3}$　　12　(1)　$\sqrt{85}$cm

(2)　45cm^3

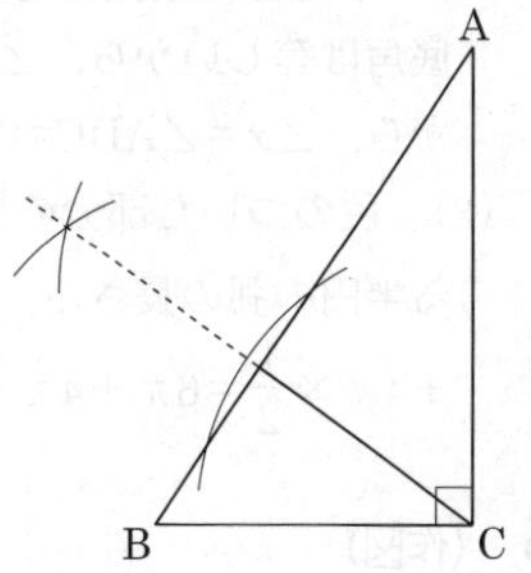

＜数学解説＞

1　(数・式の計算，平方根，因数分解，二次方程式)

(1)　**異符号の2数の和の符号は絶対値の大きい方の符号で，絶対値は2数の絶対値の大きい方から小さい方をひいた差**だから，$4-7=(+4)+(-7)=-(7-4)=-3$

(2)　**多項式の減法は，ひくほうの多項式の各項の符号を変えて加えればよい。**$2x-(3x-y)=2x+(-3x+y)=2x-3x+y=(2-3)x+y=-x+y$

(3)　**乗法公式$(a+b)(a-b)=a^2-b^2$**より，$(\sqrt{6}+\sqrt{2})(\sqrt{6}-\sqrt{2})=(\sqrt{6})^2-(\sqrt{2})^2=6-2=4$

(4)　たして10，かけて24になる2つの数は，$4+6=10$，$4\times6=24$より，4と6だから$x^2+10x+24=(x+4)(x+6)$

(5)　**2次方程式$ax^2+bx+c=0$の解は，$x=\dfrac{-b\pm\sqrt{b^2-4ac}}{2a}$**で求められる。問題の2次方程式は，$a=1$，$b=-5$，$c=5$の場合だから，$x=\dfrac{-(-5)\pm\sqrt{(-5)^2-4\times1\times5}}{2\times1}=\dfrac{5\pm\sqrt{25-20}}{2}=\dfrac{5\pm\sqrt{5}}{2}$

2　(文字を使った式)

周の長さが$4a$cmの正方形の一辺の長さは，$4a\div4=a$(cm)だから，この正方形の面積は，(一辺の長さ)×(一辺の長さ)$=a\times a=a^2$(cm^2)である。

3　(比例関数)

xとyの関係が定数aを用いて$y=ax$と表されるとき，**yはxに比例**し，そのグラフは原点を通る直線を表すから，アとウのグラフが該当する。また，xとyの関係が定数aを用いて$y=\dfrac{a}{x}$と表されるとき，**yはxに反比例**し，そのグラフは**双曲線**を表すから，イとエのグラフが該当する。関数$y=\dfrac{a}{x}$のグラフ上の点で，$x=1$における点のy座標は，$y=\frac{a}{1}=a$である。イのグラフは，グラフ上の$x=1$における点のy座標が1より小さいから，$a<1$　エのグラフは，グラフ上の$x=1$における点のy座標が1より大きいから，$a>1$　よって，エのグラフが適している。

4 **(円錐の展開図，角度，周の長さ)**

(1)　問題の**展開図**を組み立てたときにできる円錐は，「弦の両端の点が一致する」ことと，「一致した点は底面の円周上にある」ことを満たさなければならない。円錐アは，「弦の両端の点が一致する」ことは満たすが,「一致した点は底面の円周上にある」ことを満たさない。円錐イとエは，「弦の両端の点が一致する」ことを満たさない。

(2)　**平行線の錯角は等しい**から，$\angle DCE=\angle BAC=70°$　$\triangle DCE$は$DC=DE$の二等辺三角形で，底角は等しいから，$\angle CDE=180°-2\angle DCE=180°-2\times 70°=40°$　**平行四辺形の対角は等しい**から，$\angle x=\angle ADC=\angle ADE+\angle CDE=23°+40°=63°$

(3)　色のついた部分の周の長さは，線分ABを直径とする半円の弧の長さと，線分ACを直径とする半円の弧の長さと，線分CBを直径とする半円の弧の長さの和だから，$(8+4)\pi\times\frac{1}{2}+8\pi\times\frac{1}{2}+4\pi\times\frac{1}{2}=6\pi+4\pi+2\pi=12\pi$(cm)

5 **(作図)**

(着眼点)**底辺，あるいはその延長線と，高さを表す線分は垂直に交わる。**　(作図手順)次の①～②の手順で作図する。　①　点Cを中心とした円を描き，辺AB上に交点をつくる。　②　①でつくったそれぞれの交点を中心として，交わるように半径の等しい円を描き，その交点と点Cを通る直線(点Cから辺ABに引いた垂線)を引く。

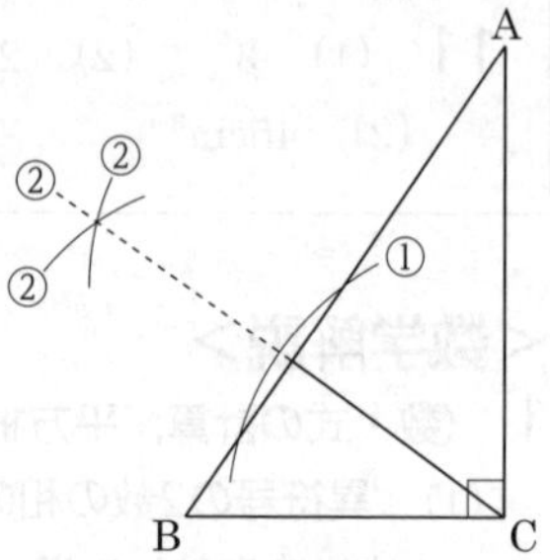

6 **(資料の散らばり・代表値)**

四分位数とは，全てのデータを小さい順に並べて4つに等しく分けたときの3つの区切りの値を表し，小さい方から**第1四分位数，第2四分位数，第3四分位数**という。第2四分位数は**中央値**のことである。生徒の人数が32人であることより，第3四分位数は通学時間の長い方から8番目と9番目の**平均値**。問題の**箱ひげ図**より，第3四分位数は15分より大きいから，通学時間が15分以上の生徒は8人以上いることがわかる。

7 **(確率)**

(1)　次ページ図1の**樹形図**に示す通り，すべてのカードの出し方4通りのうち，Aさんが勝つのは，☆印を付けた1通りだから，AさんがBさんに勝つ確率は，$\frac{1}{4}$

(2)　Aさんの2枚のカードの組合せと，そのときのAさんがBさんに勝つ(☆印)確率を，(1枚目のカード，2枚目のカード，勝つ確率)のように表すと，次ページ図2の樹形図より(グー，グー，0)，次ページ図3の樹形図より$\left(チョキ，チョキ，\frac{4}{6}=\frac{2}{3}\right)$，次ページ図4の樹形図より$\left(パー，パー，\frac{2}{6}=\frac{1}{3}\right)$，次ページ図5の樹形図より$\left(グー，チョキ，\frac{2}{6}=\frac{1}{3}\right)$，次ページ図6の樹形図より$\left(チョキ，パー，\frac{3}{6}=\frac{1}{2}\right)$，次ページ図7の樹形図より$\left(パー，グー，\frac{1}{6}\right)$となる。よって，チョキ，パーの組み合わせが適する。

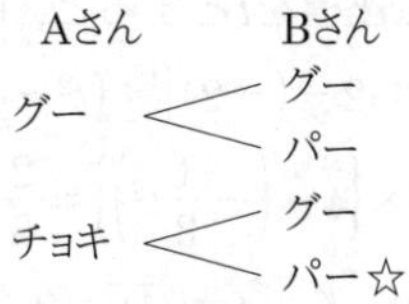

図1

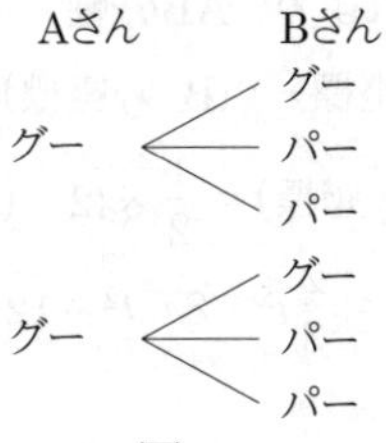

図2

図3

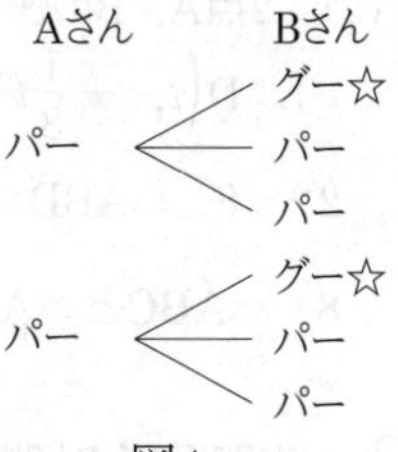

図4

図5

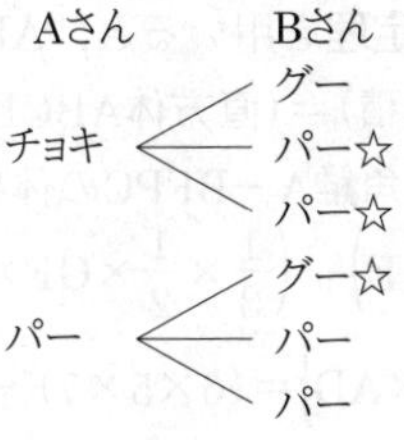

図6

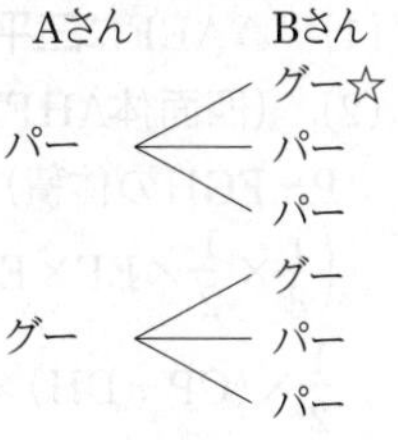

図7

8　(方程式の応用)

(解く過程)(例)タルト1個の値段をx円，クッキー1枚の値段をy円とすると$\begin{cases} 4x+6y=1770\cdots① \\ 7x+3y=2085\cdots② \end{cases}$

①より$2x+3y=885\cdots$③　②－③より$5x=1200$　$x=240$　③より$3y=405$　$y=135$　これらは問題に適している。

9　(相似の証明)

(証明)(例)△ABCと△ADBにおいて　∠CAB＝∠BAD(共通)…①　辺ABは円Oの直径であるから∠ACB＝90°…②　**円の接線は，接点を通る半径に垂直**であるから，∠ABD＝90°…③　②，③より∠ACB＝∠ABD…④　①，④より，2組の角がそれぞれ等しいから，△ABC∽△ADB

10　(関数とグラフ)

(1)　問題図Ⅱにおいて，各xの値におけるスーツケースAとスーツケースBの状態は以下の通り。$x=60$のとき，スーツケースAはX線検査機にすべて入る。これより，スーツケースAの上面の面積は2400cm^{2}である。$x=100$のとき，スーツケースBはX線検査機に入り始める。$x=145$のとき，スーツケースBはX線検査機にすべて入る。これより，スーツケースBの上面の面積Sは，3750－2400＝1350(cm^2)である。$x=150$のとき，スーツケースAはX線検査機から出始める。これより，X線検査機の長さℓは150cmである。

(2)　問題図Ⅱにおいて，$x=210$のとき，スーツケースAはX線検査機からすべて出る。これより，$x=210$のときのyの値は，$y=3750-2400=1350$　よって，xの変域が$150\leqq x\leqq 210$のときのグラフは，2点(150，3750)，(210，1350)を通る直線であり，直線の傾き$=\frac{1350-3750}{210-150}=-40$

直線の式を$y=-40x+b$とおくと，点(150，3750)を通るから，$3750=-40\times150+b$　$b=9750$

よって，xの変域が$150\leqq x\leqq 210$のとき，グラフの式は$y=-40x+9750$である。

11　(図形と関数・グラフ)

(1)　$y=x^2$について，$x=1$のとき$y=1^2=1$，$x=2$のとき$y=2^2=4$　よって，xの値が1から2まで増加するときの**変化の割合**は$\frac{4-1}{2-1}=3$

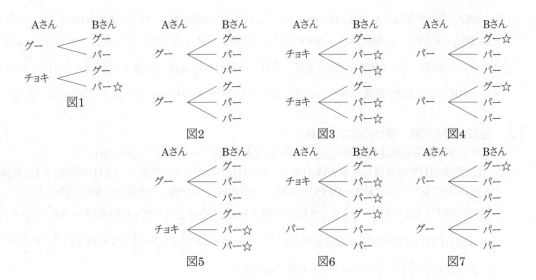

(2) 2点A, Bの座標は, A$(-2,\ 4)$, B$(2,\ 4)$ これより, AB//x軸 点Cのx座標をtとすると, C$(t,\ t^2)$, D$\left(t,\ -\frac{1}{3}t^2\right)$ $\triangle ABC=\frac{1}{2}\times AB\times$(点Cの$y$座標−点Bの$y$座標)$=\frac{1}{2}\times\{2-(-2)\}\times(t^2-4)=2t^2-8$, $\triangle ABD=\frac{1}{2}\times AB\times$(点Bの$y$座標−点Dの$y$座標)$=\frac{1}{2}\times\{2-(-2)\}\times\left\{4-\left(-\frac{1}{3}t^2\right)\right\}=\frac{2}{3}t^2+8$ △ABCと△ABDの面積が等しいとき, $2t^2-8=\frac{2}{3}t^2+8$ $t^2=12$ $t>2$より, $t=\sqrt{12}=2\sqrt{3}$

12 (空間図形の切断, 線分の長さ, 体積)

(1) △AEFに三平方の定理を用いると, $AF=\sqrt{AE^2+EF^2}=\sqrt{7^2+6^2}=\sqrt{85}$(cm)

(2) (四面体AHFPの体積)=(直方体ABCD−EFGHの体積)−(三角錐A−EFHの体積)−(三角錐P−FGHの体積)−(四角錐A−BFPCの体積)−(四角錐A−CPHDの体積)$=(AB\times AD\times AE)-\left(\frac{1}{3}\times\frac{1}{2}\times EF\times EH\times AE\right)-\left(\frac{1}{3}\times\frac{1}{2}\times GF\times GH\times PG\right)-\left\{\frac{1}{3}\times\frac{1}{2}\times(BF+CP)\times BC\times AB\right\}-\left\{\frac{1}{3}\times\frac{1}{2}\times(CP+DH)\times CD\times AD\right\}=(6\times5\times7)-\left(\frac{1}{3}\times\frac{1}{2}\times6\times5\times7\right)-\left(\frac{1}{3}\times\frac{1}{2}\times5\times6\times2\right)-\left\{\frac{1}{3}\times\frac{1}{2}\times(7+5)\times5\times6\right\}-\left\{\frac{1}{3}\times\frac{1}{2}\times(5+7)\times6\times5\right\}=45$(cm³)

<英語解答>

1 (1) ウ (2) ア (3) エ

2 (1) ウ (2) イ (3) ア

3 (1) イ (2) ア (3) エ

4 イ

5 (1) エ (2) ウ (3) イ (4) ア

6 (1) ウ (2) ア (3) イ

7 (1) ウ (2) ア (3) エ

8 (1) エ (2) エ (3) イ (4) (例1)they will look more beautiful (例2)we can use them again (5) ウ

9 (1) are taught in (2) you show me some (3) who wears a cap and has a book

10 (1) (例1)I want to get restaurant food. (例2)Cooking at home is a better way. (2) (例1)Getting restaurant food is faster than cooking at home. We can do other things like talking about Japan with Alice. (例2)I can show Alice how to cook Japanese food and cook together. It'll be more exciting than getting restaurant food.

<英語解説>

1・2・3・4 (リスニング)

放送台本の和訳は, 55ページに掲載。

5 (会話文問題:空所補充, 動詞, 助動詞, 現在完了, 仮定法)

(1) A:本読むのは好きですか, トム? /B:はい。僕は日本の漫画を読みたいです。この町に図書館はありますか？　／B：はい。そこではたくさんの日本の漫画を読むことを楽しめますよ。**There is ＋単数名詞～＝～がある　疑問文にする時はbe動詞を文頭に出す。**

(2)　A：私たちは今週の金曜日にパーティーをするつもりです。すべて準備はできています。／B：まあ，そうなのですか？　／A：はい。だからあなたはパーティー用に何も持って来る必要はありません。／B：分かりました。待ち遠しいです！　**<have to ＋動詞の原形～>で「～する必要がある」を表す。否定文は <don't (doesn't) have to ～>で「～する必要はない」。**

(3)　A：メアリーがどこにいるか知っていますか？　／B：はい。彼女は家にいます。彼女は今日学校に来ませんでした。／A：何があったのですか？　／B：彼女は先週から病気なのです。明日は学校に来るといいなと思います。**<have ＋過去分詞～ since …>で「…から(今まで)～だ」(現在完了形)**

(4)　A：過去に戻りたいと時々思いますか？　／B：はい，でももちろん今はそれはできません。／A：もし過去に戻ることができたら，何をしますか？　／B：自分自身に「やりたいことを全部やった方がいい」と言います。**<If ＋主語＋過去形～，主語＋助動詞の過去形＋動詞の原形…>で「もし(今)～だったら，…だろうに」(仮定法過去)**

6 (会話文問題：語句補充，語句の解釈・指示語)

(全訳)　*クリス博士*：君の宇宙についての研究はどうでしたか？

晴　：僕は宇宙での食べ物についての本を読みました。宇宙飛行士たちは好きな食べ物を容易には食べられないのですよね？

クリス博士：その通りです。たくさんの国々からの食べ物が宇宙へ運ばれますが，宇宙飛行士たちは多くの種類の食べ物を楽しむことはできません。

晴　：野菜は健康にいいですが，宇宙では新鮮な野菜を頻繁に食べられません。

クリス博士：それは良い視点です。その大きな理由はお金です。約500グラムの食べ物を宇宙に送るには約100万円が必要です。また，宇宙で野菜を育てるのは簡単ではないと考える人たちもいます。

晴　：僕は難しいことだとは思いません。

クリス博士：実は，君は正しいのです，晴。宇宙での実験において，ある野菜が育ちました。

晴　：宇宙でどのように野菜が育ったのか知りたいです。

クリス博士：おもしろい機械について教えましょう。その機械の名前は"ベジー"です。

晴　："ベジー！"おもしろい名前ですね。

クリス博士：それはLEDライトを使います。野菜は夜間は太陽光を得ることができませんが，"ベジー"は1日中野菜に光をあてることができます。また，必要な水の量が地球上の畑より少ないのです。

晴　：なんと便利なのでしょう！その実験では何の野菜が育てられたのですか？

クリス博士：レタスです。

晴　：レタス！①レタスを育てた理由について考えさせてください。ええと…，調理することがあまりないのでとても食べやすいからだと思います。

クリス博士：その通りです。宇宙飛行士たちは時間を節約することができれば他のことができます。また，レタスは宇宙では他の野菜よりも早く成長することができるのです。

晴　：なるほど。そのことを学ぶことができて嬉しいです。

クリス博士：宇宙で生活することは簡単なことではなく，食べ物は大切です。だから長い時間宇宙

に滞在するためにそこで野菜を育てた方がいいのです。

晴　　　：宇宙での実験は将来宇宙での生活をより容易にするでしょう。そして僕はいつの日か宇宙で生活することができるでしょう。それが僕の夢です。

クリス博士：晴，君は②それをする人になれますよ。

晴　　　：ありがとうございます，クリス博士。次回は宇宙飛行士の衣服について博士と話したいです。

クリス博士：もちろんいいですよ。

(1)　(問題文訳)

宇宙での食べ物
宇宙飛行士は新鮮な野菜を頻繁に食べることができない。
・それらを宇宙へ送るにはⅠ費用がかかる。
・宇宙でそれらを育てるのは難しい。
野菜を育てるための機械：ベジー
・ベジーのLEDライトは太陽Ⅱよりも長い時間野菜に光を当てる。
・ベジーは地球上の畑よりも必要とする水が少ない。

Ⅰ　クリス博士の3番目の発言に注目。　Ⅱ　クリス博士の6番目の発言に注目。

(2)　ア　宇宙飛行士は調理しないでレタスを食べることができて，レタスは育つのが早い。(○)　下線部①を含む晴の発言と，それに続くクリス博士の発言に注目。　イ　宇宙飛行士は調理しておいしいレタスを食べることを楽しめる。　ウ　宇宙飛行士はレタスを調理する必要がある，なぜならレタスは育つのが早いからだ。　エ　宇宙飛行士は一日中太陽光を得る方法を学ぶ必要がある。

(3)　全訳参照。下線部②を含むクリス博士の発言の直前の晴の発言に注目。

7 (長文読解問題・物語文：文の並べ換え，要旨把握，空所補充)

(全訳)　華と泉は高校生で親友でした。華はピアノを弾くのがとても上手で音楽学校に行きたいと思っていました。泉は詩を書くことが好きでしたが，将来何になるか分かりませんでした。

ある日の午後，泉は華の家に行きました。華はピアノを練習していて，泉はそれを聴きました。華の音楽は綺麗でした。華が演奏し終えたとき，泉は詩を書いてそれを華にあげました。泉はこう言いました，「あとで読んでね。」それから彼女はこう尋ねました，「私は将来何をしたらいい？」華は言いました，「あなたはとても親切よ。人を助けることができる仕事はどう？」　彼女たちはたくさん話しました。夕方，泉は華の家を出ました。華は泉の詩を読みました。その題名は「希望」でした。次の日，泉は学校で華に聞きました，「私の詩はどうだった？」　華はこう答えました，「美しかったよ。」高校で，華はよく泉に頑張るように励ましていました。

高校を卒業後，華はニューヨークの音楽学校へ行き，泉は看護学校へ行きました。

5年後，泉はふるさとの町で看護師として働いていました。彼女は患者さんたちを毎日助けました。時には，疲れている時でも夜に働くこともありました。彼女は仕事が好きでしたが，忙しくしていました。彼女は新しい仕事を探し始めました。ある日，彼女は華から手紙をもらいました，そこにはチケットが添えられていました。泉は，華が彼女の町でコンサートをするために来るということを知りました。泉は華に会いたいと思いました。

コンサートの時，泉は華は違う世界の人だと思いました，なぜなら彼女の演奏は以前よりも素晴らしかったからです。コンサートの後，彼女たちは楽しく話をしました。泉は言いました，「華，あなたは良い仕事を選んだわ。あなたはすばらしいピアニストになって私は今は看護師よ，でも①私は私の人生についてもっと考えたいと思っているの。」華は話を聞いて言いました，「そう，分かったわ。ごめんなさい，もう一回演奏があるのよ，行かなければいけないわ。あとで手紙を送るわね。」

1週間後，華からの小包が泉の家に届きました。泉は驚いてそれを開けました。その中には手紙と華が演奏したピアノの楽曲のCDが入っていました。その楽曲の題名は「希望」でした。②手紙には華はこう書いていました，*私はこの「希望」という詩のおかげで一生懸命働いて(頑張って)います，あなたが私にくれた詩です。あなたの詩の中で，あなたはこう書いていました，「私には素晴らしい友だちがいる，だから私は決して希望を失わない，たとえ未来に困難があっても。」あなたは人を助けることができる人です。*

泉はピアノの音を聴いて，彼女の詩「希望」を思い出しました。

(1)　全訳参照。　Ⅳ　泉は，華の家で華と将来についてたくさん話をした。(第2段落の内容参照)→Ⅰ　泉はふるさとの町で看護師になった。(第4段落1文目)→Ⅲ　泉は，華がふるさとの町に帰ってくるということを知った。(第4段落最後から2文目)→Ⅱ　泉は，泉が書いた詩が華を励ましたことを知った。(第6段落の内容参照)

(2)　第4段落1文目から5文目に注目。全訳参照。泉は看護師の仕事は好きだが忙しいため，新しい仕事を探し始めた，とある。

(3)　(問題文訳)　手紙とCDを送ってくれてありがとう。あなたのピアノの楽曲を聴いて嬉しかったです。私は詩のことを忘れていましたが，あなたが私にそれを再び思い出させてくれました。今では，私たちは私たちの「希望」という詩とピアノの楽曲に励まされたことが分かります。

8 (長文読解問題・論説文：要旨把握，空所補充，語句の解釈・指示語)

(全訳)　[1] お気に入りの物が壊れたらどうしますか？　皆さんの中には，「新しいものを買った方がいい」と思う人もいるでしょう。また，「それをまた使えたらいい」と思う人もいるかもしれません。たしかに現代では新しいものが簡単に手に入ります，しかしそれでよいのでしょうか？　古くて壊れてしまったものを修理する会社が京都にあります。その会社は伝統的な日本の文化を守ることにも取り組んでいます。2つの例がこちらです。

[2]　ある会社が伝統的な日本の技術を使って古い衣服を保存して再使用するために熱心に働いています。それは黒く染めること(黒染め)です。その会社は100年間*紋付*を染めてきました。*紋付*は伝統的な日本の正装で，その色は黒です。社員たちは彼らの染めの技術が何かに役に立つといいと思っていました，そこでその会社は2013年に古くて汚れた衣服を染めることをし始めたのでした。その会社にとっては彼らの技術を守ることが重要であり，ファッションの世界では黒は人気があるのです。その会社の技術によって，たくさんの人たちが今や[黒く]なったお気に入りの衣服を着ることができます。捨てずに衣服を着続けることはすばらしいことです。

[3]　2つ目に，ある漆器の会社は壊れた物を修理することに取り組んでいます。日本には，*金継ぎ*と呼ばれる技術があります。それは壊れた皿やカップのような物を修理するための技術です。漆と金粉が壊れた皿の部分をくっつけるために使われます。皆さんの中には壊れた物はたいてい捨てるという人もいるでしょう。でも，*金継ぎ*を使うことでそれらを修理すれば，それらを再び使い美しい金色のつなぎ目を楽しむことができるのです。またその会社は*金継ぎ*の道具一式を販売しています。壊れた皿やカップを自分で修理することができればそれらの物により愛着がわくでしょう。カップを修理するのにはたくさん日にちがかかりますが，動画を見ることによって方法を理解するのは簡単です。*金継ぎ*をすれば，カップはより美しい見た目になるでしょう。道具一式を使って家で*金継ぎ*の体験ができるのです。

④　現在では，世の中には安いものがたくさんあるので，容易に新しいものを買うことができます。しかし，日本には古くて壊れた物を復元する伝統的な技術があります。それらの技術を使えば古くて壊れた物を再び使うことができるのです。お気に入りの物を以前よりも大切にするでしょう。壊れた物を捨てる前にもう一度考えてみましょう。

(1)　全訳参照。第2段落5文目に注目。「2013年に古くて汚れた衣服を染めることをし始めた」とある。　エ「ある会社が古い衣服を染めるために伝統的な技術を使用した」が適当。

(2)　全訳参照。第2段落で挙げられている会社は黒染めの技術を使って古い衣服を染めているので black が適当。

(3)　全訳参照。第3段落2文目から4文目に注目。金継ぎの技術について説明している選択肢を選べばよい。イの「人々はお気に入りのカップの壊れた部分をくっつけることができる。」が適当。

(4)　(問題文・解答例訳)　*金継ぎ*は壊れた物を修理する伝統的な日本の技術。*金継ぎ*には漆と金粉が必要。この技術を使えば，(例1)それらはより美しい見た目になるだろう　(例2)それらを再び使うことができる。　全訳参照。第3段落6文目，または最後から2文目の内容や表現を参考にすればよい。

(5)　全訳参照。　ア　日本の文化を守るための美しい物の買い方　イ　日本の技術によるお気に入りの衣服の染め方　ウ　日本の技術によるお気に入りの物の再使用の方法(○)　エ　日本の文化を守るための壊れた物の捨て方

9 (会話文問題：語句の並べ換え)

(1)　A：あなたは毎日家で英語を勉強しますか？／B：はい，やります。私はフランス語も勉強します。／A：なぜ英語とフランス語を勉強するのですか？／B：私の国では2つの言語が教えられているのです。**＜be動詞＋過去分詞～＞＝～される(受け身)**

(2)　A：この前の週末は何をしましたか？／B：私は平泉に行って写真を撮りました。／A：何枚か見せてもらえますか？／B：もちろんです。これがその写真です。この場合は **＜Can you ＋動詞の原形～？＞＝～してもらえますか？**

(3)　A：あなたには兄弟や姉妹が何人いますか？／B：私には姉(妹)がいます。これは私の家族の写真です。／A：この写真の中でどの人があなたのお姉さん(妹さん)ですか？／A：ええと，帽子をかぶって本を手に持っている女の子です。**the girl を関係代名詞 who を使って後ろから修飾する文にすればよい。who は関係節の中で主語の働きをするので ＜who ＋動詞＋目的語＞の語順にする。**

10 (自由・条件英作文)

(問題文・解答例訳)　英語の質問(ア)　レストランの料理を買うのと家で料理をするのとでは，どちらがいいですか？

①　(例1)私はレストランの料理を買いたいです。　(例2)家で料理をする方がいいです。

英語の質問(イ)　なぜそうしたいのですか？

②　(例1)レストランの料理を買う方が家で料理をするより早いです。アリスと一緒に日本について話したりするなど他のことができます。　(例2)アリスに日本の食べ物の料理の仕方を見せて一緒に料理をすることができます。その方がレストランの料理を買うよりもワクワクするでしょう。

2023年度英語　リスニングテスト

〔放送台本〕

英語はすべて2回繰り返します。メモをとってもかまいません。

1　これは，二人の対話を聞いて答える問題です。これから，女性と男性が英語で対話をします。それぞれの対話は，女性，男性，女性，男性の順で行われます。最後に，男性が話す英語の代わりにチャイムが鳴ります。このチャイムの部分に入る英語として最も適当な答えを，それぞれ，問題用紙のア，イ，ウ，エのうちから一つずつ選んで，その記号を書きなさい。

(1)　*A:* Dinner is ready.
B: Great. I'm very hungry.
A: Did you wash your hands?
B: (チャイム)

(2)　*A:* Is this key yours, Mark?
B: No, Ms. Suzuki.
A: I found it under the desk. Whose key is it?
B: (チャイム)

(3)　*A:* I like your T-shirt.
B: Thanks. I got it for my birthday.
A: Who gave it to you?
B: (チャイム)

〔英文の訳〕

(1)　A：夕食の支度ができたわよ。
B：やった。お腹が空いたよ。
A：手は洗った？
B：ウ　うん。洗ったところだよ。

(2)　A：この鍵はあなたの物ですか，マーク？
B：違います，スズキさん。
A：机の下で見つけたのです。誰の鍵かしら？
B：ア　ええと，ポールの物だと思います。

(3)　A：あなたのTシャツは素敵ですね。
B：ありがとう。私の誕生日にもらったのです。
A：誰があなたに贈ったのですか？
B：エ　僕の兄(弟)です。

〔放送台本〕

2　これは，高校生の美樹(Miki)と留学生のボブ(Bob)との対話を聞いて答える問題です。二人の対話の後，その内容について英語で質問をします。(1)，(2)，(3)の質問に対する最も適当な答えを，それぞれ，問題用紙のア，イ，ウ，エのうちから一つずつ選んで，その記号を書きなさい。

Miki: How is your new life here, Bob?
Bob: Well, I'm enjoying it every day. I've been interested in doing *kendo*

and *judo*. I went to see a local *judo* team yesterday. The members were practicing hard. I've decided to join the team.

Miki: That's good. Are you going to practice *judo* today?

Bob: No. I don't practice it on Tuesdays. Do you do any activities after school?

Miki: Yes, I take an English class at the city library.

Bob: You speak English very well. What do you do in your class?

Miki: I usually talk about many topics, watch movies, and play some games in English.

Bob: Sounds interesting. Do you have the class every day?

Miki: No. I have it on Wednesdays and Fridays. I'm going to make an English speech next week. Can you check my English if you are free today?

Bob: Of course.

Miki: Let's meet in your classroom at four o'clock.

Bob: OK.

(1) What did Bob do yesterday?

(2) What does Miki do in English class?

(3) Where is Miki going to see Bob today?

〔英文の訳〕

美樹：ここでの新しい生活はどう，ボブ？

ボブ：ああ，毎日楽しく過ごしているよ。*剣道*と*柔道*をすることに興味をもったんだ。昨日地域の*柔道*チームを見に行ったよ。部員の皆さんは熱心に稽古していた。僕はそのチームに参加することに決めたよ。

美樹：それはいいわね。今日は*柔道*の稽古をする予定なの？

ボブ：しないよ。火曜日は稽古をしないんだ。君は放課後何か活動をしているの？

美樹：ええ，市立図書館で英語の講座を受けているのよ。

ボブ：君は英語を話すのがとても上手だね。講座ではどんなことをするの？

美樹：普段は英語でたくさんの話題について話したり，映画を見たり，ゲームをやったりしているのよ。

ボブ：おもしろそうだね。毎日講座があるの？

美樹：いいえ。水曜日と金曜日に講座があるのよ。来週には英語のスピーチをする予定なの。今日時間があったら私の英語をみてもらえるかしら？

ボブ：もちろんだよ。

美樹：4時にあなたの教室で会いましょう。

ボブ：分かったよ。

(1) ボブは昨日何をしましたか？
答え：ウ　ボブは地域の*柔道*のチームを見ました。

(2) 美樹は英語の講座で何をしますか？
答え：イ　美樹はたくさんの話題について話をします。

(3) 今日美紀はボブとどこで会いますか？
答え：ア　ボブの教室で(会います)

〔放送台本〕

3　これは，英語による説明を聞いて答える問題です。あなたは留学先の学校に到着し周辺施設の地図を見ながら，説明を聞いてメモをとっています。これから放送される英語の説明を聞いて，(1)，(2)，(3)の空所に入る最も適当な答えを，それぞれ，問題用紙のア，イ，ウ，エのうちから一つずつ選んで，その記号を書きなさい。

Now, I'm going to tell you about some shops you should visit. Our school is between the hospital and the library. When you want to buy something to eat, you should go to Shop King. You can buy cheap pasta and pizza. It's near the station. If you like sweet food, you should go to Shop Moon. It sells ice cream and chocolate. It's in front of the park, so you should ride a bicycle there. When you want to buy presents for your family, visit Shop Star. They sell local things. Also, at that shop, you can find a book about this town with a lot of beautiful pictures. After you go back to Japan, you can show it to your family. The shop is next to the post office. Enjoy your life here.

〔英文の訳〕

これから，訪れるとよいいくつかのお店についてお話しします。私たちの学校は病院と図書館の間にあります。食べるものを買いたい時は，キングへ行くのがいいです。値段の安いパスタとピザを買うことができます。その店は駅の近くです。甘いものが好きなら，ムーンへ行きましょう。アイスクリームとチョコレートを売っています。その店は公園の前なので，そこへは自転車に乗って行った方がいいですよ。家族にプレゼントを買いたい時には，スターに行ってください。地元の物を売っています。また，その店では，たくさんのきれいな写真が載っているこの町についての本を見つけることができます。日本に帰ったら，家族にそれを見せることができます。この店は郵便局の隣です。ここでの生活を楽しんでくださいね。

〔放送台本〕

4　これは，英語による説明を聞いて答える問題です。これから放送される英語の内容について英語で質問をします。その質問に対する最も適当な答えを，問題用紙のア，イ，ウ，エのうちから一つ選んで，その記号を書きなさい。

You are studying English with your friend. You want to know the meaning of a word.
Question: What will you say to your friend?

〔英文の訳〕

あなたは友だちと英語を勉強しているところです。あなたはある言葉の意味を知りたいと思っています。

質問：あなたは友だちに何と言いますか？

答え：イ　あなたの辞書を使ってもいいですか？

＜理科解答＞

1　(1)　ア　(2)　ウ　(3)　イ　(4)　ア　(5)　エ　(6)　イ　(7)　エ
(8)　ウ

2 (1) 生産者 (2) あ A い B う A え D (3) (例)光をあてるだけでは，BTB溶液の色が変化しないこと。 (4) (例)光合成が行われ，溶けていた二酸化炭素が使われたから。

3 (1) ウ (2) 右図 (3) ア (4) 14.7g

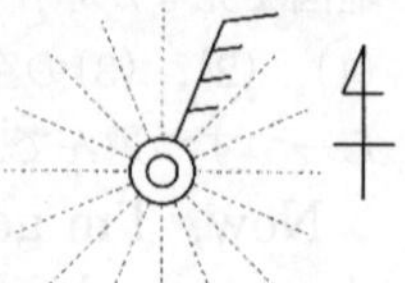

4 (1) エ (2) (記号) イ (理由) (例)水が多いときは圧力が大きく，水が少なくなると圧力が小さくなるから。 (3) ウ (4) ウ (5) エ (6) エ (7) 18.4g (8) (共通する特徴) (例)・背骨がある。・殻のある卵を産む。 (鳥類だけの特徴) (例)・羽毛がある。・恒温動物である。

5 (1) 誘導電流 (2) ア (3) イ (4) (仕事) 1.5J (変換効率) 25%

6 (1) ① e^- ② Ag (2) (亜鉛) 1番目 (銅) 3番目 (金属X) 2番目 (3) ア (4) (例)電流を流すために必要なイオンが移動できないから。

＜理科解説＞

1 (小問集合－動物の体のつくりとはたらき：血液，生物の成長と生殖：有性生殖，火山活動と火成岩：深成岩・火山岩，太陽系と恒星：太陽の黒点とコロナ，光と音：音の高低，力と物体の運動：慣性の法則，力のはたらき：2力のつり合い，状態変化：昇華・蒸留，気体の発生とその性質：気体の密度，化学変化と質量：反応する物質の質量比)

(1) 血液の成分の中で酸素を主に運んでいるものは**赤血球**である。赤血球にはヘモグロビンが含まれており，**ヘモグロビン**は肺胞などの酸素の多いところでは酸素と結びつき，逆に酸素の少ないところでは酸素をはなす性質がある。

(2) 有性生殖は，雌雄の親がかかわって子をつくるような生殖であり，無性生殖は，雌雄の親を必要とせず，親の体の一部が分かれて，それがそのまま子になる生殖である。**有性生殖だけを行う生物はネズミ**である。単細胞生物である**ミカヅキモ**は，体が2つに分かれることで新しい個体をふやすことが多い。多細胞動物である**イソギンチャク**は体の一部が分かれたり，分かれた体が再生したりして，新しい個体となる。多細胞植物である**サツマイモ**は，体の一部から新しい個体をつくる**栄養生殖**である。

(3) **花こう岩は深成岩**でマグマが地下深くでゆっくり冷やされ，鉱物ができて成長するため，**等粒状組織**になり**粒が大きい**。また，花こう岩は主にセキエイとチョウ石からなり，**有色鉱物**のクロウンモが含まれるが**割合は小さく**，全体として**白っぽい**。**玄武岩は火山岩**でマグマが地表や地表近くで急に冷やされて，すでにできていた鉱物をとり囲むように，とても小さなままの鉱物やガラス質の部分ができ，**斑状組織**になり**粒が小さい**。また，玄武岩はカンラン石やキ石などの**有色鉱物の割合が多く黒っぽい**。よって，図はイが正しい。

(4) 図中のXは，周囲よりも**温度が低い部分**であり，**黒点**という。図中のYは，太陽全体をつつんでいる**高温のガス**であり，**コロナ**という。

(5) ことじの位置を左にずらし，**弦の長さを長くして**，同じ強さで弦をはじくことにより，**振動数が少なくなり**，より**低い音**が出る。

(6) **ドライアイスは昇華により，空気より密度が大きい二酸化炭素に状態変化するため，ドライアイスと平らな床の間に二酸化炭素の層ができる**。そのため，ドライアイスには，重力と二酸化炭素がドライアイスを押し上げる力の**2力のみがはたらき，この2力はつり合っている。さらに，摩擦力がはたらかない状態であるため，慣性の法則により，等速直線運動をする**。よって，イが正しい。

(7)　図は，赤ワインを加熱して沸騰させ，沸点が水より低い78℃のエタノールの気体を冷やして液体にして集める装置である。**ガラス管の先を試験管Bの液に入れないのは，加熱をやめたときに液が逆流するのを防ぐためである。**

(8)　マグネシウムを加熱すると酸化が起こる。化学反応式は，$2Mg+O_2 \rightarrow 2MgO$である。加熱時間が4分まではマグネシウムが酸素と化合することにより，ステンレス皿内の物質の質量〔g〕は増加するが，**5分，6分と加熱しても，最初にステンレス皿に入れたマグネシウムは4分ですべて酸化マグネシウムに変化しているので，質量は変化しない。**よって，ウが正しい。

2 (植物の体のつくりとはたらき：対照実験による光合成の実験，自然界のつり合い：生態系)

(1)　生態系において，植物のように光合成によって有機物をつくり出す生物を**生産者**とよぶ。

(2)　実験1は，光合成に必要な条件を考察するために行った**対照実験**である。葉のA：日光があたった**緑色の部分**と，B：日光があたった**ふの部分**を比べることで，表Ⅰから，日光にあたった葉の緑色の部分で光合成が行われていることがわかる。また，A：**日光があたった**緑色の部分と，**D日光があたらなかった**緑色の部分を比べることで，表Ⅰから，光合成を行うためには光が必要だとわかる。

(3)　試験管Xと試験管Yの両方に，息を吹き込んで水に二酸化炭素を溶かし，**Xだけに葉緑体があるオオカナダモの葉を入れ，Yには入れなかった。**XとYの両方に光を当てた結果，表Ⅱから，BTB溶液を加えたとき，Xでは緑色から青色に変化したが，対照実験として用意した試験管Yは変化しなかった。このことから，**光をあてるだけでは，BTB溶液の色が変化しないこと**がわかる。

(4)　表Ⅱから，XではBTB溶液が**青色**になり，**アルカリ性**を示したのは，葉緑体があるオオカナダモにより**光合成が行われ，とけていた二酸化炭素が使われた**からである。

3 (日本の気象：台風の特徴と進路，天気の変化：空気中の水蒸気量・前線，気象要素の観測：天気図記号)

(1)　**台風**は，熱帯地方の海上で発生した**熱帯低気圧のうち，最大風速が17.2m/s以上に発達したもの**である。前線については次のようである。気温や湿度など性質が異なる気団が接しても密度がちがうためすぐには混じり合わず，境界面ができる。これを前線面といい，前線面と地表面が接したところを**前線**という。日本付近の**低気圧の西側には寒冷前線が，東側には温暖前線ができる**ことが多く，およそ**西から東へ移動**する。よって，ウが正しい。

(2)　盛岡における午前11時の**天気図記号**は，天気はくもりで天気記号は◎，風向は北北東の向きに天気記号から直線を引く，風力4は北北東に引いた直線から4本の矢羽根をつける。

(3)　台風は熱帯低気圧が発達したものなので，風は**反時計回りに中心に向かって吹き込んでいる**。台風通過の前後で，**風向が南寄りから北寄りに変化**したことから，この台風は**岩手県を西から東に通過した**と考えられる。

(4)　25℃のとき**飽和水蒸気量は23.1〔g/m^3〕**であることから，**湿度が100%のとき空気1m^3に含まれる水蒸気量は，23.1g**である。同様にして，5℃で湿度が100%のとき空気1m^3に含まれる水蒸気量は，6.8gである。よって，気温25℃と5℃で，ともに湿度が90%のとき，空気1m^3に含まれる水蒸気量の差〔g〕＝(23.1〔g〕－6.8〔g〕)×0.9≒14.7〔g〕である。

4 (小問集合－天体の動きと地球の自転・公転：地球の公転と季節にともなう太陽の日周運動の変化，力のつり合いと合成・分解：水圧，身のまわりの物質：有機物の燃焼，状態変化，化学変

化，地層の重なりと過去の様子：堆積岩，力学的エネルギー：力学的エネルギーの保存，植物の特徴と分類，水溶液：溶解度，生物の種類の多様性と進化・動物の特徴と分類)

(1)　夏至の日の出は真東より北よりになるため，棒の影は真西より南よりになる。夏至の日の入りは真西より北よりになるため，棒の影は真東より南よりになる。夏至の太陽の南中高度は高くなるため，棒の影は南側に短くなる。よって，エが正しい。

(2)　はじめ水が多いときは水圧が大きいため，一定時間に下の穴から水が多く出るが，だんだん水が少なくなると水圧が小さくなり，一定時間に下の穴から水が少なく出るようになるため，かいた線の間隔はだんだん小さくなる。よって，イが正しい。

(3)　ろうそくに火をつけたときの，ろうの変化については，熱せられたろうが状態変化で気体になり，さらに熱せられて，有機物であるろうは化学変化を起こして二酸化炭素と水になって空気中に拡散する。よって，ウが正しい。

(4)　石灰岩は，生物の骨格や殻が堆積してできた堆積岩で，うすい塩酸をかけると二酸化炭素が発生する。

(5)　振り子の運動では，おもりの高さが低くなると速さが大きくなり，高さが高くなると速さが小さくなる。位置エネルギーと運動エネルギーの和である力学的エネルギーはいつも一定に保たれている。これを力学的エネルギー保存の法則という。よって，エが正しい。

(6)　アサガオ，タンポポ，ユリの3つの花の共通点は，種子植物で，胚珠が子房の中にある被子植物である。アサガオとタンポポは子葉が2枚の双子葉類であり，ユリは子葉が1枚の単子葉類である。アサガオとタンポポのどちらも合弁花類である。

(7)　ミョウバンの60℃における溶解度は57.4〔g/水100g〕であり，20℃における溶解度は11.4〔g/水100g〕である。ミョウバンをとかす水が60℃で100gの飽和水溶液であるならば，20℃まで冷やしたとき，できる結晶の質量は，57.4〔g〕−11.4〔g〕＝46.0〔g〕である。よって，ミョウバンをとかす水が60℃で40.0gの飽和水溶液であるとき，20℃まで冷やすとできる結晶の質量をxgとすると，100〔g〕：40.0〔g〕＝46.0〔g〕：x〔g〕，x〔g〕＝18.4〔g〕である。

(8)　鳥類はハチュウ類から進化したと考えられている。鳥類とハチュウ類に共通する特徴は，背骨があり，殻のある卵を産むことである。ハチュウ類にはない鳥類だけの特徴は恒温動物であり，羽毛があることである。ハチュウ類と鳥類の特徴をあわせもつ化石としてはシソチョウ(始祖鳥)がある。

5　(電流と磁界：電磁誘導・レンツの法則・フレミングの左手の法則，力と物体の運動：一定の力がはたらき続けるときの運動，エネルギーとその変換：エネルギーの変換効率・仕事・電力量)

(1)　磁石とコイルが近づいたり遠ざかったりして，コイルの内部の磁界が変化すると，その変化に応じた電圧が生じて，コイルに電流が流れる。このような現象を電磁誘導といい，このとき流れる電流を誘導電流という。

(2)　力学台車には斜面に平行な重力の分力が一定の大きさではたらき続けるので，速さが一定の割合で大きくなる。よって，N極が台車の進行方向に向くようにとり付けられた棒磁石は，だんだん速く動く。棒磁石の動きにともなってコイルの中の磁界の変化はだんだん速くなるため，誘導電流はだんだん大きくなる。したがって，台車のコイル通過後の方が電圧は大きくなる。また，実験1の実験結果の図Ⅱから，レンツの法則により，棒磁石のN極がコイルに近づいていくとき生じる誘導電流の電圧はプラスとなり，棒磁石のS極がコイルから遠ざかっていくとき生じる誘導電流の向きが逆になり電圧がマイナスとなっている。実験2はコイルに対する棒磁石の向きは実験1と同じであり，斜面上の運動になったことにより，一定の割合でだんだん速くなる運動になったことだけが実験1と異なる。よって，アが正しい。

(3)　磁界の向きはN極からS極に向かう矢印の向きである。**フレミングの左手の法則**により，中指を電流の向きに，人さし指を磁界の向きに合わせると，親指の指す向きが電流が磁界から受ける力の向きになる。**左側のコイルは上向きの力を受け，右側のコイルは下向きの力を受ける**ため，コイルは右回りに回転する。よって，イが正しい。

(4)　モーターでおもりを持ち上げる**仕事〔J〕＝2.5〔N〕×0.60〔m〕＝1.5〔J〕**である。このとき，モーターを回転させる**電力量〔J〕＝5.0〔V〕×0.60〔A〕×2.0〔s〕＝3.0〔W〕×2.0〔s〕＝6.0〔J〕**である。よって，**エネルギーの変換効率〔%〕**$=\frac{1.5〔\mathrm{J}〕}{6.0〔\mathrm{J}〕}\times 100=25$〔%〕である。

6 (化学変化と電池：硝酸銀水溶液と銅の反応の化学反応式・金属のイオン化傾向・ダニエル電池のしくみ，水溶液とイオン：電離・イオンの化学式・化学反応式)

(1)　銅線を硝酸銀水溶液に入れると，**銀は銅よりもイオン化傾向**(水溶液中で金属の原子が陽イオンになろうとする性質)**が小さい**ので，硝酸銀が水にとけて電離($AgNO_3 \rightarrow Ag^{+}+NO^{3-}$)して，銀イオンとして存在していた$Ag^{+}$**は**，銅の金属がイオンとなってとけだすとき生じる**電子**($Cu \rightarrow Cu^{2+}+2e^{-}$)**を受けとり，金属の銀になる。金属の化学式は元素記号**で表すため，**銀が付着した変化を化学反応式で表すと，**$Ag^{+}+e^{-} \rightarrow Ag$，である。無色透明だった水溶液はとけだした$Cu^{2+}$**により青色**になる。

(2)　金属Xのイオンを含む水溶液に亜鉛を入れたときには，**亜鉛片に金属Xが付着**したことから，イオンになりやすさは，**亜鉛＞金属X**，である。金属Xのイオンを含む水溶液に銅片を入れたときは，反応しなかったことから，イオンになりやすさは，**金属X＞銅**，である。よって，イオンになりやすい順に並べると，**亜鉛は1番目，金属Xは2番目，銅は3番目**である。

(3)　亜鉛のほうが銅よりもイオンになりやすいので，図Ⅲでは**亜鉛が電子を失い，陽イオンになってとけ出す**。化学反応式は，$Zn \rightarrow Zn^{2+}+2e^{-}$，である。亜鉛版に残った電子は導線を通って銅板へ移動し，硫酸銅水溶液中($CuSO_4 \rightarrow Cu^{2+}+SO_4{}^{2-}$)の**銅イオン**$Cu^{2+}$**が銅板の表面で電子を受けとって，銅原子**($Cu^{2+}+2e^{-} \rightarrow Cu$)**になり，銅板に付着する**。電子は亜鉛版から銅板へと移動しているので，**亜鉛版が－極，銅板が＋極**となる。よって，アが正しい。

(4)　図Ⅲのセロハンチューブを**ビニール袋**にかえると，モーターは回らず，**電流が流れなかったのは，電流を流すために必要なイオンが移動できないから**である。**セロハンには，小さな穴があいており，陽イオンや陰イオンが少しずつ移動する**ことで，陽イオンと陰イオンによる**電気的なかたよりができないようにしている。**

<社会解答>

1　(1)　イ　　(2)　C

2　(1)　イ　　(2)　エ　　(3)　座　　(4)　(例)幕府の主な収入源である年貢を，安定して納めさせるため。　　(5)　イ

3　(1)　フォッサマグナ　　(2)　ウ　　(3)　(例)冬に雪が多く，稲作ができない時期があるため。

4　(1)　A　ア　B　イ　C　ウ　(2)　X　最高　Y　立法　(3)　(例1)三審制によって，裁判を慎重に行うため。　(例2)　三審制によって，裁判での誤審を防ぐため。

5　(1)　ア　　(2)　ウ　　(3)　X　イ　　Y　エ　　(4)　(例)経済特区が設けられており，

他の場所から来て滞在している人が多い。

6 (1) イ (2) イ (3) (例)官営八幡製鉄所は中国に近く，中国から鉄鉱石を運び込みやすいため。 (4) D→C→B→A

7 (1) ウ (2) イ (3) ア (4) イ

8 (1) B→A→C (2) 邪馬台国 (3) (日本にとっての利点) (例)【資料Ⅰ】一定の看護師経験を持つ人材を確保できる。【資料Ⅱ】現地で雇用した人に技術の習得をうながすことで，日本の技術を普及できる。【資料Ⅲ】フィリピンからバナナを関税なしで輸入することができる。

(フィリピンにとっての利点) (例)【資料Ⅰ】看護の知識や技能の習得について，日本政府から支援を得ることができる。【資料Ⅱ】日本から企業の進出が増え，新たな雇用が生まれる。【資料Ⅲ】日本にバナナを関税なしで輸出でき，輸出を増やすことができる。

＜社会解説＞

1 (地理的分野―世界地理－地形)

(1) Xの都市はブラジリアであり，ブラジルの首都である。ブラジルは南アメリカ大陸にある。

(2) 日本の**標準時子午線**は東経135度である。日本で1月1日午後1時のときに，まだ12月31日なのは，日本よりも日付が遅れる，西経150度付近にあるBかCであるとわかる。そして，冬でも毎日最高気温が20℃であるとの言葉から，Cの都市であるとわかる。Cの都市は，ハワイのホノルルであると推定できる。

2 (歴史的分野―日本史時代別－古墳時代から平安時代・鎌倉時代から室町時代・安土桃山時代から江戸時代，―日本史テーマ別－政治史・経済史・社会史)

(1) 諸国の産物(絹・海産物など)を納めさせた税が**調**である。**大宝律令**では人頭税として課せられ，**庸**とともに都に運ばれ国家の財源となった。納められる調には，図のような**木簡**が添えられた。

(2) アは江戸時代，イは鎌倉時代，ウは飛鳥時代の説明である。平安時代を説明したのが，エである。**藤原氏**は，自分の娘を天皇のきさきとし，生まれた子供を天皇にして**外祖父**となり，天皇が幼い時には**摂政**として，成人してからは**関白**として政治を代行・補佐する，**摂関政治**を進めた。摂関政治は，11世紀前期の**藤原道長・頼通父子**の時代に全盛期を迎えた。

(3) 室町時代に，朝廷・貴族・寺社などの保護を受け，特定の品物の生産・販売の営業権など種々の特権を与えられたのが，商工業者の組合「**座**」である。座は，その見返りに座役と呼ばれる営業税を上納した。

(4) 資料1は**田畑勝手作の禁令**の要旨である。農民がたばこなどの**商品作物**を作ると，幕府の主な収入源である**年貢**を，安定して納めさせることができなくなるため，このような法令が出されたことを指摘すればよい。

(5) **荘園**や公領ごとに**地頭**が置かれたのは鎌倉時代のことであり，平安時代Bと室町時代Cの間に入る。

3 (地理的分野―日本地理－地形・気候・工業)

(1) 本州中央部を南北に横断する**大地溝帯**を，大きな溝という意味の，**フォッサマグナ**という言葉で呼ぶ。新潟県の糸魚川市から静岡県静岡市に及び，この地溝帯が，東北日本と西南日本の境界線となる。

(2) 愛知・岐阜・三重に広がる工業地帯を，**中京工業地帯**という。中京工業地帯は，国内最大の自動車メーカーの本拠地を含んでいるため，**重工業**の割合が多い。なお，**製造品出荷額**の日本第1位なのは愛知県である。

(3) 福井県など北陸地方の県では，冬に**降雪**が多く，稲作ができない時期があるため，積雪があっても可能な**地場産業**や**伝統産業**などが発展したことを指摘し解答する。

4 (公民的分野―憲法・国の政治の仕組み・裁判)

(1) A 日本国憲法第98条に「この憲法は，国の**最高法規**であつて，その条規に反する法律，命令，詔勅及び国務に関するその他の行為の全部又は一部は，その効力を有しない。」と規定されており，Aは，アの**憲法**である。 B 憲法に違反する法律は効力を有しないので，Bがイの法律である。 C 条例・命令は法律に反することは出来ないので，Cはウの条例・命令である。

(2) X 日本国憲法第41条に「国会は，国権の**最高機関**であつて，国の唯一の**立法機関**である。」との規定がある。 Y Xと同様,国会が唯一の立法機関であることは憲法第41条に明記されている。

(3) 三回まで裁判を受けられるのは，一回の裁判では誤審もあるため，**地方裁判所・高等裁判所・最高裁判所**の**三審制**によって裁判を慎重に行うためである。必ず三審制の語句を使い解答する。

5 (地理的分野―世界地理－気候・産業・貿易・人々のくらし・宗教・都市)

(1) ある地域で，一定の方角への風が特によく吹く傾向があるとき，季節によって風の吹く方角が変化するものを，**季節風**(モンスーン)と呼ぶ。羊やらくだの肉を焼いた料理は乾燥帯に住む遊牧民特有のものである。

(2) インドでは，原油を輸入し，石油製品を輸出する貿易が行われている。また，ダイヤモンドの輸出もインドの特徴の一つである。正解はウである。

(3) X 西アジアで広く信仰されている宗教は，イスラム教である。インドで国民の多くが信仰している宗教は，ヒンドゥー教である。インドが仏教信仰の国でないことに注意するべきである。

(4) 中国では，1970年代末から経済開放政策により，地図のCの華南の沿岸部に**経済特区**を設け，法的・行政的に特別な地位を与え，重点的に開発した。そのため大きな経済格差が生じており，他の地方から来て滞在している人が多い。

6 (歴史的分野―日本史時代別－明治時代から現代，―日本史テーマ別－政治史・社会史・外交史・経済史，―世界史－政治史)

(1) アは，昭和中期の**高度成長期**にあたる1960年代の説明である。ウは，江戸時代後期の**伊勢参り**の説明である。エは，大正から昭和初期にかけての説明である。ア・ウ・エのどれも別な時代の説明であり，イが正しい。イは，明治初期の**文明開化**の様子を正しく説明している。

(2) 1871年に**不平等条約改正**の交渉のため，**遣欧米使節団**が，横浜港からアメリカに向けて出発した。新政府の要人が多く加わっていたこの使節団を，**岩倉具視**を全権大使とするため，**岩倉使節団**と呼ぶ。約2年間の欧米訪問であったが，条約改正の成果を上げることはできなかった。

(3) 北九州は筑豊炭田に近いため，鉄鋼の生産に必要な**石炭**を輸送しやすく，また，鉄鋼の原料となる**鉄鉱石**を中国の鉄鉱石産地から輸入する上でも有利だったため，**八幡製鉄所**は北九州につくられた。

(4) A 1972年に，**田中角栄**・周恩来の日中首脳によって**日中共同声明**が発表され，国交を正常化した。B　1931年の**柳条湖事件**を端緒として**満州事変**が起こり，1932年に日本が満州国を建国した。C　**辛亥革命**を指導した**孫文**が，臨時大総統となって清国を**中華民国**としたのは，1912年である。　D　1871年に，国交を樹立する対等な条約である，日清修好条規が日本と清の間で締結された。したがって，年代の古い順に並べると，D→C→B→Aとなる。

7 (公民的分野—財政・経済一般・社会保障)

(1)　**間接税**は，税を納める人と税を負担する人が異なる税である。例えば**消費税**がそれであり，商品を買った消費者が税を負担し，売った事業者が税を納入する。ア・イ・エはどれも直接税であり，納税義務者と税負担者とが同一人であることを想定している。

(2)　日本の**社会保障制度**は，**社会保険・公的扶助・社会福祉・公衆衛生**の4本の柱からなっている。そのうち，上下水道の整備・予防接種などの感染症対策・各種健康診断などが含まれるのが，公衆衛生である。アは社会福祉，ウは公的扶助，エは社会保険である。

(3)　政府が景気を調整するために行う政策を**財政政策**といい，不景気の時には公共事業への投資を増やし，**減税**をすることで，企業や家計の消費を増やし，景気を刺激する。逆に好景気の時には公共事業を減らし，**増税**をして，企業や家計の経済活動を抑えることで，景気の行き過ぎを抑制する。

(4)　**「大きな政府」**とは，国民に大きな負担を課す代わりに，高いレベルの福祉を提供するものである。いわば，**高負担高福祉**が大きな政府の目標であり，図のイである。

8 (歴史的分野—日本史時代別－旧石器時代から弥生時代，—日本史テーマ別－政治史，地理的分野—日本地理－人口，公民的分野—国際社会との関わり,その他)

(1)　Bは，多産多死の傾向が著しい富士山型の**人口ピラミッド**である。Aは，第一次ベビーブームと第二次ベビーブームのところが出っ張った，つりがね型の人口ピラミッドである。Cは，**少子高齢化**が著しく進んだつぼ型の人口ピラミッドである。年代の古い順に並べると，B→A→Cとなる。

(2)　2世紀から3世紀に，日本列島に存在したとされる国の一つが**邪馬台国**である。邪馬台国は，女王**卑弥呼**が**鬼道**(呪術)によって支配する女王国であり，倭国連合の都があったと解されている。**魏志倭人伝**には，卑弥呼は239年に魏に朝貢し，**親魏倭王**の称号と**金印**を得たと記録されている。

(3)　フィリピンと日本の間の**経済連携協定(EPA)**に関する問題である。まず，資料Ⅰ・Ⅱ・Ⅲを正確に読み取ることが必要である。その上で解答を簡潔にまとめることができるとよい。

日本にとっての利点

【資料Ⅰ】フィリピンで一定の看護師経験を持つ人材を，日本の病院で確保できる。

【資料Ⅱ】フィリピンで雇用した人に技術の習得をうながすことで，日本の技術を普及できる。

【資料Ⅲ】日本は，フィリピンからバナナを関税なしで輸入し，安く販売することができる。

フィリピンにとっての利点

【資料Ⅰ】看護の知識や技能の習得について，国家試験合格のための支援を日本政府から得ることができる。

【資料Ⅱ】日本から企業の進出が2倍程度まで増え，新たな雇用を生むことができる。

【資料Ⅲ】EPA発効以前には日本に輸出するバナナには40～60%の関税がかかっていたが，バナナを関税なしで輸出できるようになり，輸出総額を増やすことができる。

＜国語解答＞

1　(1)　ア　(2)　イ　(3)　a　(はじめ)床の上の～(終わり)い集める　b　(はじめ)ロボット～(終わり)てあげる　(4)　(例)(お掃除ロボットが，)人との間で〈弱さ〉を開示し補いあう一方で，〈強み〉への〈敬意〉や〈信頼〉のようなものを持つ(から。)　(5)　エ

2　(1)　エ　(2)　ウ　(3)　イ　(4)　(例)美月の願いが合格祈願ではなく，卒業後も一緒にお茶を習いたいという自分と同じ思いだった上に，美月の願いを叶えてほしいという自分のお願いも叶った(こと。)　(5)　おわする　(6)　a　枇杷の大臣　b　おほきおとど　(7)　X　いつかは花を咲かせ，実を結ぶ　Y　おそくとくつひに咲きける梅の花

3　(1)　エ　(2)　a　門の扉を蹴る　b　ア　(3)　ウ

4　(1)　ウ　(2)　(例)私は身振り手振りを交えて話すようにしていきたい。言葉で表現しなくても情報が伝わりやすくなるからだ。

しかし，複雑な内容や詳しい情報を身振り手振りだけで正確に伝えるには不十分だ。だから，相手の反応を見ながら，ゆっくり話したり，きちんと伝わっているか確認したりするようにしたい。

5　(1)　よくよう　(2)　し(める)　(3)　ぞうり　(4)　粗末　(5)　険(しい)　(6)　航海

＜国語解説＞

1　(論説文―内容吟味，文脈把握，品詞・用法)

(1)　「きれいに」は**形容動詞**「きれいだ」の連用形。アの「**穏やかな**」が形容動詞の連体形なので，アが正解。イの「に」は助詞，ウの「美しい」は形容詞である。

(2)　本文の「わたしたち」が人間を指していることをおさえ，傍線部①の段落の後半に「**周りの手助けを上手に引きだしながら**」とあることに注目する。人間の心構えが，ロボットに全部任せるというものから，手助けしようという方向に変化するのである。このことを説明したイが正解。ロボットと人間の優劣の捉え方の変化ではないので，アは誤り。ウの「苦悩」は，本文にない内容。人間の失敗を正当化する変化ではないので，エは不適当である。

(3)　「得手」は，得意とすることという意味。aは，傍線部②の次の段落の「**床の上のホコリを丁寧に吸い集める**のは，ロボットの得意とするところ」から抜き出す。bは，「**ロボットの進行を先回りしながら，椅子を並べかえ，障害物を取り除いてあげる**ことは，わたしたちの得意とするところ」から抜き出す。

(4)　本文は，「わたしたちの共同行為を生み出すためのポイント」として「自らの状況を相手からも参照可能なように表示しておくこと」「相手に対する**〈敬意〉**や**〈信頼〉**のようなもの」を挙げ，「お互いの**〈弱い〉ところを開示**しあい，そして**補いあう**。一方で，その**〈強み〉を称え**あってもいる」と説明しているので，この内容を35～45字で前後の語句につながるように書く。

(5)　本文は，**ロボットの欠点**を具体的に挙げ，それが人間による手助けを促すと述べたあと，「**でもどうして，このような連携プレーが可能なのだろう**」と問いかけて論を展開しているので，エが適当である。アは，お掃除ロボットの機能は床の上のホコリを吸い集めることに特化しているので，「多様性」が誤り。イは，本文ではロボットが人間の仕事を奪うことについて「もうしばらくは大丈夫なのではないか」と述べているので不適当。ウは，「過去の性能と対比」が本文にない内容である。

2 (小説・古文—情景・心情，内容吟味，文脈把握，語句の意味，仮名遣い)

〈文章Ⅱの口語訳〉　太政大臣は，大臣におなりになって長年その地位にいらっしゃるのに，枇杷の大臣は当時まだ大臣におなりになれないままお過ごしになっていたが，とうとう大臣におなりになったお祝いに，太政大臣が梅を折って冠におさしになって

遅いか早いかの違いはあったが，とうとう咲いた梅の花は，誰が植えておいた種であるのでしょうか

という歌を詠んだ。

(1)　「オアシス」は，砂漠で泉などがあり，植物が生えているところのことだが，ここでは比喩的に「心が安らぐ場所」という意味で用いている。

(2)　本文の「別世界の存在」「夢のようなオアシス」などの表現から，莉子の美月に対する憧れが読み取れるので，ウが正解である。アの「越えるべき目標」，イの「ライバル」は，二人の関係の説明として不適当。エは，「茶道部の活動の最中でもくだらない話ができる」が誤りである。

(3)　中川先生は，お稽古のときも外で会ったときも丁寧に生徒に接している。また，この場面では「梅は実を結ぶ」という言葉で，莉子の視野を広げている。正解はイ。アは，中川先生の厳しさや莉子の熱意は本文から読み取れないので不適当。ウの「具体的な助言」にあたることは本文に書かれていない。エは，莉子の価値観を変えるきっかけになった言葉は「莉子の長所」に直接言及したものではないので，不適当である。

(4)　莉子は，美月が合格祈願をしていると思い，美月の幸せを願った。それと引き換えに自分の本当の願いが叶えられないことを覚悟した祈りである。ところが，美月の願いが卒業後も一緒にお茶を習いたいという自分と同じ思いだったことを知り，二人の願いが同時に叶ったことに気づいて緊張がとけたのである。この内容を「こと。」に続くように55～70字で書く。

(5)　語頭にない「は」を「わ」に直して「おわする」と書く。

(6)　現代語訳を手がかりに本文を読むと，「おほきおとど」は長年大臣の地位にいたが，「枇杷の大臣」はなかなか大臣になれなかったということがわかる。「御よろこび」は，枇杷の大臣がようやく大臣になれたときのものだから，aは「枇杷の大臣」，bは「おほきおとど」が入る。

(7)　Xは，《文章Ⅰ》の「遅咲きの梅も，いつかは花を咲かせ，実を結ぶ。長い目で見れば，きっと大丈夫」から抜き出す。Yは，《文章Ⅱ》の和歌「おそくとくつひに咲きける梅の花たが植ゑおきし種にかあるらむ」から抜き出す。

3 (詩—主題・表題，内容吟味，文脈把握，脱文・脱語補充)

(1)　第3連「……聞こえる／……蹴るのが／……嘶くの□」，第4連「……見える／……生やしているのが」には倒置法が用いられており，第3連の2行目と3行目は並列の関係にある。したがって，エの「が」を入れるのが適当である。

(2)　a　第1連は「蹄の音」，第3連は「もどかしそうに門の扉を蹴る」(＝音)と「焦ら立って　幾度も高く嘶く」(＝声)が馬の様子を聴覚的に表現したものである。　b「太陽のように金色の翼を生やしている」は，暗闇に立つ馬のイメージを印象的に表現したものなので，アが適当である。イは，「過去に見た馬」が詩から読み取れない。ウは，「暗闇」で「実際の姿」を確認できたというのは言い過ぎである。エは，「隔たり」を詩から読み取ることはできないので，不適当である。

(3)　第2連の「出発」，第4連「太陽」「金色の翼」などの表現から，未来に対する希望や期待を読み取ることができるので，ウが正解。「未明」はまだ始まっていないというイメージの言葉なので，アの「達成感」を意味しているとは考えられない。夢の奥から迎えにくる馬のイメージは，イの「時間がない早朝」という状況に合わない。エの「厳しさや不安」は，この詩から読み取ること

ができない。

4 (会話・議論・発表─内容吟味，作文)

(1)　《資料Ⅱ》の【日本語版】は文が長く，一つの文に「あいさつ」「避難訓練」「伝統的行事」という三つのことが入っている。これに対し，【やさしい日本語版】は**一文が短く**，項目ごとに**箇条書き**にしている。したがって，ウが正解である。

(2)　二つの段落で構成し，91～150字で書くこと。第1段落は，《資料Ⅲ》の「身振り手振り」「外国語」「やさしい日本語」の三つの中から**自分が外国人とどのように意思疎通を図っていきたいか**を選び，その**理由**を書く。第2段落は，第1段落で取り上げたことだけでは**不十分な点**を挙げ，配慮したいことを**具体的**に書く。解答例では，第1段落で「身振り手振りを交えて話す」ことを選んで，その理由を述べている。また，第2段落では，身振り手振りだけでは複雑な内容や詳しい情報を伝えるには不十分であることを述べ，配慮したいことを具体的に述べている。書き終わったら必ず読み返して，誤字・脱字や表現のおかしなところは書き改める。

5 (知識─漢字の読み書き)

(1)「**抑揚**」は，声の調子を高くしたり低くしたりすること。　(2)「**占**」には，「セン・し(める)・うらな(う)」という読みがある。　(3)「**草履**」の「草」は「そう」と読まない。　(4)「**粗末**」の「末」は，横画の長さに注意。　(5)「**険**」を，形が似ている「倹」「検」などと混同しない。　(6)「**航海**」の同音異義語には，「公開」「後悔」などがある。

MEMO

大切なことはメモしておこうネ！

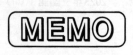

岩手県公立高等学校

2022年度

入　試　問　題

2022年度

●くわしい解説……49ページ

＜数学＞

時間　50分　　満点　100点

1　次の⑴～⑸の問いに答えなさい。（４点×５）

⑴　$1-(-3)$ を計算しなさい。

⑵　$(15x+20)\div 5$　を計算しなさい。

⑶　$\dfrac{5}{\sqrt{2}}$　の分母を有理化しなさい。

⑷　$x^2-5x-14$　を因数分解しなさい。

⑸　２次方程式　$x^2-7x+11=0$　を解きなさい。

2　１本 x 円の鉛筆を３本買うのに，1000円札を１枚出したら，おつりは y 円でした。
このときの数量の間の関係を，等式で表しなさい。
ただし，消費税は考えないものとします。（４点）

3　関数 $y=-\dfrac{1}{3}x$ の**グラフ**を図にかき入れなさい。（４点）

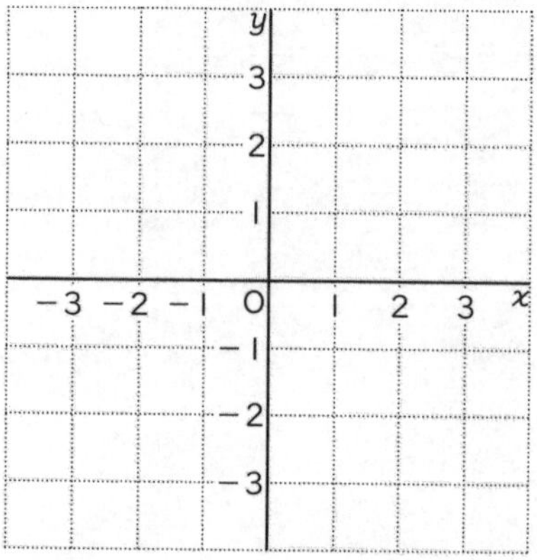

4　あとの⑴～⑶の問いに答えなさい。（４点×３）

⑴　右の図で，四角錐《しかくすい》Ｐと四角錐Ｑは相似で，相似比が２：１です。
　このとき，四角錐Ｐと四角錐Ｑの**体積比**を求めなさい。

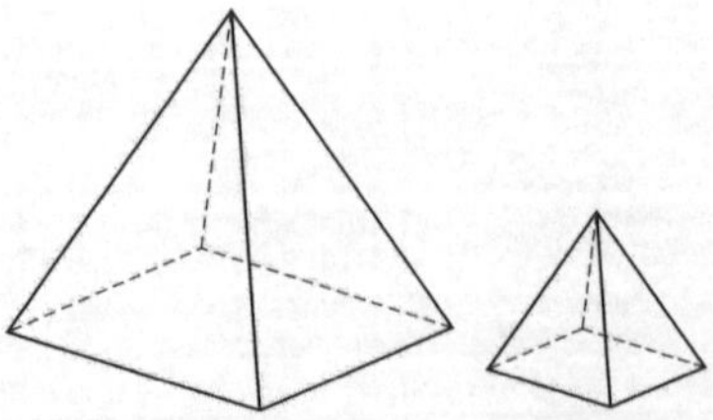

四角錐Ｐ　　四角錐Ｑ

(2)　右の図で，3点A，B，Cは，円Oの周上の点で，∠OBA＝30°，∠BOC＝128°です。

このとき，∠xの大きさを求めなさい。

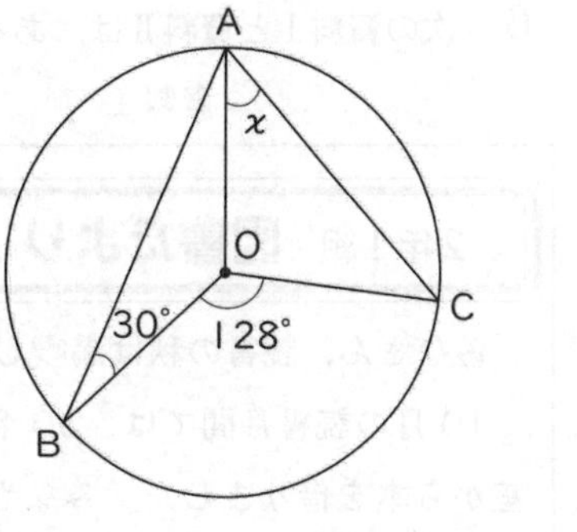

(3)　右の図は，∠Aが鈍角の平行四辺形ABCDです。平行四辺形ABCDの辺AB上を点Pが動き，辺DC上を点Qが動きます。点Pは点A，点Bと重ならず，点Qは点C，点Dと重ならないこととします。

次のア～エのうち，四角形PBCQがいつでも平行四辺形になるのはどの条件をみたすときですか。**一つ**選び，その記号を書きなさい。

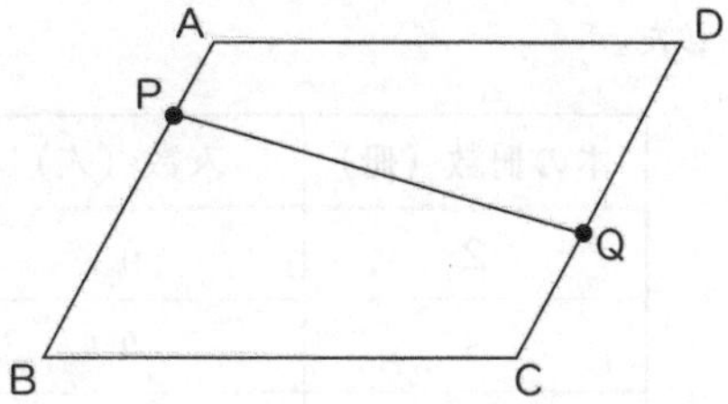

ア　PD // BQ

イ　AD // PQ

ウ　CP＝BQ

エ　AP＝CQ

5　次の図で，円Oの周上にあって，2つの半直線AB，ACからの距離が等しい点を作図によって**すべて**求め，•印で示しなさい。

ただし，作図には定規とコンパスを用い，作図に使った線は消さないでおくこと。（4点）

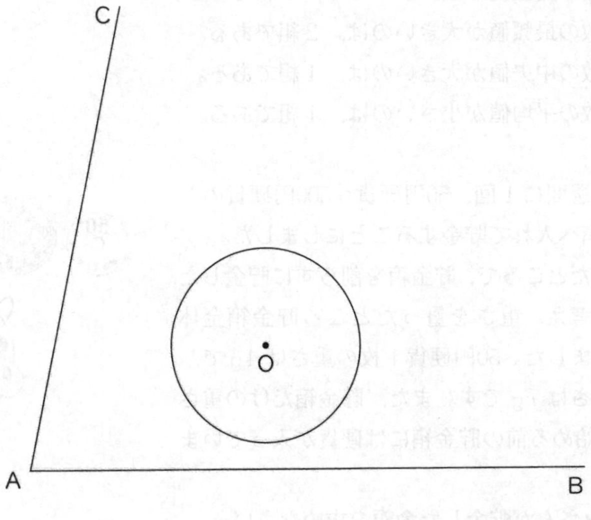

6　次の資料Ⅰと資料Ⅱは，ある中学校の２年１組と２年２組の図書だより11月号の一部です。

資料Ⅰ

2年1組　図書だより　11月号

みなさん，読書の秋は満喫しましたか？

10月の読書月間では，30名全員が図書室から本を借りました。みなさんが借りた本の冊数と人数の関係を次の表にまとめました。

本の冊数（冊）	人数（人）
2	4
3	4
4	4
5	6
6	10
7	2
合計	30

資料Ⅱ

2年2組　図書だより　11月号

読書月間では素敵な本と出会えましたか？

10月の読書月間では，30名全員が図書室から本を借りました。次のグラフは，借りた本の冊数と人数の関係をまとめたものです。

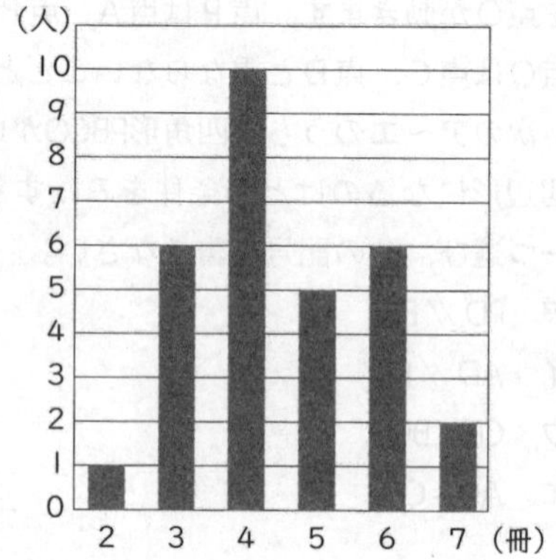

次の**ア**～**エ**のうち，資料Ⅰと資料Ⅱをもとに，１組と２組を比較して述べた文として正しいものはどれですか。**一つ**選び，その記号を書きなさい。（４点）

ア　本を６冊以上借りた生徒の数が多いのは，２組である。

イ　借りた本の冊数の最頻値が大きいのは，２組である。

ウ　借りた本の冊数の中央値が大きいのは，１組である。

エ　借りた本の冊数の平均値が小さいのは，１組である。

7　かすみさんは１週間に１回，50円硬貨か500円硬貨のどちらか１枚を貯金箱へ入れて貯金することにしました。

100回貯金を続けたところで，貯金箱を割らずに貯金した金額を調べようと考え，重さを量ったところ貯金箱全体の重さは804ｇありました。50円硬貨１枚の重さは４ｇで，500円硬貨１枚の重さは７ｇです。また，貯金箱だけの重さは350ｇで，貯金を始める前の貯金箱には硬貨が入っていませんでした。

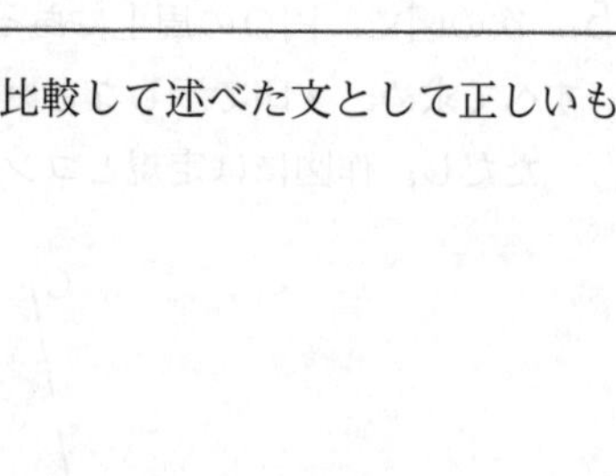

このとき，かすみさんが貯金した**金額**を求めなさい。

ただし，用いる文字が何を表すかを示して方程式をつくり，それを解く過程も書くこと。（６点）

8　次の図のように，２つの合同な正方形ABCDとAEFGがあり，それぞれの頂点のうち頂点Ａだけを共有しています。辺BCと辺FGは１点で交わっていて，その点をＨとします。

このとき，BH＝GHであることを**証明**しなさい。（６点）

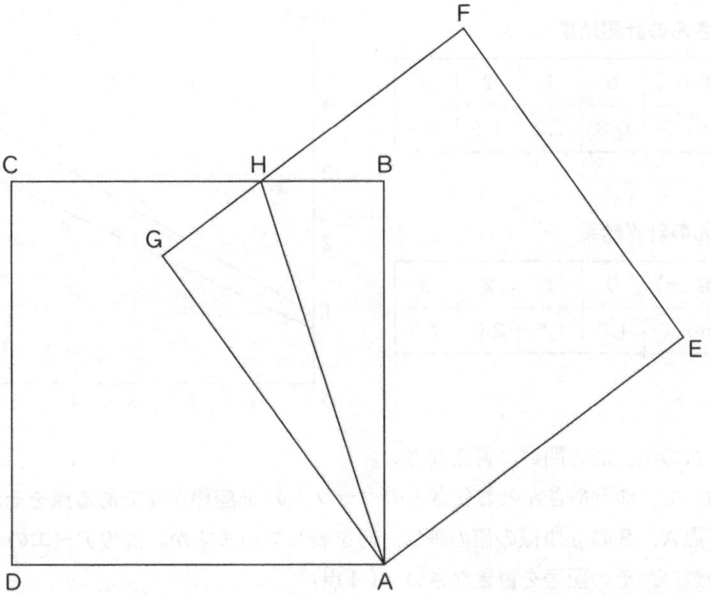

9　街灯を背にしてまっすぐ歩いていくと，街灯の明かりを受けてできる自分の影の長さは変わります。

ゆうやさんとお父さんは，街灯の真下にある花壇《かだん》の端からひいたまっすぐな線に沿って歩き，花壇からの距離と影の長さの関係について調べました。ゆうやさんの身長は150cm，お父さんの身長は175cmで，街灯の高さは5.25mです。

次の図Ⅰは，影ができるようすを真横からみたものです。

図Ⅰ

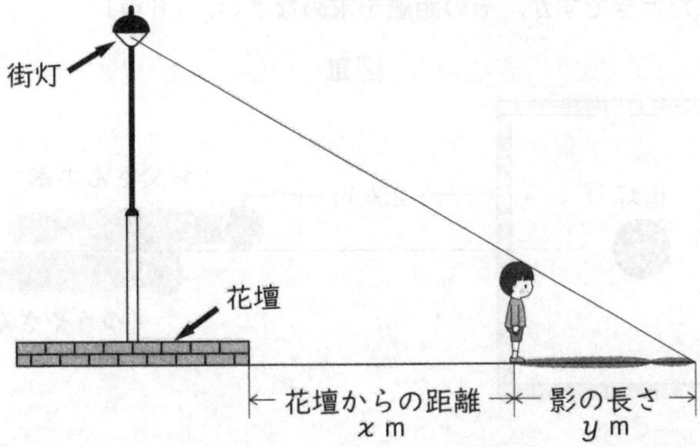

次のページの**表Ⅰ**と**表Ⅱ**は，ゆうやさんとお父さんの花壇からの距離と影の長さをそれぞれ計測し，まとめたものです。この結果から，花壇からの距離に対する影の長さは一定の割合で変化

することがわかりました。また図Ⅱは，花壇からの距離を x m，影の長さを y mとしたとき，ゆうやさん，お父さんそれぞれの x と y の関係をグラフに表したものです。

表Ⅰ　ゆうやさんの計測結果

花壇からの距離（m）	0	1	2	3
影の長さ（m）	0.8	1.2	1.6	2.0

表Ⅱ　お父さんの計測結果

花壇からの距離（m）	0	1	2	3
影の長さ（m）	1.0	1.5	2.0	2.5

図Ⅱ

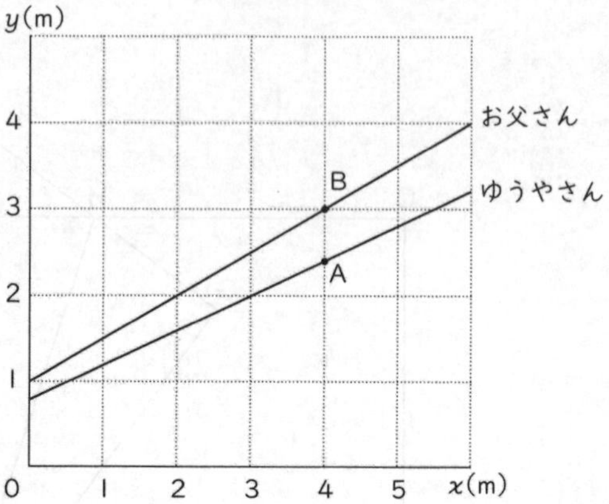

このとき，次の⑴，⑵の問いに答えなさい。

⑴　図Ⅱにおいて，ゆうやさんとお父さんのグラフ上の x 座標が4である点をそれぞれA，Bとします。2点A，Bの y 座標の値の差は，何を表していますか。次の**ア**～**エ**のうちから正しいものを**一つ**選び，その記号を書きなさい。（4点）

ア　影の長さが3mのときの，2人の間の距離。

イ　影の長さが4mのときの，2人の間の距離。

ウ　花壇からの距離が3mのときの，2人の影の長さの差。

エ　花壇からの距離が4mのときの，2人の影の長さの差。

⑵　お父さんは，花壇からの距離が2.4mの地点に立ち止まっています。ゆうやさんは，花壇の端からひいたまっすぐな線に沿って歩いています。次の図Ⅲは，そのようすを真上からみたものです。

このときのお父さんの影の長さと，ゆうやさんの影の長さが等しくなるのは，ゆうやさんが花壇から何m離れたときですか。その**距離**を求めなさい。（6点）

図Ⅲ

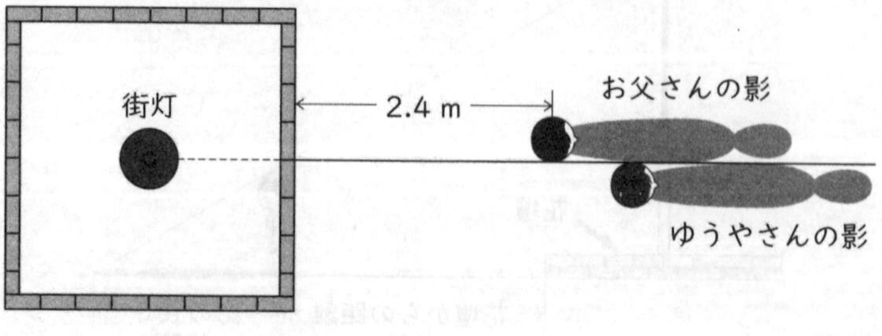

10　ひかりさんは学校の交通安全教室で学んだことを，次のようにレポートにまとめました。

レポート

自転車は急に止まれない！

空走距離：危険を感じてからブレーキがきき始めるまでに走った距離

制動距離：ブレーキがきき始めてから止まるまでに走った距離

停止距離：危険を感じてから止まるまでに走った距離

（空走距離）＋（制動距離）＝（停止距離）

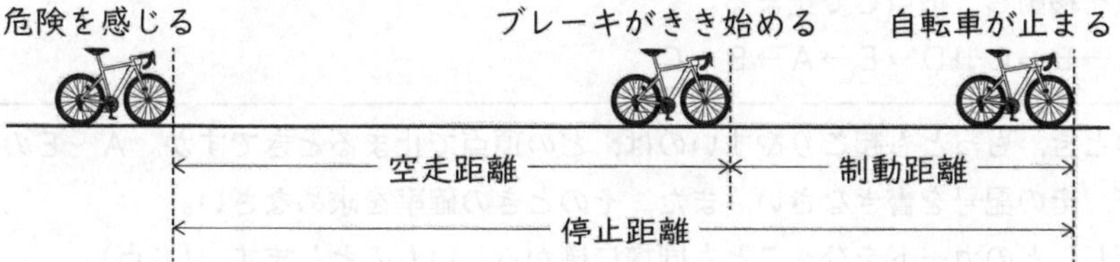

路面が乾いている舗《ほ》装《そう》道路での，ある自転車Aの速さと空走距離，速さと制動距離の関係をそれぞれ表Ⅰと表Ⅱにまとめました。

表Ⅰ

速さ（km/h）	5	10	15
空走距離（m）	0.8	1.6	2.4

表Ⅱ

速さ（km/h）	5	10	15
制動距離（m）	0.1	0.4	0.9

表Ⅰと表Ⅱから，空走距離は速さに比例し，制動距離は速さの２乗に比例することが確かめられます。

このとき，レポートにもとづいて，次の(1)，(2)の問いに答えなさい。

(1)　自転車Aについて，速さx km/hのときの制動距離y mの関係を表す式を$y=ax^2$とするとき，aの値を求めなさい。（４点）

(2)　自転車Aの停止距離が8.4mであるとき，自転車Aは何km/hで走っていましたか。その速さを求めなさい。（６点）

11　あとの(1)，(2)の問いに答えなさい。

(1)　２枚の硬貨を投げるとき，「２枚とも表になる」，「１枚が表で１枚が裏になる」の２つのことがらの起こりやすさは同じであるといえますか，いえませんか。あてはまる方を◯で囲み，その理由を確率を使って説明しなさい。

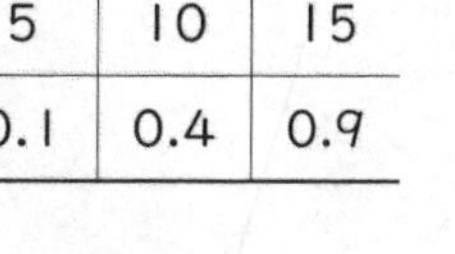

ただし，どちらの硬貨も，表が出ることと裏が出ることは同様に確からしいものとします。

（４点）

⑵　下の図のように，正五角形ABCDEがあり，点Ｐは頂点Ａの位置にあります。点Ｐは，次のルールにしたがって動きます。

ルール

　１，２，３，４の数字が１つずつかかれた４枚のカードをよくきってから同時に２枚ひく。ひいた２枚のカードにかかれた数の和の分だけ，点Ｐは頂点を１つずつ反時計回りに移動する。

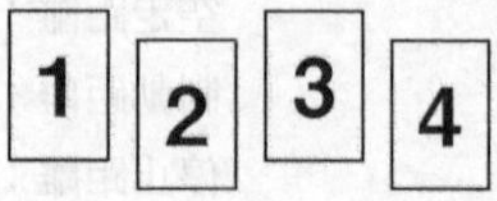

　例えば，３と４の数字がかかれたカードをひいたとき，和は７となり，点Ｐは次の順に頂点を移動し，頂点Ｃで止まる。

　A→B→C→D→E→A→B→C

　このとき，もっとも起こりやすいのは，どの頂点で止まるときですか。Ａ～Ｅのうちから一つ選び，その記号を書きなさい。また，そのときの確率を求めなさい。

　ただし，どのカードをひくことも同様に確からしいものとします。（６点）

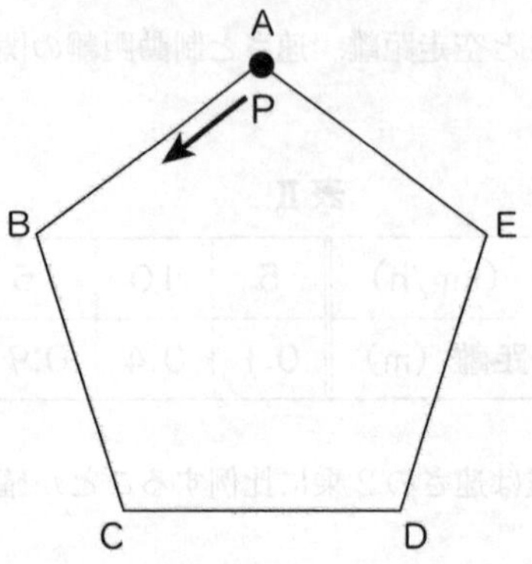

12　次のページの図Ⅰは，底面が直角三角形で，側面がすべて長方形の三角柱です。EF＝６㎝，DF＝$2\sqrt{5}$㎝，BE＝９㎝で，点M，Nはそれぞれ辺EF，DFの中点です。

　図Ⅱは，図Ⅰの立体を４点Ａ，Ｂ，Ｍ，Ｎをふくむ平面で切ったときの頂点Ｄ，Ｅをふくむ方の立体です。

　このとき，次の⑴，⑵の問いに答えなさい。

⑴　線分BMの長さを求めなさい。（４点）

⑵　図Ⅱの立体の体積を求めなさい。（６点）

図Ⅰ

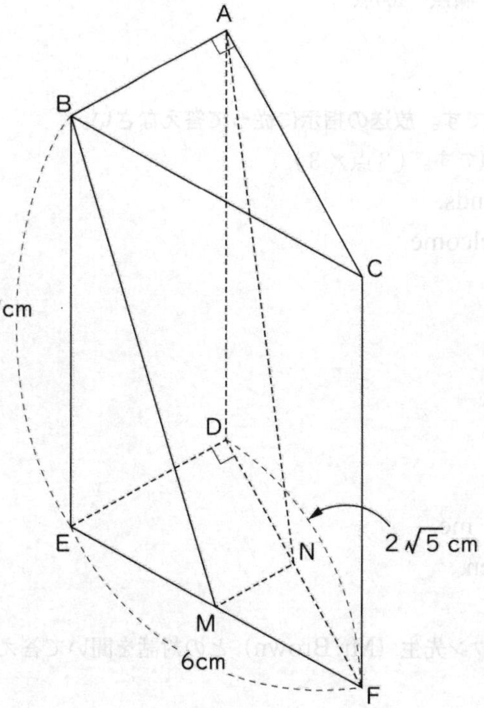

図Ⅱ

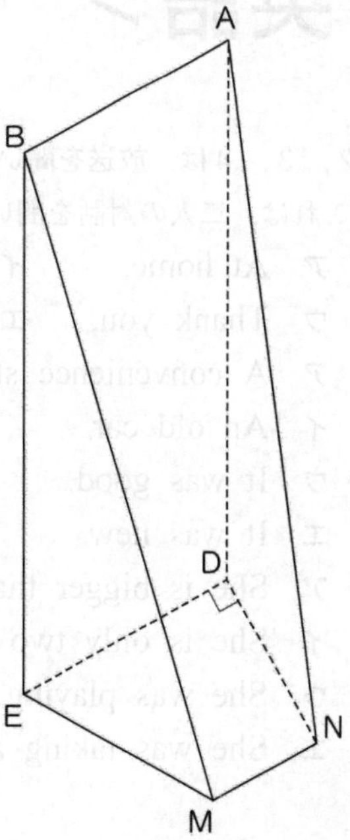

＜英語＞

時間 50分 満点 100点

1，2，3，4は，放送を聞いて答える問題です。放送の指示に従って答えなさい。

1 これは，二人の対話を聞いて答える問題です。（3点×3）

(1) ア At home. イ On weekends.
ウ Thank you. エ You're welcome.

(2) ア A convenience store.
イ An old car.
ウ It was good.
エ It was new.

(3) ア She is bigger than I now.
イ She is only two months old.
ウ She was playing tennis with me.
エ She was taking a picture then.

2 これは，高校生の由奈（Yuna）とブラウン先生（Mr. Brown）との対話を聞いて答える問題です。（3点×3）

(1) ア Last night. イ Last year.
ウ This weekend. エ Two years ago.

(2) ア It was so hard. イ It was so long.
ウ It was too short. エ It was too soft.

(3) ア

イ

ウ

エ

3　これは，英語による説明を聞いて，メモを完成させる問題です。（３点×３）

【メモ】

（1）

Desk	To
A	①
B	②
C	③
D	④

（2）

- We can borrow 5 books for [　①　] weeks.
- Students can borrow [　②　] more books during vacations.

（3）

- Open　Time

Usually open	①
②	9:00 a.m. ~ 3:00 p.m.
③	Closed

（1）

	ア	イ	ウ	エ
①	make a card	make a card	ask questions	ask questions
②	ask questions	borrow books	borrow books	make a card
③	borrow books	ask questions	get magazines	get magazines
④	get magazines	get magazines	make a card	borrow books

（2）

	ア	イ	ウ	エ
①	4	4	2	2
②	7	9	3	5

（3）

	ア	イ	ウ	エ
①	9:00 a.m. ~5:00 p.m.	9:00 a.m. ~5:00 p.m.	9:00 a.m. ~7:00 p.m.	9:00 a.m. ~7:00 p.m.
②	Sunday	Sunday	Tuesday	Tuesday
③	Tuesday	Thursday	Sunday	Thursday

4　これは，絵を見て答える問題です。（３点）

5　次の対話文(1)～(4)の □ に入る最も適当な英語を，下のア～エのうちからそれぞれ一つずつ選び，その記号を書きなさい。（2点×4）

(1) *A*：What time do you usually get up?
B：I usually get up at seven o'clock, but I got up at six this morning.
A：Oh, □ you? I got up at six, too.
ア are　イ were　ウ does　エ did

(2) *A*：Let's clean the classroom.
B：OK. Oh, there is a dictionary on the desk.
A：□ dictionary is it?
B：It's Tony's. His name is on it.
ア Where　イ Which　ウ Whose　エ Why

(3) *A*：Do you like Japanese movies, John?
B：Yes, I love them.
A：Is English □ on the screen?
B：Yes, so I can enjoy watching Japanese movies.
ア shown　イ showing　ウ speaking　エ spoke

(4) *A*：I have been sick since this morning.
B：Oh, really? How do you feel now?
A：Not so good. I will go to bed earlier.
B：If I □ you, I would go to the doctor.
ア am　イ were　ウ wish　エ wished

6　次の英文は，日本に住む高校生の太一（Taichi）とインドネシア（Indonesia）に住む友人のレオ（Leo）とのインターネット上でのやり取りです。これを読んで，あとの(1)～(3)の問いに答えなさい。（4点×3）

<August 18th, 2020>

Hi, Leo. Now I am *searching for a Japanese *product used in foreign countries to make an English speech. I have found something interesting on the Internet. Look at this.

Taichi

Old Japanese trains in the world!

Many people in Indonesia use trains in their daily lives. A *railway company in Indonesia has *imported Japanese trains. It had about 1,500 Japanese trains in 2019. *Thanks to the Japanese trains, more people can go to work. It is also good for Japanese railway companies. Japanese *workers can have a good experience by living and working abroad.

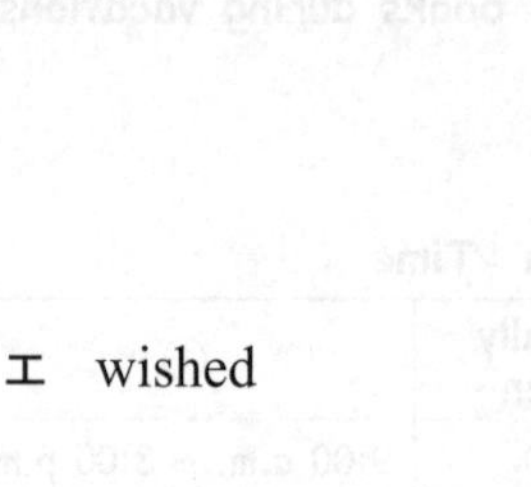

Taichi

Have you ever seen these trains in Indonesia?

Taichi

Leo: Hi, Taichi. Yes. In my country I often see trains with Japanese words. [①]

Taichi: Really? How are the trains?

Leo: The *air conditioners in Japanese trains make me feel good. The idea is very nice.

Taichi: Sounds good! I have decided to make a speech about the trains. I'll show you after I finish writing the speech.

Leo: OK.

<August 25th, 2020>

Taichi: I have not finished writing the speech, but I added new information about the trains. Can you check it?

Taichi:

> I am going to talk about a Japanese product used in the world: Old Japanese trains in Indonesia. I have never imagined how the old trains were used. But I was surprised that there were about 1,500 Japanese trains in the year 2019 in Indonesia. Using these trains is good for both Indonesia and Japan. More people in Indonesia can use them when they go to work. Japanese railway companies can give workers a chance to work outside Japan. However, *according to a newspaper, Indonesia will stop importing trains. It also says that Indonesia will try to use trains made in Indonesia.
>
> …
>
> Thank you for listening.

Leo: I was surprised to see the new information. It is interesting to know that Indonesia will try to use trains made in Indonesia. I hope Indonesia can develop more.

Taichi: Me too. At first I felt sad, but I am happy to know that [②].

search(ing) for ～　～を探す　product　製品　railway company(companies)　鉄道会社
import(ed / ing)　輸入する　thanks to ～　～のおかげで　worker(s)　労働者
air conditioner(s)　冷房　according to ～　～によると

(1) 文中の [①] に入る英語は何ですか。次のア～エのうちから最も適当なものを一つ選び，その記号を書きなさい。

ア Also, I have actually used the trains.

イ Also, I have never made the trains.

ウ I will never introduce the trains to everyone.

エ I will watch the trains someday.

(2) 文中の下線部 I added new information about the trains について，太一が付け加えた情報は何ですか。次のページのア～エのうちから最も適当なものを一つ選び，その記号を書きなさい。

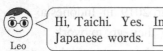

ア There were about 1,500 Japanese trains in the year 2019 in Indonesia.
イ More people in Indonesia can use the trains when they go to work.
ウ Japanese railway companies can give workers a chance to work outside Japan.
エ Indonesia will try to use trains made in Indonesia.

(3) 文中の ② には，どんな英語が入りますか。太一とLeoのやり取りを踏まえて，４語以上の英語で書きなさい。

7 次の英文は，トム（Tom）とおばあちゃん（Grandma）が話をしている場面です。これを読んで，あとの(1)〜(3)の問いに答えなさい。（４点×３）

It was before Christmas. Tom wanted to give Christmas presents to his family, so he was *on his way to a shop. It was the most difficult to decide Grandma's present. She had everything she needed, and never wanted anything. Before Tom got to the shop, he decided to visit Grandma's house and ask her *in person.

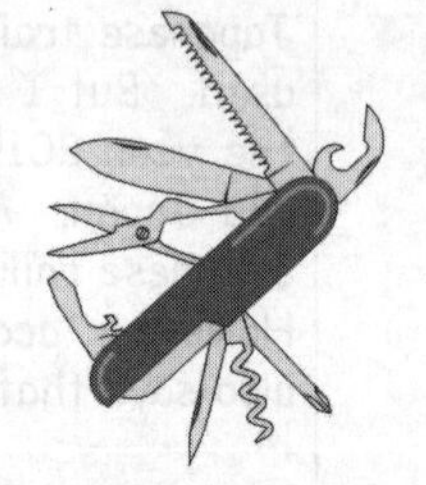
multi-tool knife

Grandma was reading a book in her *living room. First, Tom decided to ask her about a present for his little brother, Nick. Tom said, "I need to talk to you about a Christmas present for Nick. I am going to give him my *multi-tool knife. *Grandpa gave me the knife for my *twelfth birthday. It has many *gadgets, and it is very cool. Nick is twelve years old now, and I think he can use it *safely. What do you think?" Grandma said, "Of course, Tom. But I think he already has one." Tom said, "He has a knife, but it's not like ① . He saw my knife when we went camping this summer, and really loved it." Grandma said, "Will you give yours to him as a Christmas present?" Tom said, "Yes. It is not new, but if I give him mine, he will like it, like your *bookshelf. You love it so much, right?" Grandma said, "That's true. I have been using this old bookshelf for a long time. It was probably made when this house was built about 100 years ago. It is getting very old, and this door cannot open easily." Grandma told Tom how much she still loved the old bookshelf and wanted to keep it for the family in the future. Tom said, "Grandma, do you want me to *fix the door?" Grandma smiled and said, "Yes, Tom. Could you fix it for me as a Christmas present?" Tom asked, "As a Christmas present?" Then Grandma said, "Yes, because it is my *treasure and I really love it. Now it is mine, but it will be yours in the future." Grandma smiled and went to the kitchen to make her favorite chocolate cake.

Tom said goodbye to her. Then ② .

on his way to ～　～に行く途中で　in person　直接　living room　居間
multi-tool knife　万能ナイフ　Grandpa　おじいちゃん　twelfth　12回目の　gadget(s)　機能
safely　安全に　bookshelf　本棚　fix　修理する　treasure　宝物

(1) 文中の ① に入る最も適当な英語１語を，本文中から抜き出して書きなさい。

(2) 次のア～エのうち，本文の内容と合っているものはどれですか。最も適当なものを一つ選び，その記号を書きなさい。

ア Grandma didn't know that Nick had a knife.
イ Grandma gave Tom a multi-tool knife for his birthday.
ウ Grandma hoped to give her bookshelf to her family someday.
エ Grandma made a chocolate cake for Christmas as a present.

(3) 本文を踏まえ，次のア～エのうち，Tom がとった行動として ② に入る最も適当なものはどれですか。一つ選び，その記号を書きなさい。

ア he went to a bookstore to buy a book about cooking for Grandma.
イ he went to a bookstore to buy a book about fixing things.
ウ he went to his house to have a Christmas party with his friends.
エ he went to his house to make a chocolate cake with Grandma.

8 次の英文は，私たちの生活と最新のテクノロジー（technology）の関わりについて述べたものです。これを読んで，あとの(1)～(5)の問いに答えなさい。なお，文中の[1]～[4]は，段落の番号を示しています。（４点×５）

[1] Have you ever thought about new technology in your daily life? Do you have any *items with new technology around you? Our lives have become better and easier because of new technology. However, it may ① cultures or customs. You may lose them in the future.

[2] There are some problems, like our *aging society or many kinds of *disasters in the world. We are trying to find solutions to these problems. One of the solutions is to create ②a new life with new technology. You will be able to do a lot of things you can't do now. Here are some examples. One is *remote *medical care. You can have medical care without going to the hospital. Both *elderly people and young people who can't go to the hospital quickly can have it at home. Another example is that you can get some information about *natural disasters *in advance. By using it, you can be ready for natural disasters and *deal with them *properly. New technology is an important thing to make our lives better. Many people think it is better and easier to live with new technology. However, it sometimes means losing something very important.

[3] Our lives have started to change. Some people can't live in the new way with new technology. So they continue to live in traditional ways. However, other people want to move to a new place with new technology. Many people have moved from their places to new places. So *depopulation has become a

problem in some areas. ③<u>Cultures or customs people have in the areas may be lost.</u> So people who live in some towns are trying to protect them. Some people are trying to make food in their traditional way. Others are making their own items with natural resources in the area. Now some people move to these areas because they want to live in a traditional way.

[4] It is important to [④] a new life with new technology to make our lives better. Also, it is important to [⑤] our traditional things, for example, cultures and customs. We should think about these things for a better future.

item(s) 製品　aging society 高齢化社会　disaster(s) 災害　remote 遠隔の
medical care 医療　elderly 年配の　natural 自然の　in advance 事前に
deal with ～ ～に対応する　properly 適切に　depopulation 人口減少

(1) 文中の [①] に入る最も適当な英語は何ですか。次のア～エのうちから一つ選び，その記号を書きなさい。

ア use　イ show　ウ live　エ change

(2) 文中の下線部②<u>a new life</u>について，本文で述べられていることは何ですか。次のア～エのうちから最も適当なものを一つ選び，その記号を書きなさい。

ア All people have to go to the hospital when they are sick.
イ It is one of the problems in the world to create a new life today.
ウ It is not good for elderly people to live with new technology.
エ People can know about natural disasters before they happen.

(3) 文中の下線部③<u>Cultures or customs people have in the areas may be lost.</u>について，その原因として段落[2]，[3]で述べられていることは何ですか。次のア～エのうちから最も適当なものを一つ選び，その記号を書きなさい。

ア In the new places, people have to think about new ways to live because they don't have cultures.
イ In some areas, people are trying to make their places bigger to create new cultures.
ウ Many people have moved to new places with new technology because it is easier to live there.
エ Many people want to keep living in their places because they can't move to new places.

(4) 次のア～エのうち，文中の [④] と [⑤] に入る英語の組み合わせとして最も適当なものはどれですか。一つ選び，その記号を書きなさい。

	④	⑤
ア	create	keep
イ	keep	create
ウ	keep	lose
エ	lose	keep

(5)　次の対話は，本文を読んだ生徒と先生による授業中のやり取りです。対話中の ［　　］ に入る最も適当な**連続する英語４語**は何ですか。本文中から抜き出して書きなさい。

T : *Teacher*　　*S* : *Student*

T : In the future, which do you want, a new life with new technology or a traditional life?

S : It's difficult for me to answer the question.

T : Why?

S : Because now I know that we have to think about the problem of ［　　　　　　　］ if we live with new things.

9　次の(1)～(3)の〔　〕内の英語を正しく**並べかえて**，それぞれの対話文を完成させなさい。ただし，文頭に来る語も小文字で示してあります。（３点×３）

(1)　*A* : It's cold in Iwate today.

B : Is it snowy there?

A : Yes, a little. 〔 the weather / is / how 〕 in Tokyo today?

B : It's cloudy but warm.

(2)　*A* : Are you free now?

B : Yes.

A : Will you help 〔 carry / to / me / this desk 〕 our classroom?

B : OK, but I think it is too heavy.

(3)　*A* : I like your shoes.

B : Thanks. I bought them last Sunday.

A : Oh, I see.

B : When I run, wearing 〔 always / designed / for / makes / shoes / running 〕 me happy.

10　次の場面と状況を踏まえ，下の(1)，(2)の問いに答えなさい。

［場面］　あなたは英語の授業で，友人のマーク（Mark）にメッセージを伝える方法について，次のページのワークシートに自分の考えとその理由を書いています。

［状況］　アメリカに帰国した友人のマーク（Mark）が，ある試合に勝利しました。

(1)　この［状況］で，あなたはどちらの方法を選びますか。ワークシートの英語の質問の答えとして，［①］ に入る適当な英語を，**６語以上**で書きなさい。ただし，e-mail は１語として数えます。（３点）

(2)　(1)で選んだ理由となるように，［②］ に入る適当な英語を，**20語以上**で書きなさい。ただし，文の数はいくつでもかまいません。（６点）

【ワークシート】

英語の質問：Which do you like better,
sending an e-mail or talking on the phone?

①

I have two reasons.

②

＜理科＞

時間　50分　満点　100点

1　あとの(1)～(8)の問いに答えなさい。（２点×８）

(1)　次の**ア**～**エ**のうち，タマネギの根の先端の細胞を観察するとき，核を見やすくするために用いる染色液はどれですか。**一つ**選び，その記号を書きなさい。

ア　ヨウ素液　　　　　　**イ**　ベネジクト液

ウ　酢酸オルセイン溶液　　**エ**　フェノールフタレイン溶液

(2)　右の図は，自然界における炭素の循環を模式的に表そうとするものです。炭素の移動は全部で10本の矢印で示すことができ，すでに９本が実線の矢印（⟶）でかかれています。図中の破線の矢印（┈▸）**ア**～**エ**のうち，あと１本の矢印として最も適当なものはどれですか。**一つ**選び，その記号を書きなさい。

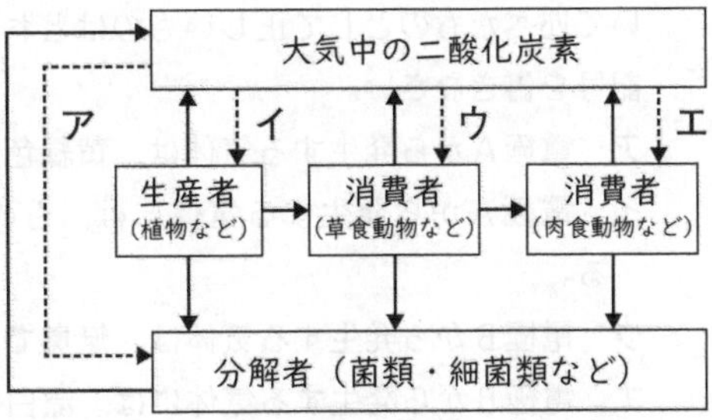

(3)　水に浮かぶ物体にはたらく水圧の大きさを，矢印の長さで模式的に表すとどのようになりますか。次の**ア**～**エ**のうちから最も適当なものを**一つ**選び，その記号を書きなさい。ただし，矢印が長いほど水圧が大きいことを表すものとします。

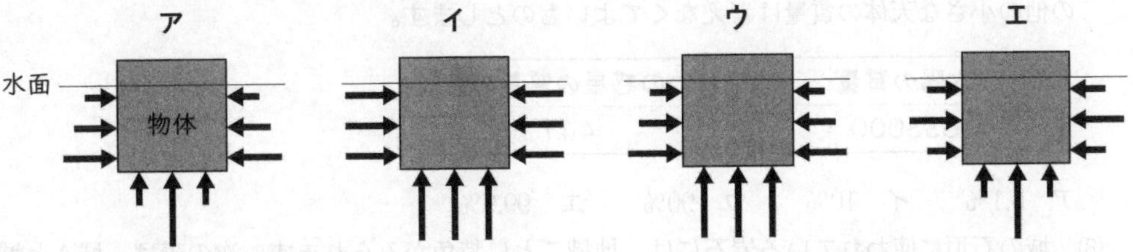

(4)　10Ωの抵抗器を２個と電流計，電源装置を用いて回路をつくり，電源装置の電圧を10Ｖにしたところ電流計は２Ａを示しました。次の**ア**～**エ**のうち，このときの回路図として正しいものはどれですか。**一つ**選び，その記号を書きなさい。

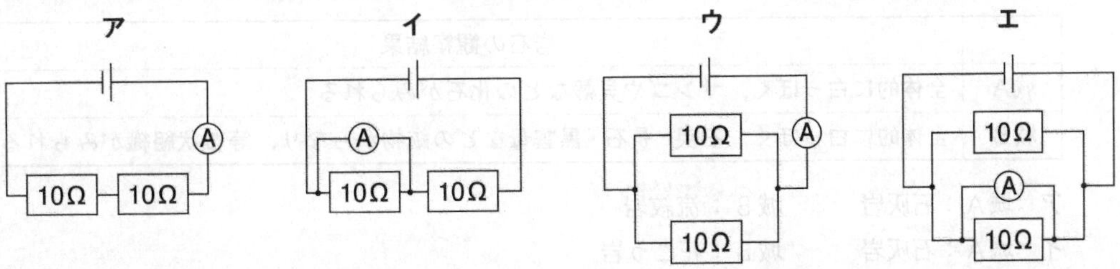

(5)　次のページの図で，あとの**ア**～**エ**のうち，ガスバーナーの火を消すときに行う操作の手順として最も適当なものはどれですか。**一つ**選び，その記号を書きなさい。

ア　空気調節ねじをしめたあと，ガス調節ねじをしめる。

イ　空気調節ねじをゆるめたあと，ガス調節ねじをゆるめる。

ウ　ガス調節ねじをしめたあと，空気調節ねじをしめる。

エ　ガス調節ねじをゆるめたあと，空気調節ねじをゆるめる。

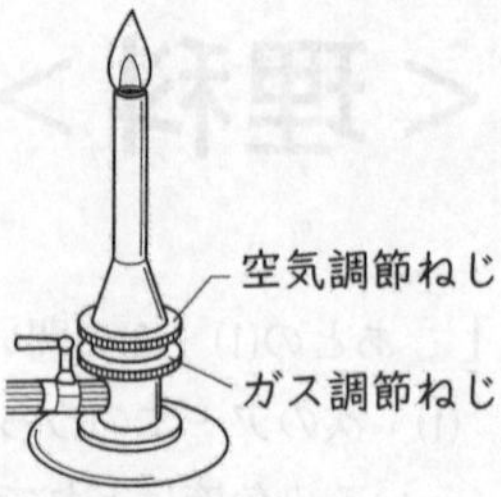

(6)　右の図のような装置を用いて，うすい塩酸を電気分解します。次のア～エのうち，電極Ａと電極Ｂから発生する気体の性質について述べたものとして正しいものはどれですか。**一つ**選び，その記号を書きなさい。

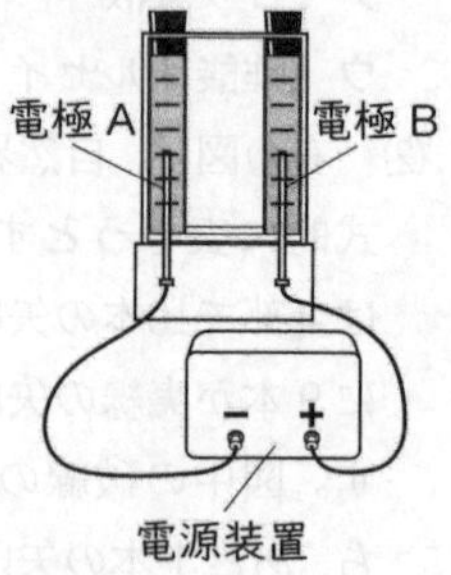

ア　電極Ａから発生する気体は，黄緑色である。

イ　電極Ａから発生する気体には，ものを燃やすはたらきがある。

ウ　電極Ｂから発生する気体は，無臭である。

エ　電極Ｂから発生する気体には，漂白作用がある。

(7)　太陽系は，太陽とそのまわりを公転する８つの惑星，およびその他の小さな天体から構成されています。次の表は，地球の質量を１としたときの，太陽の質量と８つの惑星の質量の合計をそれぞれ示したものです。このとき太陽系全体の質量に対する太陽の質量の割合は約何％ですか。下のア～エのうちから最も適当なものを**一つ**選び，その記号を書きなさい。ただし，その他の小さな天体の質量は考えなくてよいものとします。

太陽の質量	８つの惑星の質量の合計
333000	447

ア　0.1%　　イ　10%　　ウ　90%　　エ　99.9%

(8)　城の石垣に使われている岩石には，地域ごとに特色がみられます。次の表は，城Ａと城Ｂの石垣に使われている岩石の観察結果をまとめたものです。下のア～エのうち，それぞれの城で使われている岩石の組み合わせとして正しいものはどれですか。**一つ**選び，その記号を書きなさい。

	岩石の観察結果
城Ａ	全体的に白っぽく，サンゴや貝殻などの化石がみられる。
城Ｂ	全体的に白っぽく，石英・長石・黒雲母などの鉱物からなり，等粒状組織がみられる。

ア　城Ａ：石灰岩　　城Ｂ：流紋岩《りゅうもんがん》

イ　城Ａ：石灰岩　　城Ｂ：花こう岩

ウ　城Ａ：チャート　城Ｂ：流紋岩

エ　城Ａ：チャート　城Ｂ：花こう岩

2　次の文は，生徒と先生の会話です。これについて，あとの(1)～(4)の問い に答えなさい。ただし，実験で用いた糸や滑車の重さ，摩擦は考えないものとします。

生徒：私の家から学校まで1800mあります。いつも自転車で通っています。

先生：もしも，18km/hの速さで走り続けたら，あなたの家から学校まで何分で着くことができますか。

生徒：［ X ］分で着くことができます。

先生：その通りです。ところで，あなたの自転車には変速機がついていますか。

生徒：ついています。変速機のおかげで上り坂も小さな力で上ることができます。先生，変速機のしくみについて教えてください。

先生：それでは，変速機のしくみについて，次の滑車の実験で考えてみましょう。

実験

[1]　図Ⅰのように，定滑車を使って物体をゆっくりと0.10m引き上げるのに必要な力の大きさと糸を引いた距離をはかった。

[2]　次に，[1]と同じ物体を図Ⅱのように動滑車につなぎ，糸を定滑車にかけてばねばかりを引き，物体を0.10m引き上げた。

[3]　[1]，[2]の結果を表にまとめた。

図Ⅰ

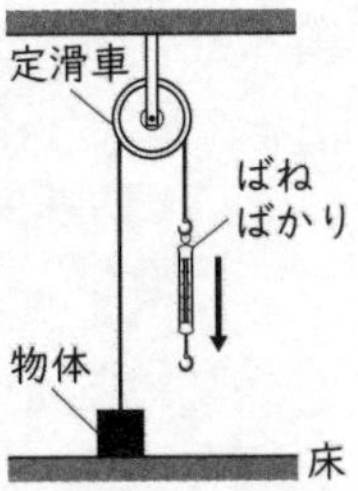

図Ⅱ

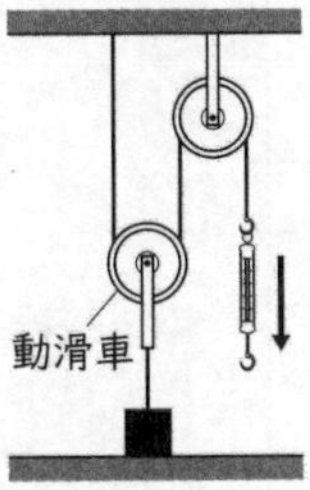

表

	力の大きさ〔N〕	糸を引いた距離〔m〕
図Ⅰの装置	20.0	0.10
図Ⅱの装置	10.0	0.20

生徒：図Ⅱのように動滑車を使うと，図Ⅰのときと比べて小さな力で物体を持ち上げることができるんですね。

先生：そうです。でもその分，物体を同じ高さだけ持ち上げるためには，糸を引く距離は長くなりましたね。それでは自転車の変速機はどうでしょうか。変速機を観察してみましょう。

観察

[4]　次のページの図Ⅲ，図Ⅳは，自転車の変速機を模式的に表したものである。自転車にはペダルの歯車と後輪の歯車があり，チェーンでつながっている。変速機は後輪の歯車の大きさをかえることができる。

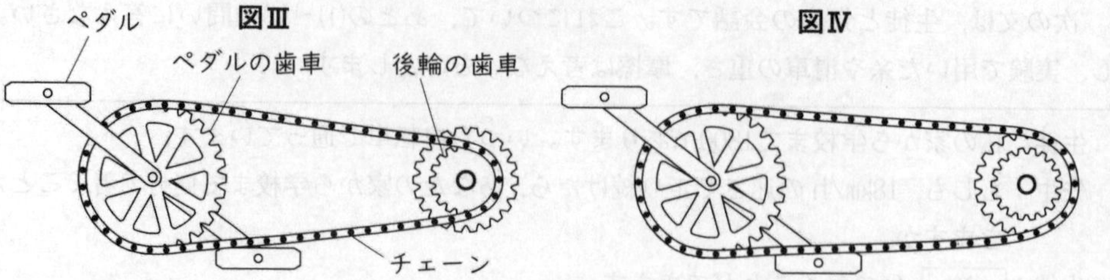

生徒：図Ⅳは，図Ⅲに対して後輪の歯車が大きいですね。
先生：上り坂のときは，図Ⅳのように後輪の歯車を大きなものにかえることで小さな力で坂を上ることができます。

⑴ 文中の [X] にあてはまる値はいくらですか。**数字**で書きなさい。（３点）

⑵ [1]で，図Ⅰの装置を用いて，物体を0.10m引き上げるのに５秒かかりました。このときの仕事率は何Wですか。**数字**で書きなさい。（４点）

⑶ [2]で，下の図中の矢印は，図Ⅱの動滑車が物体から受ける力を表しています。このとき，糸が動滑車を引く力はどのようになりますか。図の作用点A，Bから**矢印**でかき入れなさい。ただし，図の矢印の長さは，物体が動滑車を引く力の大きさを表しています。（４点）

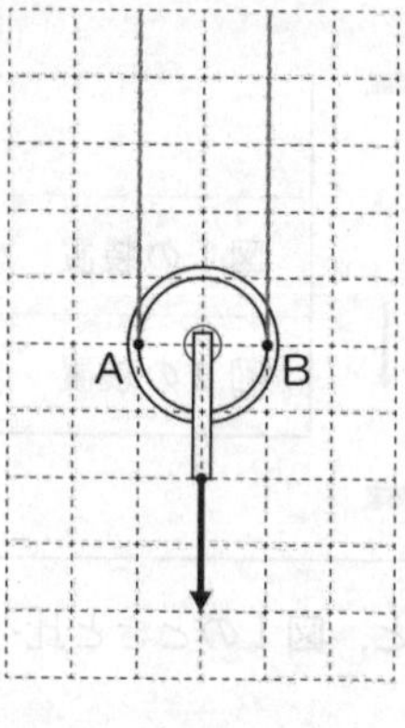

⑷ 次の文は，生徒と先生の会話の続きです。文中の（①）と（②）にあてはまることばはそれぞれ何ですか。（①）は下の**ア**～**ウ**のうちから，（②）は下の**エ**～**カ**のうちから**一つずつ**選び，その記号を書きなさい。（４点）

生徒：実験と観察から変速機のしくみがよくわかりました。図Ⅲに比べて図Ⅳのときは，後輪の歯車を１回転させるとき，ペダルの回転数は（ ① ），仕事の量は（ ② ）はずですね。
先生：その通りです。よくわかりましたね。

① **ア** 多くなり　**イ** 少なくなり　**ウ** かわらず
② **エ** 大きくなる　**オ** 小さくなる　**カ** かわらない

3　化学変化と物質の質量について調べるため，次のような実験を行いました。これについて，あとの(1)～(5)の問いに答えなさい。

課題

酸化銅を炭素で還元するとき，酸化銅5.0gと過不足なく反応する炭素の質量は何gになるか求めてみよう。

実験1

[1]　図のような装置を用いて，試験管Aに酸化銅の粉末（黒色）と炭素の粉末（黒色）をよく混ぜて入れ十分に加熱した。

[2]　加熱すると気体が発生し，試験管Bの石灰水が白くにごった。

[3]　気体が発生しなくなった後，ガラス管の先を石灰水から引きぬいてから，加熱をやめた。その後，試験管Aを冷ましてから中の固体をとり出した。

図

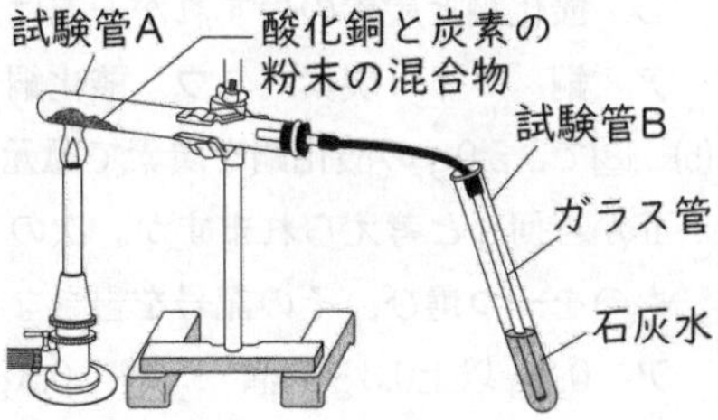

[4]　[3]の固体を観察したところ，黒い固体と赤褐色の固体があり，赤褐色の固体を薬さじでこすると光沢が見られた。

実験2

[5]　酸化銅の粉末5.0gと炭素の粉末5.0gをはかりとり[1]，[3]の操作を行った。その後，炭素の質量を4.0g，3.0g，2.0g，1.0gと1.0gずつ減らしながら同様の操作を行い，反応後の試験管A内の固体の質量をはかった。

[6]　[5]の結果を**表Ⅰ**にまとめた。

表Ⅰ

炭素の質量〔g〕	5.0	4.0	3.0	2.0	1.0
固体の質量〔g〕	8.6	7.6	6.6	5.6	4.6

[7]　[5]の各操作後に試験管A内の固体を観察したところ，[5]の反応後の固体すべてで赤褐色の固体と黒い固体が見られた。

実験3

[8]　実験2のあと，さらに炭素の質量を0.1gずつ減らしながら[1]，[3]の操作を行い，反応後の試験管A内の固体の質量をはかり，その結果を**表Ⅱ**にまとめた。

表Ⅱ

炭素の質量〔g〕	0.9	0.8	0.7	0.6	0.5	0.4	0.3	0.2	0.1
固体の質量〔g〕	4.5	4.4	4.3	4.2	4.1	4.0	4.2	4.5	4.8

(1)　[1]，[2]で，次の**ア**～**エ**のうち，酸化銅の粉末と混ぜて加熱したときに[2]で発生した気体と同じ気体が発生する物質はどれですか。**一つ**選び，その記号を書きなさい。（3点）

ア　硫黄　　**イ**　食塩　　**ウ**　スチールウール　　**エ**　ポリエチレン

(2)　[1]で，試験管A内で起こった化学変化を化学反応式で表しなさい。ただし，化学式は次のすべてを用いることとします。（4点）

炭素（C）　銅（Cu）　酸化銅（CuO）　二酸化炭素（CO_2）

(3)　[3]で，加熱をやめる前にガラス管の先を石灰水から引きぬいたのはなぜですか。その理由を簡単に書きなさい。（3点）

(4)　[6]，[8]で，次の**ア**～**ウ**のうち，炭素の質量が1.0gと0.1gのとき，それぞれ反応後の試験管A内の固体にふくまれる物質はどれですか。それぞれ**すべて**選び，その記号を書きなさい。ただし，酸化銅と炭素のいずれか一方は，完全に反応したものとします。（2点×2）

ア　銅　**イ**　炭素　**ウ**　酸化銅

(5)　[8]で，5.0gの酸化銅を炭素で還元するとき，酸化銅と過不足なく反応する炭素の質量は，表Ⅱから何gと考えられますか。次の**ア**～**エ**のうちから，その値をふくむ範囲として最も適当なものを**一つ**選び，その記号を書きなさい。（4点）

ア　0.2g以上0.3g未満　**イ**　0.3g以上0.4g未満

ウ　0.4g以上0.5g未満　**エ**　0.5g以上0.6g未満

4　次の文は，妹の美月さんと兄の大地さんが話しているようすです。これについて，あとの(1)～(7)の問いに答えなさい。

[1]　美月：髪を切ってきたよ。美容師さんが手持ち鏡を使って見せてくれたから，後ろもちゃんと確認できたよ。（図Ⅰ）

[2]　大地：2つの鏡をうまく使ったんだね。

[3]　大地：鏡も興味深いけど，レンズも奥が深いんだよ。顕微鏡に使われているのは知ってる？

[4]　美月：うん。理科の授業で，顕微鏡を使ってツバキの細胞を観察したよ。

[5]　美月：でも世の中には顕微鏡でも見えないものもあるじゃない？

[6]　大地：確かに，水溶液に溶けている物質は顕微鏡でも見えないけど，例えば食塩水とうすい塩酸，うすい硫酸は，指示薬やほかの水溶液を使えば見分けることができて，溶けている物質を調べることができるね。（図Ⅱ）

[7]　大地：あとは，遺伝子も見えないね。だけど，親の遺伝子の組み合わせは子の形質を観察すれば，わかることもあるよ。

[8]　美月：なるほど。すごいね。

[9]　大地：レンズといえば，天体望遠鏡にも使われて

図Ⅰ

図Ⅱ

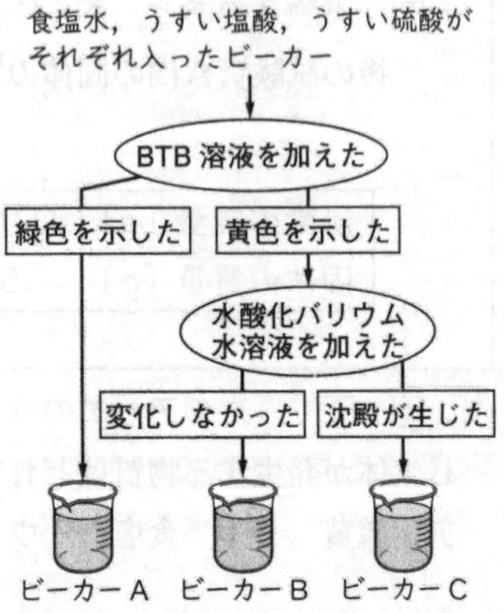

いるね。天体望遠鏡を使って金星を見ると，三日月のような形に見えることもあるし，見かけの大きさも変わるんだよ。(図Ⅲ)

10　美月：金星は満ち欠けするだけじゃなく，大きさも変わって見えるんだね。

11　大地：人々は古くから夜空を見上げてきたけど，星々を結んで，人物や生き物に見立てて星座をつくったり，星や星座が移り変わっていくようすから，時刻や季節を知ったりしてきたんだね。今の季節は南の空にオリオン座が見えるよ。(図Ⅳ)

12　美月：確かに，季節によって見える星座は違うよね。

13　大地：地球の外側は，空を見上げればわかるけど，地球の内側のようすはどうすればわかるかな。

14　美月：授業のとき先生が，柱状図を比較することで，その地域の地層の広がりを推測できるって言ってた。

15　大地：火山灰や凝灰岩《ぎょうかいがん》の層はとても便利なんだよ。火山灰は広い範囲に短期間で堆積することが多いから，同じ時期に堆積した層を比較するときの目印になるんだ。

16　美月：理科で学んでいることって，いろいろな場面で，見えないものを見えるようにしたり，わからないことを明らかにしたりするのに，役立てられているんだね！

図Ⅲ

図Ⅳ

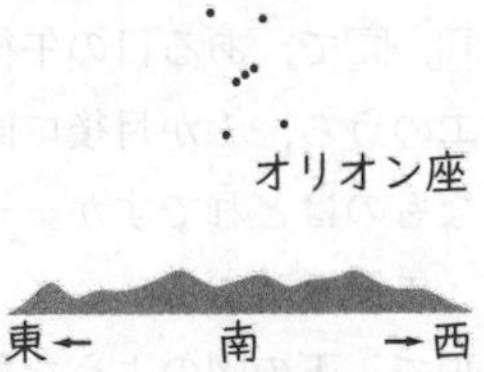

(1)　1，2で，右の図は，美月さんが後頭部を確認するようすを真上から見たものです。後頭部の点Xを出た光が，図の矢印（⟶）のように進み，鏡1（手持ち鏡）と鏡2（正面の鏡）で反射して右目に届くとき，鏡2ではどこで反射しますか。図中の**ア**～**エ**のうちから**一つ**選び，その記号を書きなさい。(3点)

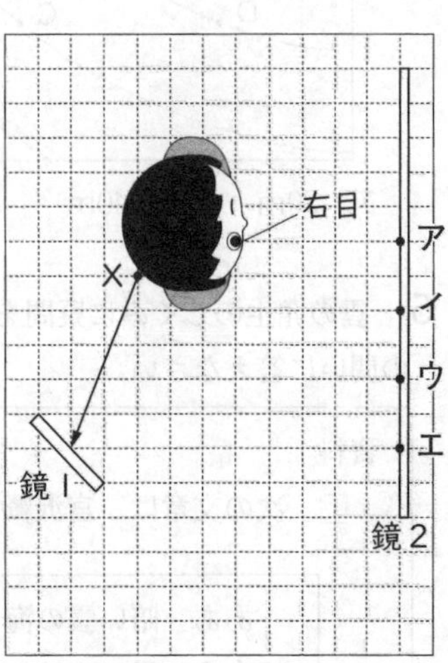

(2)　3，4で，顕微鏡の観察では，はじめに低倍率で観察します。それはなぜですか。その**理由**を簡単に書きなさい。(4点)

(3)　6で，食塩水，うすい塩酸，うすい硫酸がそれぞれ入ったビーカーを，図Ⅱの手順で見分けました。このとき，ビーカーA，ビーカーB，ビーカーCは，次の**ア**～**ウ**のうちそれぞれどれですか。**一つずつ**選び，その記号を書きなさい。(3点)

ア　食塩水　　**イ**　うすい塩酸　　**ウ**　うすい硫酸

⑷ ⑦で，エンドウの種子の丸形どうしをかけ合わせたとき，丸形の他に，しわ形の種子ができることがあります。このことから，顕性形質は丸形，しわ形のどちらであることがわかりますか。**ことば**で書きなさい。また，しわ形どうしをかけ合わせたときにできる種子の形質はどうなりますか。次の**ア**～**エ**のうちから，最も適当なものを**一つ**選び，その記号を書きなさい。ただし，種子の丸形としわ形は対立形質です。（４点）

ア　すべてしわ形である。

イ　すべて丸形である。

ウ　しわ形と丸形の数の比が約３：１である。

エ　しわ形と丸形の数の比が約１：３である。

⑸ ⑨，⑩で，金星のような内惑星は，**図Ⅲ**のように満ち欠けをしながら，見かけの大きさも変化します。見かけの大きさが変化するのはなぜですか。その**理由**を簡単に書きなさい。（３点）

⑹ ⑪，⑫で，ある日の午後８時ごろ，**図Ⅳ**のように南の空にオリオン座が見えました。次の**ア**～**エ**のうち，１か月後に同じ場所で，オリオン座が**図Ⅳ**と同じ位置に見える時刻として最も適当なものはどれですか。**一つ**選び，その記号を書きなさい。（３点）

ア　午後６時ごろ　　**イ**　午後７時ごろ　　**ウ**　午後９時ごろ　　**エ**　午後10時ごろ

⑺ ⑮で，下の図のような標高の異なるＡ～Ｄの４地点で，ボーリングによる調査を行い，その結果を柱状図にまとめました。このとき，Ｄ地点では，凝灰岩は地表から何mの深さに表れますか。下の**ア**～**エ**のうちから最も適当なものを**一つ**選び，その記号を書きなさい。ただし，この地域では断層やしゅう曲は見られませんでした。（３点）

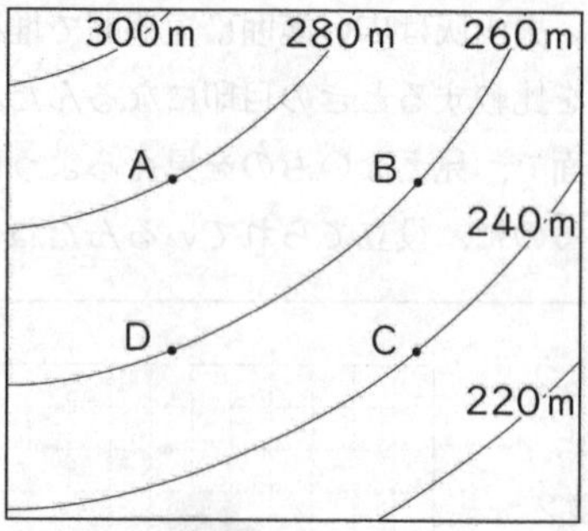

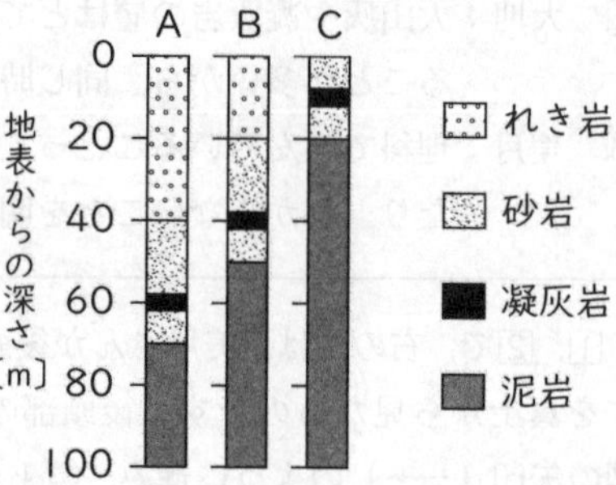

ア　30m　　**イ**　40m　　**ウ**　50m　　**エ**　60m

5

雲の発生のしくみに疑問をもち，資料収集と実験を行いました。これについて，あとの⑴～⑷の問いに答えなさい。

資料１

①　次の文章は，宮沢賢治の詩「東岩手火山」の一部である。

ああ　暗い雲の海だ
⸨向うの黒いのはたしかに早池峰です
線になって浮きあがってるのは北上山地です
　うしろ？

　あれですか
あれは雲です　柔らかそうですね
雲が駒ケ岳に被さったのです
水蒸気を含んだ風が
駒ケ岳にぶっつかって
上にあがり
あんなに雲になったのです
鳥海山は見えないようです
けれども
夜が明けたら見えるかもしれませんよ》

[2]　[1]に登場する山々を調べたところ，駒ケ岳（秋田駒ケ岳）と鳥海山は火山であることがわかった。

[3]　早池峰山に登ったところ，ふもとでは図Ⅰの状態だったスナック菓子の袋が，山頂では図Ⅱのように大きくふくらんだ。

図Ⅰ

図Ⅱ

[4]　[3]は気圧の変化が原因であると考え，気圧について調べ，次のようにまとめた。

・気圧は空気にはたらく重力によって生じる圧力である。
・1気圧はおよそ1013hPaである。
（1hPa＝100Pa）
・1気圧は，質量1kgの物体によって1cm^{2}にはたらく圧力に等しい。

実験

[5]　図Ⅲは容器内の気圧を高める道具をペットボトルにとりつけたようすである。容器に線香の煙を入れて栓をし，ポンプを十数回押して容器の中に徐々に空気を入れた。

図Ⅲ

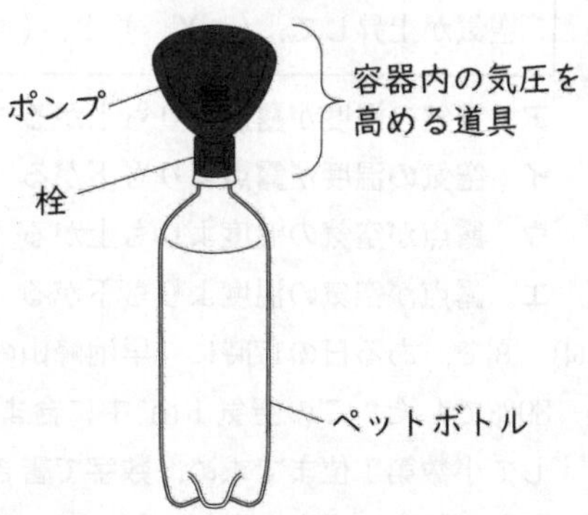

[6]　栓を開け急に空気を抜いたところ，容器内に変化は見られなかった。

[7]　容器に少量の水を入れ，[5]，[6]の操作をしたところ，容器内が白くくもった。

資料２

[8] 次の表は，空気の温度と飽和水蒸気量の関係を表したものである。

表

温度〔℃〕	飽和水蒸気量〔g/m³〕	温度〔℃〕	飽和水蒸気量〔g/m³〕
10	9.4	17	14.5
11	10.0	18	15.4
12	10.7	19	16.3
13	11.4	20	17.3
14	12.1	21	18.4
15	12.8	22	19.4
16	13.6	23	20.6

(1) [2]で，駒ケ岳と鳥海山の火山の形を分類する根拠になるものは何ですか。次の**ア**～**エ**のうちから，最も適当なものを**一つ**選び，その記号を書きなさい。（３点）

ア 火山が噴火した年代

イ 火山が噴火した回数

ウ 火山が位置している緯度

エ 火山から噴出した火山灰

(2) [4]で，次の**ア**～**エ**の物体が床に置かれているとき，その物体によって床にはたらく圧力の大きさが約１hPaになるものはどれですか。**一つ**選び，その記号を書きなさい。ただし，質量100gの物体にはたらく重力の大きさを１Ｎとします。（３点）

ア 底面積が32㎠で質量が320ｇの筆箱

イ 底面積が14㎠で質量が14ｇの消しゴム

ウ 底面積が470㎠で質量が47ｇのノート

エ 底面積が620㎠で質量が6.2ｇのプリント

(3) 次の文は，雲ができるようすについて述べたものです。空気が上昇したときに雲ができるのはなぜですか。（Ｘ）にあてはまるものを，下の**ア**～**エ**のうちから**一つ**選び，その記号を書きなさい。また，（Ｙ）に入る文を，**水蒸気**ということばを用いて簡単に書きなさい。（４点）

空気が上昇して，（ Ｘ ）と，（ Ｙ ）ことで雲ができる。

ア 空気の温度が露点よりも上がる

イ 空気の温度が露点よりも下がる

ウ 露点が空気の温度よりも上がる

エ 露点が空気の温度よりも下がる

(4) [8]で，ある日の17時に，早池峰山のふもとで気温と湿度を測定したところ，気温20℃，湿度89％でした。この空気１m³中に含まれる水蒸気の質量は何ｇですか。小数第２位を四捨五入して小数第１位まで求め，**数字**で書きなさい。また，この空気の露点は何℃ですか。表から読みとり**数字**で書きなさい。（４点）

6　家のまわりで見つけた動物を，次のように分類しました。これについて，下の(1)～(4)の問いに答えなさい。

[1]　家のまわりで次の動物を見つけた。

トカゲ　　イモリ　　フナ　　ネズミ　　スズメ

[2]　**表Ⅰ**は，[1]の動物を「体表のようす」で分類し，まとめたものである。

表Ⅰ

特徴	うろこ	しめった皮膚	体毛	羽毛
動物	フナ　トカゲ	イモリ	ネズミ	スズメ

[3]　**表Ⅱ**は，[1]の動物を「呼吸の方法」で分類し，まとめたものである。

表Ⅱ

特徴	えら呼吸	幼生はえら呼吸，成体は肺・皮膚呼吸	肺呼吸
動物	フナ	イモリ	トカゲ　ネズミ　スズメ

(1)　[1]で，見つけた動物はすべてセキツイ動物です。次の**ア**～**エ**のうち，地球上に最初に現れたと考えられているセキツイ動物はどれですか。**一つ**選び，その記号を書きなさい。（３点）

ア　ハチュウ類　　**イ**　両生類　　**ウ**　魚類　　**エ**　ホニュウ類

(2)　バッタの体表は，セキツイ動物と異なり，からだがかたい殻でおおわれています。このからだを支えたり保護するための殻を何といいますか。**ことば**で書きなさい。（４点）

バッタ

(3)　[3]で，次の**ア**～**エ**のうち，動物が呼吸でとり込んだ気体によって細胞内で起きていることとして，最も適当なものはどれですか。**一つ**選び，その記号を書きなさい。（３点）

ア　二酸化炭素とデンプンから，光のエネルギーを使い，酸素と水がつくられる。

イ　二酸化炭素と水から，光のエネルギーを使い，酸素とデンプンがつくられる。

ウ　酸素を使って養分からエネルギーがとり出され，二酸化炭素と水ができる。

エ　酸素を使って養分からエネルギーがとり出され，二酸化炭素とデンプンができる。

(4)　[1]で見つけた動物を，「子のうみ方」または「体温の調節方法」で分類し，表を完成させるとどうなりますか。分類のしかたをどちらか**一つ**選んで⬭で囲み，（**A**）と（**B**）にはあてはまる特徴を，（**X**）と（**Y**）にはあてはまる**すべて**の動物を，それぞれ**ことば**で書きなさい。（４点）

分類のしかた	子のうみ方　・　体温の調節方法	
特徴	（　A　）	（　B　）
動物	（　X　）	（　Y　）

＜社会＞

時間　50分　　満点　100点

1　次の略地図は，ロンドンを中心にして，ロンドンから世界各地への距離と方位が正しく描かれたものです。これを見て，下の(1)，(2)の問いに答えなさい。（３点×２）

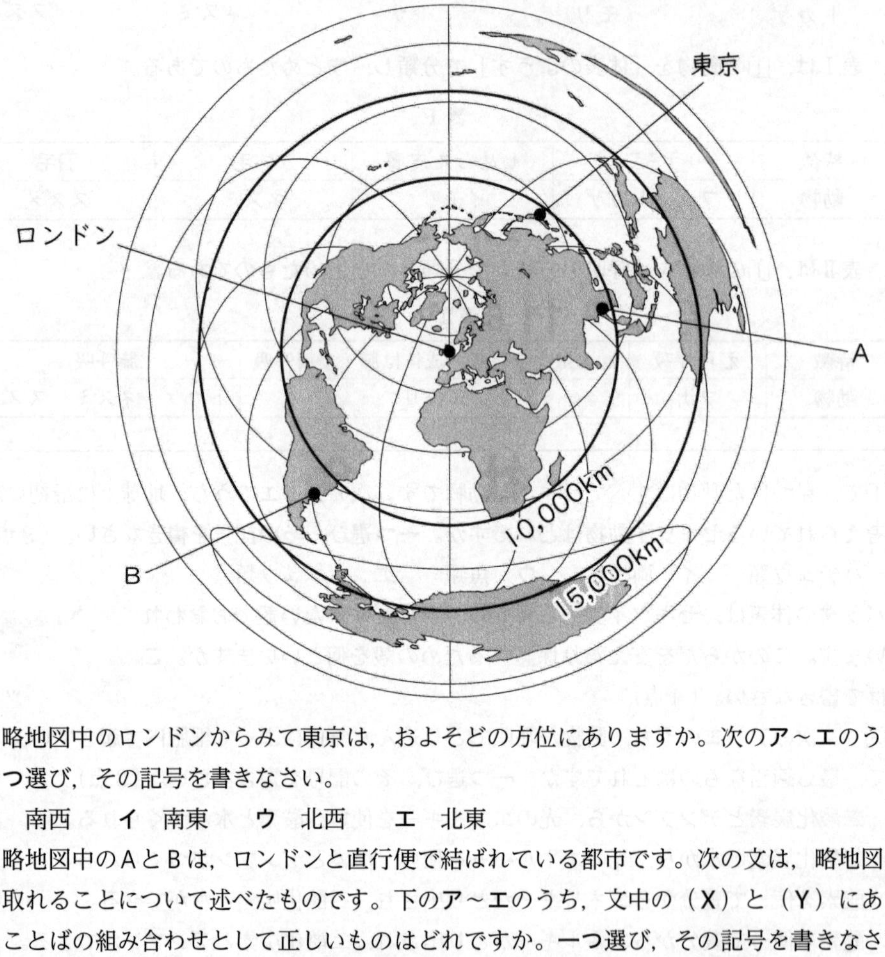

(1)　略地図中のロンドンからみて東京は，およそどの方位にありますか。次の**ア**～**エ**のうちから**一つ**選び，その記号を書きなさい。

ア　南西　**イ**　南東　**ウ**　北西　**エ**　北東

(2)　略地図中のAとBは，ロンドンと直行便で結ばれている都市です。次の文は，略地図から読み取れることについて述べたものです。下の**ア**～**エ**のうち，文中の（Ｘ）と（Ｙ）にあてはまることばの組み合わせとして正しいものはどれですか。**一つ**選び，その記号を書きなさい。

AとBのうち，ロンドンからの距離が遠いのは（　Ｘ　）で，この都市は（　Ｙ　）に位置しています。

ア　Ｘ：A　Ｙ：北半球　　**イ**　Ｘ：B　Ｙ：北半球

ウ　Ｘ：A　Ｙ：南半球　　**エ**　Ｘ：B　Ｙ：南半球

2　次の文を読んで，あとの(1)～(5)の問いに答えなさい。

わが国は，古くから東アジアの国々との交流があり，土木工事や絹織物の技術，①仏教などがわが国に伝わった。また，②白村江《はくすきのえ》の戦いや，元寇，③豊臣秀吉《とよとみひでよし》の朝鮮侵略など，東アジアの国々との戦いもあった。④江戸時代には，幕府による鎖国のもと，国内外の情勢をふまえて外交が行われた。

(1)　下線部①について，次のア～エのうち，朝鮮半島から伝わった仏教を聖徳太子《しょうとくたいし》とともに広めようとした有力豪族として正しいものはどれですか。**一つ**選び，その記号を書きなさい。(3点)

ア　平氏《へいし》　　イ　蘇我氏《そがし》　　ウ　藤原氏《ふじわらし》　　エ　北条氏《ほうじょうし》

(2)　下線部②について，中大兄皇子《なかのおおえのおうじ》らは百済《くだら》の復興を助けようと朝鮮半島に大軍を送り，唐《とう》と新羅《しらぎ》の連合軍に大敗しました。図Ⅰは，そのころの東アジアの国々を示したものです。図Ⅱは，白村江の戦いの後の大宰府周辺を示したものです。図Ⅱ中の**水城**《みずき》がつくられたのはなぜですか。その**理由**を，簡単に書きなさい。(4点)

図Ⅰ

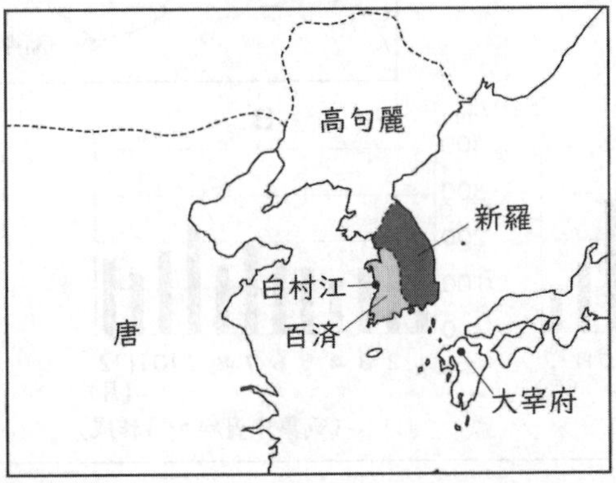

図Ⅱ

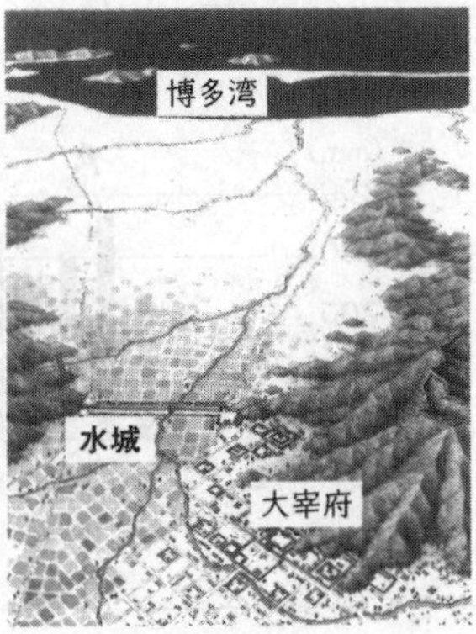

(3)　下線部③について，次の資料は，豊臣秀吉が出したある法令の一部です。この法令は何という政策のものですか。**ことば**で書きなさい。(3点)

諸国の百姓が刀やわきざし，弓，やり，鉄砲，そのほかの武具などを持つことは，かたく禁止する。

(4)　下線部④について，次のア～エのうち，田沼意次《たぬまおきつぐ》が行った政策について述べているものはどれですか。**一つ**選び，その記号を書きなさい。(3点)

ア　キリスト教宣教師の国外追放を命じ，倭寇などの海賊を取り締まった。

イ　海外渡航を許可する朱印状を発行して，東南アジアとの貿易を盛んにした。

ウ　外国船（異国船）打払令を出して，接近する外国船を砲撃する方針を決めた。

エ　長崎貿易を活発にするために海産物の輸出を拡大し，蝦夷地の開拓を計画した。

(5)　次のA～Dは，海外との交流とわが国の文化について述べたものです。A～Dを年代の**古い順**に並べかえ，その記号を書きなさい。(4点)

A　宋から伝わった禅宗は，武士の気風に合い，幕府によって保護された。

B　ヨーロッパ人によって活版印刷術が伝えられ，本がローマ字で印刷された。

C　朝鮮半島からの渡来人により，漢字や儒教，須恵器を作る技術が伝えられた。

D　唐から伝わった天台宗や真言宗では，山奥の寺で修行を行い，広く貴族の信仰を集めた。

3　右の略地図は，近畿地方を中心に描いたものです。これを見て，下の(1)～(3)の問いに答えなさい。

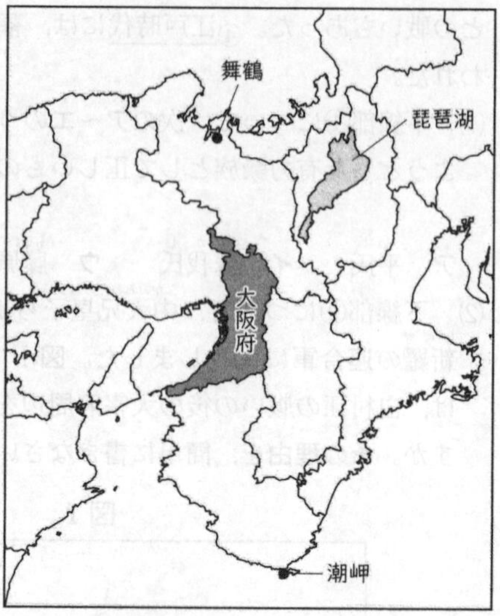

(1)　次のグラフAとBは，略地図中の舞鶴と潮岬のいずれかの月別の平均降水量を表したものです。また，下の文は，舞鶴について述べたものです。下のア～エのうち，文中の（X）と（Y）にあてはまることばの組み合わせとして正しいものはどれですか。一つ選び，その記号を書きなさい。（3点）

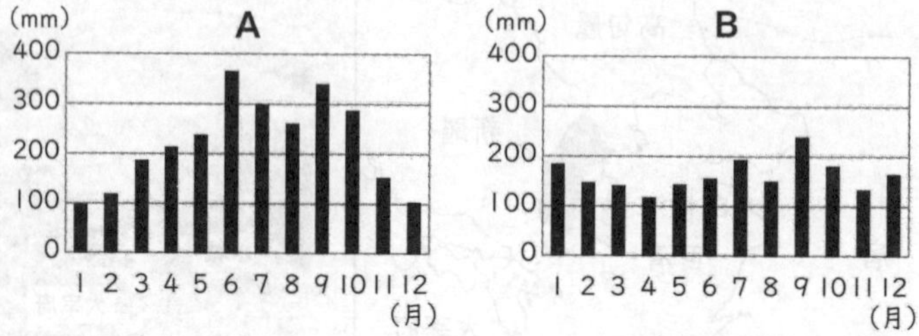

（気象庁資料から作成）

> 舞鶴の降水量を示しているのは（　X　）で，冬には（　Y　）からの季節風の影響を受けた気候が見られる。

ア　X：A　　Y：北西　　　　イ　X：A　　Y：南東
ウ　X：B　　Y：北西　　　　エ　X：B　　Y：南東

(2)　次のア～エの表は，2019年の大阪府，岐阜県，東京都，北海道のいずれかの製造業の事業所数の産業別割合のうち上位3つと事業所総数を示したものです。このうち，大阪府を示しているものはどれですか。一つ選び，その記号を書きなさい。（3点）

ア

産業別割合（%）	
金属製品	22.5
生産用機械器具	11.5
繊維工業	8.3

事業所総数：30,971

イ

産業別割合（%）	
印刷・同関連業	15.5
金属製品	15.4
生産用機械器具	9.2

事業所総数：26,479

ウ

産業別割合（%）	
焼き物・土石製品	13.8
金属製品	13.1
繊維工業	12.4

事業所総数：11,289

エ

産業別割合（%）	
食料品	28.3
金属製品	11.4
印刷・同関連業	7.8

事業所総数：8,318

※事業所とは，工場，製作所など，製造や加工を行っているところを指す。

（データでみる県勢 2021 から作成）

(3)　略地図中の琵琶湖では，水質保全の取り組みがさかんに行われています。このような取り組みが行われているのはなぜですか。その理由を，次のページの資料Ⅰと資料Ⅱからわかることにふれて，簡単に書きなさい。（4点）

資料Ⅰ　大阪府・京都府・滋賀県の市区町村別人口密度（2015 年）

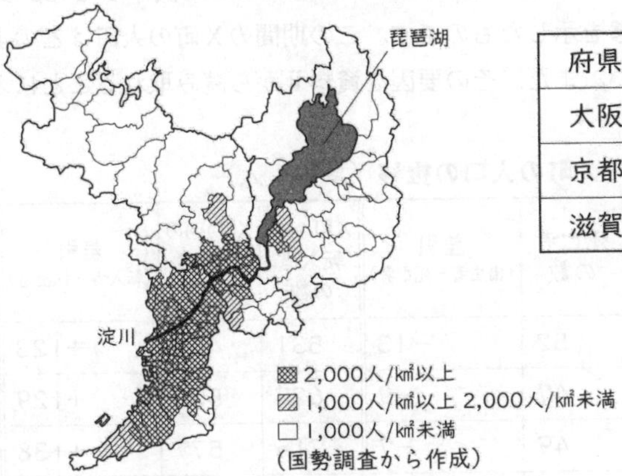

（国勢調査から作成）

資料Ⅱ　府県別人口に占める琵琶湖の水の利用者数の割合（2019 年）

府県名	割合（%）
大阪府	99.6
京都府	70.6
滋賀県	84.8

（滋賀県資料などから作成）

4　次の図は，せいこさんが地域の課題をまとめるために調べた銀河市のホームページの一部です。これを見て，あとの⑴～⑷の問いに答えなさい。（４点 × ４）

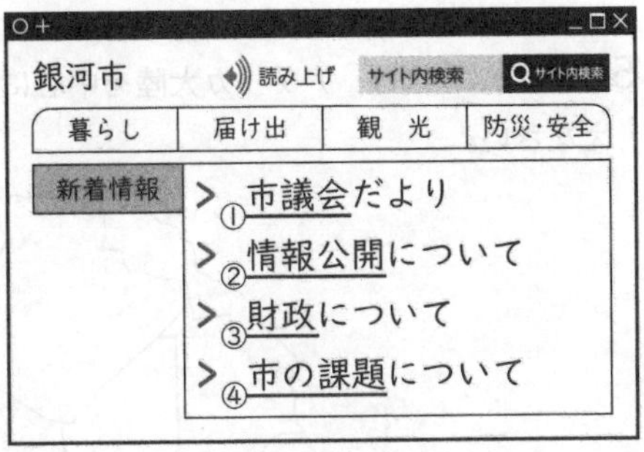

⑴　下線部①について，次のア～エのうち，市議会の仕事として正しいものはどれですか。**二つ**選び，その記号を書きなさい。

ア　条例の制定　　　**イ**　弾劾裁判所の設置

ウ　予算案の提出　　**エ**　市長の不信任の議決

⑵　下線部②について，新しい人権のうち，情報公開制度によって実現されている権利は何ですか。**ことば**で書きなさい。

⑶　下線部③について，次の**資料Ⅰ**は，2019年度の秋田県，神奈川県の歳入の内訳をそれぞれ表したものです。下の**A**～**C**は，地方税，地方交付税交付金，国庫支出金のいずれかについて述べたものです。地方税，地方交付税交付金，国庫支出金にあてはまるものは，**A**～**C**のうち，それぞれどれですか。**一つずつ**選び，その記号を書きなさい。

資料Ⅰ

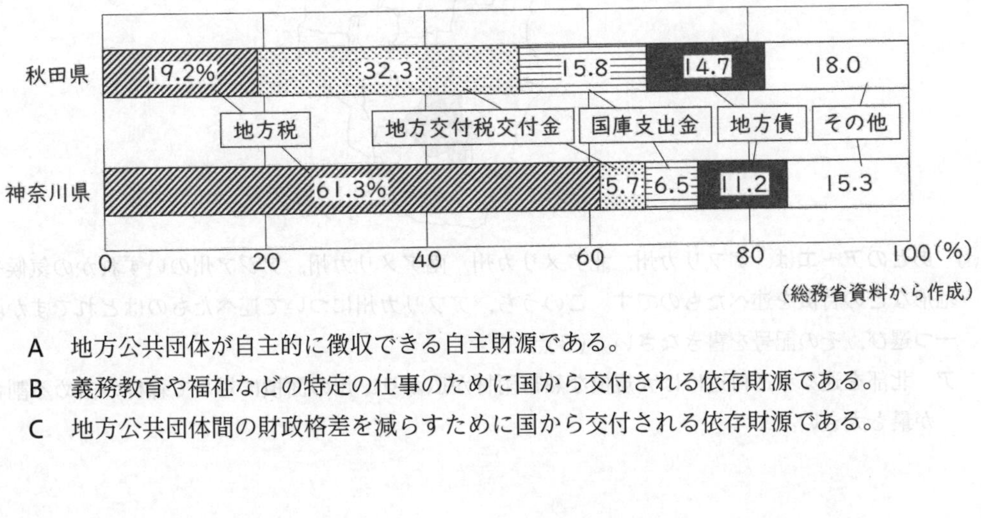

（総務省資料から作成）

A　地方公共団体が自主的に徴収できる自主財源である。

B　義務教育や福祉などの特定の仕事のために国から交付される依存財源である。

C　地方公共団体間の財政格差を減らすために国から交付される依存財源である。

(4) 下線部④について，ホームページには，市の課題として人口減少があげられていました。そこで，せいこさんは，人口減少対策に取り組んでいる**X町**について調べました。**資料Ⅱ**は，2015～2019年の**X町**の人口の**推移**を示したものです。この期間の**X町**の人口はどのように**推移**していますか。簡単に書きなさい。また，その要因を**資料Ⅱ**から読み取れることにふれて，簡単に書きなさい。

資料Ⅱ　X町の人口の推移（単位：人）

	人口	前年比	出生者の数	死亡者の数	差引（出生者－死亡者）	X町への転入者の数	X町からの転出者の数	差引（転入者－転出者）	その他増減
2015年	5,056	+73	39	52	−13	531	408	+123	−37
2016年	5,142	+86	38	47	−9	629	500	+129	−34
2017年	5,203	+61	42	49	−7	715	577	+138	−70
2018年	5,298	+95	30	51	−21	819	589	+230	−114
2019年	5,403	+105	48	61	−13	860	655	+205	−87

（総務省資料などから作成）

5 次の略地図は，アフリカ大陸を中心に描いたものです。これを見て，あとの(1)～(4)の問いに答えなさい。

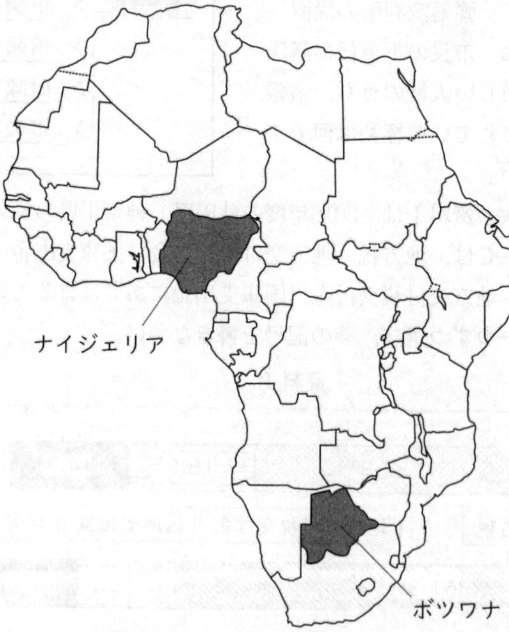

(1) あとの**ア**～**エ**は，アフリカ州，北アメリカ州，南アメリカ州，アジア州のいずれかの気候や地形などの特徴を述べたものです。このうち，アフリカ州について述べたものはどれですか。**一つ**選び，その記号を書きなさい。（3点）

ア　北部を通る赤道付近には大規模な熱帯雨林が広がり，州の面積に対して森林の占める割合が最も大きい。

イ　面積，人口とも最大で，寒帯から熱帯まですべての気候が分布し，世界で最も高くけわしい山々がみられる。

ウ　ほぼ中央を通る赤道付近では熱帯気候の地域が広がり，北部には世界最大の砂漠がみられるなど，熱帯，乾燥帯，温帯の気候がみられる。

エ　中央に広大な平原が広がり，寒帯から熱帯まですべての気候がみられ，南東部の熱帯や温帯の地域では，ハリケーンの被害をたびたび受ける。

(2)　次の文は，アフリカ州の農業について述べたものです。下の**ア**～**エ**のうち，文中の（**X**）と（**Y**）にあてはまることばの組み合わせとして最も適当なものはどれですか。**一つ**選び，その記号を書きなさい。（3点）

> ヨーロッパ諸国の植民地時代に，アフリカ州では，（　**X**　）とよばれる大農園で気候の特徴を生かしたカカオやコーヒーなどの生産が始められました。多くの国が独立した現在でも，（　**Y**　）用の作物として生産が続けられています。

ア　**X**：プランテーション　**Y**：輸出　　**イ**　**X**：プランテーション　**Y**：自給
ウ　**X**：センターピボット　**Y**：輸出　　**エ**　**X**：センターピボット　**Y**：自給

(3)　次の**ア**～**エ**は，2019年のボツワナ，ロシア，ブラジル，アラブ首長国連邦のいずれかの日本への輸出額および主な輸出品目の割合を示したものです。このうち，ボツワナを示しているものはどれですか。**一つ**選び，その記号を書きなさい。（3点）

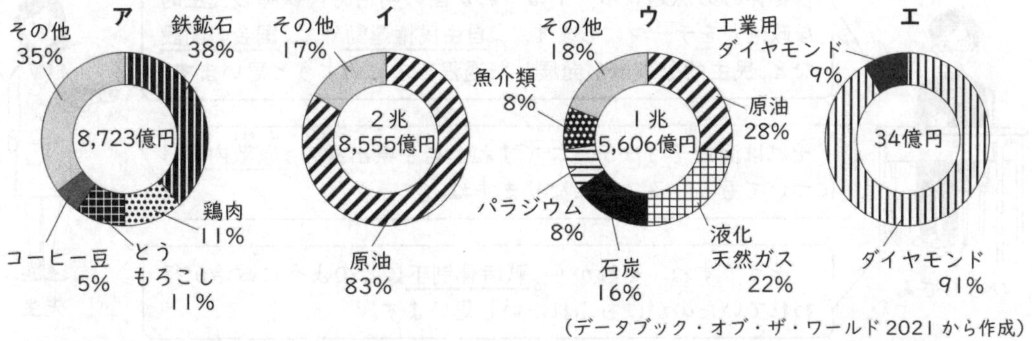

（データブック・オブ・ザ・ワールド2021から作成）

(4)　ナイジェリアでは，独立後も内戦による民族の対立が続いていました。次の**資料Ⅰ**は，独立以後の主なできごとをまとめたものです。次のページの**資料Ⅱ**は，民族の主な居住地域や首都の位置を示したものです。内戦以前の首都はラゴスでしたが，内戦後に二つの理由からアブジャへ首都を移転しました。理由の一つは，以前の首都ラゴスの急激な人口増加による過密化の解消でしたが，もう一つの**理由**は何ですか。**資料Ⅰ**と**資料Ⅱ**からわかることにふれて，簡単に書きなさい。（4点）

資料Ⅰ

西暦	主なできごと
1960年	イギリスから独立した。
1967年	民族間の対立（北部と南部）が表面化し内戦が始まった。
1970年	内戦が終わった。
1975年	首都移転を決定した。（1991年に移転完了）

（国土交通省資料から作成）

資料Ⅱ

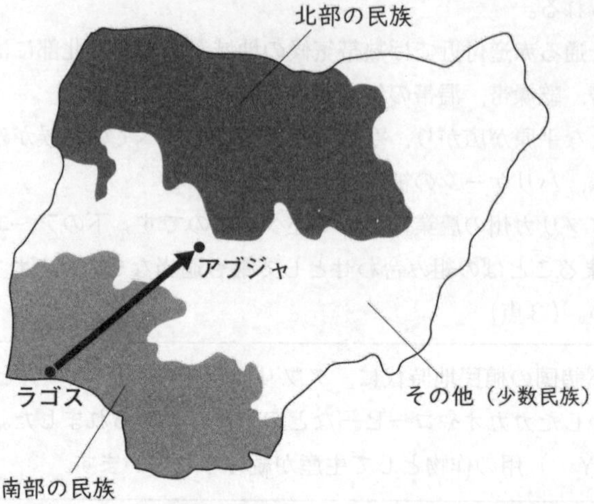

（外務省資料などから作成）

6 次の文は，冬休みの課題レポートについて話し合う，ひろしさんと先生の会話です。これを読んで，あとの⑴～⑷の問いに答えなさい。

ひろしさん：冬休みの課題レポートは「わが国の明治時代以降の民主的な政治」をテーマにします。①自由民権運動や，②国会の開設など，民主的な政治が発展した過程をまとめようと思います。

先生：それは面白そうなテーマですね。岩手県出身の③原敬《はらたかし》内閣についてもふれることになりますね。

ひろしさん：そうですね。それから④戦時体制下にどのように政治が行われていたのかにもふれたいと思います。

⑴ 下線部①について，自由民権運動のはじまりと同時期に起きた士族の反乱のうち，西郷隆盛《さいごうたかもり》を中心として鹿児島の士族が起こした最も大規模なものは何といいますか。ことばで書きなさい。（４点）

⑵ 下線部②について，国会の開設に備えて，自由党を結成し，党首となったのは誰ですか。次のア～エのうちから一つ選び，その記号を書きなさい。（３点）

ア 板垣退助《いたがきたいすけ**》** イ 大隈重信《おおくましげのぶ》 ウ 木戸孝允《きどたかよし》 エ 大久保利通《おおくぼとしみち》

⑶ 下線部③について，次のページの資料Ⅰは，原内閣と前任の寺内内閣を比較したもので，次のページの資料Ⅱは，原内閣の成立後の衆議院の政党別議席数を表したものです。原内閣には，どのような特徴がありますか。資料Ⅰと資料Ⅱから読み取れることにふれて，簡単に書きなさい。（４点）

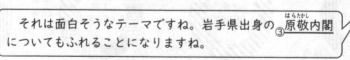

資料Ⅰ

職名	所属	
	寺内内閣	原内閣
内閣総理大臣	陸軍	立憲政友会
外務大臣	官僚	官僚
内務大臣	官僚	立憲政友会
大蔵大臣	官僚	立憲政友会
陸軍大臣	陸軍	陸軍
海軍大臣	海軍	海軍
司法大臣	官僚	立憲政友会
文部大臣	官僚	立憲政友会
農商務大臣	官僚	立憲政友会
逓信大臣	官僚	立憲政友会

資料Ⅱ

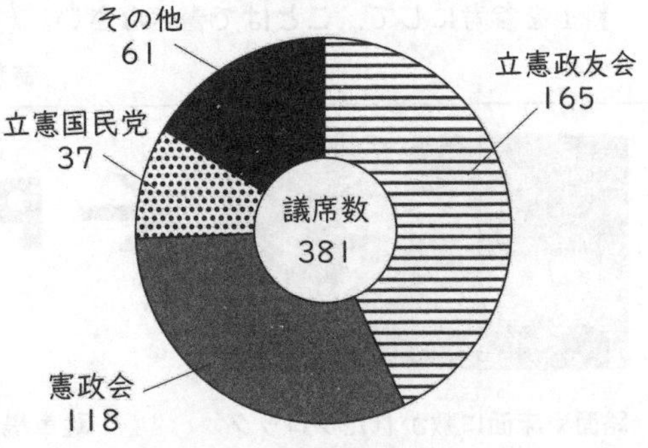

(議会制度百年史などから作成)

(4)　下線部④について，次のア～エのうち，日中戦争が行われていた時期の政治のようすについて述べているものはどれですか。**一つ**選び，その記号を書きなさい。(3点)

ア　治安維持法が廃止され，自由な政治活動ができるようになった。

イ　王政復古の大号令により，天皇中心の政治にもどすことが宣言された。

ウ　政党や政治団体が解散して，新たに結成された大政翼賛会に合流した。

エ　第一次護憲運動が起こり，藩閥の支持による内閣は総辞職に追い込まれた。

7　次の資料は，かなみさんのグループが社会科の授業で地域の駅前商店街について調べ，発表のために準備したメモの一部です。これを見て，下の(1)～(3)の問いに答えなさい。

> **＜駅前商店街について＞**
> **○電気屋さんは，商品の①価格が変わらないように工夫していました。**
> **○スーパーマーケットは，②株式会社という会社の形態をとっていました。**
> **○商店街全体でお客様が安心して買い物ができるように③設計されていました。**

(1)　下線部①について，次の文は，さまざまな商品の価格を総合して平均した指標である物価について述べたものです。下の**ア**～**エ**のうち，文中の（**X**）と（**Y**）にあてはまることばの組み合わせとして，最も適当なものはどれですか。**一つ**選び，その記号を書きなさい。(3点)

> （　X　）になると，商品やサービスの需要が増え，需要が供給を上回ると，物価が上がり続ける（　Y　）が起こる。

ア　X：好況　　Y：デフレーション　　**イ**　X：好況　　Y：インフレーション

ウ　X：不況　　Y：デフレーション　　**エ**　X：不況　　Y：インフレーション

(2)　下線部②について，株式や社債を発行して資金を集める方法を何といいますか。**ことば**で書きなさい。(4点)

(3)　下線部③について，かなみさんのグループでは，発表のために次のページの**資料Ⅰ**と**資料Ⅱ**を準備しました。**資料Ⅰ**は，駅前商店街で調べたものです。**資料Ⅱ**は，これからのまちづくりに向けての設計について述べたものです。**資料Ⅱ**のように設計することを何といいますか。**資料Ⅰ**を参考にして，**ことば**で書きなさい。（４点）

資料Ⅰ

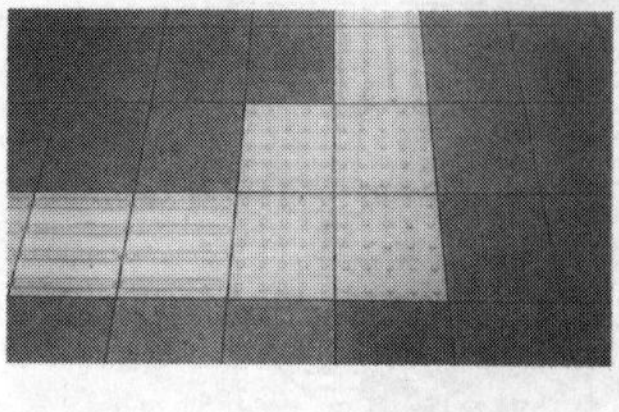

路面や床面に敷かれたブロック

駐車場の看板

多目的トイレの扉の横にあった表示

資料Ⅱ

さまざまな年代や，言語，性別，障がいの有無にかかわらず誰にでもわかりやすく，すべての人が利用しやすいように製品，施設，環境などを設計すること。

8 次の文を読んで，あとの⑴～⑶の問いに答えなさい。

①貿易は②日本の経済成長に重要な役割を果たしてきた。世界が一体化し，日本で働く外国人労働者や③海外へ進出する日本の企業が増えるなかで，言葉や文化の違いについて尊重し合い，国際社会のさまざまな問題を他国と連携して解決しようと努めることが大切である。

⑴ 下線部①について，日本の工業でよく見られてきた，原料や燃料を輸入して，高い技術力で優れた製品をつくって海外へ輸出する貿易を何といいますか。**ことば**で書きなさい。（４点）

⑵ 下線部②について，次の**ア**～**エ**のうち，高度経済成長期の日本の経済のようすについて述べているものはどれですか。**一つ**選び，その記号を書きなさい。（３点）

ア 多くの企業が，土地や株式を買い集めたことから，土地や株式の価格が異常に高くなるバブル経済が発生した。

イ 輸出の好調に支えられて貿易収支が黒字を続け，国民総生産がアメリカに次ぎ，資本主義国の中で第２位になった。

ウ 大戦景気の中で造船や海運業が発展をとげ，輸出が輸入を大幅に上回る状態になり，急に金持ちになる成金が生まれた。

エ 製糸業が急速に発展し，長野県や群馬県などに多くの工場がつくられ，生産の増えた生糸はアメリカを中心に輸出された。

⑶ 下線部③について，日本の製造業の企業が海外に工場を移転し，現地で生産した製品を現地で販売したり，現地から他国へ輸出したりする動きが見られます。あとの**資料Ⅰ**～**Ⅲ**は，日本と中国をさまざまな点で比較したものです。今後も日本の企業が中国で生産や販売を進める場合，どのような**長所**と**短所**が考えられますか。長所と短所の両方について，それぞれ一つの資料を選んで示し，その資料に基づいて簡単に書きなさい。ただし，長所と短所で同じ資料を用いないこととします。（３点×２）

資料Ⅰ　労働者の月額賃金の推移の比較

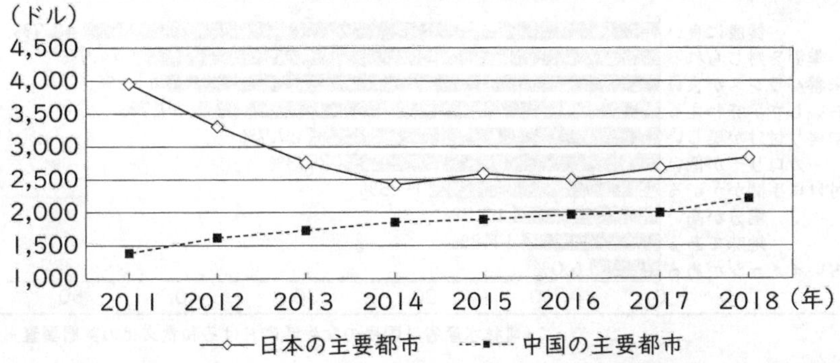

(日本貿易振興機構資料などから作成)

資料Ⅱ　労働力人口と使用言語の比較

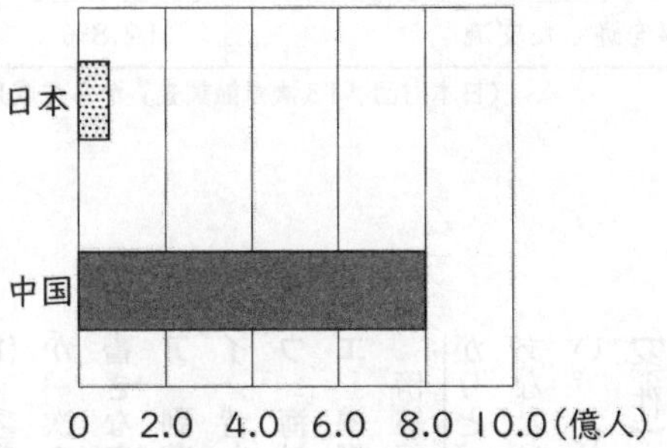

(世界国勢図会 2019/20 年度版から作成)

※労働力人口とは，15 歳以上のうち就業者と失業者を合わせた人口

	使用言語
日本	主に日本語
中国	中国語の他，少数民族のさまざまな言語

(データブック・オブ・ザ・ワールド 2021 から作成)

資料Ⅲ　電力供給に関わる状況の比較 (2015 年)

	1kWh あたりの月額電気料金	1 企業の 1 年あたりの停電の回数
日本	約13ドル	0.07
中国	約5ドル	0.23

(世界銀行資料などから作成)

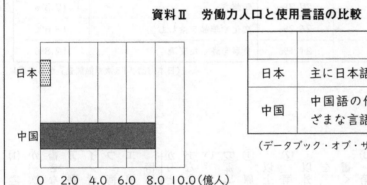

《資料Ⅱ》和食に対するイメージ

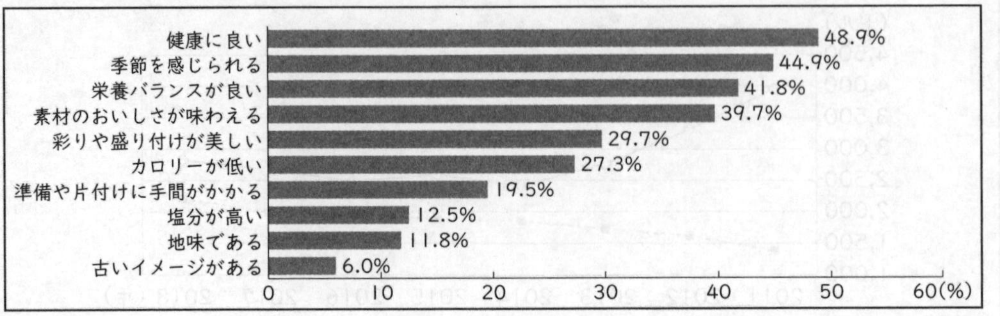

(農林水産省「国民の食生活における和食文化の実態調査」から作成)

《資料Ⅲ》食事で重視すること

美味しさ	66.1%	様々な料理を楽しむ	19.4%
空腹を満たす	47.8%	料理をする楽しみ	18.4%
食べきれる量である	27.7%	新鮮さ	17.8%
健康	26.2%	文化や季節を楽しむ	13.6%
気分のリフレッシュ	21.1%	食事を通した交流	12.8%

(日本財団「18歳意識調査」から作成)

(1) 《話し合いの様子》の□には、どのような言葉が入りますか。次のア～エのうちから最も適当なものを**一つ**選び、その記号を書きなさい。(4点)

ア 副菜の栄養バランスが悪く、不健康である
イ 昔から続く、変化に乏しい古い文化である
ウ 海外と比べて、日本の行事食は地味である
エ 準備や片付けに手間がかかり、負担である

(2) 傍線部 食事で重視する項目を挙げて、和食文化の特徴とのつながりと、具体的な取り組みについて考えてみよう とありますが、あなたはどのように考えますか。次の条件①～④に従って書きなさい。(12点)

【条件】

① **原稿用紙の正しい使い方**に従って、二つの段落で構成し、**七行以上十行以内**で書くこと。
② 第一段落では、**《資料Ⅲ》**の中から、「**美味しさ**」「**空腹を満たす**」以外に、あなたが食事で重視したいことを選んで挙げ、その理由を、**《資料Ⅰ》**で紹介されている、和食文化の特徴と関連させて書くこと。
③ 第二段落では、和食文化の良さを受け継いでいくために、あなたが取り組んでいること、またはこれから取り組みたいことを具体的に書くこと。
④ 資料で示された数値を書く場合は、次の例に示した書き方を参考にすること。

例 二〇・三% または 二十・三%
四二・〇% または 四十二%

さい。

《話し合いの様子》

葉月さん　和食文化には優れた面が多くあって、二〇一三年にユネスコの無形文化遺産に登録されているね。《資料Ⅰ》に和食文化の特徴についてまとめてみたよ。

文彦さん　この間、新聞で「海外では和食ブームだが、国内では、家庭料理としての和食は敬遠されがちだ」という記事を見つけたよ。どうしてだろう。

星華さん　《資料Ⅱ》を見ると、「健康に良い」「季節を感じられる」という良いイメージを持つ人が多い一方で、□という悪いイメージを持つ人もいるからじゃないかな。

光輝さん　たしかにそうだね。《資料Ⅰ》の「2 和食の基本形」を読むと、そのことが実感できる気がするよ。

葉月さん　和食文化の良さを受け継いでいくために、私たちは何を重視していくべきなのかな。

文彦さん　若い人が食事で重視していることは何だろう。

光輝さん　《資料Ⅲ》で上位に来ているのは、「美味《おい》しさ」や「空腹を満たす」ことだけど、これらは和食に限ったことではないから、和食文化の良さに触れるとすれば、違う視点に注目した方が良さそうだね。

星華さん　それでは、その二つ以外から、食事で重視する項目を挙げて、和食文化の特徴とのつながりと、具体的な取り組みについて考えてみよう。

《資料Ⅰ》和食文化の特徴について

1　和食文化とは？

多様な食材と持ち味の尊重	気候や風土に違いがあり、その土地ならではの山海の幸に恵まれている。自然の味をいかした料理を作り、大切に食べてきた。（例）旬の魚や山菜などの食材、雑煮の味付けの違いなど
調理、加工方法の工夫	自然の恵みである食べ物を無駄なく使うために調理や加工に工夫をしている。（例）味噌《みそ》、醤油《しょうゆ》、かつお節、煮干しなどの発酵食品や干物、乾物など
自然の美や季節を味わう	四季を味わうために料理の器、盛り付け、飾りに気を配り、行事と関わる食事の時間を共にすることで、家族や地域のきずなを強くする役割もある。（例）正月…おせち、冬至…かぼちゃ

自然の恵みを尊重しながら伝えられてきた工夫の上に、海外の食材や料理をうまく取り入れて育まれた一つの文化

2　和食の基本形

「ごはん」「汁物」「おかず」「漬物」の組み合わせが基本。ごはんを中心に、汁物とおかずの何品かが加わる。

肉・魚料理などの大きなおかず（主菜）に加えて、あえ物やおひたしなどの小さなおかず（副菜）が付く。

㈱明治ホームページから作成

落ちている。

B、夏野に沿った道に大きな石が一つある。その石に旅人が絶えず入れ替わり休んでいる。

皆さんは、どちらの読みをしましたか。文法的に、中七の「いこふ」が直後の「夏野」を修飾していると考えればAの読み、下五の「石一つ」に掛かると考えればBの読みになります。文法的にはどちらも間違いではありませんので、それだけではA・Bどちらかに決めることはできません。

問題は、どちらの読みがこの句の鑑賞としてより面白いかということです。作者がどこにいてどんな視点でこの句を詠んでいるのかを想像してみるとよいでしょう。

（佐藤郁良《さとういくら》「俳句を楽しむ」による）

(1) 次の**ア**～**エ**のうち、文章中の俳句と同じ季節を詠んだ俳句はどれですか。**一つ**選び、その記号を書きなさい。（3点）

ア 一枚の餅《もち》のごとくに雪残る　川端茅舎《かわばたぼうしゃ》

イ 啄木鳥《きつつき》や落葉をいそぐ牧の木々　水原秋櫻子《みずはらしゅうおうし》

ウ 鳥の巣のあらは《わ》に掛《かか》る枯木かな　田中寒楼《たなかかんろう》

エ 百合《ゆり》涼し右にゆれても左にも　河東碧梧桐《かわひがしへきごとう》

(2) 次の**ア**～**エ**のうち、文章中の俳句の特徴について説明しているものとして、最も適当なものはどれですか。**一つ**選び、その記号を書きなさい。（4点）

ア 季語に「夏野」を用いることにより、道端に生い茂る雑草に宿る生命力の強さを物語る効果がある。

イ 切れ字を用いないことにより、旅人たちが入れ替わり立ち替わり休む様子を連想させる効果がある。

ウ 倒置を用いることにより、旅人たちが途絶えることなく広い街道を往来する様子が強調されている。

エ 「石一つ」と数詞を用いることにより、草や木がほとんど生えない夏野の寂しさが表現されている。

(3) 次の会話は、この文章を読んだ三人が、内容について話し合ったものの一部です。[a]にあてはまる言葉は何ですか。**助詞一字**で書きなさい。また、清美さんが示した図はどのような図ですか。[b]にあてはまる図として最も適当なものをあとの**ア**～**エ**のうちから**一つ**選び、その記号を書きなさい。（4点×2）

雪江さん　文章中にAとB、二つの読みが示されていますが、二人はどちらの読みで鑑賞しましたか。

晴夫さん　私はAの読みで鑑賞しました。もしも中七の助詞が変わって、「[a]」となったら、もっと意味がはっきりして、Aの読みをしやすくなりますね。

清美さん　私はBの読みで鑑賞しました。Bの読みをすれば、この句で詠まれている風景は[b]の図のような風景だと想像できますよ。

ア

イ

ウ

エ

4 葉月さんたちは、国語の授業で和食文化の継承について発表するために話し合いました。次の《**話し合いの様子**》と《**資料Ⅰ**》を読み、《**資料Ⅱ**》、《**資料Ⅲ**》を見て、あとの(1)、(2)の問いに答えな

した、次の表の[a]、[b]にあてはまる言葉を**十字以内**でそれぞれ書きなさい。（4点×2）

幸福	希望
現状を[　a　]と考える。	現状を[　b　]と考える。

(4) 傍線部② 安心は、希望とは大きく異なるものです　とありますが、安心はどのような状態のときに得られるものですか。それを次のように説明するとき、[　]にあてはまる言葉を、本文中から**十二字でそのまま抜き出して**書きなさい。（4点）

[　　　]状態のとき。

(5) 傍線部③ 希望は模索の過程（プロセス）そのものなのです　とありますが、「模索」とはどうすることですか。それを次のように説明するとき、[X]は本文中からあてはまる言葉を、**七字でそのまま抜き出して**書き、[Y]は本文中からあてはまる言葉を、**八字でそのまま抜き出して**書きなさい。（3点×2）

[　X　]を実現させるために[　Y　]こと。

(6) **《漢文》**の波線部 子又孫有り とありますが、これを漢文で書くと「子又有孫」となります。波線部のとおりに読めるように、**返り点**を付けなさい。（3点）

(7) 傍線部④ 笑つて とありますが、「河曲の智叟」が「愚公」を笑ったのはなぜですか。それを次のように説明するとき、[　]にあてはまる言葉を、**二十字以上二十五字以内**で書きなさい。（4点）

[　　　]と思ったから。

(8) **《説明文》**の破線部 おもしろみのない社会 とありますが、**《漢文》**の「愚公」からは、**《説明文》**の筆者が主張する「おもしろみ」と共通する態度が読み取れます。それはどのような態度ですか。次の**ア**～**エ**のうちから、最も適当なものを**一つ**選び、その記号を書きなさい。（4点）

ア 実現が難しくとも山を平らにしようと考えた愚公の、実現不可能なものなら可能になるまで待とうという態度。

イ 実現が難しくとも山を平らにしようと考えた愚公の、最終的な目的の達成に向けて自ら動きだそうという態度。

ウ 実現が難しく山を平らにすることを子孫に任せた愚公の、最終的な目的の達成に向けてただ祈ろうという態度。

エ 実現が難しく山を平らにすることを子孫に任せた愚公の、実現不可能なものなら誰かの力に頼ろうという態度。

3 次の文章を読んで、あとの(1)～(3)の問いに答えなさい。

絶えず人いこふ夏野の石一つ　　正岡子規《まさおかしき》

『子規句集』

季語は「夏野」、夏のひらけた野原を思ってください。旧かな遣いで書かれている「いこふ」は漢字で書けば「憩う」で、「休憩する」の意味の動詞です。もう一つ、俳句の基本的な用語を説明しておきましょう。俳句の五七五を三分割したとき、この句の場合、最初の「絶えず人」の部分を上五《かみご》、次の「いこふ夏野の」を中七《なかしち》、最後の「石一つ」を下五《しもご》と言います。

さあ、この句はどんな風景を詠んだものか、頭の中で想像してみてください。中学生に授業でこの句を鑑賞させてみると、だいたい次の二つの読みが出てきます。

A、夏野には絶えず大勢の人が休んでいる。その夏野に一つの石が

思っていたものが、あっという間に役に立たなくなったりします。

いっとき、プロ野球の世界で「勝利の方程式」といういい方が流行したことがありました。先発ピッチャーが交代した後、二番手は誰、その後の三番手は誰、そして最後の抑えは誰と確実に決めておけば、勝利に結びつきやすいと考えられました。

勝利の方程式があれば、安心してピッチャーの継投策を考えることができます。たしかにそれで成功したチームもありましたが、そんな成功もふりかえってみれば、一時的なものにすぎませんでした。チームのピッチャーの状態も変わりますし、相手チームの打線の特徴も年々変わっていくでしょう。そうなれば、状況の変化にあわせて方程式も変えていかなければなりません。永久不変の勝利の方程式など、あったら安心ですが、本当はどこにもないのです。

希望も同じです。どうすればもっとよい将来をもたらすことができるかを考え、ときに思い悩みながら、試行錯誤《しこうさくご》を続ける。そこから希望は、生まれるのです。

安心に比べれば、希望には、不安や不確実性がつきものです。でも、みんなが安心を与えられることばかりを求めて、自分から模索することを望まない社会なんて、実におもしろみのない社会です。

（玄田有史《げんだゆうじ》「希望のつくり方」による）

（注1）オーラ…人や物が発する雰囲気。
（注2）とみに…急に。

《漢文》

九十歳になる愚公《ぐこう》は、他の町との行き来をしやすくするため、家族と一緒に大きな山を平らにし始めました。

河曲の智叟（注1）、④笑つて之を止どめて曰《いは》く、「甚《はなは》だしいかな（あきれたものだ、）、汝《なんぢ》の不恵（君のものわかりの悪いの）なる。残年の余力（老いの身に残されたわずかな力には。）を以てしては、曽《すなは》ち山の一毛を毀《こぼ》つ能《あた》はず（山に生えている草一本だって取り除くことはできない。）。其《そ》れ土石を如何《いかん》せん（それなのに、土や石などをどうするつもりなのだ。）。」と。北山愚公長息して（深くため息をついて）曰く、「汝が心固なり（君は、わからずやだ。）。固徹すべからず（君の考えはこり固まっていてどうにもならず、）、曽《すなは》ち孀妻（注2）の弱子に若《し》かず（あの幼い子供にも及ばない。）。我は死すと雖《いへど》も（たとえわたしは死んだとしても、）、子有りて存す。子又孫を生み、孫又子を生む。子又子有り、子又孫有り。子子孫孫、窮匱《きゆうき》無し（いつまでも尽きることはない。）。而《しか》るに山は加増せず。何若《いかん》ぞ平がざらん（どうして平らにできないことがあるものか。）。」と。河曲の智叟、以て応《こた》ふる亡《な》し。

（「列子」による）

（注1）河曲《かきよく》の智叟《ちそう》…黄河のほとりに住む利口な老人。
（注2）孀妻《そうさい》の弱子《じゃくし》…愚公を手伝いに来た隣人の子供。

(1)　本文中の二重傍線部A～Cのカタカナにあたる**漢字**を、それぞれ楷書で正しく書きなさい。（2点×3）

(2)　本文中の Ⅰ 、 Ⅱ には、それぞれどのような言葉が入りますか。次のア～エのうちから最も適当な組み合わせを**一つ**選び、その記号を書きなさい。（3点）

ア　Ⅰ　たとえば　　Ⅱ　しかし
イ　Ⅰ　たとえば　　Ⅱ　つまり
ウ　Ⅰ　あるいは　　Ⅱ　しかし
エ　Ⅰ　あるいは　　Ⅱ　つまり

(3)　傍線部①幸福と希望のあいだには、どんなちがいがあるのでしょうかとありますが、「ちがい」とは何ですか。その内容を整理

幸福を周囲に感じさせる例として、結婚式の披露宴《ひろうえん》があります。私もたまにむかしの学生や職場の同僚から、披露宴に招かれたりします。会場のひな壇に座る新郎・新婦は、まさに幸福のオーラ(注1)にAツツまれているものです。友人からのスピーチや恋愛時代の写真が紹介されて、ときおり顔を見合わせてにこやかにほほ笑みあったり。二人は、この幸福が永遠に続きますようにと、ゼッタイにあり得ないことを本気で信じていたりします。

「継続」を求める幸福に対し、希望は「変化」とBミッセツな関係があります。夢とちがって希望は、苦しい現実のなかで意識的にあえて持とうとするものであるといいました。過酷な現在の状況から良い方向に改善したい。苦しみから少しでもラクになりたい。もしくは誰かをラクにしてあげたい。そんな思いが、希望という言葉には宿っているのです。

希望は、現状の維持を望むというよりは、現状を未来に向かって変化させていきたいと考えるときに、表れるものなのです。

だとすれば、希望を持つためには、きびしい現実から目を背けないことが、まず重要になってきます。過去から現在まで続いている挫折や試練を正面から受け止めることで、その状況を変えるんだという思いは、生まれます。

ただ、変化を起こすことが、一人ひとりの力だけではむずかしいこともあります。そんなときは、同じ変化を希望する人たちと、どんな方向に変えていきたいのかという希望をともにしながら、一緒に行動できるかどうかに、変化の実現はかかってきます。

幸福と希望は、人生によろこびを得るための二つの大きな要素です。幸福と希望のどちらがすぐれていて、どちらが劣っているというものではありません。頑張ればずっと変わらずに守り続けられるものがあって、維持できる見通しがあれば、それは幸福につながります。一方で、現状のきびしさを認めつつも、より良い未来が待っていると信じられるような変化が期待できるときに、希望は育《はぐく》まれていくのです。

希望、夢、幸福などと並んで、近年とみ(注2)に重要視されている価値観が、安心です。

②安心は、希望とは大きく異なるものです。安心が今日《こんにち》これだけ注目されるようになったのは、それだけ不安が広がっていることの裏返しです。将来の先行きが見えないとか、経済の不確実性が高まっているという思いが、安心を求める気持ちを強めているのです。

では、どうすれば安心は得られるのでしょうか。 Ⅰ 老後の生活の問題で、政府が「安心してください、年金は必ず受け取れます」といったとします。しかし、それが確実にCホショウされているという見通しがなければ、安心はできません。安心には確実であることが欠かせない条件です。

それに対して希望は、先行きが確実にみえているわけではありません。むしろ希望は、きびしい状況のなかで、先がみえないからこそ、勇気をもって前に進むために必要とされるものです。ある程度の見通しを持てたほうが希望は持ちやすいこともありますが、かといって先が完全にみえてしまっているのであれば、希望など持つ必要もなくなります。

希望を持つとは、先がどうなるかわからないときでさえ、何かの実現を追い求める行為です。安心が確実な結果を求めるものだとすれば、③希望は模索《もさく》の過程（プロセス）そのものなのです。

不安が大きい社会では、つい確実なものを求めがちになります。 Ⅱ 不安を招きやすい、変化の激しい時代には、かつて確実と

ア 簡単に　イ 明確に　ウ 自然に　エ 即座に

(3) 傍線部② 皮肉なこと とありますが、木崎がこのように言う理由を次のように説明するとき、Ⅰ、Ⅱにあてはまる言葉はそれぞれ何ですか。Ⅰは二十字以内、Ⅱは十五字以内で書きなさい。(4点×2)

Ⅰ ことが、かえって Ⅱ から。

(4) 破線部a 木崎さんの責任ではないですよ、破線部b 木崎さんは悪くないです とありますが、これらの部分から聡一のどのような様子が読み取れますか。次のア～エのうちから最も適当なものを一つ選び、その記号を書きなさい。(4点)

ア 戦時中の木崎の行動は技術者として当然のことだと肯定しようとしたが、木崎の抱えた苦しみを和らげる言葉が見つけられないでいる様子。

イ 軍用機をつくったことを後悔している木崎を慰めようとしたが、木崎に言い返されるのが怖く、用意した言葉を一人でつぶやいている様子。

ウ 戦争に行っていないという後ろめたさから木崎に何も言えずにいたが、自分の過去を後悔する木崎の態度に強いいらだちを感じている様子。

エ ひどい軍用機をつくったという木崎の告白に戸惑い、言葉を失ったが、物資がない戦時中なら仕方ないと必死に説得しようとしている様子。

(5) 傍線部③ まっすぐに木崎を見つめる とありますが、ここから聡一のどのような気持ちが読み取れますか。五十字以上六十字以内で書きなさい。(6点)

(6) 波線部X 木崎は月を仰いだ、波線部Y の空地にひしめくバラックが月明かりに照らされていた とありますが、次のア～エのうちで、「月」や「月明かり」の描写の説明として最も適当なものはどれですか。一つ選び、その記号を書きなさい。(4点)

ア 月を見るのをためらう木崎の姿は、戦争に関わった罪悪感を描き出し、月明かりに照らされたバラックと同様に、戦後の復興の難しさを暗示している。

イ 木崎が直視できない月は、木崎の夢が技術的にはまだ厳しいことを表しており、バラックを照らす月明かりは、あきらめない二人の姿を表現している。

ウ 月は、平和のために尽力する木崎の夢を表し、バラックを照らす月明かりは、今後開発される列車が二人や人々に希望を与えることを暗示している。

エ 月は、新たに歩み出そうとする木崎の姿を描き出しており、バラックを照らす月明かりは、聡一の存在が木崎を勇気づけていることを表現している。

2 次の《説明文》と《漢文》を読んで、あとの(1)～(8)の問いに答えなさい。

《説明文》

① 幸福と希望のあいだにはどんなちがいがあるのでしょうか。私たちが今、とても幸福な状態にあるとしましょう。すべてが満ち足りている。何もかもが楽しく思える。目にするすべてが美しくみえる。そんな状態が、幸福という言葉からは連想されます。

幸福な状態にある人が思うことは、ただ一つ。その状態がいつまでも続いてほしい。そう願うことでしょう。幸福は、継続を求めるものなのです。

なった。特に、物資が粗悪になった末期の機体はひどいものだった」
吐き出すように言葉をつなぐ木崎の声は震えていて、聡一は恐ろしいような気持ちになる。
「……そんな」
なんとか否定しなければと思うが、ふさわしい言葉が出てこない。自分の中にはないのだ。
「b木崎さんは悪くないです」
同じ言葉だけが聡一の口元を上滑りした。
「……すまない」
もどかしい聡一の心中をおもんぱかるように、木崎は首を振った。
「きみに聞かせるような話ではなかったね」
諦めるように言いながら、木崎はB口角を無理に上げた。
「私はだから、鉄道技術研究所へ来たのだ」
骨の通った声で言う。
「鉄道総局で新しい列車を開発するという話を聞いたときは、これだと思った。飛行機や船では他国との戦争に使うことになりうる。だが、国内の陸を走る鉄道ならば、その心配はない。私は平和な乗り物をつくりたかった。戦いを生み出さない、美しくて安全な希望の乗り物をだ。自分の残りの人生は、戦後の復興のために、そして平和のために捧《ささ》げよう思った」
改めて誓いを立てるように言い、X木崎は月を仰いだ。だが、すぐに目を伏せた。自分には上を向くことも許されていないのだというようで、聡一はたまらなくなる。
戦争は、人の命だけではなく誇りやアイデンティティまでえぐり取るのだ。
「手伝います」
宣言するように言うと、聡一自身も今、やっと許されたような気になった。長く苦しんでいた自己嫌悪と劣等感から、抜け出せるかもしれない。いや、抜け出したい。
「平和を運ぶ乗り物をつくりたいです」
③まっすぐに木崎を見つめると、木崎もまたすっと視線を上げた。受諾なのか拒否なのかわからないさみしそうな目をしていたが、歩き出した背中はしゃんと伸びていた。聡一も続く。
「私も戦争で失われたものを取り返したいと思って研究所に来ました。たくさんの人も物も失われてしまったけれど、なくなった後には、必ず生まれるものがあるはずです」
「……」
木崎の大きくて鋭い目が聡一をC捉えた。
「すみません。生意気なことを言いました」
「いや」
木崎は少し笑った。穏やかな笑顔だった。
「一緒に美しい列車をつくろう」
Y空地にひしめくバラック(注2)が月明かりに照らされていた。

(まはら三桃《みと》「零《ゼロ》から0《ゼロ》へ」による)

(注1)　海軍航空技術廠…旧海軍の航空機の設計、実験等を行っていた機関。
(注2)　バラック…ありあわせの材料を用いて造った仮小屋。

(1)　本文中の二重傍線部A～Cの漢字について、正しい読みを**ひらがな**で書きなさい。(2点×3)

(2)　傍線部①　にわかに　とありますが、これはどのような意味ですか。次の**ア**～**エ**のうちから最も適当なものを**一つ**選び、その記号を書きなさい。(3点)

＜国語＞

時間　五〇分　満点　一〇〇点

1 次の文章は、戦後まもなく、鉄道技術研究所で働き始めた聡一《そういち》が、研究所の先輩である木崎《きさき》から「きみは戦争には行ったのか」と尋ねられている場面です。この文章を読んで、あとの(1)～(6)の問いに答えなさい。

「……行っていません。私は視力が悪いので、徴兵検査に、……受かりませんでした」

出しづらいところから、必死に言葉を絞り出す。すると木崎の表情はどこか柔らかくなった。

「そうか。それはよかった」

「よかったですか」

すがるような声が出た。聡一が物心ついたときには日本は戦争をしており、子どもたちはみな、日本の勝利を祈る軍国少年少女だった。聡一も例外ではなかった。戦いに参加して手柄を上げることこそ、人生の目的であると信じていたから、父が出征したときも誇らしかった。いつかは自分もと思っていた。

それだけに、成しえなかったとき、聡一は大いに傷ついた。自己嫌悪と劣等感にさいなまれたばかりではない。近所の人が「役立たず」だと噂《うわさ》をしているのも聞いた。

けれども木崎は、そんな自分に「よかった」と言ってくれているのだ。

「よかったですか」

もう一度たずねてしまう。

「ああ、よかった。私は情けなかったよ」

「え？」

①にわかには理解できない発言を追いかけるように、聡一も足を速めて追いついた。東京帝国大学を出て海軍航空技術廠《しょう》(注1)に入り、爆撃機をつくったエリート中のエリートである木崎に、情けないことなどあるのだろうか。戦争に敗れたことだろうか。

だが、木崎の答えは違っていた。

「本当に情けなかった。こんなに大勢の人が死ぬのなら、軍用機などつくらなければよかったと思った。設計などしなければよかったという思いがこみ上げて、やりきれなかった。できるものなら、自分の過去を消し去りたい」

聡一は戸惑った。

「でもそれは」

必死で言葉を探す。

「仕方なかったことではないですか。a木崎さんの責任ではないですよ」

そうとしか言いようがない。日本は戦争をしていたのだ。その中で木崎は職務をA全うしただけだ。

「しかし、私のやったことが重大な結果を生んでしまったんだよ」

木崎は言った。静かだけれど氷のナイフのような鋭い声だった。

「……」

聡一は押し黙る。

「私が持ちうる技術のすべてを投じてつくった飛行機で、若いパイロットたちが死んでいった。②皮肉なことだよ。もっと速く、もっと強くが、パイロットの命の危機を高めることになってしまったんだ。速く敵地に着くために軽くした機体が、戦士を危険に近づけることに

2022年度

解 答 と 解 説

《2022年度の配点は解答用紙集に掲載してあります。》

＜数学解答＞

1　(1)　4　　(2)　$3x+4$　　(3)　$\frac{5\sqrt{2}}{2}$

(4)　$(x+2)(x-7)$　　(5)　$x=\frac{7\pm\sqrt{5}}{2}$

2　(例) $1000-3x=y$

3　右図

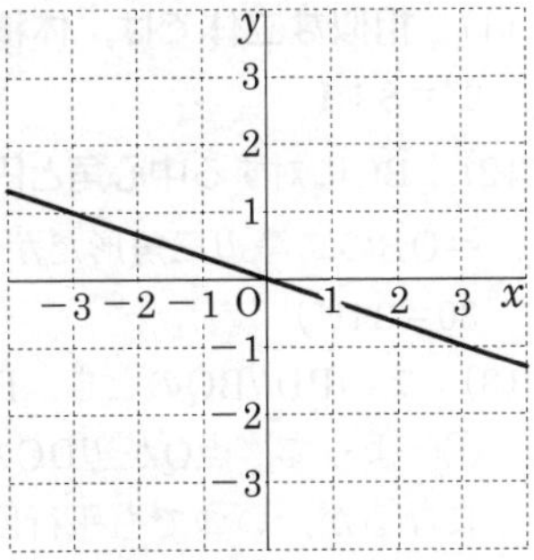

4　(1)　8：1　　(2)　34度　　(3)　イ

5　右下図

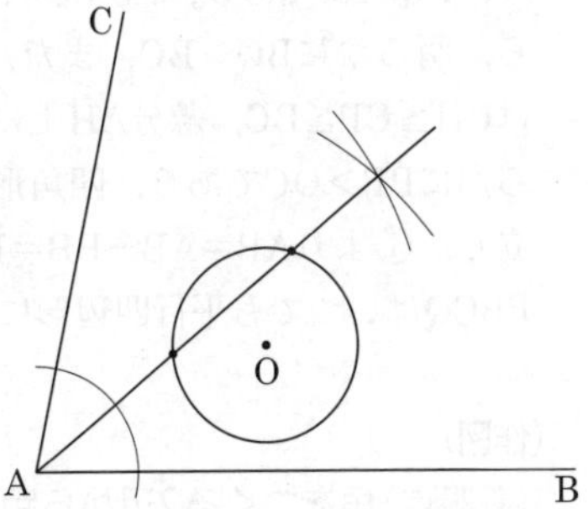

6　ウ

7　貯金した金額13100円 (解く過程は解説参照)

8　解説参照

9　(1)　エ　(2)　3.5m

10　(1)　$a=\frac{1}{250}$　　(2)　30km/h

11　(1)　いえない (理由は解説参照)

(2)　(記号)　A　　(確率)　$\frac{1}{3}$

12　(1)　$3\sqrt{10}$cm　　(2)　$15\sqrt{5}\,\mathrm{cm}^3$

＜数学解説＞

1　(数・式の計算，平方根，因数分解，2次方程式)

(1)　正の数・負の数をひくには，符号を変えた数をたせばよい。$1-(-3)=1+(+3)=1+3=4$

(2)　分配法則を使って，$(15x+20)\div5=(15x+20)\times\frac{1}{5}=15x\times\frac{1}{5}+20\times\frac{1}{5}=3x+4$

(3)　$(\sqrt{a})^2=a$を利用して分母を有理数にするために，分母と分子に$\sqrt{2}$をかけると，$\frac{5}{\sqrt{2}}=\frac{5\times\sqrt{2}}{\sqrt{2}\times\sqrt{2}}=\frac{5\sqrt{2}}{2}$

(4)　たして-5，かけて-14になる2つの数は，$(+2)+(-7)=-5$，$(+2)\times(-7)=-14$より，$+2$と-7だから　$x^2-5x-14=\{x+(+2)\}\{x+(-7)\}=(x+2)(x-7)$

(5)　**2次方程式$ax^2+bx+c=0$の解は，$x=\frac{-b\pm\sqrt{b^2-4ac}}{2a}$**で求められる。問題の2次方程式は，$a=1$，$b=-7$，$c=11$の場合だから，$x=\frac{-(-7)\pm\sqrt{(-7)^2-4\times1\times11}}{2\times1}=\frac{7\pm\sqrt{49-44}}{2}=\frac{7\pm\sqrt{5}}{2}$

2　(文字を使った式)

1本x円の鉛筆を3本買ったときの代金の合計は，$x\times3=3x$(円)　1000円札を1枚出したときのお

つりは，$(1000-3x)$円　これがy円に等しいから，$1000-3x=y$

3 (比例関数)

xとyの関係が定数aを用いて$y=ax$と表されるとき，**yはxに比例し**，そのグラフは原点を通る直線を表す。また，$y=-\frac{1}{3}x$に$x=3$を代入すると，$y=-\frac{1}{3}\times3=-1$だから，関数$y=-\frac{1}{3}x$のグラフは原点と点$(3,\ -1)$を通る直線である。

4 (相似な立体，角度，円の性質，平行四辺形になる条件)

(1)　**相似な立体では，体積比は相似比の3乗に等しい**から，四角錐Pと四角錐Qの体積比は$2^3:1^3=8:1$

(2)　$\overset{\frown}{BC}$に対する**中心角と円周角の関係**から，$\angle BAC=\frac{1}{2}\angle BOC=\frac{1}{2}\times128=64(°)$　△OABはOA＝OBの二等辺三角形だから，$\angle OAB=\angle OBA=30°$　以上より，$\angle x=\angle BAC-\angle OBA=64-30=34(°)$

(3)　アのPD//BQのとき，PB//DQでもあるから，四角形PBQDは平行四辺形となり，PB＝DQ…①　よって，点Qが辺DCの中点にあるとき，PB＝DQ＝QCとなり，四角形PBCQは平行四辺形になるが，いつでも平行四辺形になるとはいえない。イのAD//PQのとき，AD//BCでもあるから，PQ//BCであり，四角形PBCQはいつでも平行四辺形になる。∠Aと∠Cは鈍角であることから，明らかにBQ＞BC　また，点Cから辺ABへ垂線CHを引くと，点Pが線分HB上にあるときはCH≦CP≦BC，線分AH上にあるときはCH≦CPである。これより，ウのCP＝BQのとき，明らかにPB＞QCであり，四角形PBCQは平行四辺形にならない。アのPD//BQのとき，①が成り立ち，①よりAP＝AB－PB＝DC－DQ＝CQである。よって，エのAP＝CQのときも，四角形PBCQはいつでも平行四辺形になるとはいえない。

5 (作図)

(着眼点)**角をつくる2辺から距離が等しい点は，角の二等分線上にある。**　(作図手順)次の①～③の手順で作図する。①　点Aを中心とした円を描き，半直線AB，AC上に交点をつくる。　②　①でつくったそれぞれの交点を中心として，交わるように半径の等しい円を描き，その交点と点Aを通る直線(∠BACの二等分線)を引く。　③　∠BACの二等分線と円Oとの交点に●印を記入する。

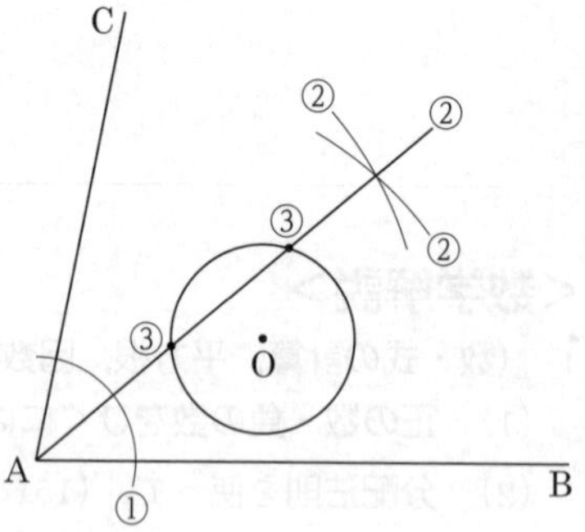

6 (資料の散らばり・代表値)

本を6冊以上借りた生徒の数は，1組が$10+2=12$(人)，2組が$6+2=8$(人)で，生徒の数が多いのは1組である。アは正しくない。**最頻値**は資料の値の中で最も頻繁に現れる値。借りた本の冊数の最頻値は，1組が6冊，2組が4冊で，最頻値が大きいのは1組である。イは正しくない。**中央値**は資料の値を大きさの順に並べたときの中央の値。借りた本の冊数の中央値は，1組が$\frac{5+5}{2}=5$(冊)，2組が$\frac{4+4}{2}=4$(冊)で，中央値が大きいのは1組である。ウは正しい。借りた本の冊数の**平均値**は，1組が$(2\times4+3\times4+4\times4+5\times6+6\times10+7\times2)\div30=140\div30=4.6\cdots$(冊)，2組が$(2\times1+3\times6+4\times10+5\times5+6\times6+7\times2)\div30=135\div30=4.5$(冊)で，平均値が小さいのは2組である。エは正しくない。

7 (方程式の応用)

(解く過程) (例)50円硬貨の枚数をx枚，500円硬貨の枚数をy枚とすると，

$\begin{cases} x+y=100 \cdots ① \\ 4x+7y+350=804 \cdots ② \end{cases}$ ②より，$4x+7y=454 \cdots ③$ ①より，$4x+4y=400 \cdots ④$ ③－④より，

$3y=54$ $y=18$ ①より，$x=82$ したがって，貯金した金額は$50\times 82+500\times 18=13100$(円)

8 (図形の証明)

(証明) (例)△ABHと△AGHにおいて，AHは共通…① 仮定から，AB＝AG…② ∠ABH＝∠AGH＝90°…③ ①，②，③より，直角三角形で，斜辺と他の1辺がそれぞれ等しいから，△ABH≡△AGH 合同な図形の対応する辺は等しいから，BH＝GH

9 (関数とグラフ)

(1) 図Ⅱは，花壇からの距離をxm，影の長さをymとしたとき，ゆうやさん，お父さんそれぞれのxとyの関係を表したグラフである。2点A，Bのx座標がそれぞれ4であることから，2点A，Bのy座標の値の差は，ゆうやさんとお父さんの花壇からの距離がそれぞれ4mのときの，2人の影の長さの差を表している。

(2) 図Ⅱのゆうやさんとお父さんそれぞれのxとyの関係を表したグラフは，一次関数とみることができる。ゆうやさんのグラフは2点(0，0.8)，(3，2)を通る直線だから，傾きが$\frac{2-0.8}{3-0}=0.4$ よって，ゆうやさんの直線の式は$y=0.4x+0.8 \cdots ①$ お父さんのグラフは2点(0，1)，(2，2)を通る直線だから，傾きが$\frac{2-1}{2-0}=0.5$ よって，お父さんの直線の式は$y=0.5x+1 \cdots ②$ お父さんが，花壇からの距離が2.4mの地点に立ち止まったときの影の長さは，②に$x=2.4$を代入して$y=0.5\times 2.4+1=2.2$より，2.2m このときのお父さんの影の長さと，ゆうやさんの影の長さが等しくなるのは，①に$y=2.2$を代入して$2.2=0.4x+0.8$ $x=3.5$より，ゆうやさんが花壇から3.5m離れたときである。

10 (比例関数，関数$y=ax^2$)

(1) 表Ⅱより，$x=5$のとき$y=0.1$だから，これを$y=ax^2$に代入して，$0.1=a\times 5^2$ $a=\frac{0.1}{5^2}=\frac{1}{250}$

(2) 空走距離は速さに比例するから，自転車Aについて，速さ$x$km/hのときの空走距離ymの関係を表す式を$y=bx$とすると，表Ⅰより，$x=5$のとき$y=0.8$だから，これを$y=bx$に代入して，$0.8=b\times 5$ $b=\frac{0.8}{5}=\frac{4}{25}$ これより，(停止距離)＝(空走距離)＋(制動距離)＝$\frac{4}{25}x+\frac{1}{250}x^2$ 自転車Aの停止距離が8.4mであるとき，$\frac{4}{25}x+\frac{1}{250}x^2=8.4$ 整理して，$x^2+40x-2100=0$ $(x-30)(x+70)=0$ $x>0$より$x=30$ 自転車Aは30km/hで走っていた。

11 (確率)

(1) (理由) (例)2枚とも表になる確率は$\frac{1}{4}$，1枚が表で1枚が裏になる確率は$\frac{1}{2}$で，確率が異なるから。

(2) 4枚のカードから同時に2枚をひくときのひき方は全部で，([1]，[2])，([1]，[3])，([1]，[4])，([2]，[3])，([2]，[4])，([3]，[4])の6通り。このうち，点Pが頂点Aに止まるのは和が5となる([1]，[4])，([2]，[3])の2通り，頂点Bに止まるのは和が6となる([2]，[4])の1通り，頂点Cに止まるのは和が7となる([3]，[4])の1通り，頂点Dに止まるのは和が3となる([1]，[2])の1通り，頂点Eに止まるのは和

が4となる([1]，[3])の1通りだから，もっとも起こりやすいのは，頂点Aに止まるときで，そのときの確率は$\frac{2}{6}=\frac{1}{3}$

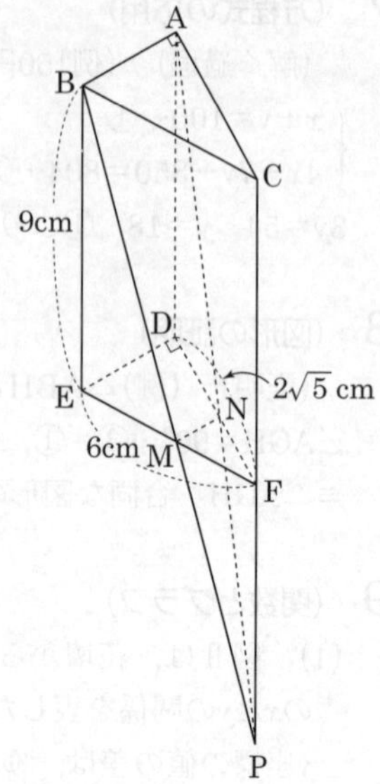

12 (空間図形の切断，線分の長さ，体積)

(1)　△BEMに三平方の定理を用いると，$BM=\sqrt{EM^2+BE^2}=\sqrt{\left(\frac{EF}{2}\right)^2+BE^2}=\sqrt{\left(\frac{6}{2}\right)^2+9^2}=3\sqrt{10}$(cm)

(2)　△DEFに三平方の定理を用いると，$DE=\sqrt{EF^2-DF^2}=\sqrt{6^2-(2\sqrt{5})^2}=4$(cm)　半直線AN，BM，CFの交点をPとすると，三角錐P－NMFと三角錐P－ABCは相似な三角錐であり，相似比はPF：PC＝MF：BC＝1：2　よって，体積比は$1^3:2^3=1:8$　以上より，図Ⅱの立体の体積は，三角柱ABC－DEFの体積から立体ABC－NMFの体積を引いたものであり，$\triangle DEF\times BE-\frac{1}{3}\times\triangle ABC\times PC\times\frac{8-1}{8}=\triangle DEF\times BE-\frac{1}{3}\times\triangle DEF\times 2BE\times\frac{7}{8}=\triangle DEF\times BE\times\frac{5}{12}=\frac{1}{2}\times 2\sqrt{5}\times 4\times 9\times\frac{5}{12}=15\sqrt{5}$ (cm^3)

＜英語解答＞

1 (1) ウ　(2) ア　(3) イ
2 (1) イ　(2) エ　(3) ア
3 (1) イ　(2) ウ　(3) ア
4 (例)Will you give me a piece of paper?
5 (1) エ　(2) ウ　(3) ア　(4) イ
6 (1) ア　(2) エ　(3) (例)Indonesia can develop more
7 (1) mine　(2) ウ　(3) イ
8 (1) エ　(2) エ　(3) ウ　(4) ア　(5) losing something very important
9 (1) How is the weather　(2) me carry this desk to　(3) shoes designed for running always makes
10 (1) (例1)I like sending an e-mail better.　(例2)Talking on the phone is better.　(2) (例1)First, I think talking on the phone is more expensive. Second, Mark can read my e-mail when he has time.　(例2)One reason is that I can tell my message quickly. The other reason is that I can hear his voice.

＜英語解説＞

1・2・3・4 (リスニング)

放送台本の和訳は，56ページに掲載。

5 (会話文問題：空所補充，動詞，疑問詞，受け身，仮定法)

(1) A：あなたは普段何時に起きますか？／B：私はたいてい7時に起きます，でも今朝は6時に起きました。／B：まあ，そうだったんですね？私も6時に起きました。Oh, did you (get up at six this morning)？ ( )内が省略されている一般動詞の疑問文。

(2) A：教室を掃除しましょう。／B：わかりました。あら，机の上に辞書がありますね。／A：その辞書は誰のものですか？／B：トニーのものです。彼の名前が辞書に書いてあります。Bが「トニーのものです」と答えていることに注目。「誰のもの」を表す Whose が適当。

(3) A：日本の映画は好きですか，ジョン？／B：はい，大好きです。／A：英語はスクリーンに出ますか？／B：はい，だから僕は日本の映画を楽しむことができます。**＜be動詞＋過去分詞＞で「〜をされる」の意を表す(受動態)。**show (見せる・示す)の過去分詞 shown が適当。

(4) A：今朝から具合が悪いのです。／B：まあ，本当ですか？ 今，気分はどうですか？／A：あまり良くないのです。早めに寝るつもりです。／B：私があなたなら，病院に行きます。**過去形を使って現在の事実と異なる仮定を表す仮定法過去の表現。be動詞は主語の人称，数にかかわらず were を用いることができる。**

6 (長文読解問題・手紙文：文の挿入，内容真偽，自由・条件英作文)

(全訳) ＜2020年8月18日＞

太一：ハイ，レオ。今僕は英語のスピーチを書くために外国で使われている日本の製品を探しているところです。インターネットで興味深いものを見つけました。これを見てください。

太一：日本の古い電車が世界に！ インドネシアの多くの人たちは日常生活で電車を使っています。インドネシアの鉄道会社は日本の電車を輸入してきました。2019年には1500両の日本の電車を所有していました。日本の電車のおかげで，より多くの人たちが仕事に行くことができるのです。それは日本の鉄道会社にとっても良いことです。日本の労働者たちは外国に住み，働くことによって良い経験をすることができます。

太一：インドネシアでこれらの電車を見たことはありますか？

レオ：ハイ，タイチ。あります。僕の国では，日本語が書いてある電車をよく見かけます。①また，僕は実際にその電車を使っています。

太一：本当ですか？ その電車はどんな感じですか？

レオ：日本の電車の冷房は快適です。そのアイディアはとても良いです。

太一：いいですね！僕は電車についてスピーチを書くことに決めました。スピーチを書き終わったら君に見せますね。

レオ：分かりました。

＜2020年8月25日＞

太一：僕はまだスピーチを書き終えていませんが，電車について新しい情報を付け加えました。見てもらえますか？

太一：僕は世界で使われている日本の製品，インドネシアでの古い日本の電車についてお話しようと思います。僕は古い電車がどのように使われていたのか想像したことがありませんでした。でもインドネシアでは2019年に約1500両もの日本の電車があったことに驚きました。それらの電車を使うことはインドネシアと日本，両方の国にとって良いことなのです。インドネシアの多くの人たちが仕事に行くときにそれを使うことができます。日本の鉄道会社は労働者に日本の外で働く機会を与えることができます。しかし，新聞によると，インドネシアは電車の輸入をやめることにするそうです。また，インドネシアはインドネシア製の電車を使用しようとしているそうです。……聞いてくれてありがとうございます。

レオ：新しい情報を知って驚きました。インドネシアがインドネシア製の電車を作る意向だということを知り興味深いです。インドネシアがより発展するといいと思います。

太一：僕もそう思います。はじめは寂しく思いましたが，②インドネシアがより発展できることを知り嬉しく思います。

(1)　全訳参照。空所①の直後の太一とレオの会話に注目。「その電車はどんな感じですか？」という太一の質問に対してレオが具体的に答えていることからレオが実際に乗っていると言ったことが推測できる。

(2)　ア　インドネシアでは2019年に約1500両の日本の電車があった。　イ　インドネシアのより多くの人たちは仕事に行くときに電車を使うことができる。　ウ　日本の鉄道会社は労働者たちに日本の外で働く機会を与えることができる。　エ　インドネシアはインドネシア製の電車を使用するよう努める意向だ。(○)　太一の7番目の発言，レオの4番目の発言に注目。

(3)　太一の発言の前半は「寂しく思う」と言っているが，but ～と続けていることから前向きな意見をもっていることが推測できる。直前のレオの発言に注目。

7　(長文読解問題・エッセイ：空所補充，要旨把握)

(全訳)　それはクリスマス前のことでした。トムは家族にクリスマスプレゼントを贈りたいと思い，店に行く途中でした。おばあちゃんへのプレゼントを決めるのが最も難しいことでした。彼女は必要なものはみんな持っていて，何も欲しがりませんでした。トムは店に行く前に，おばあちゃんの家に行って直接聞いてみることにしました。

おばあちゃんは居間で本を読んでいるところでした。はじめに，トムは弟のニックへのプレゼントについて彼女の相談することにしました。トムは言いました，「ニックへのクリスマスプレゼントについておばあちゃんに話す必要があるんだ。僕は彼に万能ナイフをあげるつもりなんだ。おじいちゃんがそのナイフを僕の12歳の誕生日に贈ってくれたんだよ。たくさん機能がついていてすごくかっこいいんだ。ニックは今12歳だから，それを安全に使えると思うんだよ。どう思う？」おばあちゃんは言いました，「もちろんよ，トム。でも彼はもう持っていると思うわ。」トムは言いました，「彼はナイフを持っているけど，①僕のものみたいな物ではないんだ。彼はこの夏キャンプに行って僕のナイフを見た時，とても気に入っていたんだよ。」おばあちゃんは言いました，「あなたのものを彼にクリスマスプレゼントとしてあげるつもりなの？」トムは言いました，「そうだよ。新しくはないけど，彼に僕のものをあげたらきっと気に入るよ，おばあちゃんの本棚みたいにね。おばあちゃんは本棚をとても気に入っているでしょう？」おばあちゃんは言いました，「その通りよ。私はこの古い本棚を長い間使っているの。おそらく100年くらい前，この家が建てられた時に作られたものよ。とても古くなってきて，扉が簡単には開かないの。」おばあちゃんはトムにどのくらい彼女が今もその古い本棚が大好きで，将来家族のために残しておきたいかを話してくれました。トムは言いました，「おばあちゃん，僕にその扉を直してほしいと思ってる？」おばあちゃんは微笑んでこう言いました，「そうよ，トム。クリスマスプレゼントとして私のためにそれを直してくれない？」トムは聞きました，「クリスマスプレゼントとして？」するとおばあちゃんは言いました，「そう，だってこれは私の宝物で本当に大好きなんだもの。今は私の物だけど，将来はあなたの物になるのよ。」おばあちゃんは笑って，彼女のお気に入りのチョコレートケーキを作るためにキッチンへ行きました。

トムは彼女にそれじゃあまたと言いました。そして②彼は物の修理についての本を買いに本屋さんへ行きました。

(1)　空所①の後のトムとおばあちゃんの会話に注目。トムの発言の中に mine「私のもの」という語がある。

(2) 全訳参照。 ア おばあちゃんはニックがナイフを持っていることを知らなかった。 イ おばあちゃんはトムの誕生日に彼に万能ナイフをあげた。 ウ おばあちゃんは彼女の本棚をいつか彼女の家族にあげられたらいいと思っている。(○) 第2段落最後から2文目及び7文目に注目。 エ おばあちゃんはクリスマスのプレゼントとしてチョコレートケーキを作った。

(3) 全訳参照。第2段落の後半部分でおばあちゃんがトムに「クリスマスプレゼントとして本棚の扉を直してほしい」と望んでいることから，イ「彼は物の修理についての本を買いに本屋さんへ行きました。」が最も適当。

8 (長文読解問題・論説文：空所補充，語句の解釈・指示語，要旨把握)

(全訳) 日常生活の中の新しいテクノロジーについて考えたことはありますか？ 身の回りに新しいテクノロジーを使った製品を持っていますか？ 私たちの生活は新しいテクノロジーのおかげでより良く，より容易になってきました。しかし，それは文化や習慣を①変化させるかもしれません。将来それらを失ってしまうかもしれないのです。

世界には高齢化社会や様々な種類の災害のような問題があります。私たちはそれらの問題に対して解決策を見つけようとしています。解決策のひとつは新しいテクノロジーで②新しい生活を創ることです。今はできないたくさんのことをできるようになるでしょう。いくつかの例を挙げましょう。ひとつは遠隔医療です。病院に行かずに医療を受けることができます。病院に行くことができない年配の人たちも若い人たちも，すぐに家で医療を受けることができるのです。もうひとつの例は，自然災害についての情報を事前に得ることができるということです。それを使って，自然災害に備え適切に対応することができます。新しいテクノロジーは私たちの生活をより良くするために大切なものです。多くの人たちは，新しいテクノロジーを使って生活を送ることはより良くより容易であると考えています。しかし，それはしばしば，とても大切なものを失うということを意味します。

私たちの生活は変化しはじめています。新しいテクノロジーを使った新しい様式では生活できない人たちもいます。だから，そういう人たちは伝統的な様式で生活を続けます。しかし，新しいテクノロジーを備えた新しい場所へ移りたいと思う人たちもいます。多くの人たちは(彼らの場所から)新しい場所へ移ってきています。そしていくつかの地域では人口減少が問題になっているのです。③そのような地域で人々がもっている文化や習慣が失われるかもしれません。だから，その町に住む人たちはそれら(文化や習慣)を守ろうとしています。伝統的な方法で食物を作ろうとしている人たちもいます。その地域の自然資源で独自の製品を作っている人たちもいます。今では伝統的な様式で暮らしたいという理由でそのような地域に移住する人たちもいるのです。

私たちの生活をより良くするために新しいテクノロジーを使った新しい生活を④作り出すことは重要です。同様に，私たちの伝統的なもの，例えば文化や習慣といったものを⑤保持することも大切なのです。私たちはより良い未来のためにそれらのことを考えていくべきです。

(1) 全訳参照。第1段落の内容に注目。「私たちの生活がより良くより容易になってきた」「文化や習慣を失うかもしれない」と述べているので，change (変化させる，変える)が適当。

(2) 第2段落最後から5文目に注目。エ「人々は自然災害についてそれが起こる前に知ることができる」が適当。

(3) 全訳参照。第2段落最後の2文，及び第3段落下線部③の直前の内容に注目。ウ「多くの人たちは新しいテクノロジーを備えた新しい場所へ移住してきた，なぜならそこで暮らすことがより容易だからだ」が適当。

(4)　全訳参照。create ＝作り出す，創造する　keep ＝保つ，持ち続ける

(5)　(問題文訳)T：あなたは将来，新しいテクノロジーを備えた新しい生活と伝統的な暮らしのどちらを送りたいと思いますか？／S：その質問に答えるのは難しいです。／T：なぜですか？／S：今は，新しいものと共に生活するととても大切なものを失ってしまう，という問題について考える必要があると分かっているからです。第2段落最後の2文に注目。最後の1文に losing something very important とある。

9　(会話文問題：語句の並べ換え)

(1)　A：岩手は今日は寒いです。／B：そちらは雪が降っていますか？／A：はい，少し降っています。東京の今日の天気はどうですか？／A：曇っていますが暖かいです。

(2)　A：今，手はあいていますか？／B：はい。／A：この机を私たちの教室まで運ぶのを手伝ってもらえますか？／B：いいですよ，でもこれはあまりにも重いと思います。**<help ＋人＋動詞の原形～>で「(人)が～するのを手伝う」を表す。**

(3)　A：あなたの靴が好きです。／B：ありがとう。この前の日曜日に買ったんです。／A：まあ，そうなのですね。／A：走る時は，ランニング用に作られた靴を履くといつも楽しくなります。designed は design の過去分詞で shoes を後ろから修飾する。(分詞の形容詞的用法)**<make ＋人＋形容詞～>で「(人)を～にさせる，する」**

10　(自由・条件英作文)

(問題文・解答例訳)　英語の質問：メールを送ることと電話で話すこと，どちらが好きですか？
①(例1)私はメールを送ることの方が好きです。　(例2)電話で話すことの方がいいです。　それには2つ理由があります。②(例1)ひとつ目に，電話で話すことはより費用がかかると思います。ふたつ目に，マークは時間がある時に私のメールを読むことができます。　(例2)ひとつ目の理由は，メッセージをすぐに伝えることができることです。もうひとつの理由は，彼の声を聞けるということです。

2022年度英語　リスニングテスト

〔放送台本〕

英語はすべて2回繰り返します。メモをとってもかまいません。

1　これは，二人の対話を聞いて答える問題です。これから，女性と男性が英語で対話をします。それぞれの対話は，女性，男性，女性，男性の順で行われます。最後に，男性が話す英語の代わりにチャイムが鳴ります。このチャイムの部分に入る英語として最も適当な答えを，それぞれ，問題用紙のア，イ，ウ，エのうちから一つずつ選んで，その記号を書きなさい。

(1)　*A:* Have a nice weekend.
　　B: You, too. See you next week.
　　A: Oh, you forgot your pen. Here you are.
　　B: (チャイム)

(2)　*A:* Look. They are building something new here.
　　B: Yes, I know.
　　A: What is it going to be?

B: (チャイム)

(3) *A:* What are you looking at?

B: A picture of my cat. She was playing with some toys.

A: Oh, she's so small and cute.

B: (チャイム)

〔英文の訳〕

(1) A：よい週末を。

B：あなたも。また来週会いましょう。

A：ああ，ペンを忘れていますよ。はいどうぞ。

B：ウ　ありがとう。

(2) A：見てください。ここに何か新しいものを建てていますね。

B：はい。知っています。

A：何ができるのですか？

B：ア　コンビニエンスストアです。

(3) A：何を見ているのですか？

B：私の猫の写真です。おもちゃで遊んでいたところです。

A：まあ，とても小さくてかわいいですね。

B：イ　彼女はまだ2か月なのです。

〔放送台本〕

2 これは，高校生の由奈(Yuna)とブラウン先生(Mr. Brown)との対話を聞いて答える問題です。二人の対話の後，その内容について英語で質問をします。(1)，(2)，(3)の質問に対する最も適当な答えを，それぞれ，問題用紙のア，イ，ウ，エのうちから一つずつ選んで，その記号を書きなさい。

Mr. Brown: Are you good at cooking, Yuna?

Yuna: No. I tried to cook *okonomiyaki* for my family last year but I couldn't cook it well. How about you?

Mr. Brown: I like cooking. I started cooking Japanese food when I came to Japan two years ago.

Yuna: What kind of Japanese food did you try first?

Mr.Brown: I cooked *miso* soup, rice and fish.

Yuna: Did you cook well then?

Mr. Brown: No. They were terrible. I put too much *miso* in the soup. The rice was too soft. The fish was cooked so long that it was very hard.

Yuna: I'm sorry to hear that. Can you cook well now?

Mr. Brown: Yes. My food is delicious now because I cook every day. Look at this picture. I took it last night.

Yuna: Wow. You cooked *miso* soup, rice, and *tempura*. They look so good.

Mr. Brown: Thank you. I put the *tempura* on the rice. Then I took this picture. It is fun to cook. Why don't you try to cook again?

Yuna: OK. I'll try to cook for my family this weekend.

(1) When did Yuna try to cook *okonomiyaki*?

(2) How was the rice Mr. Brown cooked for the first time in Japan?

(3) Which picture is the one Mr. Brown took last night?

〔英文の訳〕

ブラウン：あなたは料理が上手ですか，ユナ？

由奈　：いいえ。去年家族のためにお好み焼きを作ろうとしたのですが，上手にできませんでした。先生はいかがですか？

ブラウン：私は料理が好きです。2年前に日本に来た時和食の料理をし始めました。

由奈　：最初に何の和食を作ってみたのですか？

ブラウン：味噌汁とご飯と魚を調理しました。

由奈　：その時上手にできましたか？

ブラウン：いいえ。ひどいものでした。味噌汁に味噌を入れすぎました。ご飯は柔らかすぎました。魚は長く調理しすぎたのでとても硬くなりました。

由奈　：それは残念です。今は上手に料理できますか？

ブラウン：はい。私の料理は今ではおいしいです，毎日料理していますからね。この写真を見てください。昨夜撮りました。

由奈　：わあ。味噌汁とご飯と天ぷらを作ったのですね。とてもおいしそうです。

ブラウン：ありがとう。ご飯の上にてんぷらをのせました。それからこの写真を撮ったのです。料理をすることは楽しいです。もう一度料理をしてみてはどうですか？

由奈　：分かりました。この週末に家族のために料理をしてみるつもりです。

(1) いつ由奈はお好み焼きを作ろうとしましたか？

答え：イ　去年

(2) ブラウン先生が日本で初めて料理したご飯はどのようなものでしたか？

答え：エ　柔らかすぎました。

(3) 昨夜ブラウン先生が撮った写真はどれですか？

答え：ア

〔放送台本〕

3 これは，英語による説明を聞いて，メモを完成させる問題です。あなたはある図書館の利用案内を聞いてメモをとっています。これから放送される英語の説明を聞いて，(1)，(2)，(3)の空所に入る最も適当な答えを，それぞれ問題用紙のア，イ，ウ，エのうちから一つずつ選んで，その記号を書きなさい。

Welcome to our library. Now we will tell you how to use our library. Anyone can use this library and borrow books after making a library card. Please come to Desk A to make your library card. Then you can borrow five books for two weeks. Students can borrow three more books during the summer and winter vacations. Please bring them with your library card to Desk B when you want to borrow books. At Desk C, you can ask any questions about this library. This library opens from nine in the morning to five in the afternoon. Every Sunday we close two hours earlier. Every Tuesday the library is closed. Every Thursday you can get free magazines about city events at Desk D. Don't eat or drink in the library. That's all. Enjoy the library.

〔英文の訳〕

私たちの図書館にようこそいらっしゃいました。これから図書館の使い方をお伝えします。図書館カードを作れば，どなたでもこの図書館を使い本を借りることができます。図書館カードの作成はデスクAにお越しください。5冊の本を2週間借りることができます。学生の方は夏と冬の休暇の間はもう3冊借りることができます。本を借りたい時は，それらを図書館カードとともにデスクBにお持ちください。デスクCではこの図書館についてのご質問をすることができます。この図書館は午前9時から午後5時まで開館しています。毎週日曜日は2時間早く閉館します。毎週火曜日は閉館です。毎週木曜日はデスクDで市のイベントについての無料冊子を受け取ることができます。図書館の中で飲食はしないでください。以上です。図書館をお楽しみください。

〔放送台本〕

4 これは，絵を見て答える問題です。これから，この絵について英語で質問をします。質問に対する答えを，英語で書きなさい。

Look at the picture. Mike wants a piece of paper during English class. What should Mike say to the teacher?

〔英文の訳〕

絵を見てください。マイクは英語の授業の時間にプリントを欲しいと思っています。マイクは先生になんと言えばよいですか？

(解答例訳)　プリントを1枚いただけますか？

＜理科解答＞

1 (1)　ウ　(2)　イ　(3)　ウ　(4)　ウ　(5)　ア　(6)　エ　(7)　エ　(8)　イ

2 (1)　6分　(2)　0.4W　(3)　右図　(4)　①　ア　②　カ

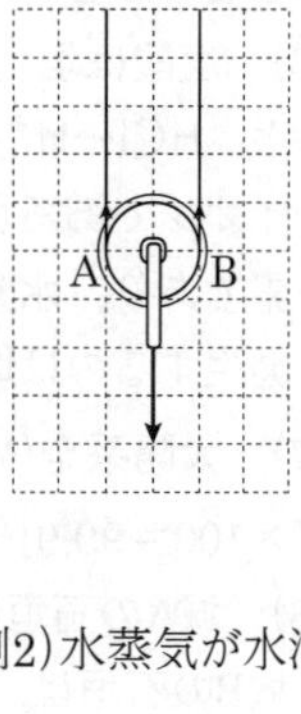

3 (1)　エ　(2)　$2CuO + C \rightarrow 2Cu + CO_2$

(3)　(例)石灰水が逆流しないようにするため。

(4)　(1.0gのとき)　ア，イ　(0.1gのとき)　ア，ウ　(5)　イ

4 (1)　イ　(2)　(例)視野が広く，観察したいものを見つけやすいから。　(3)　ビーカーA　ア　ビーカーB　イ　ビーカーC　ウ

(4)　(顕性形質)　丸形　(記号)　ア　(5)　(例)地球からの距離が変わるから。　(6)　ア　(7)　ア

5 (1)　エ　(2)　イ　(3)　X　イ　Y　(例1)水蒸気が凝結する　(例2)水蒸気が水滴へと変化する　(4)　質量　15.4g　露点　18℃

6 (1)　ウ　(2)　外骨格　(3)　ウ　(4)　次ページの表

（例1）

分類のしかた	子のうみ方	・体温の調整方法
特徴	A 卵生	B 胎生
動物	X トカゲ, イモリ, フナ, スズメ	Y ネズミ

（例2）

分類のしかた	子のうみ方	・体温の調整方法
特徴	A 変温動物	B 恒温動物
動物	X トカゲ, イモリ, フナ	Y ネズミ, スズメ

＜理科解説＞

1　**（小問集合－生物の成長と生殖：細胞分裂の観察，自然界のつり合い：炭素の循環，力のつり合いと合成・分解：水圧，電流：回路の電圧と電流と抵抗，物質の成り立ち：ガスバーナー，水溶液とイオン：電解質の電気分解，気体の発生とその性質，太陽系と恒星：太陽系全体の質量に対する太陽の質量の割合，地層の重なりと過去の様子：堆積岩，火山活動と火成岩：深成岩）**

(1)　タマネギの根の先端の細胞を観察するとき，核を見やすくするために用いる染色液は，酢酸オルセイン溶液である。**酢酸オルセイン溶液**は，細胞を生きた状態で固定するとともに，**核や染色体を赤紫色に染めるはたらき**がある。

(2)　大気中の二酸化炭素をとり入れているのは，二酸化炭素と水を原料として光合成をする植物などの生産者である。

(3)　水中の物体にはたらく水圧は，物体の面に垂直にはたらき，その場所より上にある水の重力によって生じるため，深くなるほど大きくなる。同じ深さのところでは，水圧の大きさは等しい。よって，ウが最も適当である。

(4)　電流の大きさは**電流計を回路に直列につないで測定**するため，イとエは間違いである。電源装置の電圧が10Vのとき2Aの電流が流れた回路の全抵抗は，$R[\Omega]=\frac{10[V]}{2[A]}=5[\Omega]$である。10[Ω]の抵抗を**直列**につないだ場合の全抵抗は，$R_1=10[\Omega]+10[\Omega]=20[\Omega]$となり，アは適さない。**並列**につないだウの全抵抗は，$\frac{1}{R_2}=\frac{1}{10[\Omega]}+\frac{1}{10[\Omega]}$，より，$R_2=5[\Omega]$である。よって，ウの回路では，電流計は2Aを示し，ウが正しい。

(5)　ガスバーナーの火を消すときに行う操作の手順は，空気調節ねじをしめたあと，ガス調節ねじをしめる。

(6)　塩酸は塩化水素の水溶液であり，うすい塩酸が電離している状態を，イオン式を用いて表すと，$HCl \rightarrow H^+ + Cl^-$，であり，電圧がかかると陽イオンである水素イオンは陰極へ移動し，陰イオンである塩化物イオンは陽極へ移動する。よって，**陰極**である電極Aから発生するのは　水素であり，**水素**は空気中で火をつけると，**音を立てて燃えて水ができる**。**陽極**である電極Bから発生するのは**塩素**であり，塩素は黄緑色の有毒な気体で，殺菌作用や**漂白作用がある**。

(7)　太陽系全体の質量に対する太陽の質量の割合[%]$=\frac{太陽の質量}{太陽系全体の質量}\times 100=\frac{333000}{333000+447}\times 100 \fallingdotseq 99.9$[%]である。

(8)　城Aの石垣は，**サンゴや貝殻**などの化石が見られることから堆積岩のなかまの**石灰岩**である。城Bの石垣は，鉱物が**等粒状組織**になっていることから，火成岩のなかまの深成岩であり，全体的に白っぽく，**石英・長石・黒雲母**などの鉱物からなることから，**花こう岩**である。

2 (仕事とエネルギー：自転車の変速機・動滑車・仕事率，力と物体の運動：速さ)

(1)　家から学校までの時間〔m〕$=\dfrac{1.8\,[\mathrm{km}]}{18\,[\mathrm{km/h}]}=0.1\,[\mathrm{h}]=6\,[\mathrm{m}]$である。よって，6分である。この問題の場合は，〔m〕は〔minute〕の省略形で〔分〕を表す。

(2)　物体を引き上げる**仕事率**〔w〕$=\dfrac{20.0\,[\mathrm{N}]\times 0.1\,[\mathrm{m}]}{5\,[\mathrm{s}]}=0.4\,[\mathrm{w}]$である。

(3)　表から，**仕事の原理**により，定滑車を使っても，動滑車を使っても，仕事の量は同じであることが分かる。**動滑車**を使って物体を引き上げる場合は，2本の糸で物体を引き上げるため，**力は定滑車を使って物体を引き上げるときの**$\dfrac{1}{2}$**ですむ**。よって，糸が動滑車を引く力は作用点A，Bから上向きに1マスの長さの力の矢印をかく。

(4)　仕事の原理により，仕事＝物体に加えた力×力の向きに移動させた距離，はかわらない。変速機は，後輪の歯車を大きなものにかえることで，**小さな力**で坂を上ることができるものである。そのため，**図Ⅳでは，図Ⅲよりも距離，すなわち，ペダルの歯車の回転数が多くなる**。よって，ペダルの回転数は多くなる。

3 (化学変化と物質の質量：質量保存の法則・化学反応式・質量変化の規則性すなわち反応する物質の質量の比が一定，化学変化：酸化と還元・実験操作，身のまわりの物質とその性質：有機物)

(1)　酸化銅の粉末と炭素の粉末をよく混ぜて図の装置で加熱すると，**炭素は酸化銅から酸素をうばい酸化して二酸化炭素になる。酸化銅は酸素をうばわれ還元されて金属の銅になる**。よって，炭素のかわりに酸化銅の粉末と混ぜて加熱したとき二酸化炭素を発生する物質は，**炭素原子をふくむ有機物のポリエチレン**である。

(2)　試験管A内で起こった化学変化は(1)の解説のとおりである。よって，質量保存の法則により，化学反応式で表すと，$2CuO+C\rightarrow 2Cu+CO_2$，である。

(3)　ガラス管を石灰水の中に入れたまま火を消すと**石灰水が逆流して試験管が割れる**ことがあるので，必ずガラス管を石灰水の中から出した後に，ガスバーナーの火を消す。

(4)　酸化銅の粉末5.0gと炭素の粉末5.0gを混ぜ合わせた場合に発生した二酸化炭素の質量は，5.0＋5.0－8.6＝1.4(g)であり，炭素の粉末を4.0g，3.0g，2.0g，1.0g，さらに0.9g，から0.4gまで0.1gずつ減らした場合も発生した二酸化炭素の質量は1.4gであった。酸化銅と混ぜ合わせた炭素の粉末が0.3gの場合には，発生した二酸化炭素の質量は，5.0＋0.3－4.2＝1.1(g)であり，炭素の粉末が0.2gの場合は0.7g，炭素の粉末が0.1gの場合は0.3gであり，発生した二酸化炭素の質量は減少している。よって，**酸化銅の粉末5.0gと混ぜ合わせた炭素の質量が0.4gまでは，酸化銅はすべて還元されている。炭素の質量が1.0gのときは**，⑦から，反応後の固体はすべてで赤褐色の固体と黒い固体が見られたことから，反応後の試験管Aの固体にふくまれる物質は**銅と酸化銅のすべてを還元してあまった炭素**である。また，**炭素の質量が0.1gのとき**，発生した二酸化炭素の質量が減少しているのは，**炭素が足りないため**と考えられ，反応後の試験管Aの固体にふくまれる物質は，**銅と還元されずに残った酸化銅**である。

(5)　(4)より，炭素の質量が0.4gまでは，酸化銅はすべて還元されている。炭素の質量を0.3gにすると，発生した二酸化炭素の質量が減少したことから，炭素の質量が不足していると考えられる。よって，5.0gの酸化銅を炭素で還元するとき，**酸化銅と過不足なく反応する炭素の質量は，0.3g以上0.4g未満である**。

4 (光と音：光の反射，生物の観察・調べ方の基礎：顕微鏡，酸・アルカリとイオン，中和と塩，遺伝の規則性と遺伝子：顕性形質と潜性形質，太陽系と恒星：金星の見え方，天体の動きと地球

の自転・公転：星の日周運動・年周運動，地層の重なりと過去の様子：柱状図・かぎ層)

(1)　鏡1の面に垂直な線と入射した光がつくる角である入射角と，反射した光がつくる角である反射角が等しくなるように，反射した光の道筋をかくと鏡2のイにあたる。よって，鏡2のイで反射する。

(2)　顕微鏡の観察で，はじめ**低倍率**で観察するのは，**視野が広く**，観察したいものを見つけやすいからである。

(3)　BTB溶液を加えたとき緑色を示したことから，ビーカーAの水溶液は中性の食塩水であることがわかる。BTB溶液を加えたとき，黄色を示したことから，ビーカーBとCには酸性の水溶液が入っていることがわかる。BとCに水酸化バリウム水溶液を加えると，$H_2SO_4+Ba(OH)_2 \rightarrow 2H_2O+BaSO_4$，の中和反応が起きて水と塩ができ，**硫酸バリウムは水に溶けないので，白い沈殿**を生じたのはビーカーCであり，ビーカーCにはうすい硫酸が入っていたことがわかる。沈殿を生じず，変化しなかったビーカーBはうすい塩酸である。

(4)　丸形の遺伝子をA，しわ形の遺伝子をaとすると，エンドウの種子の丸形どうしのかけ合わせで，子の代で，丸形の他に，しわ形の種子ができる，親の代のかけ合わせは，(AaとAa)である。よって，**Aaの遺伝子をもつ親は丸形であるため，丸形が顕性形質である**。しわ形は**潜性形質**であるため，**しわ形の種子がもつ遺伝子は，aa**，であり，しわ形どうしのかけ合わせは，(aaとaa)であるため，子の遺伝子のくみ合わせは全てaaであり，すべてしわ形である。

(5)　地球が1年で1公転しているのに対して，内惑星である金星は約0.62年で1公転している。**公転周期が異なるため，金星と地球との距離がたえず変化し，地球から見た金星の見かけの大きさは変化する**。金星が地球から近いときには，大きく見えて欠け方が大きく，遠いときには，小さく見えて欠け方が小さい。

(6)　地球が1か月に約30°西から東へ公転しているため，同時刻にオリオン座が見える方向は，**星の年周運動**により，**1か月後には東から西に約30°回転したように見える**。また，地球の自転により，地球が，西から東に1日(24時間)で1回転(360°)するため，**星の日周運動**により，オリオン座は**東から西に向かって1時間に約15°回転して見える**。よって，ある日の午後8時ごろに南の空に見えたオリオン座が，1か月後に同じ場所で，同じ位置に見えるのは，30°÷15°＝2，より，午後8時より2時間前の午後6時ごろである。

(7)　凝灰岩は火山灰が堆積したもので，火山灰は広い範囲に短期間で堆積することが多く，同じ時期に堆積した層を比較するときの目印になることから，**凝灰岩や火山灰の層をかぎ層という**。A地点での凝灰岩の標高は，280－60＝220(m)であり，同様にして，B地点での凝灰岩の標高は220m，C地点での凝灰岩の標高は230mである。このことから，**凝灰岩層は，D地点とC地点の方向からA地点とB地点方向に傾いていると考えられる**。よって，D地点での凝灰岩層の標高はC地点と同じ230mと考えられ，260－230＝30(m)により，標高260mのD地点では，凝灰岩は地表から30mの深さに表れる。

5　**(天気の変化：雲の発生のしくみ・空気中の水蒸気量・露点，大気圧と圧力，状態変化，火山活動と火成岩：火山の形)**

(1)　火山の形は，マグマの流れやすさ(ねばりけ)によって異なる。いっぱんに，**流れやすい(ねばりけが小さい)マグマ**をふき出す火山ほど，**傾斜はゆるやか**で，火山灰などの火山噴出物は**黒っぽい粒を多く含む**。**流れにくい(ねばりけが大きい)マグマ**をふき出す火山ほど，火山の形は**盛り上がって**おり，火山灰などの火山噴出物は**白っぽい粒を多く含む**。

(2)　**質量1kgの物体によって$1cm^2$にはたらく圧力が1気圧であり，およそ1013hPaである**。底面積が14cm^2で質量が14gの消しゴムの場合，1cm^2あたりにはたらく力は1g＝0.001kgであり，0.001気圧に等しい。よって，1013hPa×0.001≒1hPa，より，底面積が14cm^2で質量が14gの消しゴムが床に置かれているとき，消しゴムによって床にはたらく圧力の大きさは，約1hPaになる。

(3)　水蒸気をふくむ空気のかたまりが**上昇**すると，周囲の気圧が低いために**膨張**する。そのため，上昇する空気の**温度は下がる。露点よりも下がると**，空気にふくみきれなくなった**水蒸気が水滴へと変化する(凝結する)ことで，雲ができる。**

(4)　表より気温20℃のときの**飽和水蒸気量**は17.3[g/m^3]であるため，空気1m^3中に含まれる水蒸気の質量をx[g/m^3]とすると，$\frac{x[g/m^3]}{17.3[g/m^3]}\times 100=89[\%]$，x[g/$m^3$]≒15.4[g/$m^3$]であり，表より，露点は18℃である。

6 **(動物の特徴と分類：セキツイ動物・節足動物，生物の種類の多様性と進化，動物のからだのつくりとはたらき：細胞による呼吸)**

(1)　**古生代の地層からは，魚類と両生類とハチュウ類の化石が見つかっているが，魚類は最も古い年代の地層から見つかっている。**よって，地球上に最初に現れたと考えられているセキツイ動物は，魚類である。

(2)　バッタは節足動物のなかまの昆虫類である。**節足動物**は，からだが**外骨格**というかたい殻でおおわれていて，外骨格は，からだを支えたり保護したりするはたらきをしている。

(3)　動物が呼吸でとりこんだ気体は酸素で，ひとつひとつの細胞内で起きているのは，**細胞による呼吸**であり，酸素を使って養分からエネルギーがとり出されている。このとき，二酸化炭素と水ができる。

(4)　子のうみ方で分類した場合の特徴は，A：**卵生**，B：**胎生**，である。卵生の動物Xは，トカゲ，イモリ，フナ，スズメであり，胎生の動物Yは，ネズミである。体温の調節方法で分類した場合の特徴は，A：**変温動物**，B：**恒温動物**，である。変温動物Xは，トカゲ，イモリ，フナであり，恒温動物Yは，ネズミ，スズメである。

<社会解答>

1　(1)　エ　(2)　エ

2　(1)　イ　(2)　(例)唐や新羅が攻めてきたときに，大宰府を守るため。
(3)　刀狩[刀狩令]　(4)　エ　(5)　C→D→A→B

3　(1)　ウ　(2)　ア　(3)　(例)琵琶湖からの水は，人口密度が高い地域を流れており，流れている府県では多くの人々に利用されているから。

4　(1)　アとエ　(2)　知る権利　(3)　地方税　A　地方交付税交付金　C　国庫支出金　B　(4)　(例)X町の人口は年々増加している。要因は，X町への転入者の数が多いためである。

5　(1)　ウ　(2)　ア　(3)　エ　(4)　(例)首都を主な民族の居住地ではない地域に移転することで，民族間の争いを抑制するため。

6　(1)　西南戦争　(2)　ア　(3)　(例)大臣のほとんどが立憲政友会に所属しており，立憲政友会は衆議院で一番多くの議席を獲得している。　(4)　ウ

7　(1)　イ　(2)　直接金融　(3)　ユニバーサルデザイン

8　(1)　加工貿易　(2)　イ　(3)　長所　(例)選んだ資料【Ⅰ】日本より，労働者の賃金が

安い。　選んだ資料【Ⅱ】 日本より，労働者が多く，雇用しやすい。　選んだ資料【Ⅲ】 日本より，電気料金が安い。　短所　(例)選んだ資料【Ⅰ】 中国の労働者の賃金が，今後もあがっていくと考えられる。　選んだ資料【Ⅱ】 現地の労働者との意思疎通が難しい。　選んだ資料【Ⅲ】 日本より，停電の回数が多く，電気の供給が安定していない。

＜社会解説＞

1 (地理的分野―世界地理－地形)

(1)　略地図は**正距方位図**なので，ロンドンからの方角が正しく示されている。上が北，右が東，下が南，左が西である。ロンドンから見て，東京は北東の方角になる。

(2)　略地図は正距方位図なので，ロンドンからの距離が正しく示されている。正距方位図上で見て，距離の長いBが，ロンドンから遠い地点である。B地点は，南アメリカ大陸の南半分にあるので，**南半球**に位置する。

2 (歴史的分野―日本史時代別－古墳時代から平安時代・鎌倉時代から室町時代・安土桃山時代から江戸時代，―日本史テーマ別－政治史・法律史・外交史・宗教史)

(1)　ア　**平氏**は，12世紀の**平氏政権**の時代に権力をふるった一族である。　ウ　**藤原氏**は，11世紀の**摂関政治**の時代に権力の絶頂を極めた一族である。　エ　**北条氏**は，13世紀の**執権政治**の時代に権力をふるった一族である。ア・ウ・エとも別の時代のことであり，イが正しい。**蘇我氏**は，6世紀後期から7世紀中期にかけて，娘を天皇家に入内させ，蘇我氏の血を引いた天皇を作り出し，**聖徳太子**と共に**仏教**を広め，また，権力を築いた。

(2)　663年に，朝鮮半島の百済救済のために出兵した**白村江の戦い**で，唐・新羅の連合軍に敗れたことを契機として，築かれたのが**水城**である。水を貯め，唐や新羅が上陸して攻めてきたときに，一度に水を流して**大宰府**を守るためにつくられた。

(3)　**豊臣秀吉**が，1588年に発した**刀狩令**では，百姓が武器を持つことを禁じた。刀狩令では，武器として，刀・脇指・弓・やり・鉄砲等が記されている。

(4)　ア　「**伴天連追放令**」を1587年に発し，キリスト教宣教師の国外追放を命じたのは，**豊臣秀吉**である。　イ　**朱印状**を発行して，東南アジアの国々との貿易を奨励したのは，**徳川家康**である。　ウ　1825年に**異国船打払令**を出して，外国船を砲撃する方針を決めたのは，11代将軍の**徳川家斉**である。ア・イ・ウとも別の時代のことであり，エが正しい。18世紀後期に老中となった**田沼意次**は，**長崎貿易**に力を入れ，**俵物**と呼ばれる海産物の干物を輸出するなどして，貿易黒字を生み出した。

(5)　A　**宋**から伝わった**禅宗**は，鎌倉時代から室町時代にかけて，幕府によって保護された。　B　**活版印刷術**が伝えられたのは，安土桃山時代のことである。　C　**渡来人**によって，**漢字**や**儒教**が伝えられたのは，古墳時代のことである。　D　**天台宗**や**真言宗**などの**密教**が伝わり，広く貴族の信仰を集めたのは，平安時代のことである。したがって，年代の古い順に並べると，C→D→A→Bとなる。

3 (地理的分野―日本地理－気候・工業，―環境問題)

(1)　京都府舞鶴市では，**季節風**の影響で冬に降雪量が多い。**雨温図**のBである。この地域は日本海側であり，冬に大陸から北西の季節風が吹きつけ，日本海を渡るときに大量の水蒸気を含むため，降水量が多くなり，積雪が深くなる。なお，和歌山県潮岬は，日本で有数の年間降水量の多い地域である。

(2) 金属製品の事業所数が多いのが，**阪神工業地帯**の特徴であり，その中心である大阪府では，金属製品の事業所数が第一位である。また，繊維業が多いのも大阪府の特徴である。

(3) **琵琶湖**で水質改善の取り組みが盛んに行われているのは，琵琶湖からの川は，京都府・大阪府など**人口密度**が高い地域を流れており，流れている府県では水道水や工業用水など，多くの人々に利用されているからである。上記のような趣旨のことを簡潔にまとめて解答すればよい。

4 (公民的分野―三権分立・基本的人権・地方自治，地理的分野―日本地理－人口・都市)

(1) イの，裁判官が罪を犯したときに，**国会**によって設置されるのが**弾劾裁判所**である。市議会の仕事ではない。ウの，予算案を提出するのは，市の場合は市長の仕事である。提出された予算案を，審議・議決するのが，市議会の仕事である。アの条例の制定と，エの市長の不信任の議決が市議会の仕事である。

(2) 憲法には記されていないが，**新しい人権**として認められているのが，知る権利である。知る権利は，**情報公開制度**によって保障される。国民・市民は，国政・市政などについて情報を十分に公開されることにより，一人一人がその情報を吟味した上で，適正な意見を形成することができるようになる。

(3) **地方税**は，地方公共団体が自主的に徴収できる自主財源である。豊かな地方公共団体ほど，その割合が大きい。地方公共団体の収入の格差を少なくするために，国から交付される資金のことを**地方交付税交付金**という。国税の一部を財政基盤の弱い自治体に配分し，自治体間の財政格差を補うことが目的である。地方交付税交付金は，地方公共団体がその用途を自由に決められる。国が使途を特定して，地方公共団体に交付する支出金を総称して，**国庫支出金**という。特定される使途とは，例えば義務教育や道路整備などである。

(4) まず，X町の**人口**が年々増加していることを指摘する。そして資料Ⅱから，人口増加の要因は，X町への**転入者**が**転出者**の数よりも多いためであることを指摘する。

5 (地理的分野―世界地理－気候・地形・産業・貿易・人々のくらし)

(1) アは，**赤道**下で**熱帯雨林**の広がるアマゾン川流域について触れており，南アメリカ州である。イは，面積・人口とも最大であり，世界で最も高くけわしい**ヒマラヤ山脈**が見られる，アジア州である。エは，中央に広大な平原が広がり，**ハリケーン**の被害をたびたび受ける，北アメリカ州である。ア・イ・エのどれも別の州の説明であり，ウがアフリカ州の説明として正しい。アフリカ州には，寒帯・亜寒帯がない。また，北部には世界最大の**サハラ砂漠**があり，乾燥帯の占める割合が六大州の中で最も大きいのが，アフリカ州である。

(2) 熱帯・亜熱帯地域の広大な農地に大量の資本を投入し，天然ゴムや油やしなど単一作物を大量に栽培する大規模農法を**プランテーション**という。栽培されるのは，輸出目的で作られる商品作物である。**植民地時代**につくられたものが現在に引き継がれているものが多い。

(3) アは，鉄鉱石の他，とうもろこし・コーヒーが一定の割合を占めていることから，ブラジルだとわかる。イは，原油が80%以上を占めているところから，アラブ首長国連邦だとわかる。ウは，原油・液化天然ガス・石炭などの資源で66%を占めているところから，ロシアだとわかる。残るエが，ボツワナである。ボツワナは，世界第2位のダイヤモンド産出国である。ダイヤモンドは，ボツワナの輸出の約8～9割を占める基幹産業であり，日本への輸出の90%以上をダイヤモンドが占めている。

(4) 対立する民族の居住地ではない地域に首都を移転することで，民族間の争いが抑制されことが期待されたという趣旨のことを簡潔に記せばよい。

6 (歴史的分野—日本史時代別－明治時代から現代，—日本史テーマ別－政治史)

(1)　1873年の**征韓論争**に敗れ，政府から下野していた**西郷隆盛**が，1877年に鹿児島の士族を率いて新政府に対する反乱を起こしたのが，**西南戦争**である。最大で最後の**士族の反乱**となった。

(2)　ア　1874年の**板垣退助**らによる**民撰議院設立建白書**の提出に始まり，**藩閥政治**に反対して国民の自由と権利を要求した政治運動が，**自由民権運動**である。国会の開設を要求する運動として全国的に広がり，1880年には**国会期成同盟**が設立され，翌年，板垣退助を党首とする**自由党**が結成された。政府は，**集会条例**などの法令によってこの運動を厳しく弾圧する一方で，1890年に**国会**を開設するという**国会開設の勅諭**を出した。　イ　**大隈重信**は，1882年に創立された**立憲改進党**の党首である。　ウ　**木戸孝允**は，**長州藩**出身で，幕末には**高杉晋作**らとともに藩を**倒幕**へと導き，維新の三傑の一人とされる。　エ　**薩摩藩**出身であり，維新後の新政府の中心人物の一人で，廃藩置県などを主導したのが，**大久保利通**である。その後，岩倉使節に加わって欧米を歴訪し，帰国後に**征韓論**を退けた後は新政府のリーダーとなった。

(3)　**立憲政友会**は，当時**衆議院**の最多議席を有していた。その政友会の総裁である**原敬**が総理大臣となった。また，政友会の党員が，外務・陸軍・海軍を除く大半の大臣を占めていたことにより，原内閣は**本格的政党内閣**と言われた。この原内閣は，**米騒動**後の1918年に成立した。

(4)　ア　**治安維持法**が廃止されたのは，**第二次世界大戦**後の1945年のことである。　イ　**王政復古の大号令**が発せられたのは，幕末の1867年のことである。　ウ　**近衛文麿**により，**大政翼賛会**が結成されたのは，1940年のことである。　エ　**第一次護憲運動**は，1912年から1913年にかけて行われた。したがって，**日中戦争**が行われていた1937年から1945年の間に起こったのは，ウである。

7 (公民的分野—経済一般・基本的人権)

(1)　**自由競争**が行われている市場では，好況の時には，市場に出回っている通貨量が多いために，商品の需要量が供給量を上回り続け，物価が上がり続ける現象が起こる。これが**インフレーション**である。

(2)　企業の発行する株式や社債を購入することで，投資家が企業の資金調達に直接的に参加する方式のことを**直接金融**という。これに対し，銀行等が預金の形で資金を集め，融資の形で貸し付ける資金供給形態を**間接金融**という。

(3)　文化・言語・国籍の違い，老若男女といった差異，障害・能力の如何を問わずに利用することができる施設・製品等のデザインのことを**ユニバーサルデザイン**という。

8 (歴史的分野—日本史時代別－明治時代から現代，—日本史テーマ別－経済史，地理的分野—日本地理－貿易，公民的分野—国際社会との関わり)

(1)　外国から原材料または半製品を輸入し，これを自国で加工して製品をつくり，それを輸出する貿易形態を**加工貿易**という。典型として日本・イギリス・ドイツなどの先進工業国がある。

(2)　アは，1980年代後半から1990年代初頭の説明であり，この時期の経済を**バブル経済**という。ウの，**大戦景気**の中で成金が生まれたのは，1914年から1918年の**第一次世界大戦**中のことである。エの，製糸業が急に発展し，**生糸**がアメリカなどに本格的に輸出され始めたのは，**日清戦争**後の1890年代のことである。ア・ウ・エのどれも，1950年代後半に始まり1960年代に本格化し1973年まで続いた**高度経済成長期**とは関係がない。イが正しい。国民総生産が，資本主義国第二位となったのは，1968年のことである。

(3) ディベート形式の問題であるが，まず，資料Ⅰ・Ⅱ・Ⅲを正確に読み取ることが必要である。そのうえで解答を簡潔にまとめることが必要である。

長所　選んだ資料【Ⅰ】 日本より，中国の方が労働者の賃金が安いことを指摘する。 選んだ資料【Ⅱ】 日本より，中国の方が労働力人口が多く，雇用しやすいことを指摘する。 選んだ資料【Ⅲ】 日本より，中国の方が電気料金が安く，工場が操業しやすいことを指摘する。

短所　選んだ資料【Ⅰ】 日本の労働者と中国の労働者の賃金の差が，以前よりもつまっており，今後も中国人労働者の賃金が上がっていくと考えられる。 選んだ資料【Ⅱ】 中国には様々な言語があり，現地の労働者との意思疎通が難しい。 選んだ資料【Ⅲ】 日本より，中国の方が停電の回数がはるかに多く，電気の供給が安定していないため，工場の操業に支障が出やすいことを指摘する。

<国語解答>

1 (1) A まっと(う)　B こうかく　C とら(えた)　(2) エ
(3) Ⅰ (例)自分の技術をすべて使って飛行機をつくった　Ⅱ (例)パイロットの命の危機を高めた　(4) ア　(5) (例)戦争に行かなかった自己嫌悪と劣等感から抜け出し，木崎と一緒に平和で安全な新しい列車をつくりたいという，ひたむきな気持ち。
(6) ウ

2 (1) A 包(まれて)　B 密接　C 保証　(2) ア　(3) a (例)維持していきたい　b (例)変化させていきたい　(4) 先行きが確実にみえている(状態のとき。)
(5) X もっとよい将来　Y 試行錯誤を続ける　(6) 子 又 有㆑ 孫
(7) (例)残り少ない人生の間に山を平らにすることなどできない(と思ったから。)
(8) イ

3 (1) エ　(2) イ　(3) a に　b ウ

4 (1) エ　(2) (例) 私が重視したいのは，食事を通した交流です。和食は季節や年中行事に合わせて作られることが多く，食事の時間を家族や地域の人たちと共にすることで，きずなを強くする役割があるからです。

　私の家では，毎年お彼岸に，家族で一緒にぼたもちを作って，近所の人にも配っています。これからもずっと続けていきたいです。

<国語解説>

1 (小説―情景・心情，内容吟味，漢字の読み書き，語句の意味)

(1) A **「全うする」**は，最後まで立派にやり通すという意味。 B **「口角」**は，口の両脇。「口角を上げる」は，ほほえみの表情を作ることを言う。 C **「捉」**と形が似ている「促」(うなが-す)と混同しないように注意する。

(2) 「にわかに」は「急に，すぐに」という意味なので，エの**「即座に」**を選ぶ。

(3) この場合の「皮肉」は，意図に反して都合の悪いことが起きたことを言っている。木崎は，よい結果を得るために**自分の技術をすべて使って飛行機をつくった**のに，そのことがかえって**パイロットの命の危機を高めた**という悪い結果をもたらしてしまったのである。

(4) 破線部aの後に「日本は戦争をしていたのだ。その中で**木崎は職務を全うしただけ**だ」とある。木崎は，多くのパイロットが死んだことで自分を責めている。聡一は個人の責任ではないと思うものの，木崎にかける**「ふさわしい言葉」**が見つからず，**「もどかしい」**気持ちになっている。この様子を説明するアが正解。イは「言い返されるのが怖く」が不適当。ウは「強いいらだち」が本文と合わない。木崎は飛行機を設計したことを後悔しているので，「物資がない」ことに言及したエは的外れである。

(5) 聡一は，戦争が終わってからも，戦争に行かなかったことに**「自己嫌悪と劣等感」**を抱いていた。しかし，エリートである木崎から軍用機を設計したことの後悔を聞き，木崎とともに**「平和な乗り物」**「戦いを生みださない，美しくて**安全**な希望の乗り物」である列車をつくることで，自分も自己嫌悪と劣等感から**抜け出したい**と思ったのである。傍線部③の「まっすぐに」という表現からは，聡一のひたむきな気持ちが読み取れる。

(6) 波線部Xの「月」は「自分の残りの人生は……**平和のために捧げよう**」という木崎の新たな誓いを象徴している。一方，波線部Yの月明かりに照らされたバラックは，平和な社会で明かりをつけて走行する美しい**列車のイメージ**と重ねられている。正解はウ。アは，「戦後の復興の難しさ」が波線部Yの前の「穏やかな笑顔」と合わない。イの「技術」についての言及は的外れ。エは，バラックと聡一の関連が本文から読み取れないので，不適当である。

2 (説明文・漢文―内容吟味，文脈把握，接続語の問題，漢字の読み書き，その他)

〈口語訳〉 河曲の智叟が，笑ってこれ(＝愚公)を制止して言うことには，「あきれたものだ，君のものわかりの悪いのには。老いの身に残されたわずかな力では，山に生えている草一本だって取り除くことはできない。それなのに，土や石などをどうするつもりなのだ。」と。北山愚公が深くため息をついて言うことには，「君は，わからずやだ。君の考えはこり固まっていてどうにもならず，あの幼い子供にも及ばない。たとえわたしは死んだとしても，子供が生きている。子供がまた孫を生み，孫がまた子供を生む。その子供にまた子供がいて，その子供にまた孫がいる。子々孫々，いつまでも尽きることはない。しかし，山は大きくならない。どうして平らにできないことがあるものか。」と。河曲の智叟は，答えなかった。

(1) A **「勹」**の大きさに注意して書く。 B **「密接」**は，切り離すことができないほど深い関係にあること。 C **「保証」**を同音異義語の「保障」「補償」などと混同しないように注意。

(2) Ⅰは，前に「安心」について疑問を投げかけ，後で具体例を示して説明しているので，**「たとえば」**が入る。Ⅱは，前に「確実なもの」を求めることを述べ，後で期待に反して「確実と思っていたもの」がすぐに役に立たなくなることを述べているので，**「しかし」**が入る。したがって，両方を満たすアが正解となる。

(3) a 第三段落に「幸福は，**継続を求める**ものなのです」とあるので，これをもとに前後につながるように書く。 b 第六段落に「希望は……現状を未来に向かって**変化させていきたい**と考えるときに，表れるものなのです」とある。

(4) 傍線部②の次の段落の「安心には**確実である**ことが欠かせない条件です」を念頭において，後の表現につながる12字の表現を探す。少し後の「それに対して希望は，**先行きが確実にみえている**わけではありません」から抜き出す。

(5) 「模索」という語句の意味は，いろいろ試してみること。四字熟語の「試行錯誤」も同じ意味である。最後から2番目の段落に「どうすれば**もっとよい将来**をもたらすことができるかを考え，ときに思い悩みながら，**試行錯誤を続ける**」とあるので，ここから抜き出す。

(6) 《漢文》は「子又有孫」，漢字を読む順序は「子又孫有」である。「有」と「孫」の読む順序が逆になっているので，「**有**」の左下に**レ**点を付ける。

(7)　「河曲の智叟」は，山を平らにしようとした90歳の「愚公」に対して，「残年の余力を以てしては，曽ち山の一毛を毀つ能はず」と言っている。年老いた「愚公」には，**残り少ない人生の間に山を平らにすることなどできない**から，苦労しても無駄だと思ったのである。

(8)　《漢文》の「愚公」は，実現できるかどうかわからないのに，「他の町との行き来がしやすい」というよりよい将来を求めて，山を平らにしようとした。これは，《説明文》の筆者の，「**先がどうなるかわからない**とき」に「何かの実現」「**もっとよい将来**」を求めて**自分から模索する**ことに「おもしろみ」があるとする態度と共通する。したがって，「自ら動きだそう」と説明するイが正解。アの「待とう」，ウの「ただ祈ろう」，エの「誰かの力に頼ろう」は，自分から行動しようとしていないので，不適当である。

3　(俳句と鑑賞文―内容吟味，表現技法・形式)

(1)　文章中の俳句の季語は「夏野」で季節は**夏**。ア～エの俳句の季語と季節は，アは「雪」で冬，イは「落葉」で秋，ウは「枯木」で冬，エは「**百合**」で夏なので，正解はエ。

(2)　文章中の俳句には「や」「かな」などの**切れ字がなく，句に切れ目がない**。このことは，旅人たちがとぎれることなく次々に休んでは去っていく様子を連想させる効果があるので，イが正解。アは，この句は雑草ではなく「石」に注目しているので不適切。ウの「倒置」は用いられていない。エの「寂しさ」は，「絶えず人いこふ」と矛盾するので，誤りである。

(3)　a　中七の助詞は「の」。これを「**に**」に変えて「絶えず人いこふ夏野に石一つ」とすると，旅人が休んでいるのが「夏野」であることがより明確になる。　b　Bの読みでは，旅人が休むのは「一つの石」なので，ウが適当。アは，旅人が休んでいない。イは，石が二つある。エは，旅人が入れ替わっていることが表現されていないので，不適当である。

4　(話し合い―内容吟味，作文)

(1)　《資料Ⅱ》から読み取れる和食の悪いイメージは，「準備や片付けに手間がかかる」「塩分が高い」「地味である」「古いイメージがある」であるが，このうち《資料Ⅰ》の「和食の基本形」に関係があるのは「**準備や片付けに手間がかかる**」なので，正解はエである。

(2)　第一段落では《資料Ⅲ》の中から自分が食**事で重視したいこと**を選び，その理由を《資料Ⅰ》で紹介されている**和食文化の特徴**と関連させて書く。第二段落では，**和食文化の良さを受け継いでいく**ための自分の取り組みを**具体的**に書く。解答例は，第一段落で《資料Ⅲ》から「食事を通した交流」を選び，《資料Ⅰ》の「自然の美や季節を味わう」と関連させて理由を述べている。また，第二段落では，ぼたもち作りという具体例を挙げて，自分が家族とともに取り組んでいることを述べている。書き終わったら必ず読み返して，誤字・脱字や表現のおかしなところは書き改めること。

MEMO

大切なことはメモしておこうネ！

岩手県公立高等学校

2021年度

入　試　問　題

●くわしい解説……47ページ

＜数学＞

時間　50分　　満点　100点

1　次の⑴～⑸の問いに答えなさい。（４点×５）

⑴　$-2\times3+8$ を計算しなさい。

⑵　$2(2a-b)+3(a+2b)$ を計算しなさい。

⑶　$(\sqrt{5}-1)(\sqrt{5}+4)$ を計算しなさい。

⑷　x^2-36 を因数分解しなさい。

⑸　２次方程式 $x^2+3x+1=0$ を解きなさい。

2　半径が r の円の周の長さ L は，円周率を π とすると，次のように表されます。

$$L=2\pi r$$

この式を r について解きなさい。（４点）

3　次の表は，y が x に反比例するときの，x と y の値の対応を表しています。この反比例の関係について，y を x の式で表しなさい。（４点）

x	…	-3	-2	-1	0	1	2	3	…
y	…	-4	-6	-12	×	12	6	4	…

4　次の⑴，⑵の問いに答えなさい。（４点×２）

⑴　下の図で，点Cは，点Oを中心とし，線分ABを直径とする円の周上にあります。
このとき，$\angle x$ の大きさを求めなさい。

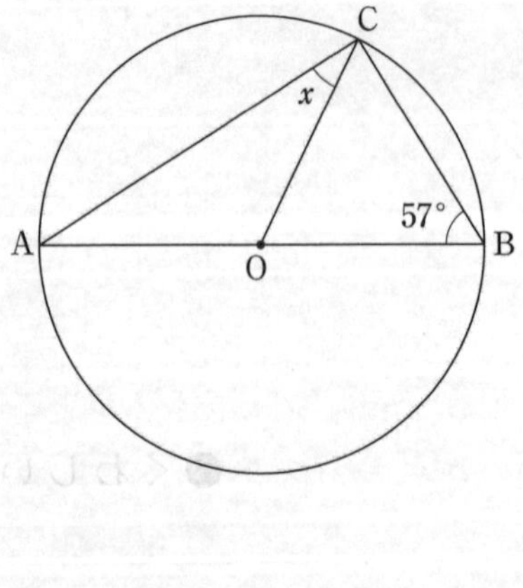

⑵　右の図の四角形ABCDは，１辺の長さが６㎝のひし形です。辺ABの中点をＥとし，辺AD上にDF＝２㎝となるように点Ｆをとります。

直線CD，EFの交点をＧとするとき，線分DGの**長さ**を求めなさい。

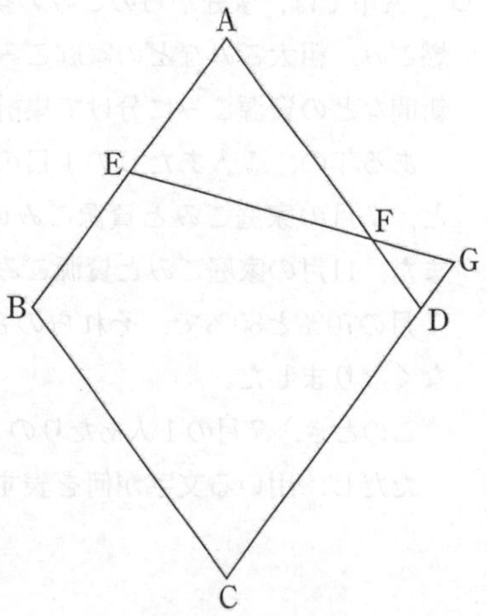

5　自動車には，右の図のように雨や雪の日に運転手の視界を確保するためにワイパーが取り付けられています。

次の図は，自動車の後方の窓ガラスを長方形，取り付けられているワイパーのゴムの部分を線分ABとみなしたものです。

この線分ABは，点Ｏを中心として時計回りに90°だけ回転移動するものとします。

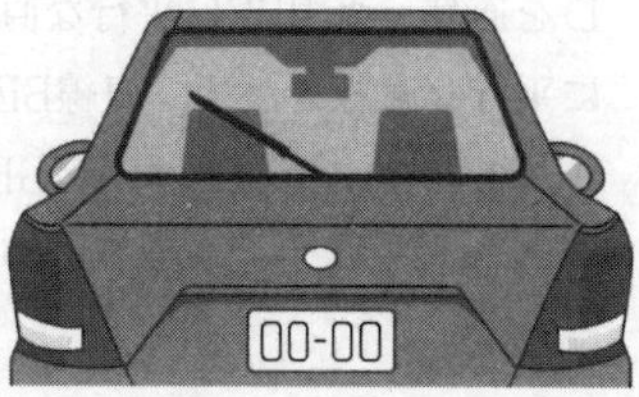

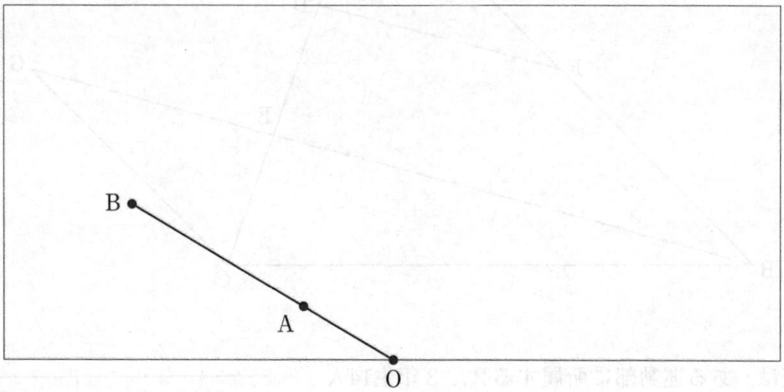

このとき，次の⑴，⑵の問いに答えなさい。（４点×２）

⑴　線分ABを，点Ｏを中心として時計回りに90°だけ回転移動させたものを線分A′B′とするとき，点A′と点B′を**作図**によって求め，それぞれ●**印**で示しなさい。

ただし，作図には定規とコンパスを用い，作図に使った線は消さないでおくこと。

⑵　線分OA，ABの長さをそれぞれ10㎝，40㎝とします。線分ABを，点Ｏを中心として時計回りに90°だけ回転移動させたとき，線分ABが動いたあとにできる図形の**面積**を求めなさい。

ただし，円周率はπとします。

6　Ａ市では，家庭からのごみの排出量を，可燃ごみ，不燃ごみ，粗大ごみなどの家庭ごみと，ペットボトル，古新聞などの資源ごみに分けて集計しています。

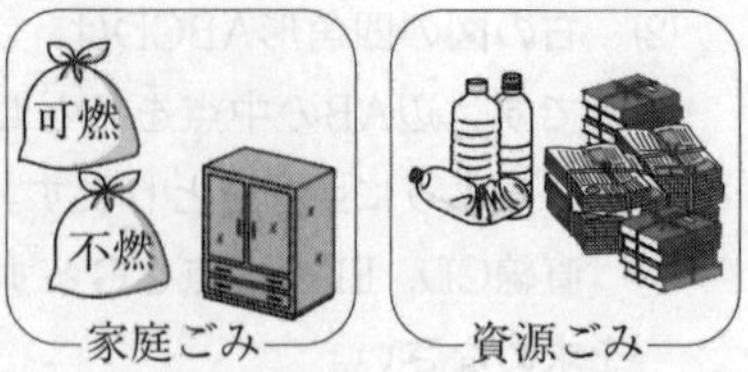

ある年の，１人あたりの１日のごみの排出量を調べると，７月の家庭ごみと資源ごみの合計は680ｇでした。また，11月の家庭ごみと資源ごみの排出量は，それぞれ７月の70％と80％で，それらの合計は７月より195ｇ少なくなりました。

このとき，７月の１人あたりの１日の家庭ごみと資源ごみの**排出量**はそれぞれ何ｇか求めなさい。ただし，用いる文字が何を表すかを示して方程式をつくり，それを解く過程も書くこと。

（６点）

7　次の図のように，△ABCの辺ＡＣ上に２点Ｄ，Ｅがあり，AD＝DE＝ECとなっています。点Ｄを通り，直線BEに平行な直線をひき，辺ABとの交点をＦとします。また，点Ｃを通り，辺ABに平行な直線をひき，直線BEとの交点をＧとします。

このとき，△AFD≡△CGEであることを**証明**しなさい。（６点）

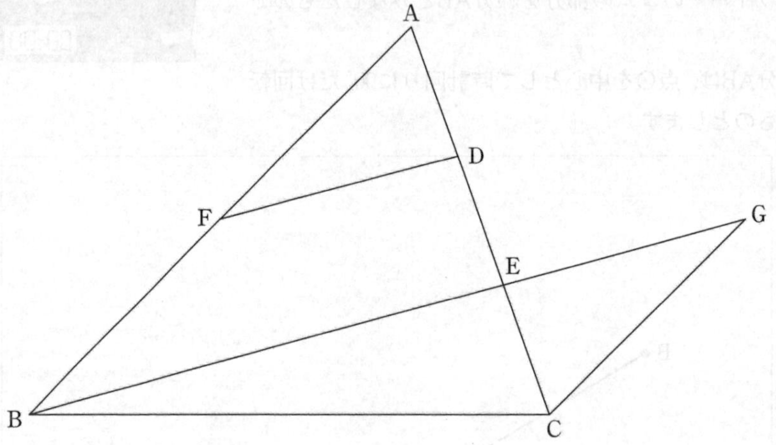

8　右の表は，ある運動部に所属する２，３年生14人の200m走の記録を，度数分布表に整理したものです。14人の記録の平均値は，ちょうど27.5秒でした。

このとき，下の⑴，⑵の問いに答えなさい。

（４点×２）

記録（秒）	度数（人）
以上　未満	
25.0 ～ 26.0	3
26.0 ～ 27.0	3
27.0 ～ 28.0	2
28.0 ～ 29.0	4
29.0 ～ 30.0	1
30.0 ～ 31.0	1
合計	14

⑴　２，３年生14人の記録の**最頻値**を求めなさい。

⑵　この運動部に，１年生６人が入部しました。この６人の200m走の記録は，次のページのようになりました。

1年生の記録（秒）

25.5	27.5	28.1	28.9	30.2	30.8

この運動部の1年生から3年生20人の200m走の記録の**平均値**を求めなさい。

9　放送委員会では，昼の放送で音楽を流します。流したい曲を5人の委員が1曲ずつ持ち寄り，A，B，C，D，Eの5曲が候補となりました。A，B，Cの3曲はポップスで，D，Eの2曲はクラシックです。明日とあさっての放送で1曲ずつ流します。放送委員長のしのさん，副委員長のれんさんとるいさんは，曲の選び方について話し合いました。次の文は，そのときの3人の会話です。

れんさん「平等にくじびきで選ぶのがいいと思うよ。まず，5曲の中から明日流す1曲を選び，残りの4曲の中からあさって流す曲を選ぶ方法はどうだろう。」

るいさん「くじびきには賛成だけれど，曲のジャンルが異なっている方がうれしい人が多くなると思う。だから，明日はポップスの3曲から選んで，あさってはクラシックの2曲から選ぶ方法はどうだろう。」

しのさん「Aは，最近人気のアニメのテーマソングだから，Aが流れたら喜ぶ人が多いと思うけれど，れんさんの方法とるいさんの方法では，Aが選ばれやすいのはどちらかな。」

放送する2曲をくじびきで選ぶとき，れんさんの方法とるいさんの方法のうち，Aが選ばれやすいのは，どちらの方法ですか。れんさん，るいさんのどちらかの**名前**を書き，その**理由**を確率を用いて説明しなさい。

ただし，どのくじがひかれることも同様に確からしいものとします。（6点）

10　たくみさんの家には，電気で調理ができるIH調理器（電磁調理器）があります。そのIH調理器は，「強火」，「中火」，「弱火」の3段階で火力を調節できます。たくみさんは，お湯を沸かすときの電気料金を調べたいと考え，3段階の火力で15℃の水1.5Lを沸かす実験をしました。

次の表Ⅰは「中火」のときの熱した時間と水の温度の変化をまとめたもので，図は，熱し始めてからの時間をx分，水の温度をy℃として，その結果をかき入れたものです。

表Ⅰ　「中火」の実験結果

時間（分）	0	2	4	6	8	10
温度（℃）	15	31	47	63	79	95

図

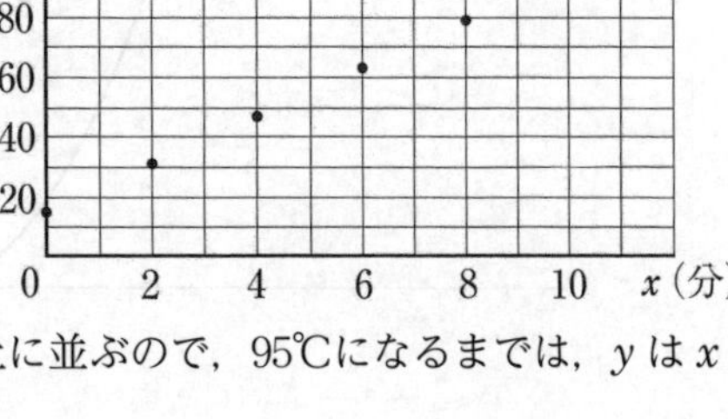

たくみさんは，図にかき入れた点が1つの直線上に並ぶので，95℃になるまでは，yはxの1次関数であるとみなしました。

このとき，たくみさんの考えにもとづいて，次のページの(1)，(2)の問いに答えなさい。

(1) この１次関数の変化の割合を求めなさい。（４点）

(2) たくみさんは「強火」と「弱火」でも，15℃の水1.5Ｌを沸かす実験を行い，次の表Ⅱ，表Ⅲにまとめました。この結果から，「強火」と「弱火」でも「中火」と同様に，熱した時間と水の温度の関係は，１次関数であるとみなしました。

また，このIH調理器の１分あたりの電気料金を調べ，表Ⅳにまとめました。

表Ⅱ 「強火」の実験結果

時間（分）	0	2	4	6
温度（℃）	15	39	63	87

表Ⅲ 「弱火」の実験結果

時間（分）	0	2	4	6
温度（℃）	15	23	31	39

表Ⅳ １分あたりの電気料金

火力	電気料金（円）
強火	0.6
中火	0.4
弱火	0.2

15℃の水1.5Ｌを95℃まで沸かすときの電気料金はいくらですか。「強火」と「弱火」のときの料金をそれぞれ求め，「強火」の方が安い，「弱火」の方が安い，同じのうち，あてはまるものを**一つ**選んで〇で囲みなさい。（６点）

11 下の図のように，関数 $y=\frac{1}{2}x^2$ のグラフ上に２点Ａ，Ｂがあり，Ａの x 座標は４で，Ｂの y 座標はＡの y 座標より大きくなっています。Ａ，Ｂから x 軸に垂線をひいて，x 軸との交点をそれぞれＣ，Ｄとします。また，Ａ，Ｂから y 軸に垂線をひいて，y 軸との交点をそれぞれＥ，Ｆとします。

このとき，次の(1)，(2)の問いに答えなさい。

ただし，下の図は，Ｂの x 座標がＡの x 座標より大きい場合について示しています。

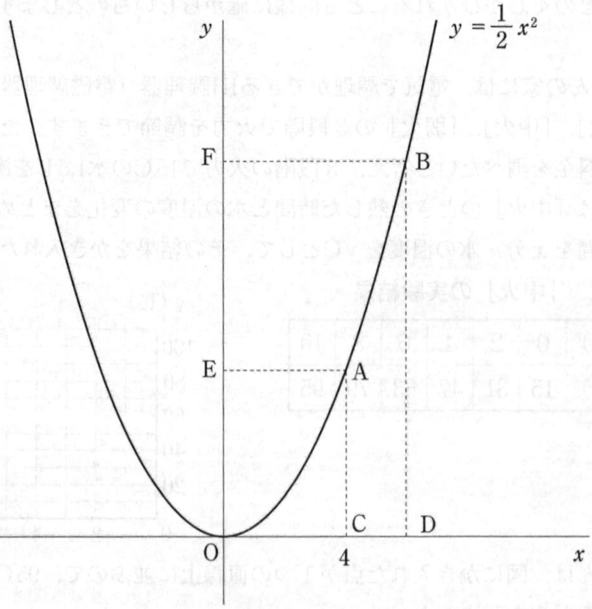

(1) 点Ａの y 座標を求めなさい。（４点）

⑵　点A，C，D，B，F，E，Aの順に，これらの点を結んだ線分でできる図形の周の長さが35となるとき，Bの x 座標が，Aの x 座標より大きい場合と小さい場合について，Bの x 座標をそれぞれ求めなさい。（６点）

12　下の図Ⅰのような直方体ABCD－EFGHがあります。図Ⅱは，この直方体の展開図です。図Ⅱにおいて，線分AGとEFとの交点をPとします。

このとき，次の⑴，⑵の問いに答えなさい。

⑴　図Ⅱの線分AGの長さを求めなさい。（４点）

⑵　図Ⅱの展開図を直方体ABCD－EFGHに組み立てたときにできる三角錐《さんかくすい》AEPGの体積を求めなさい。（６点）

図Ⅰ

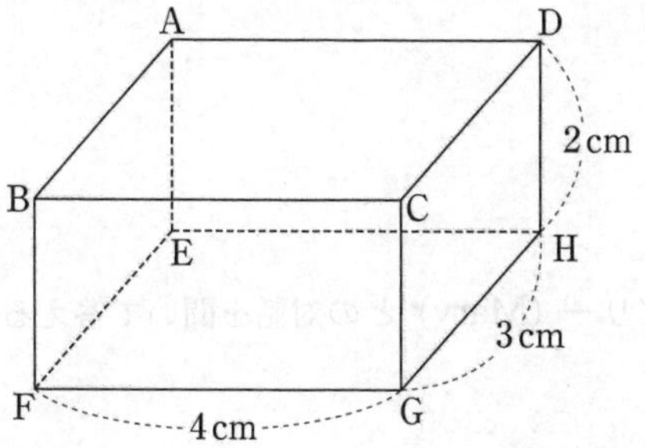

図Ⅱ

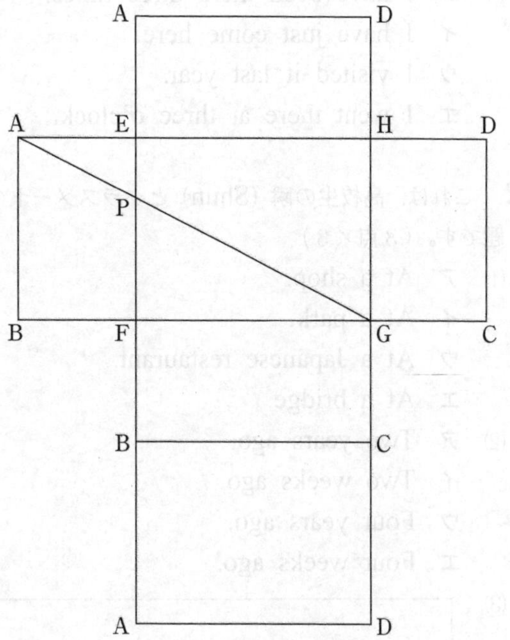

＜英語＞　時間　50分　満点　100点

1，2，3，4は，放送を聞いて答える問題です。放送の指示に従って答えなさい。

1　これは，二人の対話を聞いて答える問題です。（３点×３）

⑴　ア　Around the station.　　イ　By taxi.
　　ウ　From America.　　エ　With my dog.

⑵　ア　It is a big bird.
　　イ　It is a blue bird.
　　ウ　It is a small watch.
　　エ　It is a white watch.

⑶　ア　I have been there three times.
　　イ　I have just come here.
　　ウ　I visited it last year.
　　エ　I went there at three o'clock.

2　これは，高校生の瞬（Shun）とクラスメートのメアリー（Mary）との対話を聞いて答える問題です。（３点×３）

⑴　ア　At a shop.
　　イ　At a park.
　　ウ　At a Japanese restaurant.
　　エ　At a bridge.

⑵　ア　Two years ago.
　　イ　Two weeks ago.
　　ウ　Four years ago.
　　エ　Four weeks ago.

⑶

3　これは，英語による説明を聞いて，メモや資料を完成させる問題です。（３点×３）

【メモ】

〈Welcoming foreign students〉

We will have ［ (1) ］ students.

Their plan

Morning / Afternoon

1st day : School tour / English class

2nd day : ［ (2) ］

3rd day : Free time / Free time

【資料】

Activities foreign students want to do

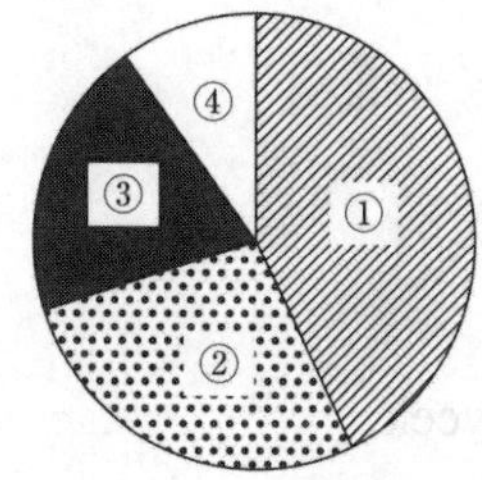

(3)	
①	
②	
③	
④	

(1)

ア 13　イ 20　ウ 30　エ 37

(2)

ア Cooking American food / P.E. class

イ P.E. class / Cooking American food

ウ Cooking Japanese food / P.E. class

エ P.E. class / Cooking Japanese food

(3)

ア

①	Japanese song
②	*Judo*
③	Tea ceremony
④	*Origami*

イ

①	Japanese song
②	*Judo*
③	*Origami*
④	Tea ceremony

ウ

①	*Judo*
②	Japanese song
③	*Origami*
④	Tea ceremony

エ

①	*Judo*
②	Japanese song
③	Tea ceremony
④	*Origami*

4　これは，絵を見て答える問題です。（３点）

5 次の対話文(1)～(4)の □ に入る最も適当な英語を，下のア～エのうちからそれぞれ一つずつ選び，その記号を書きなさい。（2点×4）

(1) *A*：I had a good time with my friends yesterday.
B：What □ you do?
A：I saw an exciting movie with them.
ア are　イ did　ウ do　エ were

(2) *A*：What time do you usually start to study and take a bath?
B：I usually start to study at seven o'clock and take a bath at nine thirty.
A：So you take a bath □ you study, right?
B：Yes.
ア after　イ before　ウ between　エ during

(3) *A*：Do you have any pets?
B：Yes. I have a cat. How about you?
A：Well, I have a dog □ *Pochi*. What's the name of your cat?
B：It's *Tama*. She's very cute.
ア said　イ spoken　ウ called　エ talked

(4) *A*：Hi, Tom. You sang well at the chorus festival.
B：Thank you. I practice every day.
A：Are you going to try any contests?
B：Yes. I am going to □ a singing contest next week.
ア get back from　イ get up　ウ take off　エ take part in

6 次の英文は，高校生の里香（Rika）と留学生のメリッサ（Melissa）との対話です。二人は，町の伝統工芸品（traditional crafts）である竹細工（bamboo works）について調べ，模造紙にまとめて発表するために，打ち合わせを始めるところです。これを読んで，あとの(1)～(3)の問いに答えなさい。（4点×3）

Rika : Let's begin. We have to think about 3 questions : "What is the *current situation?" "What are solutions?" "What can we do?"
Melissa : I found a newspaper *article about the current situation.
Rika : What does it say?
Melissa : It says the number of people who make bamboo works in our town is *decreasing.
Rika : Why?
Melissa : Because they are becoming older and don't have *successors.
Rika : I have *heard of that before. Let's read the newspaper in the library today.
Melissa : Then let's talk about solutions. Do you have any good examples?
Rika : I heard a man has started to work for *Takedaya*.
Melissa : *Takedaya*? What is that?

Rika : It is the most traditional store that makes and sells bamboo works.

Melissa : I see. Why did the man start to work there?

Rika : To *inherit traditional crafts. We can see an interview on *Takedaya's* website.

Melissa : That'll be nice. Let's check the website in the computer room after the library.

Rika : OK. Finally, we have to think about the third question "What can we do?" How about introducing the good points of bamboo works?

Melissa : What are the good points?

Rika : Bamboo works, like *baskets or bags, are very light and strong. If we continue using bamboo works, their colors will change *beautifully.

Melissa : Wow! <u>I didn't know about that.</u> How did you know that?

Rika : I heard it from my aunt. She teaches how to make bamboo works. So she has a lot of them.

Melissa : Sounds nice! If we can show real bamboo works for our *presentation, I think it will be a nice presentation. Can we borrow some bamboo works from your aunt?

Rika : That's a good idea. I'll call her tomorrow.

Melissa : Thank you. Now I want to know how to make bamboo works. Can I learn it from your aunt?

Rika : I'm going to visit my aunt next Sunday. Let's go together.

Melissa : I can't wait!

current　現在の　　article　記事　　decrease(decreasing)　減少する　　successor(s)　後継者
hear(heard) of ~　~のことを聞く　　inherit　継承する　　basket(s)　かご　　beautifully　美しく
presentation　発表

(1) 次のメモは，二人が模造紙に書く内容をまとめたものです。メモの ① ， ② ， ③ に入る英語の組み合わせとして最も適当なものを，下のア～エのうちから一つ選び，その記号を書きなさい。

Memo
・About the number of ［ ① ］ of bamboo works
・About a man who ［ ② ］ *Takedaya*
・About the good points of bamboo works and experience about ［ ③ ］

	①	②	③
ア	stores	bought bamboo works at	how to sell them well
イ	stores	started to work for	how to make them
ウ	workers	bought bamboo works at	how to sell them well
エ	workers	started to work for	how to make them

(2) 文中の下線部I didn't know about that. について，メリッサが知らなかったことは何ですか。次のア～エのうちから最も適当なものを一つ選び，その記号を書きなさい。

ア 里香のおばが竹細工を作るお店で長年働いているということ。

イ 薄くて丈夫な新しい竹細工商品がよく売れているということ。

ウ 竹細工は軽くて丈夫で，使うほどきれいに色が変化するということ。

エ 二人の住んでいる町で，どうして竹細工が作られ始めたのかということ。

(3) 本文の内容から，この対話の後に里香が予定している行動の順番として，次のア～エのうちから最も適当なものを一つ選び，その記号を書きなさい。

ア Read the newspaper → Check the website → Call Rika's aunt → Visit Rika's aunt

イ Read the newspaper → Visit Rika's aunt → Call Rika's aunt → Check the website

ウ Visit Rika's aunt → Call Rika's aunt → Read the newspaper → Check the website

エ Visit Rika's aunt → Read the newspaper → Check the website → Call Rika's aunt

7 次の英文は，少年のルーク（Luke）と彼が住む町についての物語です。これを読んで，あとの(1)～(3)の問いに答えなさい。（4点×3）

Some families lived in a small village. They had a good life. Some people grew rice and vegetables, and others went fishing. So they could share food. Also, children could play around the village. The village was so beautiful that many people went there for a picnic. Some of them loved the village and decided to build their own houses there. *Gradually, the number of houses began to *increase.

Several years later, there were many houses and cars. The village *changed into a city. It became very *crowded. Children couldn't play outside, so they had to play *inside their houses. Some children understood that they couldn't play on the streets, but they sometimes did. When they played soccer on the street, they were *scolded by car drivers. "It's dangerous! Don't play here," they were told. Children wanted to play outside, but *nobody shared any places with them.

One day, a 14-year-old boy, Luke, talked with his friends. Luke said, "Let's go to the *city hall. We'll ask the workers to make a park for us." Luke's friends agreed with his idea. They went to the city hall and tried to ask a worker, but the worker said, "Sorry. I have no time to talk with you. We are busy now." They couldn't talk about the park. However, they did not want to *give up.

Then Luke decided to make big *posters which said, "GIVE US A PARK!"

Many children who needed a park came together, so they could make a lot of posters. The children brought them to a *main street. They walked along the street and showed the posters to people. Many people weren't interested in the posters. It made Luke sad. However, he continued showing his poster. Little by little, *adults *realized that there were no places for children. The adults began to think about it.

A few days later, an old man gave a *deserted place to Luke. Luke and his friends were able to play soccer on the new ground. Then some people made a *slide for the children, and others *planted some flowers in the ground. Gradually, it became a wonderful park. On the gate there was a message, "This park is for everyone." Anyone could enter the park. Many children and adults came to the new park. Luke always □ the park with them because it was for everyone.

gradually 徐々に　increase 増える　change(d) into ～ ～に変化する　crowded 込み合った
inside ～ ～の中で　scold(ed) 叱る　nobody 誰も～ない　city hall 市役所
give up あきらめる　poster(s) ポスター　main 主要な　adult(s) 大人
realize(d) 理解する　deserted place 空き地　slide すべり台　plant(ed) 植える

(1) 文中の下線部 they sometimes did について，その内容を示すものは何ですか。次のア～エのうちから最も適当なものを一つ選び，その記号を書きなさい。

ア Some children watched soccer games at their homes.
イ Some children scolded many car drivers.
ウ Some children played on the streets.
エ Some children ate many kinds of food.

(2) 次のア～エのうち，本文の内容と合っているものはどれですか。最も適当なものを一つ選び，その記号を書きなさい。

ア The workers at the city hall were so kind that they helped Luke.
イ Luke stopped making a big poster because his friends didn't agree with him.
ウ Many people walking along the street became interested in Luke's posters quickly.
エ Some adults understood the children's wish and started to make a park for them.

(3) 文中の □ に入る最も適当な英語１語を，本文中から抜き出して書きなさい。

8 次の英文は，私たちの生活と環境のつながりについて述べたものです。これを読んで，あとの(1)～(5)の問いに答えなさい。文中の[1]～[5]は，段落番号を示しています。（４点×５）

[1] Do you like shopping? When you buy something, what do you think about? Some of you may think about the color, the *price or the size of the thing you buy. Others may think about where it was made. But do you know how much

energy and *resources are used to make the thing? Do you think about how ① you can keep the thing you buy or what you will *do with it when you don't need it any more?

2 We need a lot of energy, resources, *labor, and time to make clothes. Let's think of a *cotton T-shirt as an example. First, farmers work hard to grow good cotton. *According to research, 2,700 *liters of water is needed to grow cotton for one T-shirt. This is the same *amount needed for about 900 people to live for a day. *Machines in cotton factories and T-shirt factories need energy like oil and electricity to work. The machines also use water to wash cotton, *cloth, and T-shirts. After T-shirts are made in a factory, they are carried to shops. Workers at a shop try hard to sell the T-shirts. Finally you buy a T-shirt.

3 In Japan, we want new clothes quickly. The *population of the world is *increasing and the number of clothes made in the world is also increasing. However, the population of Japan is *decreasing, but the number of clothes *supplied in Japan has increased since 2015. In Japan, about 4 *billion clothes are supplied now because many companies can make clothes *cheaply. People have more chances to buy clothes. They have enough clothes at home but they want different designs. In the end, a lot of clothes are not worn. According to research, people keep their clothes for only about 3 years.

4 ②We really don't know what to do with the clothes when we don't need them any more. When the clothes are not worn any more, more than half of them are kept at home. The *rest of the clothes are recycled, reused or *thrown away as waste. The clothes thrown away as waste are *burned or *buried. When we burn clothes, we may have air pollution. Burying clothes also may be bad for the ground because it takes a long time before the clothes *break into pieces.

5 Making clothes needs a lot of energy, resources and labor, but we don't often think of it and easily throw away our clothes. So we ③

price 価格　resource(s) 資源　do with ～ ～を処理する　labor 労力　cotton 綿
according to research 調査によると　liter(s) リットル　amount 量　machine(s) 機械
cloth 布　population 人口　increase(increasing) 増える　decrease(decreasing) 減る
supply (supplied) 供給する　billion 10億　cheaply 安く　rest 残り
throw(thrown) away 捨てる　burn(ed)/burning 燃やす　bury(buried)/burying 埋める
break into pieces バラバラになる

(1) 文中の ① に入る最も適当な英語は何ですか。次のア～エのうちから一つ選び，その記号を書きなさい。

ア fast　イ long　ウ many　エ old

(2) 次のページの図は，本文の内容をもとに，Tシャツの製造に関わるエネルギーや資源をまとめたものです。図中の ［　］ に共通して入る最も適当な英語１語は何ですか。本文中から抜き出して書きなさい。

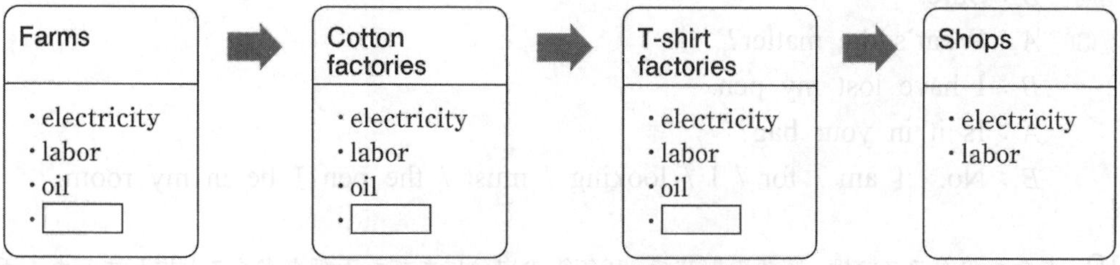

⑶　次のア～エのうち，段落3の内容を表すグラフとして最も適当なものはどれですか。**一つ**選び，その記号を書きなさい。

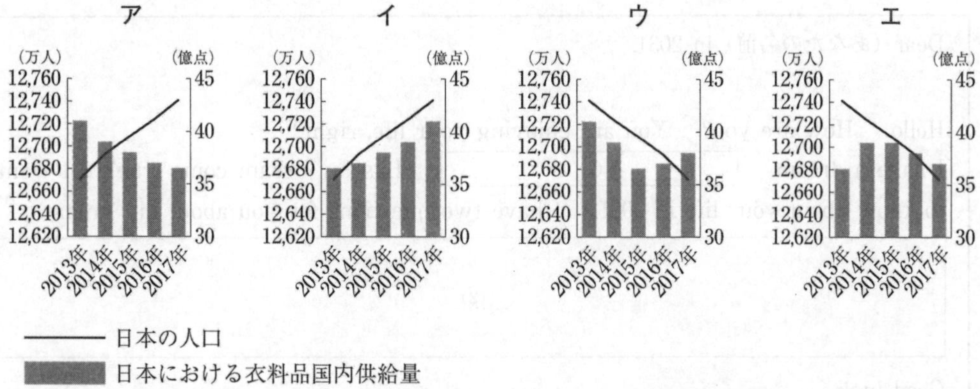

⑷　文中の下線部② We really don't know what to do with the clothes when we don't need them any more. から生じる私たちの行動について，本文で述べられていることは何ですか。次のア～エのうちから最も適当なものを**一つ**選び，その記号を書きなさい。

ア　People recycle their clothes but this is not the most popular way.

イ　People reuse their clothes because they don't want to burn their clothes.

ウ　People may have air pollution by burying clothes.

エ　People throw away their clothes because buried clothes can easily break into pieces.

⑸　文中の ③ には，どんな英語が入りますか。本文の内容をふまえてあなたなりに考え，**英語**で書きなさい。

9　次の⑴～⑶の〔　〕内の英語を正しく**並べかえて**，それぞれの対話文を完成させなさい。ただし，文頭に来る語も小文字で示してあります。(3点×3)

⑴　*A*：We'll have a birthday party for my sister.
　　B：When?
　　A：Next Saturday.　Why don't〔join / us / you〕?
　　B：Of course.

⑵　*A*：I practiced baseball very hard.
　　B：Oh, did you?

A：I'm so tired. Could you give〔 drink / me / something / to 〕?
B：Sure.

⑶ *A*：What's the matter?
B：I have lost my pen.
A：Is it in your bag?
B：No. 〔 am / for / I / looking / must / the pen 〕 be in my room.

10 あなたのクラスでは，英語の授業で，10年後の自分にあてた手紙を書くことにしました。手紙では，現在のあなたをI，my や me，10年後のあなたを you や your と書くことにします。下の⑴，⑵の問いに答え，手紙を完成させなさい。

> Dear（あなたの名前）in 2031,
>
> Hello. How are you? You are enjoying your life, right?
> I have a dream. [①] Has my dream come true? I want to know about your life in 2031. I have two questions for you about my dream.
>
> [②]
>
> Good luck.
>
> （あなたの名前）in 2021

⑴ 手紙の流れに沿うように，[①] に入る適当な英語を，5語以上で書きなさい。（3点）

⑵ 手紙の流れに沿うように，[②] に入る適当な英語を，15語以上で書きなさい。ただし，文の数はいくつでもかまいません。（6点）

＜理科＞

時間　50分　満点　100点

1　次の⑴～⑻の問いに答えなさい。（２点×８）

⑴　次のア～エのうち，アンモニアを示す化学式はどれですか。**一つ**選び，その記号を書きなさい。

ア　H_2　　**イ**　N_2　　**ウ**　NH_3　　**エ**　CO_2

⑵　たたら製鉄は，日本古来の製鉄法で，右の図のように炉《ろ》の中に砂鉄（酸化鉄）と木炭（炭素）を交互に入れ，空気を送り込みながら反応させます。次のア～エのうち，このときの化学変化について述べたものとして最も適当なものはどれですか。**一つ**選び，その記号を書きなさい。

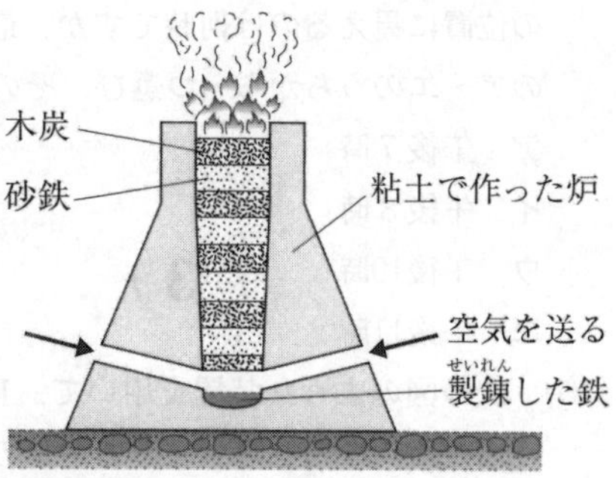

ア　砂鉄は酸化されて鉄になり，木炭は還元されて二酸化炭素になる。
イ　砂鉄は酸化されて鉄になり，木炭は酸化されて二酸化炭素になる。
ウ　砂鉄は還元されて鉄になり，木炭は酸化されて二酸化炭素になる。
エ　砂鉄は還元されて鉄になり，木炭は還元されて二酸化炭素になる。

⑶　次の文は，生殖細胞について述べたものです。下のア～エのうち，文中の（X），（Y）にあてはまることばの組み合わせとして正しいものはどれですか。**一つ**選び，その記号を書きなさい。

> 生殖細胞がつくられるときに（　X　）とよばれる特別な細胞分裂が行われ，その結果できる生殖細胞の染色体の数は分裂前に比べて（　Y　）。

	ア	イ	ウ	エ
X	減数分裂	減数分裂	体細胞分裂	体細胞分裂
Y	２倍になる	半分になる	２倍になる	半分になる

⑷　次の図は，セキツイ動物の子のうまれ方と体温を調節するしくみについてまとめたものです。下のア～エのうち，（A），（B）にあてはまることばの組み合わせとして最も適当なものはどれですか。**一つ**選び，その記号を書きなさい。

（　A　）：魚類　両生類　は虫類　鳥類
（　B　）：鳥類　ほ乳類

	A	B
ア	卵生	恒温動物
イ	卵生	変温動物
ウ	胎生	恒温動物
エ	胎生	変温動物

(5) 岩石は，そのでき方やつくりによって分類できます。次のア～エのうち，岩石が正しく分類されているものはどれですか。**一つ**選び，その記号を書きなさい。

	ア	イ	ウ	エ
岩石	チャート	はんれい岩	凝灰岩《ぎょうかいがん》	流紋岩《りゅうもんがん》
分類	火成岩《かせいがん》	深成岩《しんせいがん》	火山岩《かざんがん》	堆積岩《たいせきがん》

(6) 右の図のように，ある日の午後9時に，カシオペヤ座がXの位置に見えました。この日に，カシオペヤ座がYの位置に見えるのは何時ですか。最も適当なものを，次のア～エのうちから**一つ**選び，その記号を書きなさい。

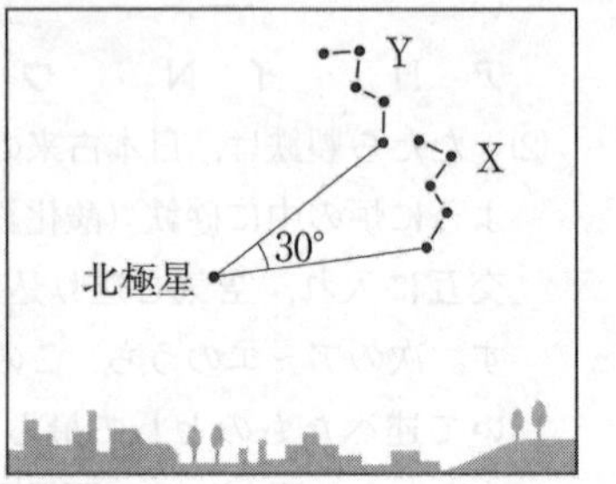

ア 午後7時
イ 午後8時
ウ 午後10時
エ 午後11時

(7) 次の図のような装置を用いて，10Nの重力がはたらいている物体を0.2mゆっくりと持ち上げました。このとき，次のア～エのうち，ロープを引く力の大きさと，ロープを引いた距離の組み合わせとして最も適当なものはどれですか。**一つ**選び，その記号を書きなさい。ただし，ロープや動滑車，定滑車の重さ，摩擦《まさつ》は考えないものとします。

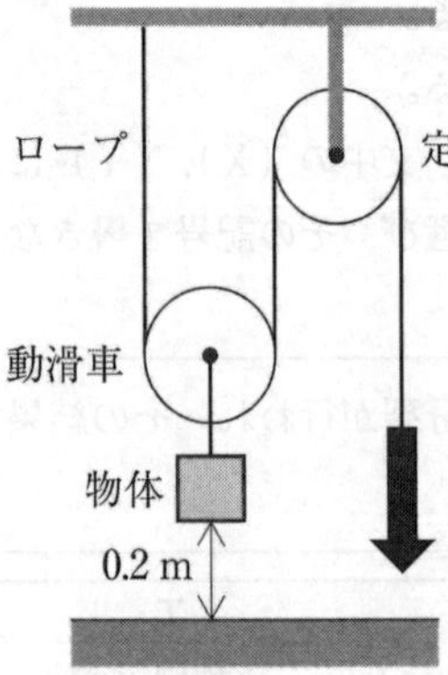

	ロープを引く力の大きさ〔N〕	ロープを引いた距離〔m〕
ア	5	0.2
イ	5	0.4
ウ	10	0.2
エ	10	0.4

(8) ある家庭には，エアコン，電磁調理器（ＩＨ調理器），ドライヤーがあり，それぞれの消費電力と使用電圧は次の表のとおりです。エアコンと電磁調理器を使用したままドライヤーの電源を入れたとき，電気の供給が止まりました。この家庭で使用することができる最大の電流は何Ａと考えられますか。最も適当なものを，下のア～エのうちから**一つ**選び，その記号を書きなさい。ただし，エアコン，電磁調理器，ドライヤー以外の電化製品には電流が流れていないこととします。

電化製品	消費電力〔W〕	使用電圧〔V〕
エアコン	1200	200
電磁調理器	2300	100
ドライヤー	600	100

ア 10A　**イ** 20A　**ウ** 30A　**エ** 40A

2　だ液のはたらきによるデンプンの変化について調べるため，次のような実験を行いました。これについて，あとの(1)～(5)の問いに答えなさい。

実験１

[1]　図１のように，試験管Aにうすめただ液２cm³を入れ，試験管Bに水２cm³を入れたあと，試験管A，試験管Bにデンプン溶液を10cm³入れてふり混ぜ，試験管の底を10分間手であたためた。

図Ⅰ

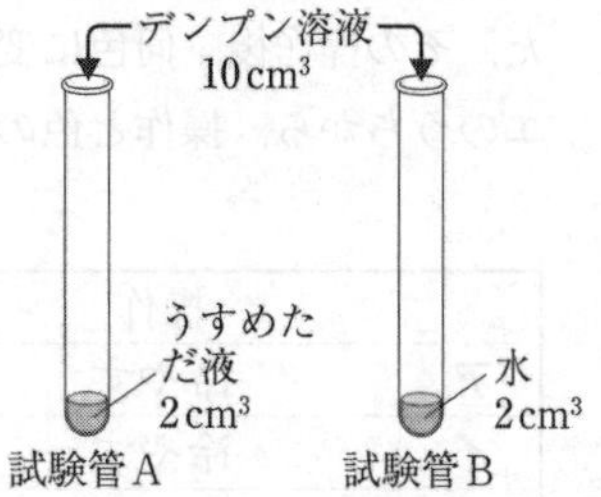

[2]　図Ⅱのように，デンプンの変化を確認するため，水を張ったペトリ皿を２つ準備し，セロハン膜を張った。そのセロハン膜の上に，[1]であたためた試験管Aの液を入れたペトリ皿をXとし，試験管Bの液を入れたペトリ皿をYとした。その後，しばらく放置した。なお，セロハン膜には，目には見えない小さなすき間がたくさんあいている。デンプンは，そのすき間より大きいため通過できないが，麦芽糖は，そのすき間より小さいため通過できる。

図Ⅱ

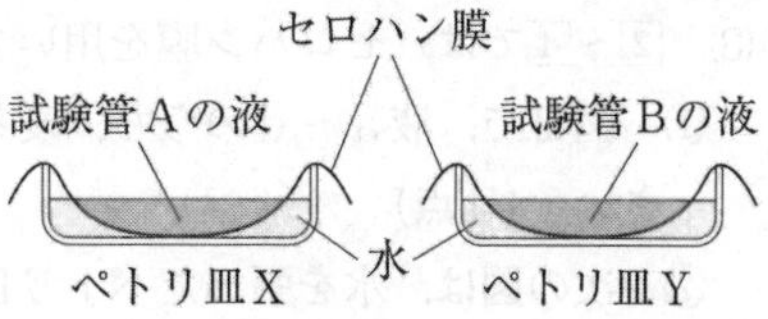

[3]　[2]のあと，図Ⅲのように，セロハン膜内にある液a，c，セロハン膜外にある液b，dをそれぞれ試験管に取り分けて，ヨウ素液を加え色の変化を確認したところ，液cの色が変化した。

図Ⅲ

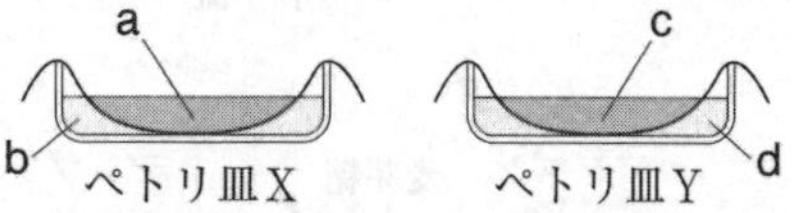

[4]　[3]で，麦芽糖の有無を確かめるために，ヨウ素液のかわりにベネジクト液を用いて，[3]と同様の実験をした。

実験２

[5]　デンプン溶液が入った試験管と，うすめただ液の入った試験管を１本ずつ準備した。それぞれの試験管を５℃にし，温度を保ちながら混ぜ合わせ，しばらく放置したあと，ヨウ素液を加え，試験管内の色の変化を確認した。

次に，同じ量のデンプン溶液とうすめただ液で同様の操作を35℃で行い，その結果を表にまとめた。

表

温度〔℃〕	5	35
色の変化	濃い青紫色	変化なし

⑴　ご飯を口に入れてくり返しかんでいるとあまさを感じるのは，舌がその刺激を受け取っているからです。このように外界からさまざまな刺激を受け取る器官を何といいますか。**ことば**で書きなさい。（３点）

⑵　④で，ベネジクト液を入れた溶液の色の変化を確認するために必要な操作は何ですか。また，その操作後，何色に変化すれば溶液中に麦芽糖が含まれているとわかりますか。次のア～エのうちから，操作と色の組み合わせとして正しいものを**一つ**選び，その記号を書きなさい。（３点）

	操作	色
ア	冷やす	赤褐色
イ	冷やす	青色
ウ	加熱する	赤褐色
エ	加熱する	青色

⑶　②～④では，セロハン膜を用いました。このとき，次の①，②の問いに答えなさい。

①　図Ⅲで，液ａ～ｄのうち，麦芽糖があるのはどれですか。**すべて**選び，その記号を書きなさい。（４点）

②　次の図は，水を張ったペトリ皿の上にセロハン膜を張り，その上に麦芽糖とデンプンの溶液を入れたものです。破線（………）で囲まれたセロハン膜付近の麦芽糖とデンプンを模式的に表すとどうなりますか。下のア～エのうちから最も適当なものを**一つ**選び，その記号を書きなさい。（３点）

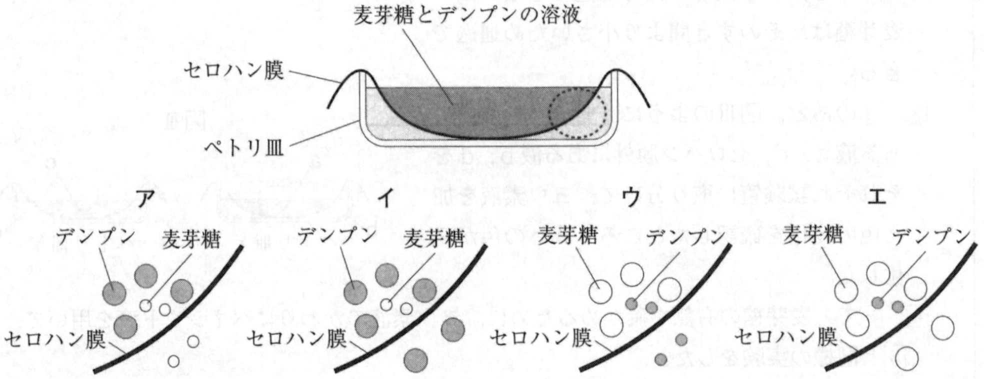

⑷　実験２の結果から，温度とだ液のはたらきの関係について明らかになったことは何ですか。簡単に書きなさい。（４点）

⑸　次の文は，ヒトの消化と吸収について述べたものです。文中の（ⓐ），（ⓘ）にあてはまる**ことば**を，それぞれ書きなさい。（２点×２）

> デンプンは，だ液に含まれる（　ⓐ　）という消化酵素のはたらきによって麦芽糖などに変化する。さらに，麦芽糖は消化管を移動しながら，さまざまな消化酵素によってより吸収されやすい物質となる。吸収されやすい物質は，小腸の表面にある（　ⓘ　）という突起で吸収される。

3　電池のしくみを調べるため，次のような実験を行いました。これについて，あとの(1)～(5)の問いに答えなさい。

実験1　電池のしくみと水溶液の関係を調べた。

[1]　図Ⅰのように，蒸留水を入れたビーカーに，電極として亜鉛板と銅板を入れ，モーターにつないだところ，モーターは回らなかった。

[2]　食塩水，砂糖水，エタノール水溶液，水酸化ナトリウム水溶液を用意し，それぞれ[1]と同様の実験をしたところ，食塩水のときと水酸化ナトリウム水溶液のときにモーターが回り電流が流れたことがわかった。

図Ⅰ

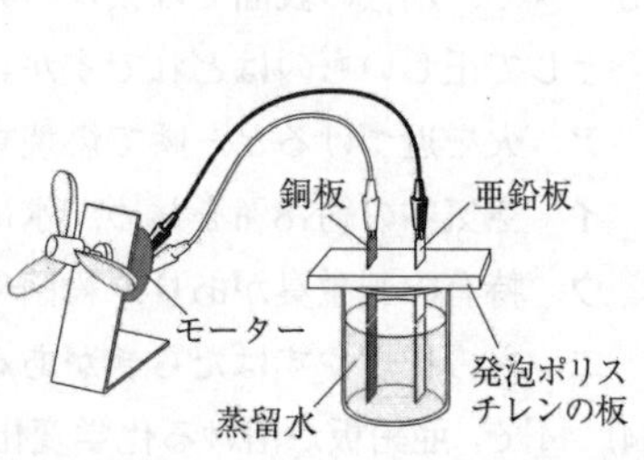

[3]　うすい塩酸を用意し，[1]と同様の実験をしたところ，[2]のときよりモーターがよく回り電流が流れたことがわかった。

[4]　[3]のとき，電極付近で気体が発生し，亜鉛板の表面は少し溶けてざらざらしているのが確認できた。

実験2　[3]で，モーターがよく回ったのは，流れる電流が大きくなったからだと考え，電流を大きくするための条件を調べた。

[5]　実験を行う前に，電流を大きくする条件について次のように予想した。

予想1　塩酸の濃度を大きくすると，電流が大きくなるのではないか。

予想2　塩酸に入れる亜鉛板と銅板の面積を大きくすると，電流が大きくなるのではないか。

[6]　ビーカーAに濃度0.1％の塩酸を入れ，図Ⅱのように銅板を電流計の＋端子に，亜鉛板を－端子に接続し，塩酸に入れる亜鉛板と銅板の面積を9㎠として電流を測定した。

[7]　ビーカーBに濃度1％の塩酸を入れ，塩酸に入れる亜鉛板と銅板の面積を18㎠とし，[6]と同様に電流を測定した。

図Ⅱ

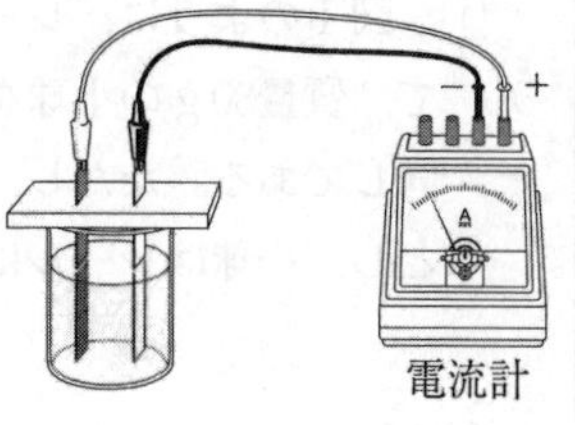

[8]　[6]，[7]の結果を表にまとめた。

表

	ビーカーA	ビーカーB
塩酸の濃度〔%〕	0.1	1
亜鉛板と銅板の面積〔cm^2〕	9	18
電流〔mA〕	5	23

(1)　次のページのア～エのうち，亜鉛と銅に共通の性質として正しいものはどれですか。**一つ選び**，その記号を書きなさい。（2点）

ア　磁石に引きつけられる。　　イ　たたくとうすく広がる。

ウ　空気中で激しく燃える。　　エ　エタノールによく溶ける。

(2)　[2]で，食塩水のときと水酸化ナトリウム水溶液のときに，電流が流れ，モーターが回ったのはなぜですか。簡単に書きなさい。（4点）

(3)　[4]で，銅板の表面では気体の発生が見られました。次のア～エのうち，発生した気体の特徴として正しいものはどれですか。**一つ**選び，その記号を書きなさい。（3点）

ア　火を近づけると一瞬で燃焼する。

イ　空気中の約78％をしめ，水に溶けにくい。

ウ　特有の刺激臭があり，殺菌《さっきん》や漂白《ひょうはく》に使われる。

エ　ものを燃やすはたらきがあるが，そのものは燃えない。

(4)　[4]で，亜鉛板が溶ける化学変化を⊖（電子）を用いたモデルで表すとどうなりますか。（例）を参考にして，下の（　）に適当な**イオン式**を書きなさい。（3点）

（例）塩化物イオンが電子を放出して塩素分子になる反応のモデル

$2Cl^- \rightarrow Cl_2 +$ ⊖⊖

$Zn \rightarrow$ （　　　　）＋ ⊖⊖

(5)　[5]の予想について，[6]～[8]では予想が正しいことを確認することはできません。2つの予想のうち，予想1が正しいことを確認するためには，どのような実験をして，どのような結果が得られればよいですか。簡単に書きなさい。ただし，塩酸の濃度や亜鉛板と銅板の面積は，実験2と同じものを用いるものとします。（5点）

4　物体の運動のようすについて調べるため，次のような実験を行いました。これについて，あとの(1)～(5)の問いに答えなさい。

実験1

[1]　図Iのように，レール①と，レール①のB点からD点をつなぎ替えたレール②を使って，質量30 gの小球を転がす実験を行った。レール①とレール②のA点とG点の高さは同じである。ただし，それぞれのレールは摩擦がなく，なめらかにつながっているものとし，小球はレールに沿って運動するものとする。

図I

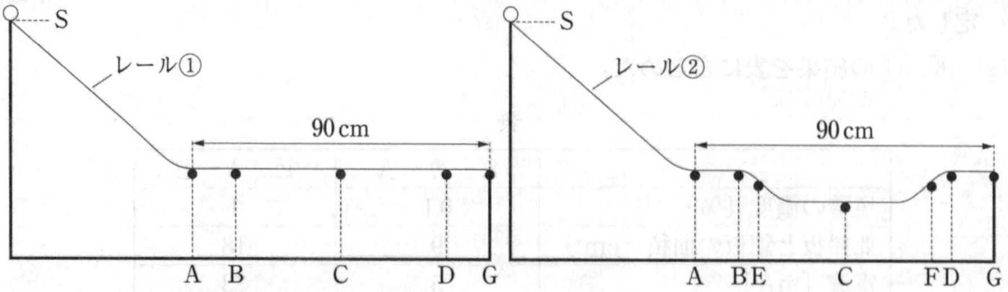

[2]　S点からそれぞれ小球を静かに放し，G点に達するまでの時間をそれぞれ計測したところ，レール②の方がレール①よりわずかに短くなった。

[3]　S点から小球を静かに放し，各地点の速さを簡易速度計でそれぞれ計測し，その結果を表にまとめた。

表　各地点の速さ（単位：cm/s）

	A	C	G
レール①	300	300	300
レール②	300	340	300

実験2

[4]　図Ⅱのように，レール①で，S点から小球を静かに放したときの水平面での運動のようすをストロボ装置を使って0.1秒ごとに写真を撮影した。

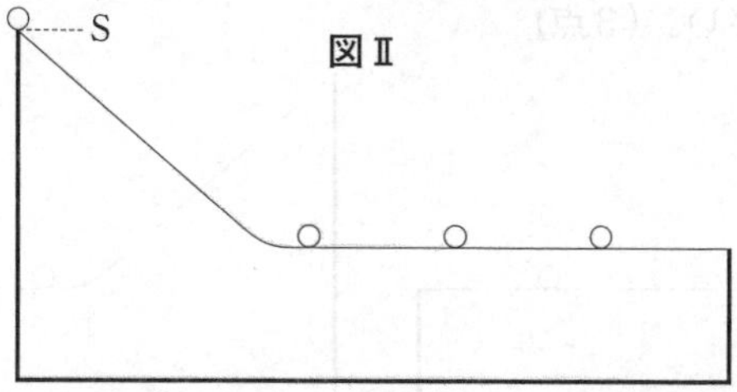

図Ⅱ

[5]　図Ⅲのように，レール①で，S点より低いT点から小球を静かに放し，[4]と同様にストロボ装置を使って0.1秒ごとに写真を撮影した。

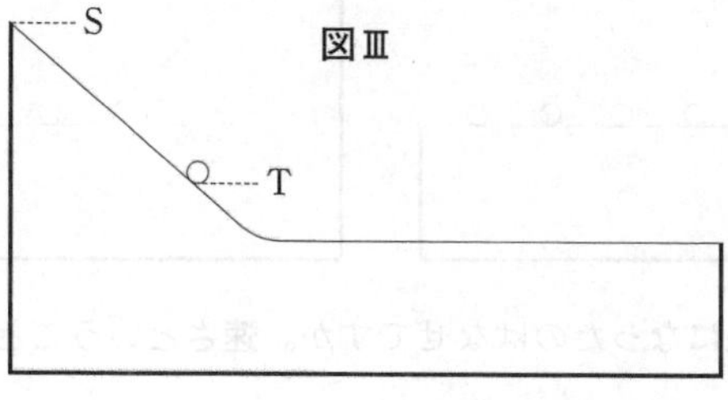

図Ⅲ

実験3

[6]　図Ⅳのように，レール②のB点からC点をつなぎ替えたレール③を作った。S点から小球を静かに放し，G点に達するまでの時間を計測したところ，[2]のレール②よりわずかに長くなった。

図Ⅳ

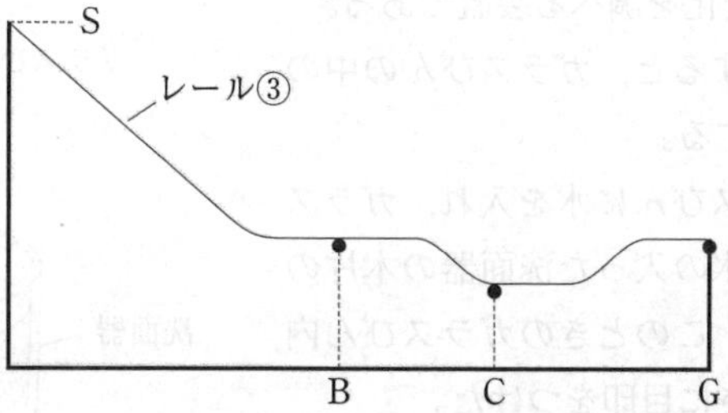

(1)　[3]で，小球がレール①のA点からG点に達するまでの時間は何秒ですか。数字で書きなさい。（3点）

⑵ 実験１で，レール②のＡ点，Ｅ点，Ｃ点，Ｆ点のうち，小球のもつ位置エネルギーと運動エネルギーが最大なのはそれぞれどの地点ですか。最も適当なものを，**一つずつ**選び，その記号を書きなさい。（４点）

⑶ 右の図は，④で，レール上の水平面を運動する小球を表しています。このとき，小球にはたらいている**重力以外の力**はどのようになりますか。図に**矢印**でかき入れなさい。ただし，100ｇの物体にはたらく重力の大きさを１Ｎ，図の１目盛りは0.1Ｎとします。また，力の矢印には（•⟶）のように**作用点**を●で図にかき入れなさい。（４点）

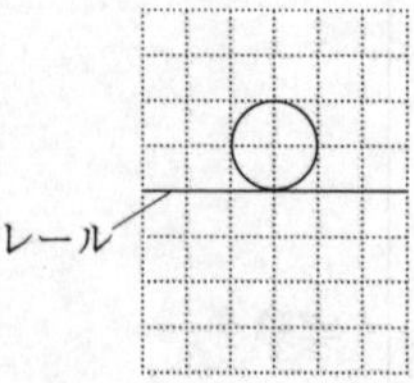

⑷ ⑤で，水平面での写真として，最も適当なものはどれですか。次のア～エのうちから**一つ**選び，その記号を書きなさい。（３点）

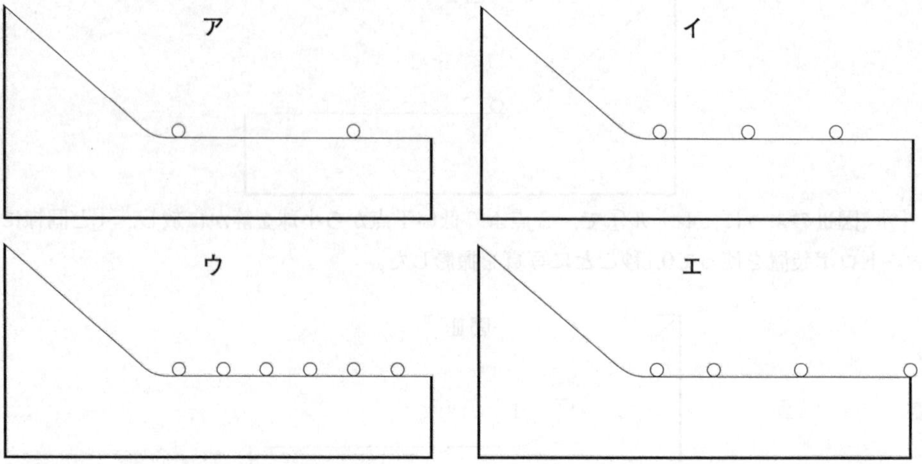

⑸ ⑥で，そのような結果になったのはなぜですか。**速さ**ということばを用いて簡単に書きなさい。（４点）

5 岩手県に住む太郎さんは気象の変化を調べるために，次のような装置の作成と観察，資料収集を行いました。これについて，あとの⑴～⑶の問いに答えなさい。

装置の作成

① 図１は，気圧の変化を調べる装置である。

しくみ：気圧が変化すると，ガラスびんの中の水面が上下する。

装置について：ガラスびんに水を入れ，ガラスびんの口を水の入った洗面器の木片の上に置いた。このときのガラスびん内の水面の高さに目印をつけた。

② 図Ⅱ（次のページ）は，気温の変化を調べる装置である。

図Ⅰ

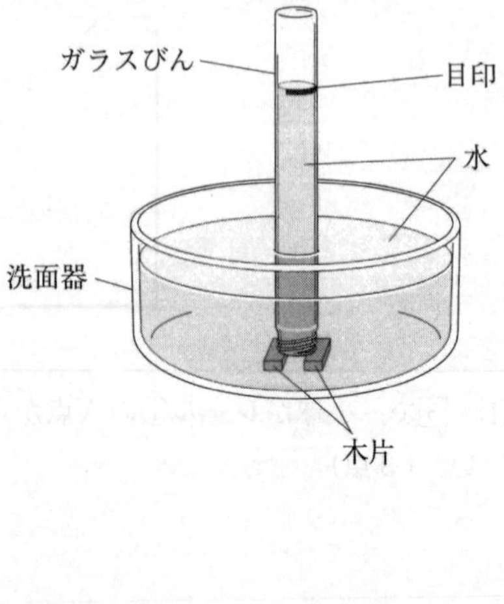

しくみ：図Ⅱのように，ペットボトルには水が満たされていて，砂の入った４つのガラスの小びんが上昇したり下降したりすることで気温の変化がわかる。

装置について：図Ⅲのように，水の入ったビーカーで，ガラスの小びんがちょうどビーカーの水面と底の中間で静止するように，砂の量を調整した。残りの小びんも，水温をそれぞれ変えて調整し，それらをペットボトルに入れた。

図Ⅱ

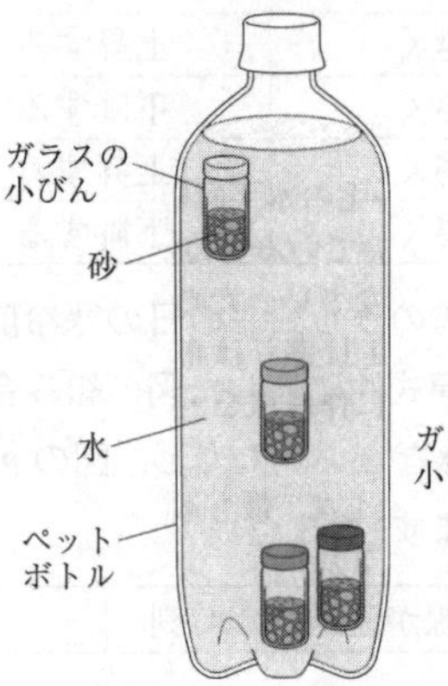

図Ⅲ

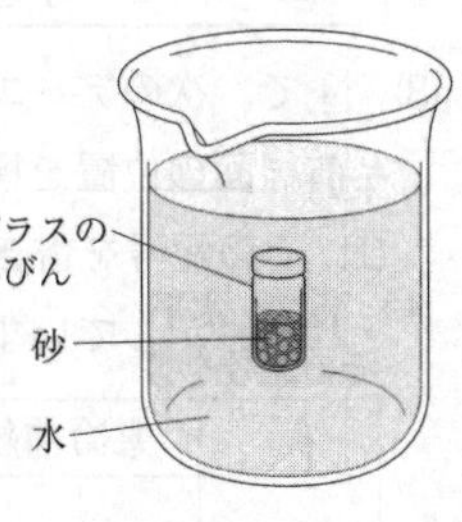

観　察

[3]　[1]，[2]の装置を用いて，校庭の風通しのよい日かげで装置のようすを観察した。

資　料

[4]　太郎さんの住む町のある日の気象要素について，気象庁のWebページで確認し，表にまとめた。また，この日の天気図を確認したところ，寒冷前線が西から東に向かって通過したことがわかった。

表

気象要素＼時刻	6:00	9:00	12:00	15:00	18:00
気圧〔hPa〕	1017	1015	1010	1013	1015
気温〔℃〕	1.5	4.9	13.2	5.4	3.7
風速〔m/s〕	5.2	6.2	12.3	3.4	4.4
風向	南	南	南西	西北西	南西

(1)　[1]で，次のア～エのうち，図Ⅰの装置のガラスびん内の水面が上がる理由として最も適当なものはどれですか。**一つ**選び，その記号を書きなさい。(３点)

ア　気圧が上がり，大気が洗面器の水面を押す力が大きくなるから。

イ　気圧が上がり，大気が洗面器の水面を押す力が小さくなるから。

ウ　気圧が下がり，大気が洗面器の水面を押す力が大きくなるから。

エ　気圧が下がり，大気が洗面器の水面を押す力が小さくなるから。

(2)　[2]で，次の文は，水の温度を上げたときのガラスの小びんのようすについて述べたものです。次のページのア～エのうち，文中の（X），（Y）にあてはまることばの組み合わせとして正しいものはどれですか。**一つ**選び，その記号を書きなさい。(４点)

水の温度を上げると，水の体積が大きくなり質量は変わらないため，水の密度が（　X　）なり，ガラスの小びんは（　Y　）。

	X	Y
ア	大きく	上昇する
イ	大きく	下降する
ウ	小さく	上昇する
エ	小さく	下降する

(3) ④で，次のア～エのうち，この日の寒冷前線が通過した時刻と，通過後の太郎さんの住む町と前線面の位置を模式的に表した図の組み合わせとして最も適当なものはどれですか。一つ選び，その記号を書きなさい。ただし，図の●は太郎さんの住む町を，実線（――）は前線面を，それぞれ示しています。（3点）

	寒冷前線が通過した時刻	太郎さんの住む町と前線面の位置
ア	9:00から12:00の間	
イ	9:00から12:00の間	
ウ	12:00から15:00の間	
エ	12:00から15:00の間	

6 日本で発生したある地震について，資料（次のページ）を集めて考察しました。これについて，下の(1)～(5)の問いに答えなさい。ただし，地震の波は一定の速さで伝わるものとします。

(1) プレートに力がはたらき，地下の岩盤（岩石）が破壊されてずれが生じ，その場所を震源とした地震が発生することがあります。このずれを何といいますか。**ことば**で書きなさい。
（3点）

(2) 地震が発生すると，①のように地震に関する情報が発表されます。次のア～エのうち，マグニチュードについて正しく述べているものはどれですか。**一つ**選び，その記号を書きなさい。
（3点）

ア 震源が深い地震ほど，マグニチュードが大きい。

イ 同じ地震でも，観測地点によってマグニチュードの大きさが異なる。

ウ マグニチュード6の地震で放出されるエネルギーは，マグニチュード3の地震の2倍である。

エ 震源がほぼ同じならば，マグニチュードの大きい地震の方が広い範囲でゆれが観測される。

(3) 次の文は，②の表からP波の速さを求める方法について述べたものです。次のページのア～

エのうち，文中の（X），（Y）にあてはまることばと数字の組み合わせとして正しいものはどれですか。**一つ**選び，その記号を書きなさい。（4点）

> 観測地点Aで初期微動が始まった時刻と観測地点Bで（　X　）が始まった時刻の差，および観測地点Aと観測地点Bの震源からの距離の差を用いてP波の速さを求めることができる。この地震におけるP波の速さは秒速（　Y　）kmである。

	ア	イ	ウ	エ
X	初期微動	初期微動	主要動	主要動
Y	2	8	2	8

⑷　②の観測地点A～Dのうち，初期微動継続時間が最も長いものはどれですか。**一つ**選び，その記号を書きなさい。また，その地点の初期微動継続時間は何秒ですか。**数字**で書きなさい。（4点）

⑸　③で，図のa～dのうち，この地震の震央はどれですか。最も適当なものを**一つ**選び，その記号を書きなさい。ただし，図の方眼紙1目盛は4㎞とします。（4点）

資　料

① 次の文は，気象庁のWebページに掲載されていた地震に関する情報の一部である。

> 9時28分ころ，地震がありました。
> 震源の深さは約24㎞，地震の規模（マグニチュード）は3.3と推定されます。

② 次の表は，観測地点A～Dにおける地震の観測結果をまとめたものである。

表

観測地点	震源からの距離	初期微動が始まった時刻	主要動が始まった時刻
A	48km	9時28分41秒	9時28分47秒
B	40km	9時28分40秒	9時28分45秒
C	48km	9時28分41秒	9時28分47秒
D	64km	9時28分43秒	9時28分51秒

③ 次の図は，地震の観測地点A～Dの位置関係を方眼紙上に●で示したものである。なお，A～Dの標高は同じである。

図

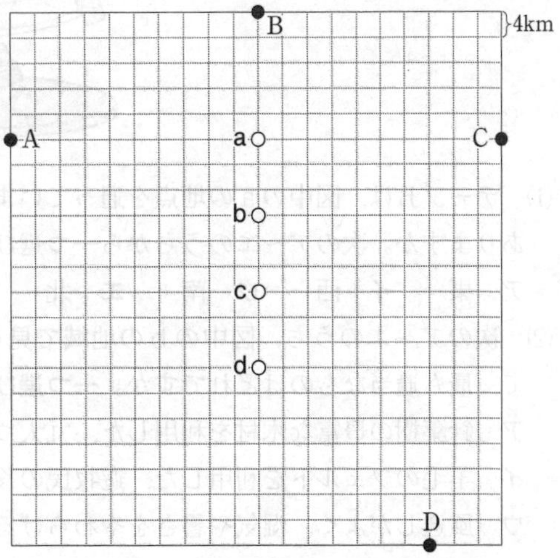

＜社会＞

時間　50分　満点　100点

1　次の図は，地球儀上にテープをおいているようすを描いたものです。図中のテープAとテープBは，直角に貼り合わせています。また，テープAとテープBの交わったところを地球儀上の東京におき，テープAは経線に合わせています。これを見て，下の⑴，⑵の問いに答えなさい。

（3点×2）

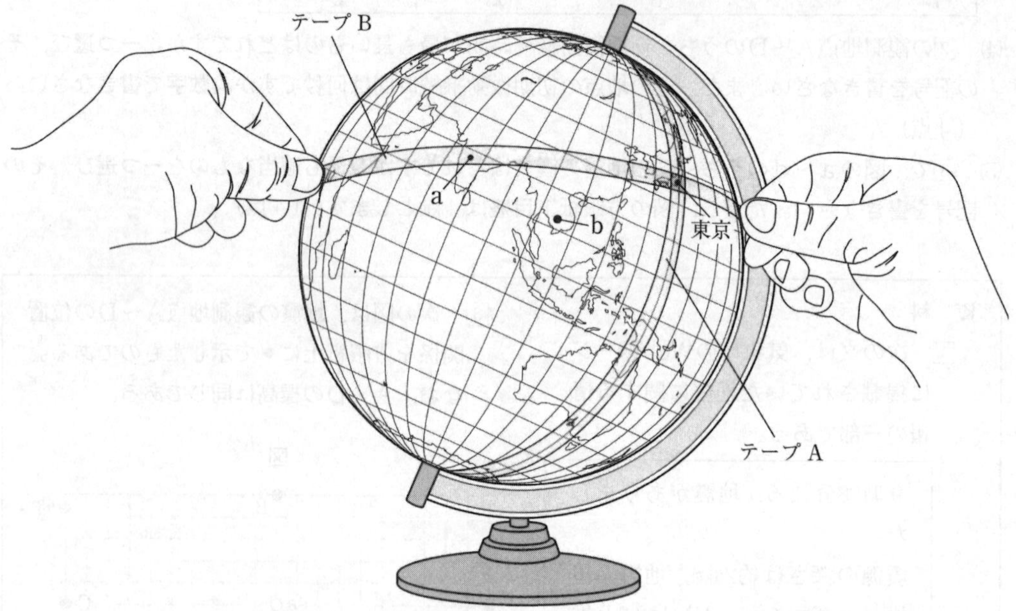

⑴　テープBは，図中のaの地点を通っています。東京からみて，aの地点はおよそどの方位にありますか。次のア～エのうちから**一つ**選び，その記号を書きなさい。

ア　東　　**イ**　西　　**ウ**　南　　**エ**　北

⑵　次のア～エのうち，図中のbの地域で見られる伝統的な住居について述べているものとして，最も適当なものはどれですか。**一つ**選び，その記号を書きなさい。

ア　針葉樹の豊富な木材を利用した，丸太づくりの住居。
イ　羊毛のフェルトを利用した，遊牧民の移動式の住居。
ウ　風通しがよく，湿気や暑さをやわらげる高床式の住居。
エ　泥を乾燥させてかためた，日干しれんがを積み上げた住居。

2　次のページの文は，社会科の授業で武士の政治について学んだ，あさみさんとまさゆきさんの会話です。これを読んで，後の⑴～⑷の問いに答えなさい。

⑴　下線部①について，鎌倉幕府を開いた人物は誰ですか。次のア～エのうちから**一つ**選び，その記号を書きなさい。（3点）

ア　平清盛《たいらのきよもり》　**イ**　源頼朝《みなもとのよりとも》　**ウ**　豊臣秀吉《とよとみひでよし》　**エ**　足利尊氏《あしかがたかうじ》

あさみさん

まさゆきさん

10世紀ごろから，有力な農民や豪族が領地を守るために武装して，武士になっていくんだよね。

そうだったね。そして，初めての本格的な武士の政権は，①鎌倉幕府だったね。

その鎌倉幕府をたおした後醍醐《ごだいご》天皇が②天皇中心の政治を行ったよね。次に，③室町幕府が開かれたよね。

その後も，武士が活躍した時代が続いて，江戸幕府は260年余りも続く戦乱のない時代をつくったんだよね。じゃあ，それぞれの時代で，幕府がどのように武士を④統制していたか調べてみようよ。

⑵　下線部②について，後醍醐天皇が中心となって行った，武士の政治を否定し，貴族を重んじる政治を何といいますか。**ことば**で書きなさい。（４点）

⑶　下線部③について，次のア～エのうち，室町時代のようすについて述べたものとして，最も適当なものはどれですか。**一つ**選び，その記号を書きなさい。（４点）

ア　魏に使いをおくった女王が，まじないなどの力も用いて30ほどの小国を従えた。

イ　藤原氏が娘を天皇のきさきにし，その子を天皇の位に就けることで権力を握った。

ウ　安土城下では，楽市・楽座の政策により，自由な営業が認められ商工業が発展した。

エ　正式な貿易船には，明から勘合という合札《あいふだ》が与えられ，銅銭や生糸などが輸入された。

⑷　下線部④について，次の資料Ⅰ，資料Ⅱは，あさみさんとまさゆきさんが，各時代の武士の統制について調べたときに使ったものです。資料Ⅰ，資料Ⅱのうち，江戸幕府が武士を統制するために定めた法律はどちらですか。**一つ**選び，その記号を書きなさい。また，選んだ資料の法律の**名称**は何ですか。**ことば**で書きなさい。（４点）

資料Ⅰ

一　文武弓馬の道（学問と武道）にひたすら励むようにせよ。
一　城は，たとえ修理であっても必ず幕府に報告せよ。ましてや，新しく城を築くようなことは，固く禁止する。
一　幕府の許可なく，婚姻を結んではならない。
（部分要約）

資料Ⅱ

一　諸国の守護の職務は，国内の御家人《ごけにん》を京都の警備に当たらせること，謀反《むほん》や殺人などの犯罪人を取り締まることである。
一　武士が20年の間，実際に土地を支配しているならば，その者に所有を認める。
（部分要約）

3　右の略地図は，北海道を中心に描いたものです。これを見て，下の⑴～⑶の問いに答えなさい。

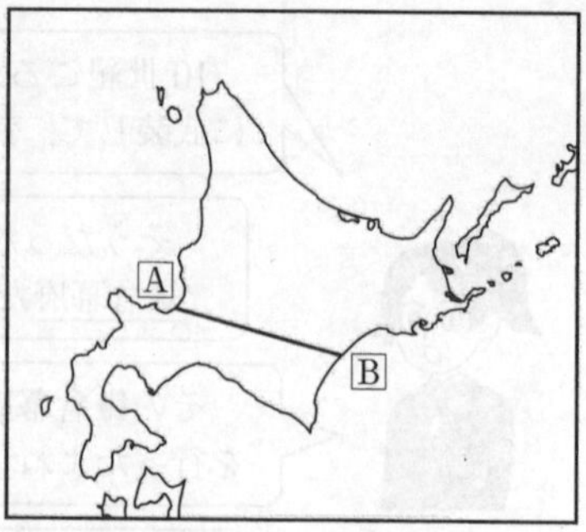

⑴　次のア～エのうち，図中の線A－Bに沿って切ったときの断面を模式的に表しているのはどれですか。最も適当なものを**一つ**選び，その記号を書きなさい。

（3点）

ア

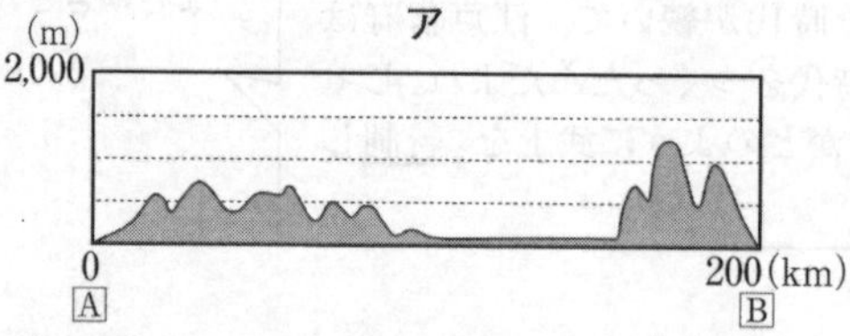

イ

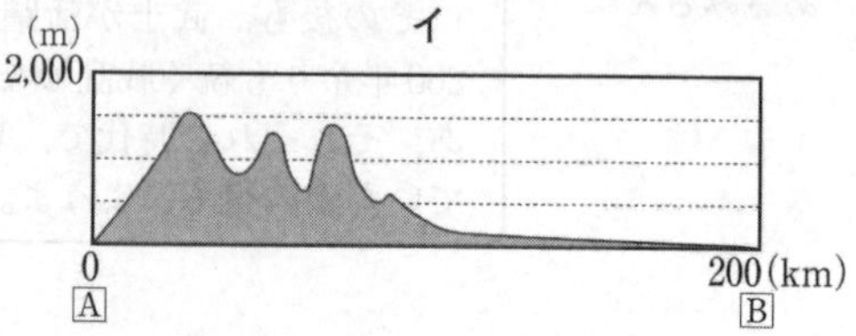

ウ

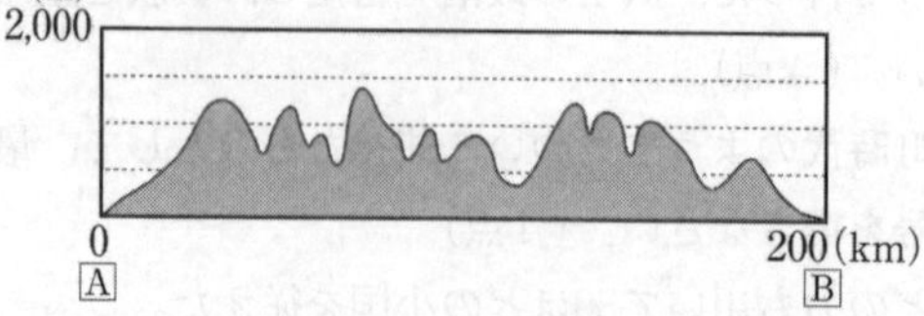

エ

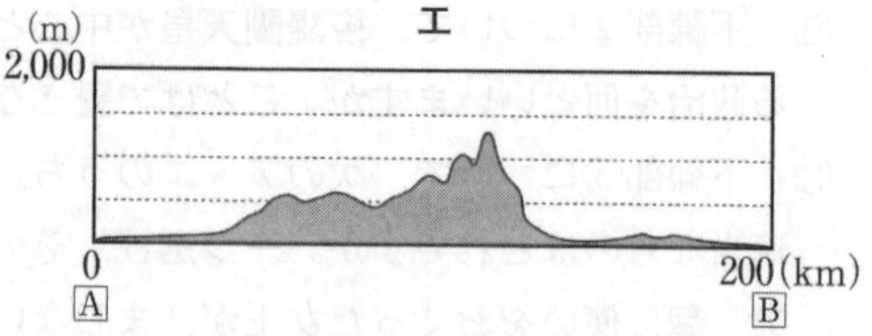

⑵　次の表中のア～エは，2019年の北海道，神奈川県，奈良県，沖縄県のいずれかの訪問者数，世界遺産登録数，空港の数，新幹線の駅の数をそれぞれ示したものです。ア～エのうち，北海道にあたるものはどれですか。**一つ**選び，その記号を書きなさい。（3点）

	訪問者数※（万人）	世界遺産登録数	空港の数	新幹線の駅の数
ア	588	3	0	0
イ	773	1	13	0
ウ	2,133	1	14	2
エ	2,642	0	0	2

（国土交通省，文部科学省資料から作成）

※訪問者数は，観光・レクリエーション目的で訪れた人数。

⑶　北海道は，農業がさかんな地域です。次の資料Ⅰは，2018年の畑作の農家一戸あたりの耕地面積について北海道と全国平均を示したものです。また，資料Ⅱは，北海道の農作物の収穫のようすを示したものです。資料Ⅰ，資料Ⅱからわかる北海道の畑作の**特徴**は何ですか。簡単に書きなさい。（4点）

資料Ⅰ

（単位：万 m²）

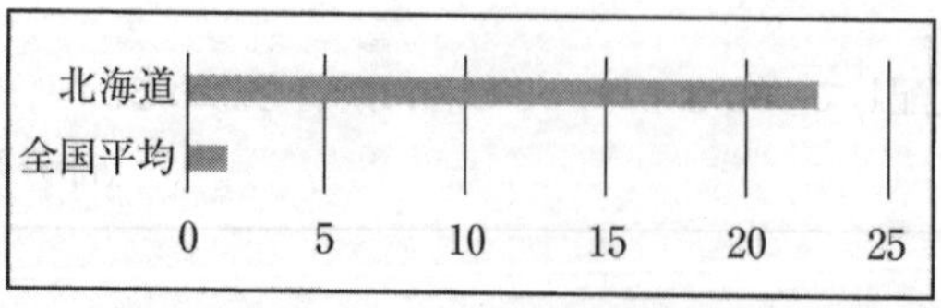

（農林水産省資料などから作成）

資料Ⅱ

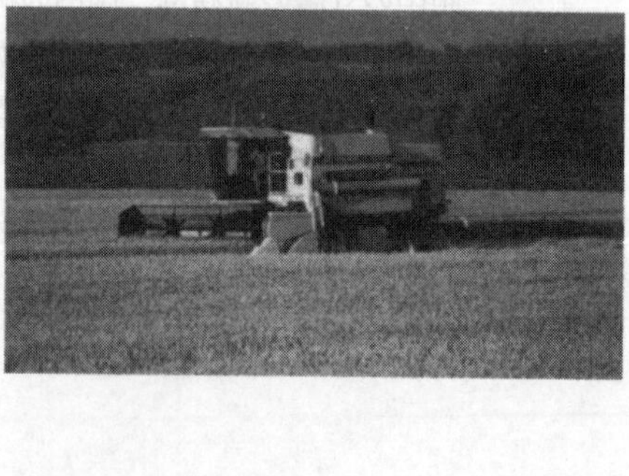

4　次の文を読んで，下の⑴～⑶の問いに答えなさい。

近代になってまず保障された人権は，①自由権であった。19世紀には，自由な経済活動がさかんになったが，同時に社会の中で貧富の差が広がった。20世紀に入ると，人々の人間らしい生活を保障しようとする②社会権が認められるようになった。これらの人権を保障するためには，政治が③法の支配に基づいて行われることが大切である。

⑴　下線部①について，わが国の憲法で保障されている自由権には精神活動の自由があります。次のア～エのうち，精神活動の自由について述べているものはどれですか。二つ選び，その記号を書きなさい。（３点）

ア　学問の自由　　　　　イ　奴隷的拘束《どれいてきこうそく》・苦役《くえき》からの自由

ウ　思想・良心の自由　　エ　居住・移転・職業選択の自由

⑵　下線部②について，わが国の憲法では，社会権の中で基本となる権利を，「健康で文化的な最低限度の生活を営む権利」と定めています。この権利を何といいますか。ことばで書きなさい。（４点）

⑶　下線部③について，次のア～エのうち，法の支配について模式的に表したものとして，最も適当なものはどれですか。一つ選び，その記号を書きなさい。（４点）

ア

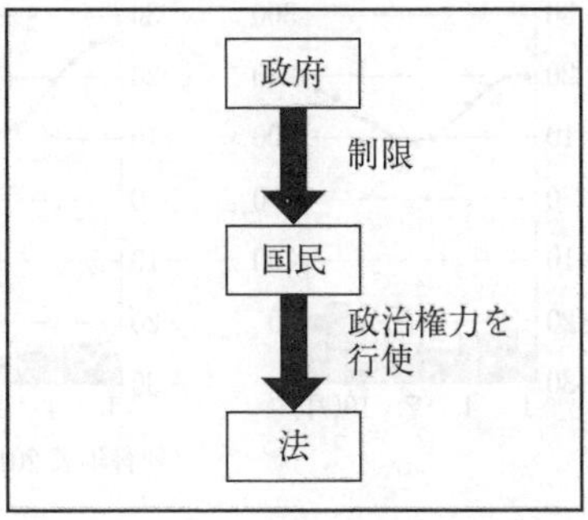

イ

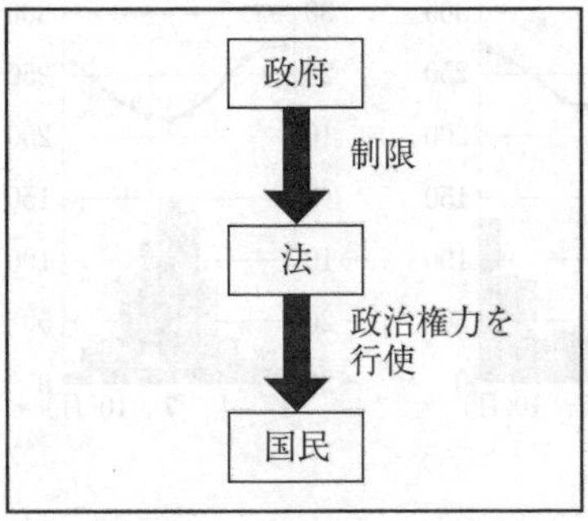

ウ

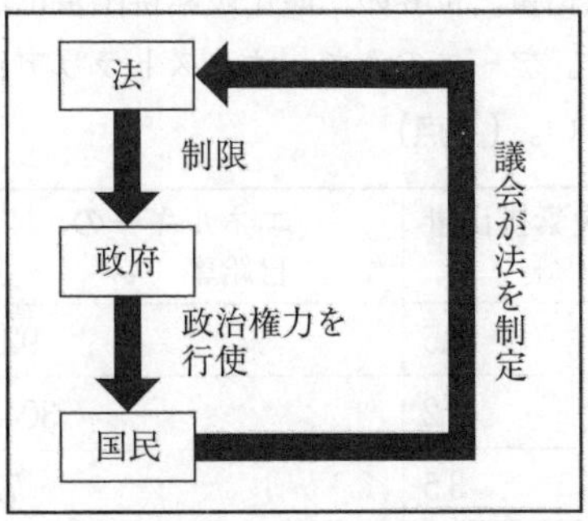

エ

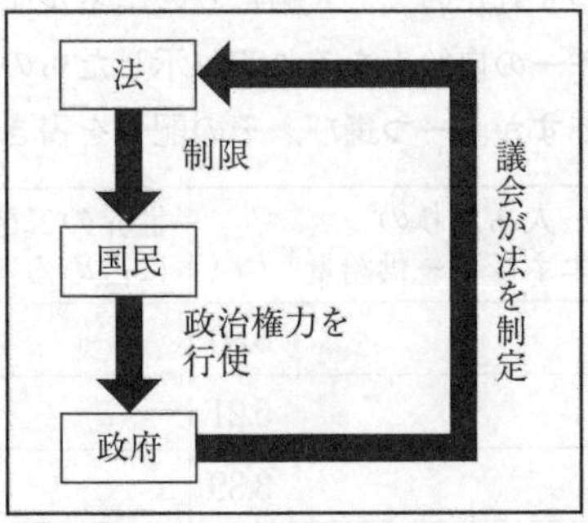

5　あきらさんのクラスでは，社会科の授業で「世界のさまざまな地域の調査」の学習を行いました。あきらさんは，学習を通してオセアニア州に興味を持ち，オーストラリアの都市について調べ，わかったことを次のページのようにまとめました。これを見て，あとの⑴～⑷の問いに答えなさい。

〈カルグーリー〉
鉱山労働者が集まってできた都市で，内陸にみられる特徴的な①気候です。

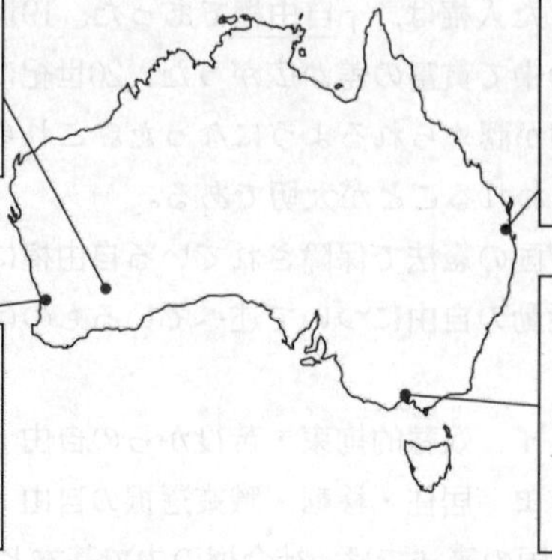

〈ブリズベン〉
③農牧業のさかんなクインズランド州の州都で，ブリズベン港は農産物の輸出がさかんです。

〈パース〉
鉄鉱や②エネルギー資源があるウエスタンオーストラリア州の州都です。

〈メルボルン〉
オーストラリアではシドニーに次いで人口が多く，さまざまな国からの④移民が住んでいます。

⑴　下線部①について，次のア～エのグラフは，略地図中のパース，カルグーリー，ブリズベン，メルボルンのいずれかの都市の気温と降水量の変化を表したものです。ア～エのうち，カルグーリーにあたるものはどれですか。**一つ**選び，その記号を書きなさい。（３点）

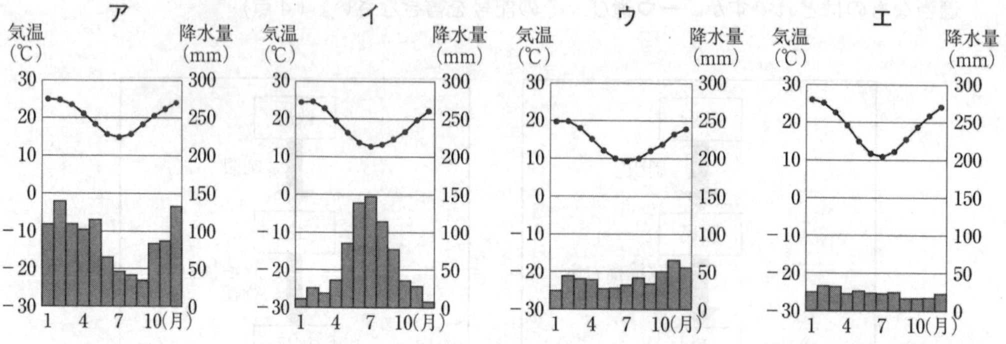

（理科年表 2019 年から作成）

⑵　下線部②について，次の表中のア～エは，2015年の日本，オーストラリア，アメリカ合衆国，中国のいずれかの，一人あたりのエネルギー供給量，世界の二酸化炭素排出量に占める割合，エネルギーの自給率をそれぞれ示したものです。ア～エのうち，オーストラリアにあたるものはどれですか。**一つ**選び，その記号を書きなさい。（４点）

	一人あたりのエネルギー供給量※（t）	世界の二酸化炭素排出量に占める割合（%）	エネルギーの自給率（%）
ア	6.80	15.5	92.2
イ	5.21	1.2	304.3
ウ	3.39	3.5	7.0
エ	2.17	28.1	83.9

（世界国勢図会 2018/2019 年版から作成）

※石油換算

⑶　下線部③について，次のページの図A，Bは，それぞれ牛の放牧がさかんな地域と羊の放牧のさかんな地域のいずれかを ▬ で示したものです。また，表Ⅰ，Ⅱは，それぞれ2016年の牛肉の生産上位５か国と羊肉の生産上位５か国のいずれかを示したものです。次のア～エのう

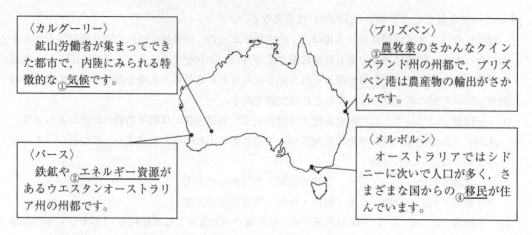

ち，図と表で，牛の放牧がさかんな地域と牛肉の生産上位５か国の組み合わせとして正しいものはどれですか。一つ選び，その記号を書きなさい。（４点）

図

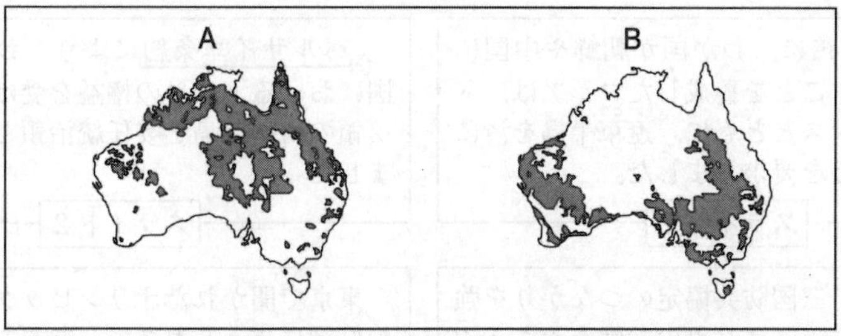

（グーズアトラスなどから作成）

表

Ⅰ

	国　名	世界の生産に占める割合（%）
1	アメリカ合衆国	17
2	ブラジル	14
3	中国	11
4	アルゼンチン	4
5	オーストラリア	4

Ⅱ

	国　名	世界の生産に占める割合（%）
1	中国	25
2	オーストラリア	7
3	ニュージーランド	5
4	トルコ	4
5	イラン	3

（世界国勢図会 2018/2019 年版から作成）

ア　図：A　表：Ⅰ　　イ　図：A　表：Ⅱ
ウ　図：B　表：Ⅰ　　エ　図：B　表：Ⅱ

⑷　下線部④について，オーストラリアでは，1970年代にある政策が廃止されたことで，外国生まれのオーストラリア人の出身国の割合に変化が見られるようになりました。次の資料Ⅰ，資料Ⅱは，それぞれ1966年と2016年の外国生まれのオーストラリア人の出身国の上位５か国とその他の割合を示したものです。外国生まれのオーストラリア人の出身国の割合はどのように変化しましたか。資料Ⅰ，資料Ⅱから読み取れることを，1970年代に廃止されたオーストラリアの政策の内容を明らかにして，簡単に書きなさい。（４点）

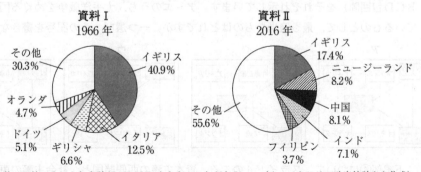

資料Ⅰ
1966年

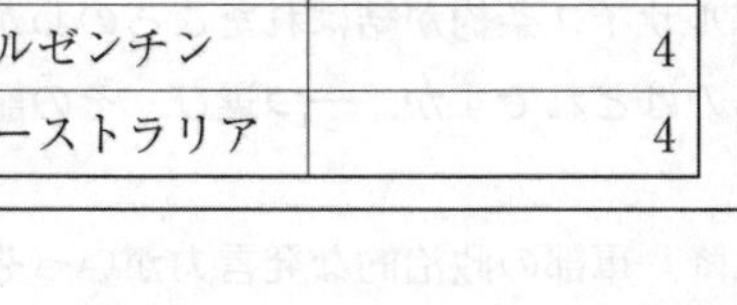

資料Ⅱ
2016年

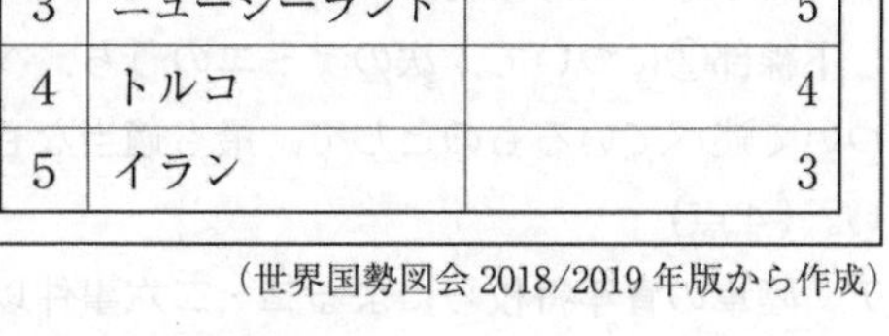

※小数第２位の四捨五入により合計が100.0%にならないことがある。　（オーストラリア政府統計から作成）

6 りなさんは，社会科の授業で，わが国とドイツの歴史の関わりを調べ，発表の準備をしました。次のスライド１～４は，りなさんが発表のために作成したものです。これらを見て，下の(1)～(4)の問いに答えなさい。

①日清戦争後に，わが国が朝鮮や中国に勢力を伸ばすことを警戒したロシアは，ドイツ，フランスとともに，遼東《りょうとう》半島を清に返還することを要求しました。

スライド１

②ベルサイユ条約により，わが国は，中国におけるドイツの権益を受け継ぎ，ドイツ領の南洋諸島を委任統治領として獲得しました。

スライド２

わが国は，三国防共協定のつながりを強めるとともに，アメリカの参戦をおさえるため，ドイツ・イタリアと③日独伊三国同盟を結成しました。

スライド３

東京で開かれたオリンピック以後，輸出の好調に支えられて，④資本主義国の中で西ドイツを抜いて，国民総生産が第２位になりました。

スライド４

(1) 下線部①について，日清戦争で結ばれた講和条約は何ですか。次のア～エのうちから**一つ**選び，その記号を書きなさい。（３点）

ア 下関条約　**イ** ポーツマス条約

ウ 日中平和友好条約　**エ** サンフランシスコ平和条約

(2) 下線部②について，次のア～エのうち，ベルサイユ条約が結ばれたころのわが国のようすについて述べているものとして，最も適当なものはどれですか。**一つ**選び，その記号を書きなさい。（４点）

ア 陸軍の青年将校らによる二・二六事件以降，軍部の政治的な発言力がいっそう強まった。

イ イギリスとのあいだで，領事裁判権の撤廃と，関税自主権の一部を回復する内容の条約を結んだ。

ウ 武力で朝鮮の開国をせまる征韓論が高まり，使節の派遣が決まったが，反対意見が出て，派遣は見送られた。

エ シベリア出兵をあてこんだ米の買い占めなどで，米価が急に高くなると，安売りを求める騒動が全国に広がった。

(3) 下線部③について，次のア～エは，太平洋戦争が始まる直前の国際関係を模式的に表したもので，実線（――）は，わが国が結んだ三国同盟を，破線（………）は，ＡＢＣＤ包囲網《ほういもう》（ＡＢＣＤ包囲陣《ほういじん》）をそれぞれ示しています。ア～エのうち，太平洋戦争をめぐる国際関係を表しているものとして，最も適当なものはどれですか。**一つ**選び，その記号を書きなさい。（４点）

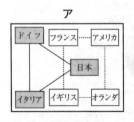

ア

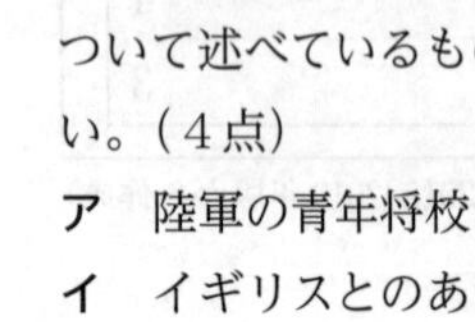

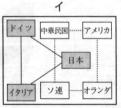

イ

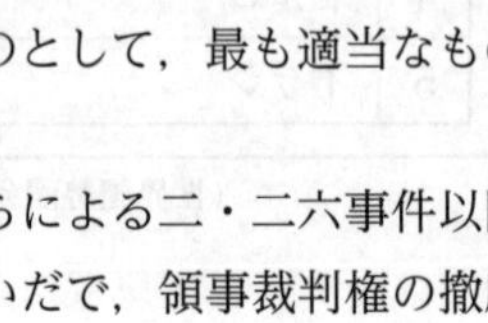

ウ

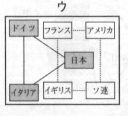

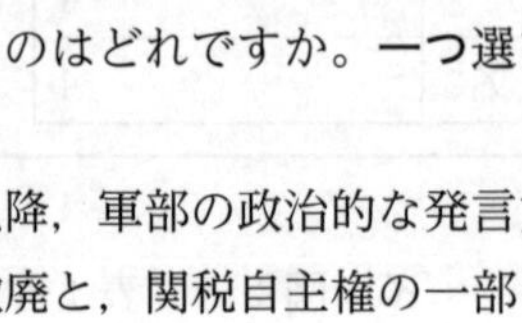

エ

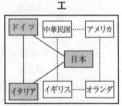

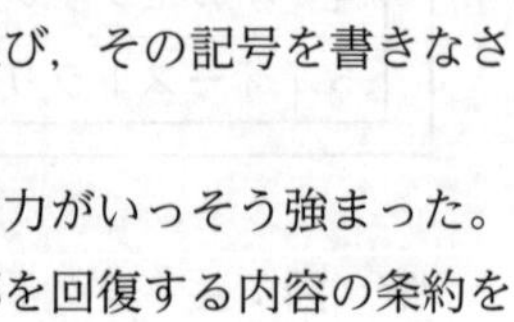

(4) 下線部④について，スライド４のころ，資本主義の西側諸国と，社会主義の東側諸国は対立していましたが，1980年代後半に関係が大きく変化しました。この関係について，1989年のマ

ルタ会談で終結が宣言されたことは何ですか。この会談に参加し，西側諸国と東側諸国の中心となった**国の名前**をそれぞれ明らかにしながら，簡単に書きなさい。（４点）

7　次の資料は，さくらさんが総合的な学習の時間に職場体験をしたときのレポートの一部です。これを読んで，下の⑴～⑷の問いに答えなさい。

> これまで①スーパーマーケットで，商品として並ぶ肉類や魚介類を何気なく目にしてきましたが，②従業員の方々の仕事を体験してみて，働くことの大変さを学ぶことができました。魚介類を担当している方のお話からは，限りある③水産資源を無駄がないように加工するなど，工夫を行っていることがわかりました。今後は，食卓に並ぶ身近な魚の産地やその漁獲量の推移，また，漁獲量の変化によって④価格がどのように変化するのか調べてみたいと思いました。

⑴　下線部①について，次のア～エのうち，流通の合理化のため，スーパーマーケットなど小売店の多くで採用されているPOSシステムのしくみについて述べているものとして，最も適当なものはどれですか。**一つ**選び，その記号を書きなさい。（４点）

ア　クレジットカードや電子マネー等の現金以外で，商品の代金を支払う。

イ　インターネット上で注文を受け付けた商品を，注文者の自宅へ配送する。

ウ　誰もが手に取りやすい高さに商品を陳列し，店舗内の通路を広く確保する。

エ　商品のバーコードを読み取り，どの商品がいつどれだけ売れたかを把握する。

⑵　下線部②について，従業員には，労働者としての権利がさまざまな法律で保障されています。次の文は，労働者の権利を守るために制定されたわが国の法律について述べたものです。この法律の**名称**は何ですか。**ことば**で書きなさい。（４点）

> １日の労働時間は８時間以内，１週間で最低１日は休日とするといったように，労働時間や休日，賃金等の働くうえでの重要な条件について定めている。

⑶　下線部③について，次の文は，水産資源に関わる国際法上の規定について述べたものです。下のア～エのうち，文中の（X），（Y）にあてはまることばと数字の組み合わせとして正しいものはどれですか。**一つ**選び，その記号を書きなさい。（３点）

> 国家には，（　X　）において水産資源や鉱産資源を開発し保有する権利が認められている。（　X　）は，領海の外側で海岸線から（　Y　）海里までの範囲を指す。

ア　X：公海　Y：12　　**イ**　X：排他的経済水域　Y：12

ウ　X：公海　Y：200　　**エ**　X：排他的経済水域　Y：200

⑷　下線部④について，次のページの資料は，わが国の2010年から2014年までのサバの漁獲量の推移をまとめたものです。資料のサバの漁獲量の場合，需要量が変わらないとすると価格はどのように変化すると考えられますか。サバの価格が市場経済のしくみによって決定されるとしたとき，次のページのア～エのうち，その価格の変化を模式的に表したものとして最も適当なものを**一つ**選び，その記号を書きなさい。また，その選択肢を選んだ**理由**を**供給量**ということばを用いて簡単に書きなさい。（２点×２）

資料

年（西暦）	2010	2011	2012	2013	2014
漁獲量（ｔ）	491,813	392,506	438,269	374,954	481,783

（水産庁資料から作成）

ア
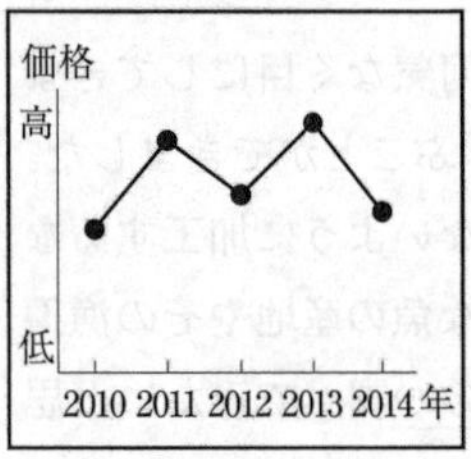

イ
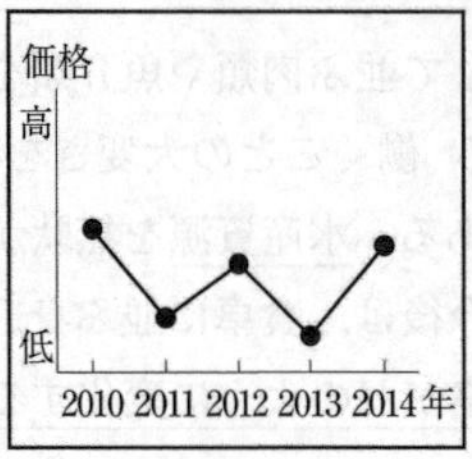

ウ
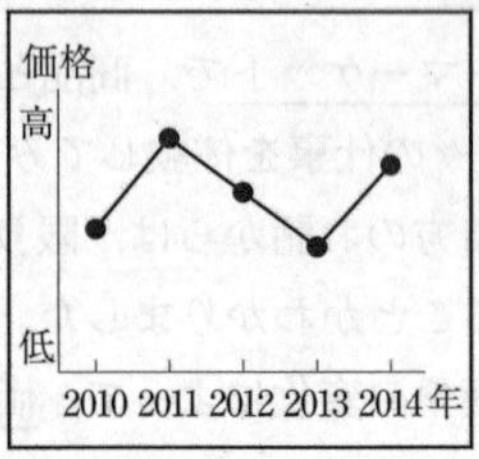

エ
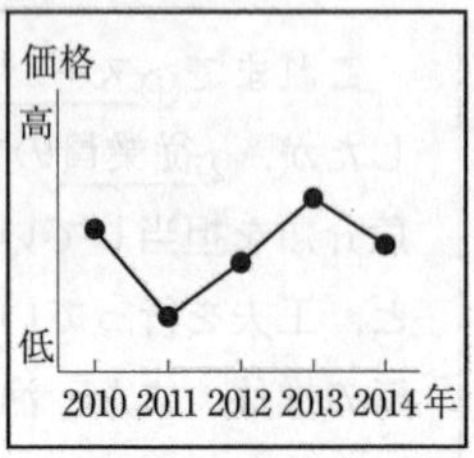

8　次の文を読んで，あとの⑴～⑶の問いに答えなさい。

グローバル化にともない，地球規模で交通網の整備が進み，人物の①国境を越えた移動が活発になっている。わが国は，海に囲まれていることから，古くから移動手段として②船が大きな役割を果たしてきた。

現代では，交通網の発展にともない生活が便利になっており，鉄道やバスの路線が③まちのあり方や人々の生活に，大きな影響を与えている。

⑴　下線部①について，現在，貨物の国際間の移動では，海上輸送のほか，航空輸送の役割も大きくなっています。次のア～エのうち，おもに航空輸送が用いられる貨物として最も適当なものはどれですか。一つ選び，その記号を書きなさい。（３点）

ア　原油　　イ　ＩＣ（集積回路）　　ウ　鉄鉱石　　エ　自動車

⑵　下線部②について，次のア～エのうち，外国船によって，初めて種子島に鉄砲が伝えられたころの世界のようすについて述べているものはどれですか。一つ選び，その記号を書きなさい。（４点）

ア　スペインの援助を受けたマゼランの船隊が，アメリカ大陸の南端を回って西に向かい，初めて世界一周をなしとげた。

イ　イギリスは綿織物をインドに輸出し，インドでつくらせた麻薬のアヘンを清に密輸し，その代金の銀で茶を輸入した。

ウ　イギリス政府が本国を優先した法律を定めたため，イギリスの植民地だったボストンで市民が積荷の紅茶を海に捨てる事件が起こった。

エ　キリスト教の聖地でもあるエルサレムが，イスラム勢力の支配下に入ると，教皇は，エルサレムからイスラム勢力を追い払うために初めて十字軍の派遣を呼びかけた。

⑶　下線部③について，Ａ市では，都市再開発にともない2025年に総合病院や大型商業施設などがつくられることになりました。これにあわせて市民が，鉄道の駅を新設することをＡ市に要望したため，Ａ市は市民から意見を聴く集会を開きました。

次のページの資料Ⅰ，資料Ⅱは，Ａ市が市民の意見を聴くために準備したものです。資料Ⅰは，Ａ市や新駅に関することを示したもので，資料Ⅱは，Ａ市の人口構成の推移を示したものです。これらをもとに，あなたがＡ市の市民として，新しい鉄道の駅をつくることに賛成と反対の**両方**の立場から主張する場合，どのような理由を述べますか。賛成と反対の理由について，それぞれ資料Ⅰ，資料Ⅱの両方に基づいて簡単に書きなさい。（３点×２）

資料Ⅰ　Ａ市および新駅に関する説明

＊Ａ市のようす：大都市郊外に位置し，ベッドタウンとして子育て世代の家族が多く住み，発展してきた。鉄道のほかバス路線の便もよく，おもな施設には，それほど待たずに電車かバスで行くことができる。

＊新駅建設予定地の環境：新駅が開業すれば，建設予定の総合病院は新駅の向かいになり，大型商業施設は新駅から徒歩で約２分のところになるため，暮らしやすい環境となる。そのため，市外から幅広い年代の人々が引っ越してくる可能性が高い。

＊新駅建設の財源：新駅の整備にかかる費用は約80億円であり，市が全額負担する。建設する場合，数年間，社会保障費などを減らして，建設費にあてる。

資料Ⅱ　Ａ市の人口構成の推移（単位：人）

	総人口	14歳以下人口	15～64歳人口	65歳以上人口
2005年３月末	72,000	10,000	50,000	12,000
2010年３月末	70,000	9,000	46,000	15,000
2015年３月末	68,500	8,000	42,000	18,500
2020年３月末	66,500	7,000	38,500	21,000

4 のぞみさんは、次の《資料Ⅰ》、《資料Ⅱ》を見て、宿題のレポートを書こうとしています。《資料Ⅰ》は、ある調査で、テレビ、新聞、インターネット、雑誌の四つのメディアそれぞれに対して、「情報源として重要だ」と回答した人の割合をまとめたものです。また、《資料Ⅱ》は、同じ調査で、それぞれのメディアに対して、「信頼できる」と回答した人の割合をまとめたものです。《資料Ⅰ》、《資料Ⅱ》を見て、あとの(1)、(2)の問いに答えなさい。

《資料Ⅰ》 情報源としての重要度（全年代・年代別）

		テレビ	新聞	インターネット	雑誌
全年代		88.1%	53.2%	75.1%	19.3%
年代別	10 代	83.8%	28.9%	85.9%	7.7%
	20 代	81.0%	32.2%	87.7%	18.5%
	30 代	83.0%	34.0%	83.0%	16.6%
	40 代	90.8%	54.0%	80.1%	18.7%
	50 代	92.1%	70.1%	74.1%	23.4%
	60 代	93.1%	80.0%	49.3%	24.5%

《資料Ⅱ》 各メディアの信頼度（全年代）

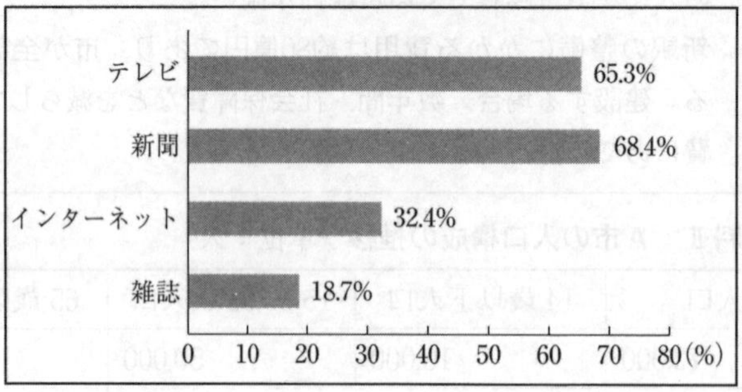

（総務省「令和元年度 情報通信メディアの利用時間と情報行動に関する調査報告書」から作成）

(1) 《資料Ⅰ》を見たのぞみさんは、次のような感想を持ちました。のぞみさんはどのメディアについての感想を述べていますか。あとのア～エのうちから最も適当なものを**一つ**選び、その記号を書きなさい。（3点）

のぞみさんの感想

「このメディアだけが、年代が上がるにつれて『情報源として重要だ』と回答した人の割合が増えているね。何か理由があるのかな。」

ア テレビ　**イ** 新聞　**ウ** インターネット　**エ** 雑誌

(2) 《資料Ⅰ》と《資料Ⅱ》の両方から、インターネットはどのように受け止められていると読み取ることができますか。また、読み取ったことを踏まえて、インターネット上の情報を利用する際、あなたはどのようなことに注意しますか。あとの【条件】①～④に従ってあなたの考えを**説明する文章**を書きなさい。（12点）

【条件】

① 説明する文章は、**原稿用紙の正しい使い方**に従って、二つの段落で構成し、**五行以上七行以内**で書くこと。
② 第一段落は、《資料Ⅰ》と《資料Ⅱ》から読み取れるインターネットの受け止められ方について書くこと。
③ 第二段落は、第一段落を踏まえて、インターネット上の情報を利用する際に注意することについて書くこと。
④ 資料で示された数値を書く場合は、次の例に示した書き方を参考にすること。

例 二〇・三% または 二十・三%
四二・〇% または 四十二%

エ　夏へと向かう希望を感じさせる川の風景

3　次の文章を読んで、あとの⑴～⑷の問いに答えなさい。

人の世を渉《わた》るは、①行旅の如《ごと》く然《しか》り。途《みち》に険夷（注）有り、日に晴雨有り。畢竟《ひっきやう》避くるを得ず《結局のところ避けることができない。》。只《た》だ宜《よろ》しく②処《ところ》に随《したが》ひ③時に随つて相緩急すべし。速やかなるを欲《ほっ》して《早く行き着こうとして》以《もっ》て災ひを取る勿《な》かれ《ことがあってはならない。》。猶予して《ぐずぐずして》以て期に《約束の期日に》後るる勿かれ。是れ旅に処するの道《方法》にして、即《すなは》ち《とりもなおさず》世を渉るの道なり《である。》。

（「言志四録《げんしろく》」による）

（注）険夷《けんい》有り…けわしい所もあれば平らなところもあること。

⑴ 二重傍線部　畢竟避くるを得ず　とありますが、これを漢文で書くと「畢竟不得避」となります。二重傍線部のとおりに読めるように、**返り点**を付けなさい。（3点）

⑵ 傍線部①　行旅の如く然り　とありますが、「行旅」は何と似ているのですか。それを、次のように説明するとき、[　] にあてはまる言葉を本文中から**そのまま**抜き出して書きなさい。（4点）

行旅は、[　　　　]ことと似ている。

⑶ 傍線部②　処　、傍線部③　時　とありますが、それが本文中で指し示しているのはそれぞれどの言葉ですか。次のア～エのうちから最も適当な組み合わせを**一つ**選び、その記号を書きなさい。（5点）

ア ②世　③旅　　**イ** ②途　③日
ウ ②速　③後　　**エ** ②災　③期

⑷ 次の会話は、この文章を読んだ四人が、内容について話し合ったものの一部です。[a]、[b] にあてはまる言葉はそれぞれ何ですか。[a] は本文中からあてはまる**一文**を抜き出し、**はじめと終わりの五字**を書き、[b] は本文中から**六字**で**そのまま**抜き出して書きなさい。（4点×2）

春菜さん　私は、この文章の内容は、「急《せ》いては事を仕損《しそん》ずる」ということわざと同じことを表していると思ったんだけど……。

夏江さん　たしかにそうだね。「急がば回れ」とも似ているよね。本文の「[a]。」のところが、この二つのことわざと同じようなことを述べていると思うよ。

秋斗さん　そうかなあ。私は、「急がば回れ」とは正反対の意味を表している文章だと思ったよ。

冬彦さん　そうだよね。「[a]。」の近くには「善は急げ」と同じような意味のことが書かれているよ。

秋斗さん　そうだよ。私はそこが大事なところだと思ったんだよ。

夏江さん　二つの正反対のことが書かれているなんて変だね。この文章は何を言いたいのかな……。

春菜さん　……あ、わかった。この文章は、「急いては事を仕損ずる」と同じことを述べているわけではなくて、柔軟に対応することが大事だということを述べているんじゃないかな。それを表現しているのが本文の「[b]」の部分だと思う。

(1) 本文中の二重傍線部A～Cのカタカナにあたる漢字を、それぞれ楷書で正しく書きなさい。(2点×3)

(2) 傍線部①　咲くのです　とありますが、その部分の主語にあたる文節はどれですか。本文中からそのまま抜き出して書きなさい。(3点)

(3) 傍線部②　詩の中心的イメージ　とありますが、それはどのようなイメージですか。次のア～エのうちから最も適当なものを一つ選び、その記号を書きなさい。(4点)

ア「そうして次々に／新しい靴にはきかえてゆく」から読み取れる、育ち盛りの子どもの靴のイメージ。

イ「疲れた靴」と「小さな靴」から読み取れる、大人と比べて元気さが感じられる子どもの靴のイメージ。

ウ「小さな靴は／おいてある」から読み取れる、玄関に寂しげに取り残された子どもの靴のイメージ。

エ「花を飾るより／ずっと明るい」から読み取れる、祖母の愛情に照らしだされた子どもの靴のイメージ。

(4) 傍線部③　詩を読むときに気をつけるべき点　とはどういうことですか。それを、次のように説明するとき、[　] にあてはまる言葉を、**十五字以内**で書きなさい。(5点)

詩のことばを、[　　　　] こと。

(5) Ⅲの詩のなかで使われている表現技法は何ですか。次のア～エのうちから最も適当なものを一つ選び、その記号を書きなさい。(3点)

ア　倒置　**イ**　体言止め　**ウ**　対句　**エ**　擬人法

(6) 傍線部④　この詩の魅力　とありますが、それはどのような点にあると筆者は述べていますか。それを、次のように言い換えて説明するとき、[a]、[b] は本文中からあてはまる言葉をそれぞれ**四字以内でそのまま抜き出して**書き、[c] はあとのア～エのうちから最も適当なものを**一つ**選び、その記号を書きなさい。(2点×3)

美しい [a] を美しい [b] にたとえることで、[c] 表現されている点。

[c] の選択肢

ア　美しい願いごとは決して諦めるなというメッセージが軽やかに

イ　比べるものと比べられるものを逆転させる仕掛けが密かに

ウ　空に浮かぶ美しい紙風船のイメージが読者を励ますように

エ　軽やかで美しい紙風船が自分自身の密かな願いごとのように

(7) 破線部　じっさい詩人が見た風景であるのでしょうが、しかしそれはむしろ、詩人の心の風景なのです　とあります。この考え方に従って、〈文章〉のⅡの詩と《詩》「春の河」について次の表のようにまとめたとき、[X]、[Y] にあてはまる言葉はそれぞれ何ですか。[X] は**十字以内**で書き、[Y] はあとのア～エのうちから最も適当なものを**一つ**選び、その記号を書きなさい。(4点×2)

	詩人が見た風景	詩人の心の風景
Ⅱの詩	カモメが波に揺られている岬の風景	旅のおわりの行き止まりを感じさせる岬の風景
「春の河」	[X] 風景	[Y]

[Y] の選択肢

ア　冬が終わる寂しさを感じさせる川の風景

イ　春を待つ楽しみを感じさせる川の風景

ウ　春を迎えた喜びを感じさせる川の風景

り」という表現から、詩人にとって春が決して希望の象徴ではないことが自ずと感得され、読者はそこから、春イコール希望ではない、この詩独自の空間へ入って行くのです。

　ついでに言えば、この詩が一時期、非常に愛された詩でありながら、現在すこし忘れられているのは、春イコール憂鬱、という当時の青年にとってのもう一つの別の常識、いわば裏常識、に頼っているところがあるせいかも知れません。

ただそれでもこの詩が魅力的だと感じられるとすれば、それは、全体の音の響き（もう一つの基本要素）のゆるやかなけだるさが、いま説明した心象イメージの憂愁と遠く近く呼び合っていて、読む人を青春の心のCメイロ、この詩人にとってそれはそれとして嘘偽《うそいつわ》りのないもの、へと誘い込むからでしょう。

　イメージ中心で、一見「小さな靴」と同じような日常風景のスケッチであるかに見えて、じつはそこに小さな仕掛けがしてある詩もあります。

Ⅲ　紙風船　　黒田三郎《くろださぶろう》

落ちてきたら
今度は
もっと高く
もっともっと高く
何度でも
打ち上げよう
美しい
願いごとのように

何度でも打ち上げられる紙風船。空に舞う美しい紙風船のイメージが、この詩の中心にあります。しかし空に打ち上げられているのは、ほんとうに紙風船なのでしょうか。

　「美しい／願いごとのように」と詩は言います。ですが、詩の言いたいのは実は逆です。「美しい願いごと」　たとえそれが叶《かな》わずに落ちてきても、その「美しい願いごと」を「もっともっと高く／何度でも／打ち上げよう」、紙風船のように、と詩は言っているのです。

　比べるものと比べられるものを密《ひそ》かに逆転する仕掛け。それによってこの詩は、空に打ち上げられる美しい紙風船をうたうイメージの詩から、〈美しい願いごとは決して諦めるな〉という〈考え（思想）〉の詩へ、メッセージの詩へと転換しています。

　ただ詩として大切なのは、そのメッセージが軽やかな紙風船のイメージに託されていることです。それによって読者は「願いごと」の内容を、決して重苦し過ぎるものとは感じない。そして自分自身のひそかな願いごとも、美しい紙風船のように、諦めることなく打ち上げつづけてみようかと、小さく励まされるかも知れません。それが④この詩の魅力でしょう。

（柴田翔《しばたしょう》「詩への道しるべ」による）

《詩》

春の河　　山村暮鳥《やまむらぼちょう》

たつぷり《たっぷり》と
春は
小さな川々まで
あふれてゐ《い》る
あふれてゐる

（山村暮鳥「雲」による）

もちろんここには、「次々に／新しい靴にはきかえてゆく」子どもの成長の速さや、「新しい靴」の子どもと「疲れた靴」の大人たちとの対比など、さまざまな詩人の感慨、詩人の思考内容（考え）もあります。しかし、そうしたものもみな、輝くように明るい小さな靴のイメージのなかへ溶け込んで行きます。

そしてその小さな靴にそそがれる明るい光の光源が、孫へ向けられた祖母、つまり詩人その人の愛情であることは、読む人が自《おの》ずと理解するところです。

状況は簡単ですから説明の必要はそうないでしょう。親（たぶん詩人の娘夫婦）に連れられてきたAオサナい孫が遊び疲れて眠り込んでしまい、抱かれて帰って行ったあとに残された靴。詩人がたまたま見た日常の寸景《すんけい》。それが詩人のまなざしによって拾い上げられ、平易なことばで描きだされ、優しい輝きを得て、②詩の中心的イメージとして定着しています。

詩のなかに現れるイメージは、しかし、必ずしも日常のもの、現実のものとはBカギりません。

Ⅱ　春の岬　　三好達治《みよしたつじ》

春の岬旅のをはり《おわり》の鷗《かもめ》どり
浮きつつ遠くなりにけるかも

春に旅をして、岬にやってきた。そこが旅の終着点。海ではカモメが波に揺られている——。

ここに描かれているのは現実の風景のようにも思えますし、またじっさい詩人が見た風景であるのでしょうが、しかしそれはむしろ、詩人の心の風景なのです。

春に憂鬱《ゆううつ》な心を懐《いだ》いて（たとえば失恋などをして）、ひとり宛《あて》のない旅に出て、どこかの岬までやってきたが、心は晴れないまま。岬の先は海で、もうそれ以上の行き先のない「旅のをはり」——。

回れ右をして別の方向へ行けばいいのに、などと賢いことを言ってはいけません。それは鬱屈《うっくつ》した若い心が辿《たど》り着いた行き止まりの場所、回れ右のできない場所なのですから。そのときぼんやりと立つ青年の目に映ったのが、波に緩やかに揺られながら次第に遠ざかっていくカモメなのです。

そのときカモメは、自分の見ている対象でありながら、同時に自分自身です。自分自身が緩やかに揺られつつ、自分自身から遠ざかっても行くような不思議な感覚。

感傷的と一言で切り捨てれば切り捨てられる青年期の憂愁《ゆうしゅう》です。しかし、そうした憂愁もまた人生の一断片《いちだんぺん》で、それをイメージの力でゆるやかに捉《とら》え、ことばに残すのも、詩の働きの一つです。

この詩は春ということばで始まる。そして春とは希望の象徴である。だからこの詩は、たとえ失恋しても希望へ向かおうとしている青年の、前向きの心を映している——。

教室でこの詩を扱ったとき、そういう読み方をした人がいました。これは〈誤読〉の非常に単純な例ですが、③詩を読むときに気をつけるべき点を考えるのに役に立ちます。

春イコール新学期イコール希望、というような連想は、今の社会で流通している常識の一つです。しかし詩のことばは、そういう流通する常識に逆らうことで新しい力を獲得する。読者も社会流通の常識に捉《とら》われずに、自由な心で詩のことばを読むことが必要です。

この詩の場合、全体のリズム（「音の響き」）の物憂さや「旅のをは

から忍のどのような様子が読み取れますか。次のア～エのうちから最も適当なものを一つ選び、その記号を書きなさい。（4点）

ア　八千代を説得する言葉が見つからずに、弱気になっている様子。

イ　八千代が提案を受け入れない理由が理解できず、困惑する様子。

ウ　八千代にはオリンピックを目指してほしいと、気がはやる様子。

エ　八千代を怒らせても、あえて自分の思いを伝えようとする様子。

(4)　傍線部③　50キロが向いてる　とありますが、忍がそう考えた理由を次のように説明するとき、[a]、[b]にあてはまる言葉はそれぞれ何ですか。[a]は本文中から**九字**で**そのまま**抜き出して書き、[b]は本文中から**十六字**で**そのまま**抜き出し、**はじめと終わりの四字**を書きなさい。（3点×2）

50キロ競歩の方が、八千代の[a]というフォームの長所と、[b]という持ち味を生かせると考えたから。

(5)　傍線部④　八千代が一歩後退る　とありますが、それはなぜですか。次のア～エのうちから最も適当なものを一つ選び、その記号を書きなさい。（4点）

ア　言い訳せず結果を出すべきだ、と忍に言われたことを忘れていると指摘され、今の自分の努力不足を認めなければいけないから。

イ　言い訳せず結果を残すべきだ、と以前忍に言ったことを言い返され、20キロ競歩で勝つことの価値を認めなければいけないから。

ウ　競技では結果がすべてだ、とかつて自分が言ったことを持ち出され、20キロ競歩では勝てないことを認めなければいけないから。

エ　競技の世界では結果が大事だ、と忍に言い続けてきたことを思い出し、今の自分の練習量の少なさを認めなければいけないから。

(6)　傍線部⑤　俺も、覚悟をしよう　とありますが、忍の覚悟の内容はどのようなことですか。それを次のように説明するとき、□にあてはまる言葉を、八千代自身の「覚悟」の内容にふれながら、**三十字以上四十字以内**で書きなさい。ただし、解答の際に距離数を書く場合は、本文中の書き方にならって「50キロ」のように書くこと。（6点）

□こと。

2　次の《文章》と《詩》を読んで、あとの(1)～(7)の問いに答えなさい。（本文中のⅠ～Ⅲの記号は、出題の都合上付けたものです。）

《文章》

Ⅰ　小さな靴　高田敏子《たかだとしこ》

小さな靴が玄関においてある
満二歳になる英子の靴だ
忘れて行つたまま二ヵ月ほどが過ぎていて
英子の足にはもう合わない
子供はそうして次々に
新しい靴にはきかえてゆく

おとなの　疲れた靴ばかりのならぶ玄関に
小さな靴は　おいてある
花を飾るより　ずっと明るい

この詩の中心は最後の一行にあります。その一行で、玄関の片隅に置き忘れられている子どもの小さな靴のイメージが、読む人の心に明るく浮かび上がってきます。「花を飾るより」と言われることで、小さな可愛《かわい》らしい靴のイメージが、美しい花のように①咲くのです。

はお前だったよ」

負けた自分を抱えて立ち上がれずにいた榛名忍の肩を、「いい加減、自分をC慰めるのは終わりにしろ」と叩《たた》いたのは、間違いなく彼だった。

何より、彼は、(注4)『アリア』の読者なのだ。榛名忍の読者なのだ。

「50キロに転向しろなんて、お前じゃなかったら……こんな酷《ひど》いこと言わないよ」

もし、誰かが忍に対して「君はもう小説じゃ先がないから」と言ってきたら、平手で殴るくらいは、きっとする。

溜《た》め息《いき》が降ってくる。大きく息子吐き出して肩を上下させた八千代が、汗に濡《ぬ》れたこめかみを小指で掻《か》く。

暗いはずのグラウンドが、一瞬だけとても眩《まぶ》しく感じた。外灯の光が強くなり、暗がりに浮かぶトラックの青色が、鮮やかに忍の視界で光る。夏と秋が入り混じった夜風が、競歩の足音に聞こえる。耳の奥で、たくさんの選手の息遣《いきづか》いがざわめいた。

「先輩じゃなかったら、殴ってますよ」

そんな奇妙な浮遊感を切り裂くようにして、八千代が言った。笑顔半分、憤《いきどお》り半分という顔で、忍を見た。

「蔵前さん(注5)でも殴ったかもしれないです」

今度は、はっきりと笑顔になる。肩を震わせる八千代の笑い声は、次第に大きくなっていった。蔵前を殴る自分を想像して、余計におかしくなったみたいだ。

「50キロって、四時間近くかかりますからね。応援する方もしんどいですよ？　いや、一番しんどいのは、実際に歩く俺だけど」

笑いながら、忍の残酷で無鉄砲な提案を、受け入れた。あまりにも軽やかに、しなやかに、まるで競歩の歩形みたいに。

「……本気か」

自分で提案したくせに、思わずそう問いかけてしまう。

「十月の終わりに全日本50㎞競歩高畠《たかはた》大会があります。申し込み締め切り、ぎりぎり間に合います。練習でも50キロ歩くことになるんで、それに付き合う先輩の負担も増えますけど。覚悟しておいてくださいね」

はっきりと言った八千代に、息を飲むのは忍の番だった。彼の言葉を脳裏に刻みつけた。

ああ、⑤俺も、覚悟をしよう。50キロを歩く彼と共に、小説家として戦う覚悟を決めよう。

小説を、書こう。

（額賀澪《ぬかがみお》「競歩王」による）

（注1）日本選手権…以前に八千代が出場した大会。

（注2）慶安《けいあん》…忍と八千代が通う慶安大学。

（注3）長崎《ながさき》龍《りゅう》之《の》介《すけ》…八千代のライバル。

（注4）『アリア』…忍が執筆した小説の題名。

（注5）蔵前《くらまえ》さん…世界陸上入賞の日本代表選手。

(1)　本文中の二重傍線部A～Cの漢字について、正しい読みを**ひらがな**で書きなさい。（2点×3）

(2)　傍線部①　棘があった　とありますが、これはどのような言い方を表したものですか。次のア～エのうちから最も適当なものを**一つ**選び、その記号を書きなさい。（4点）

ア　強気な感じで、自信に満ちた言い方。

イ　責めるようで、きつさがある言い方。

ウ　落ち着きなく、慌てたような言い方。

エ　優柔不断で、はっきりしない言い方。

(3)　傍線部②　喉の奥に力を入れて、頷く　とありますが、この表現

〈国語〉

時間　五〇分　　満点　一〇〇点

1 次の文章は、同じ大学に通う小説家の榛名忍《はるなしのぶ》と競歩選手の八千《やち》代《よ》篤彦《あつひこ》が大会後に話している場面です。忍は、スランプで思うような小説が書けずに悩んでいて、競歩選手を主人公にした小説を書くために八千代の練習や大会に同行し、取材をしていました。この文章を読んで、あとの⑴～⑹の問いに答えなさい。

「20キロじゃもう日の目を見ることがないだろうから、50キロを歩けってことですか」

八千代の言い方には、明らかに①棘《とげ》があった。無人のトラックを見つめながら、忍は芝を撫《な》でつける。

「そうだ」

②喉の奥に力を入れて、頷《うなず》く。八千代が息を呑《の》んだ。「そうじゃないんだ」とおろおろ弁明すると思っていたんだろう。

「日本選手権(注1)のとき、言ってただろ。『胸の奥を爽やかな風が吹いてる気分だ』って。八千代だってわかるだろ？　このままじゃ、東京オリンピックに出られないって」

東京オリンピックまで二年を切った。日本選手権、全日本競歩、世界陸上、すべてのレースの先に、オリンピックが仁王立ちしている。

「八千代のフォームを見てると、ゆったりとしたペースで長い距離を歩く方が向いてると思うんだ。それに、お前は慶安(注2)でずっと一人で競歩をやって来た。そういう、一人でも自分のペースで生きられる奴《やつ》って、50キロの方が合ってる気がして」

静かに、芝から立ち上がる。自分より背の高い八千代を、忍は見上げた。

「お前、20キロで長崎龍之介(注3)に勝ちたいわけじゃないだろ？　オリンピックに出たいんだろ？　お前の綺麗《きれい》で安定した歩形は、50キロで化けるかもしれない。なら……」

「よく、そんな提案できますね」

何を考えているのか読めない顔を八千代はしていた。

「20キロですらゴール後にぶっ倒れてる俺に③50キロが向いてるなんて、競歩どころかスポーツすら碌《ろく》にしたことない先輩《せんぱい》が、どうして自信満々に言えるんですか」

「自信があるわけじゃないよ。でも、言わないわけにいかなかったんだ」

だって、自分は彼が勝つところを見たいんだ。長距離を諦め、競歩に転向し、足掻《あが》きながら孤独に戦ってきた八千代篤彦という男が笑顔でゴールする瞬間を見たい。彼が勝てるなら、自分も勝てる気がする。不甲斐《ふがい》なく情けない自分に、勝てる気がする。

「こっちは、二年も20キロ競歩で頑張《がんば》ってきたんですよ。どのレースも勝てなかったけど、それでも、結構しんどい練習を、割と何度も心が折れそうになりながら、やってきたんですよ。そんな奴によく、20キロじゃ勝てないから50キロを歩け、なんて言えますね」

A珍しく饒舌《じょうぜつ》に語った八千代の唇の端が、わずかに震えた。B外灯が八千代の顔に深く深く影を作っても、それでも見えた。

「『どれだけ言い訳したって、どんな事情があったって、競技の世界では結果がすべてですから』――そう言ったの、お前じゃないか」

去年の三月、金沢で一緒に海鮮丼を食べながら八千代はそう言った。綺麗に繰り返した忍に、④八千代が一歩後退《あとずさ》る。自分の言葉が自分に返ってくる痛みに、呻《うめ》くみたいに。

「スランプだってぐずぐずしてた俺に、負けを認めることを教えたの

MEMO

大切なことはメモしておこうネ！

2021年度

解答と解説

《2021年度の配点は解答用紙集に掲載してあります。》

＜数学解答＞

1　(1)　2　　(2)　$7a+4b$　　(3)　$1+3\sqrt{5}$　　(4)　$(x+6)(x-6)$　　(5)　$x=\frac{-3\pm\sqrt{5}}{2}$

2　$r=\frac{\mathrm{L}}{2\pi}$　　**3**　$y=\frac{12}{x}$　　**4**　(1)　33度　　(2)　$\frac{3}{2}$cm

5　(1)　右図　　(2)　$600\pi\mathrm{cm}^2$

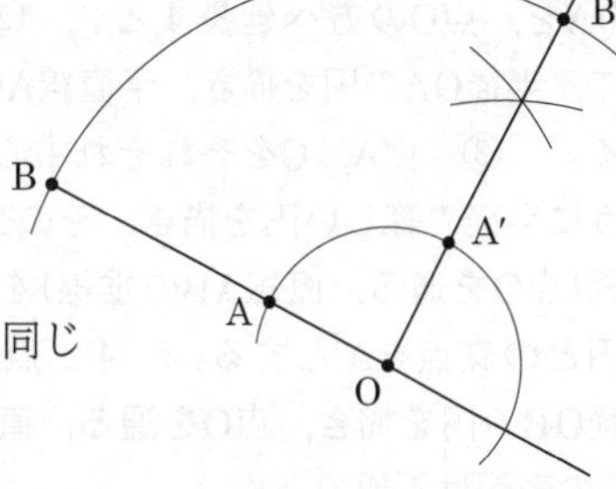

6　(家庭ごみの排出量)　590g

(資源ごみの排出量)　90g(解く過程は解説参照)

7　解説参照　　**8**　(1)　28.5秒　　(2)　27.8秒

9　(名前)　れんさん　　(理由)　解説参照

10　(1)　8　　(2)　(強火)　4円　　(弱火)　4円　　同じ

11　(1)　8　　(2)　(Aのx座標より大きい場合)　5

(Aのx座標より小さい場合)　$1-2\sqrt{7}$

12　(1)　$3\sqrt{5}$cm　　(2)　$\frac{4}{3}\mathrm{cm}^3$

＜数学解説＞

1 (数・式の計算，平方根，因数分解，二次方程式)

(1)　四則をふくむ式の計算の順序は，乗法・除法→加法・減法　となる。$-2\times3+8=-6+8=(-6)+(+8)=+(8-6)=2$

(2)　分配法則を使って，$2(2a-b)=2\times2a+2\times(-b)=4a-2b$，$3(a+2b)=3\times a+3\times2b=3a+6b$　だから，$2(2a-b)+3(a+2b)=(4a-2b)+(3a+6b)=4a-2b+3a+6b=4a+3a-2b+6b=7a+4b$

(3)　乗法公式$\boldsymbol{(x+a)(x+b)=x^2+(a+b)x+ab}$より，$(\sqrt{5}-1)(\sqrt{5}+4)=(\sqrt{5})^2+(-1+4)\sqrt{5}+(-1)\times4=5+3\sqrt{5}-4=1+3\sqrt{5}$

(4)　乗法公式$\boldsymbol{(a+b)(a-b)=a^2-b^2}$より，$x^2-36=x^2-6^2=(x+6)(x-6)$

(5)　二次方程式$\boldsymbol{ax^2+bx+c=0}$の解は，$\boldsymbol{x=\frac{-b\pm\sqrt{b^2-4ac}}{2a}}$で求められる。問題の二次方程式は，$a=1$，$b=3$，$c=1$の場合だから，$x==\frac{-3\pm\sqrt{3^2-4\times1\times1}}{2\times1}=\frac{-3\pm\sqrt{9-4}}{2}=\frac{-3\pm\sqrt{5}}{2}$

2 (等式の変形)

$\mathrm{L}=2\pi r$　左辺と右辺を入れかえて$2\pi r=\mathrm{L}$　両辺を2πで割って$2\pi r\div2\pi=\mathrm{L}\div2\pi$　$r=\frac{\mathrm{L}}{2\pi}$

3 (比例関数)

$\boldsymbol{y}$が$\boldsymbol{x}$に反比例するから，xとyの関係は，$y=\frac{a}{x}$と表せる。問題の表より，$x=1$のとき$y=12$だから，$12=\frac{a}{1}$　$a=12$　xとyの関係は，$y=\frac{12}{x}$と表せる。

4 (角度，線分の長さ)

(1)　△OBCはOB＝OCの二等辺三角形だから，$\angle OCB=\angle OBC=57°$　**直径に対する円周角は90°**だから，$\angle ACB=90°$　よって，$\angle x=\angle ACB-\angle OCB=90-57=33$(°)

(2)　AE//DGより，**平行線と線分の比についての定理**を用いると，DG：AE＝DF：AF　$DG=AE\times DF\div AF=\frac{1}{2}AB\times DF\div(AD-DF)=\frac{1}{2}\times6\times2\div(6-2)=\frac{3}{2}$(cm)

5 (作図，面積)

(1)　(着眼点)　点A′，B′は，点Oを通る，直線ABの垂線上にあり，OA′＝OA，OB′＝OBの位置にある。
(作図手順)次の①～④の手順で作図する。　①　線分OAを，点Oの方へ延長する。　②　点Oを中心として，半径OAの円を描き，半直線AOとの交点をCとする。　③　点A，Cをそれぞれ中心として，交わるように半径の等しい円を描き，その交点と点Oを通る直線(点Oを通る，直線ABの垂線)を引き，②で描いた円との交点をA′とする。　④　点Oを中心として，半径OBの円を描き，点Oを通る，直線ABの垂線との交点をB′とする。(ただし，解答用紙には点Cの表記は不要である。)

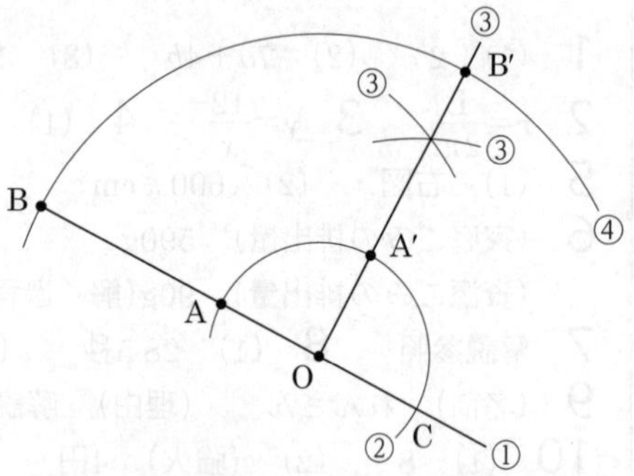

(2)　線分ABが動いたあとにできる図形の面積は，半径OB，中心角90°のおうぎ形の面積から，半径OA，中心角90°のおうぎ形の面積を引いたものだから，$\pi\times OB^2\times\frac{90°}{360°}-\pi\times OA^2\times\frac{90°}{360°}=$
$=\frac{1}{4}\pi(OB^2-OA^2)=\frac{1}{4}\pi(OB+OA)(OB-OA)=\frac{1}{4}\pi(40+10+10)(40+10-10)=600\pi(cm^2)$

6 (方程式の応用)

(解く過程)　(例)7月の1人あたりの1日の家庭ごみの排出量をxg，資源ごみの排出量をygとすると

$$\begin{cases}x+y=680\cdots\text{①}\\ \frac{70}{100}x+\frac{80}{100}y=680-195\cdots\text{②}\end{cases}$$

②より，$7x+8y=4850$…③　③－①×7より，$y=90$　①より
$x=590$

7 (合同の証明)

(証明)　(例)△AFDと△CGEにおいて，仮定からAD＝CE…①　AB//GCより，**平行線の錯角は等しい**から，∠FAD＝∠GCE…②　FD//BGより，**平行線の同位角は等しい**から∠ADF＝∠AEB…③　**対頂角は等しい**から，∠CEG＝∠AEB…④　③，④から∠ADF＝∠CEG…⑤　①，②，⑤より，1組の辺とその両端の角がそれぞれ等しいから，△AFD≡△CGE

8 (資料の散らばり・代表値)

(1)　**度数分布表**の中で**度数**の最も多い**階級**の**階級値**が**最頻値**だから，4人で度数が最も多い28.0秒以上29.0秒未満の階級の階級値$\frac{28.0+29.0}{2}=28.5$(秒)が最頻値。

(2)　この運動部の2，3年生14人の200m走の記録の合計は，27.5(秒)×14(人)＝385(秒)　また，この運動部の1年生6人の200m走の記録の合計は，25.5＋27.5＋28.1＋28.9＋30.2＋30.8＝171(秒)だから，1年生から3年生20人の200m走の記録の**平均値**は，(385＋171)÷20＝27.8(秒)

9 (確率)

(理由) (例)れんさんの方法でAが選ばれる確率は$\frac{2}{5}$，るいさんの方法でAが選ばれる確率は$\frac{1}{3}$で，れんさんの方法の方が確率が大きいから。 (補足説明)れんさんの方法による明日とあさっての曲の選び方は，全部で，(明日，あさって)＝(A, B), (A, C), (A, D), (A, E), (B, A), (B, C), (B, D), (B, E), (C, A), (C, B), (C, D), (C, E), (D, A), (D, B), (D, C), (D, E), (E, A), (E, B), (E, C), (E, D)の20通り。このうち，Aが選ばれるのは﹏を付けた8通りだから，Aが選ばれる確率は$\frac{8}{20}=\frac{2}{5}$　また，るいさんの方法による明日のポップスの曲の選び方は，全部で，A, B, Cの3通り。このうち，Aが選ばれるのは＝を付けた1通りだから，Aが選ばれる確率は$\frac{1}{3}$

10 (関数とグラフ)

(1) 問題の表Ⅰより，「中火」では2分あたり16℃ずつ上昇しているから，この1次関数の変化の割合は，$\frac{y\text{の増加量}}{x\text{の増加量}}=\frac{16}{2}=8$

(2) 問題の表Ⅱより,「強火」では2分あたり24℃ずつ上昇しているから，1分あたり$24\div2=12$(℃)ずつ上昇する。よって，「強火」で15℃の水1.5Lを95℃まで沸かすときの電気料金は，$0.6\times\frac{95-15}{12}=4$(円)　また，問題の表Ⅲより，「弱火」では2分あたり8℃ずつ上昇しているから，1分あたり$8\div2=4$(℃)ずつ上昇する。よって，「弱火」で15℃の水1.5Lを95℃まで沸かすときの電気料金は，$0.2\times\frac{95-15}{4}=4$(円)　「強火」と「弱火」の電気料金は同じである。

11 (図形と関数・グラフ)

(1) 点Aは$y=\frac{1}{2}x^2$上にあるから，そのy座標は　$y=\frac{1}{2}\times4^2=8$

(2) (Aのx座標より大きい場合)点Bのx座標をsとすると，A(4, 8)，B$\left(s,\ \frac{1}{2}s^2\right)$，C(4, 0)，D($s$, 0)，E(0, 8)，F$\left(0,\ \frac{1}{2}s^2\right)$　問題の図形の周の長さは，AC＋CD＋DB＋BF＋FE＋EA$=8+(s-4)+\frac{1}{2}s^2+s+\left(\frac{1}{2}s^2-8\right)+4=s^2+2s$　これが35となるのは，$s^2+2s=35$　$s^2+2s-35=0$　$(s-5)(s+7)=0$　ここで$s>4$だから，$s=5$　点Bのx座標は5である。 (Aのx座標より小さい場合)右図に点Bのx座標が点Aのx座標より小さい場合を示す。点Bのx座標をtとすると，A(4, 8)，B$\left(t,\ \frac{1}{2}t^2\right)$，C(4, 0)，D($t$, 0)，E(0, 8)，F$\left(0,\ \frac{1}{2}t^2\right)$

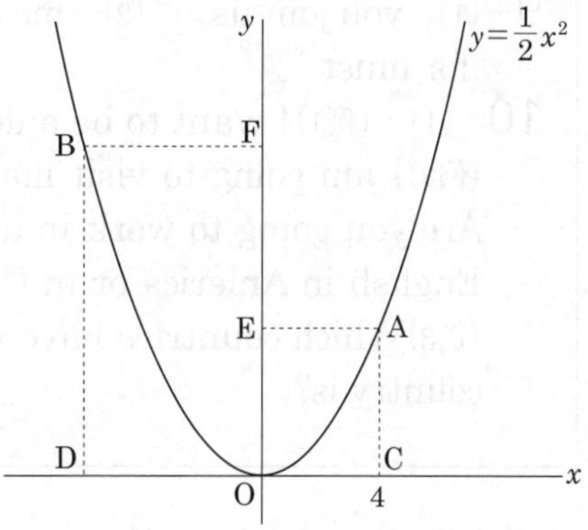

問題の図形の周の長さは，AC＋CD＋DB＋BF＋FE＋EA$=8+(4-t)+\frac{1}{2}t^2+(0-t)+\left(\frac{1}{2}t^2-8\right)+4=t^2-2t+8$　これが35となるのは，$t^2-2t+8=35$　$t^2-2t-27=0$　**解の公式**を用いて，$t=\frac{-(-2)\pm\sqrt{(-2)^2-4\times1\times(-27)}}{2\times1}=\frac{2\pm\sqrt{4+108}}{2}=\frac{2\pm4\sqrt{7}}{2}=1\pm2\sqrt{7}$　ここで，**放物線がy軸について対称な曲線**であることを考えると，点Bのy座標が点Aのy座標より大きくなるためには，$s<-4$　これより，$s=1-2\sqrt{7}$　点Bのx座標は$1-2\sqrt{7}$である。

12 (空間図形，線分の長さ，三角錐の体積)

(1) 問題図Ⅱの△AGHに**三平方の定理**を用いると，$AG=\sqrt{AH^2+GH^2}=\sqrt{(AE+EH)^2+GH^2}=\sqrt{(2+4)^2+3^2}=3\sqrt{5}$ (cm)

(2)　問題図Ⅱで，AE//FGより，平行線と線分の比についての定理を用いると，EP：PF＝AE：FG＝2：4＝1：2　$EP=EF\times\frac{EP}{EF}=EF\times\frac{EP}{EP+PF}=3\times\frac{1}{1+2}=1$(cm) よって，右図より，三角錐AEPGの体積は$\frac{1}{3}\times\triangle EGP\times AE=\frac{1}{3}\times\left(\frac{1}{2}\times EP\times EH\right)\times AE=\frac{1}{3}\times\left(\frac{1}{2}\times1\times4\right)\times2=\frac{4}{3}$(cm³)

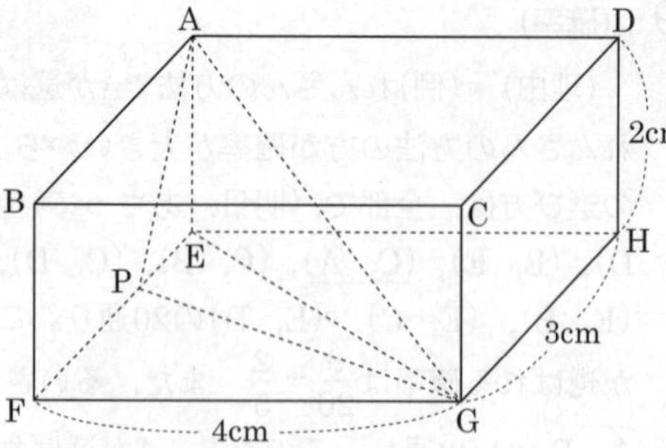

＜英語解答＞

1　(1)　イ　(2)　エ　(3)　ア
2　(1)　エ　(2)　ア　(3)　イ
3　(1)　イ　(2)　ウ　(3)　エ
4　(例1) Is this bus going to go to the zoo?　(例2) Does this bus go to the zoo?
5　(1)　イ　(2)　ア　(3)　ウ　(4)　エ
6　(1)　エ　(2)　ウ　(3)　ア
7　(1)　ウ　(2)　エ　(3)　shared
8　(1)　イ　(2)　water　(3)　ウ　(4)　ア　(5)　(例1) (we) have to be very careful when we buy clothes　(例2) (we) should wear clothes for a long time
9　(1)　you join us　(2)　me something to drink　(3)　The pen I am looking for must
10　(1)　(例1) I want to be a doctor.　(例2) I'd like to teach English.　(例3) I am going to visit many countries.　(2)　(例1) Are you a doctor now? Are you going to work in a foreign country someday?　(例2) Did you learn English in America or in Canada?　Do you enjoy teaching English now?　(例3) Which countries have you been to?　Can you tell me what your favorite country is?

＜英語解説＞

1・2・3・4 (リスニング)

放送台本の和訳は，54ページに掲載。

5 (語句補充問題：助動詞，接続詞，分詞，不定詞)

(1)　「何をしましたか？」一般動詞の do「～をする」の文を疑問文「～にしますか」にするときは主語の前に do を使うが，ここは全体的に過去の文なので過去形の did となる。

(2)　「ではあなたは勉強をしたあとにお風呂に入るんですね」直前のBの発話に「普段7時に勉強を始めて9時半にお風呂に入ります」とある。**A after B**「BのあとにA」，**A before B**「Bの前にA」，**between A and B**「AとBの間に」，**during**「～の間じゅう」

(3) 「私はポチと呼ばれている犬を飼っています」**動詞の過去分詞形は名詞の前後について「〜された(名詞)」という意味**を表すことができる。ここでは a dog called Pochi で「ポチと呼ばれている犬」となる。

(4) 「私は来週歌のコンテストに参加するつもりです」 エ take part in「〜に参加する」，ア get back from「〜から戻る」，イ get up「起きる」，ウ take off「〜を脱ぐ，離陸する」。

6 (会話文問題：語句補充，指示語)

(全訳) 里香：始めよう。3つの質問について考えないといけないわね：「現在の状況はどうか」「解決策は何か」「私たちに何ができるか」

メリッサ：現在の状況に関する新聞記事を見つけたわ。

里香：なんて書いてある？

メリッサ：この町で竹細工を作る人の数が減少していると書いてあるわ。

里香：なぜ？

メリッサ：年を取ってきていて，後継者がいないから。

里香：そのことを聞いたことがあるわ。今日図書館でその新聞を読もう。

メリッサ：じゃあ解決策について話そうか。何かいい例がある？

里香：ある男性がタケダヤで働き始めたと聞いたわ。

メリッサ：タケダヤ？　それは何？

里香：竹細工を作って売る一番伝統的なお店よ。

メリッサ：なるほど。なぜその男性はそこで働き始めたの？

里香：伝統工芸品を継承するため。タケダヤのウェブサイトでインタビューを見られるわよ。

メリッサ：それはいいわね。図書館のあとにコンピュータ室でそのウェブサイトを確認しよう。

里香：オーケー。最後に3つ目の質問「私たちに何ができるか」について考えないといけないわね。竹細工の良い点を紹介するのはどう？

メリッサ：良い点って何？

里香：かごやかばんといった竹細工はとても軽くて丈夫なのよ。もし竹細工を使い続けたら，その色は美しく変化するの。

メリッサ：わあ！　そのことは知らなかったわ。どうやってそれを知ったの？

里香：叔母から聞いたの。彼女は竹細工の作り方を教えているのよ。だからたくさん持っているよ。

メリッサ：いいわね！　発表で本物の竹細工を見せられたら良い発表になると思うわ。あなたのおばさんから竹細工をいくつか借りることはできるかしら？

里香：それはいい考えね。明日彼女に電話するわ。

メリッサ：ありがとう。私は竹細工の作り方を知りたくなったわ。おばさんから習うことはできる？

里香：次の日曜日に叔母を訪ねるつもりなの。一緒に行こう。

メリッサ：待ち遠しいわ！

(1) ①は1個目のメリッサから4個目の里香の発話までを参照。「竹細工職人の数について」②は4個目のメリッサから7個目のメリッサの発話までを参照。「タケダヤで働き始めた男性について」③は8個目の里香から10個目のメリッサの発話までを参照。「竹細工の良い点と作り方についての経験について」

(2)　that は前述する内容を指すことができる。ここでは直前の里香の発話内容を指しているのでウがふさわしい。

(3)　4個目の里香，7個目のメリッサ，11個目の里香，12個目の里香の発話参照。

7 **(長文読解問題・物語文：語句解釈，内容真偽，語句補充)**

(全訳)　ある小さな村にいくつかの家族が住んでいました。彼らはいい生活をしていました。米や野菜を育てる人もいれば，釣りに行く人もいました。それなので彼らは食料を共有することができました。また，子どもたちは村中で遊ぶことができました。その村はとても美しかったので多くの人たちがそこへピクニックに行きました。彼らの中には村がとても好きでそこに自分の家を建てることに決める人たちもいました。徐々に家の数が増え始めました。

何年かあとにはそこには多くの家と車がありました。その村は都市に変化しました。とても混み合ってきました。子どもたちは外で遊べず，家の中で遊ばなくてはいけませんでした。子どもたちは道で遊んではいけないことを理解していましたが，ときどき遊びました。道でサッカーをすると，車の運転手から叱られました。「危ないぞ！　ここで遊ぶな！」と彼らは言われました。子どもたちは外で遊びたかったけれど誰も彼らと場所を共有しませんでした。

ある日14歳の男の子ルークは友達と話しました。ルークは「市役所に行こうよ。僕たちのために公園を作ってもらうように職員に頼もう」と言いました。ルークの友達は彼の案に賛同しました。彼らは市役所に行き，職員に頼もうとしましたが，職員は「ごめんなさい。あなたたちと話す時間はありません。私たちは今忙しいのです」と言いました。彼らは公園について話すことができませんでした。しかし，彼らは諦めたくありませんでした。

そしてルークは「僕たちに公園をください！」と書いた大きなポスターを作ることに決めました。公園を必要としている多くの子どもたちが一緒に来たので，たくさんのポスターを作ることができました。子どもたちはそれを主要な通りに持って行きました。彼らは道に沿って歩き，人々にそのポスターを見せました。多くの人たちはそのポスターに興味を持っていませんでした。それはルークを悲しくさせました。しかし彼はポスターを見せ続けました。少しずつ大人は子どもたちの場所がないことを理解しました。大人たちはそのことについて考え始めました。

数日後，ある年老いた男性がルークに空き地をくれました。ルークと友達はその新しいグランドでサッカーをすることができました。そして子どもたちのために滑り台を作ってくれる人もいれば，グランドに花を植えてくれる人もいました。徐々にそこは素晴らしい公園になりました。門には「この公園は皆のためのものです」というメッセージがありました。だれでも公園に入ることができました。多くの子どもたちと大人がこの新しい公園に来ました。これはみんなのものなのでルークはいつもこの公園を彼らと共有しました。

(1)　did は do「～をする」の過去形で，前述された動詞や動詞を含む語郡の繰り返しを避けるための代用で使われている。ここでは直前の play on the streets を指しているのでウがふさわしい。

(2)　ア「市役所の職員はとても親切でルークを助けてくれた」(×)　第3段落参照。　イ「友達が同意してくれなかったのでルークは大きなポスターを作るのをやめた」(×)第4段落第1，2文参照。　ウ「道を歩いていた多くの人たちがすぐにルークのポスターに興味を持った」(×)　第4段落第5文参照。　エ「大人たちの中には子どもたちの願いを理解し，彼らのために公園を作り始めた人たちもいた」(○)　第5段落参照。

(3)　接続詞 because「～なので」の前に動詞がないので動詞が入ると考える。また過去の文なので過去形にする。第1段落にかつての村の様子があり，食べ物や町全体をみんなで共有していた様子が書かれている。ルークは公園が欲しいと声を上げた人であるが，公園はみんなのものである。よってみんなで共有できる，という意味で shared とする。

8 **(長文読解問題・紹介文：語句補充，内容真偽，条件英作文)**

(全訳) 1 みなさんは買い物は好きですか？ 何かを買うとき何について考えますか？ 買うものの色や価格，サイズについて考える人がいるかもしれません。またそれがどこで作られたかを考える人もいるかもしれません。でもそれが作られるためにどれだけのエネルギーと資源が使われているか知っていますか？ 買うものをどれくらい①長く持ち続けられるか，もう必要ではなくなったときにどのように処理するかについて考えますか？

2 私たちは服を作るために多くのエネルギー，資源，労力，そして時間を必要とします。綿のTシャツを例として考えてみましょう。まず，農家がいい綿を育てるために熱心に働きます。調査によると，1枚のTシャツのための綿を育てるために2,700リットルの水が必要とされています。これは約900人の人が一日生きるために必要な量と同じです。綿工場とTシャツ工場の機械は稼働するためにオイルや電気といったエネルギーを必要としています。この機械もまた綿や布，そしてTシャツを洗うために水を使います。工場でTシャツが作られたあと，お店に運ばれます。お店の店員はこのTシャツを売るために頑張ります。最終的にあなたがTシャツを買います。

3 日本では私たちは新しい服をすぐに欲しがります。世界の人口は増えていて，世界で作られる服の数もまた増えています。しかし日本の人口は減っていても日本で供給されている服の数は2015年から増えています。日本では多くの会社が安く服を作ることができるので約40億の服が今供給されています。人は服を買う機会がより多くあるのです。家に十分に服がありますが，違うデザインが欲しいのです。最後には多くの服が着られていません。調査によると人が服を持ち続けるのは約3年間だけです。

4 ②私たちは服が必要なくなったときその服をどうしていいのかよくわかりません。服がもう着られないとき，半分以上が家に保管されています。残りの服はリサイクル，再利用，またはゴミとして捨てられます。ゴミとして捨てられた服は燃やされたり埋められたりします。私たちが服を燃やすとき，大気汚染を起こすかもしれません。服を埋めるときもまた，服がバラバラになるまで長い時間がかかるので地面にとって悪いかもしれません。

5 服を作ることはたくさんのエネルギー，資源，そして労力を必要としますが，私たちはしばしばこのことを考えず，簡単に服を捨てます。だから私たちは③服を買うときとても気をつけないといけません。

(1) how「どれくらい」は後ろに続く語で様々な意味になる。 ア how fast「どれくらい速く」 イ how long「どれくらい長く」 ウ how many「どれくらい多く(何個)」 エ how old「どれくらい古い(何歳)」 ここでは直後に必要でなくなった場合のことが述べられていることからイがふさわしい。

(2) 第2段落第3～7文参照。多くの水が必要とされている。

(3) 第3段落第3文参照。

(4) ア 「人々は自分の服をリサイクルするが，これが一番人気の方法ではない」(○) 第2，3文参照。 イ 「人々は自分の服を燃やしたくないので再利用する」(×) 第4文参照。 ウ 「服を埋めることで大気汚染が起きるかもしれない」(×) 第5文参照。 エ 「人々は埋めた服が簡単にバラバラになるので服を捨てる」(×) 最終文参照。

(5) **社会問題などに対する自分の意見を持ち，その理由も書く練習をしておくこと。**解答例1は「(私たちは)服を買うときにとても気をつけないといけない」，解答例2は「(私たちは)服を長期間着るべきである」という意味。

9 (語句の並べ替え問題：助動詞，不定詞，目的語，関係代名詞)

(1)　(Why don't)you join us(?)「私たちと一緒に参加したらどうですか」**why don't you** に動詞の原形を続けて「～したらどうですか」という軽い提案を表す表現。

(2)　(Could you give)me something to drink(?)「私に何か飲み物をいただけますか」Could you に動詞の原形を続けて「～していただけますか」という丁寧な依頼を表す。**<give ＋人＋もの>，<give ＋もの＋ to ＋人>** で「(人)に(もの)をあげる」の意味になる。**something to** に動詞の原形を続けて「～するための何か」，ここでは drink で「何か飲むもの」の意味になる。

(3)　The pen I am looking for must (be in my room.)「私が探しているペンは私の部屋にあるに違いない」 The pen must be in my room.「ペンは私の部屋にあるに違いない」と I am looking for the pen.「私はペンを探している」の文を1つにしたもの。**must** は「～にちがいない」の助動詞で後ろに動詞の原形が続く。「～を探す」は look for でここでは<be ＋動詞のing>で「(今)～している」の進行形となっている。名詞の The pen に「私が探している」という詳しい説明をつけて「私が探しているペン」というかたまりにするので，The pen の後ろに I am looking for をつなげる。for の後ろの the pen はすでに書かれているので2回書く必要はない。The pen I am looking for までがこの文全体の主語となっている。pen と I の間に関係代名詞 that や which を使って書いても同じ意味である。

10 (条件英作文)

(1)　語数に注意し主語と動詞のある文章で書く。直前に「私には夢がある」とあるので自分の夢やしたいことを書く。解答例1「私は医者になりたい」，解答例2「私は英語を教えたい」，解答例3「たくさんの国を訪れるつもりだ」という意味。

(2)　直前に「私の夢について2つあなたに質問がある」とあるので自分の夢やしたいことについて2つ疑問文を書く。解答例1「あなたは今医者ですか？　いつか外国で働くつもりですか？」，解答例2「あなたはアメリカかカナダで英語を学びましたか？　今英語を教えるのを楽しんでいますか？」，解答例3「これまでどんな国々へ行きましたか？　あなたのお気に入りの国がどこか教えてくれますか」という意味。

2021年度英語　リスニングテスト

〔放送台本〕

英語はすべて2回繰り返します。メモをとってもかまいません。

1　これは，二人の対話を聞いて答える問題です。これから，女性と男性が英語で対話をします。それぞれの対話は，女性，男性，女性，男性の順で行われます。最後に，男性が話す英語の代わりにチャイムが鳴ります。このチャイムの部分に入る英語として最も適当な答えを，それぞれ，問題用紙のア，イ，ウ，エのうちから一つずつ選んで，その記号を書きなさい。

(1)　*A:*　Why were you late?
　　B:　I missed the train.

A: How did you come here?
B: (チャイム)

(2) *A:* Do you have a watch?
B: Yes. I like it very much.
A: What color is it?
B: (チャイム)

(3) *A:* Have you ever been to Hiraizumi?
B: Yes. And I want to visit Hiraizumi again.
A: How many times have you been there?
B: (チャイム)

〔英文の訳〕

(1) A：なぜ遅れたんですか？
B：電車に乗り遅れました。
A：どうやって学校へ来ましたか？
B：イ　タクシーで。

(2) A：時計を持っていますか？
B：はい。とても気に入っています。
A：それは何色ですか？
B：エ　白い時計です。

(3) A：平泉に行ったことがありますか？
B：はい。そして私はまた平泉を訪れたいです。
A：何回そこへ行ったことがありますか？
B：ア　そこへ3回行ったことがあります。

〔放送台本〕

2　これは，高校生の瞬(Shun)とクラスメートのメアリー(Mary)との対話を聞いて答える問題です。二人の対話の後，その内容について英語で質問をします。(1)，(2)，(3)の質問に対する最も適当な答えを，それぞれ，問題用紙のア，イ，ウ，エのうちから一つずつ選んで，その記号を書きなさい。

Mary: Shun, I have a picture to show you. Look.
Shun: Oh, there are four girls in this picture, and you look happy, Mary. You were wearing a nice hat.
Mary: Thank you.
Shun: Where did you take this picture?
Mary: We took it at a big bridge in London. When I went back to London two years ago, we met at a big park. After lunch at a Japanese restaurant, we went to the bridge together.
Shun: I want to go there.
Mary: I told you about one of my friends, Lucy. Do you remember?
Shun: Yes. Is Lucy in this picture?
Mary: Yes.

Shun: Were Lucy and you wearing the same T-shirt?
Mary: No, that's Susan.
Shun: Did Lucy have a bag?
Mary: No, that's Emma.
Shun: I see. Now I found Lucy.
(1) Where was this picture taken?
(2) When did Mary go back to London?
(3) Which girl is Lucy?

〔英文の訳〕

メアリー：瞬，あなたに見せる写真があるの。見て。
瞬　　　：ああ，この写真には女の子が4人いるね，そしてメアリー，とても嬉しそうだね。いい帽子をかぶっているね。
メアリー：ありがとう。
瞬　　　：どこでこの写真を撮ったの？
メアリー：ロンドンの大きな橋で撮ったの。2年前にロンドンに帰ったときに，私たちは大きな公園で会ったのよ。日本食レストランでのランチのあとにこの橋に一緒に行ったの。
瞬　　　：僕もそこに行きたいな。
メアリー：友だちの1人，ルーシーについてあなたに話したわよね。覚えてる？
瞬　　　：うん。ルーシーはこの写真にいる？
メアリー：ええ。
瞬　　　：ルーシーとあなたは同じTシャツを着ていた？
メアリー：いいえ，それはスーザン。
瞬　　　：ルーシーは鞄を持ってた？
メアリー：いいえ，それはエマ。
瞬　　　：ああ，ルーシーがわかったよ。

(1) どこでこの写真が撮られましたか。
答え：エ　橋で。
(2) メアリーはいつロンドンに帰りましたか。
答え：ア　2年前。
(3) どの女の子がルーシーですか。
答え：イ

〔放送台本〕

3 これは，英語による説明を聞いて，メモや資料を完成させる問題です。あなたの学校に海外から中学生たちがやってきます。そのことについて英語の授業で，先生が説明をします。これから放送される英語の説明を聞いて，(1)，(2)，(3)の空所に入る最も適当な答えを，それぞれ，問題用紙のア，イ，ウ，エのうちから一つずつ選んで，その記号を書きなさい。

Some foreign students are going to visit our school next month. Thirteen students will come from America and seven students will come from Canada. They will stay here for three days. On the first day, they will have a school tour in the morning and join an English class in the afternoon. The next day, they will cook Japanese food and have it for lunch, and after that they will join a P.E. class. On the third day, they will have free time. I asked the students which activities they want to do. Practicing *judo* is the most popular. Singing a Japanese song is more popular than doing tea ceremony. Learning *origami* is not as popular as doing tea ceremony. Now, let's make an exciting plan!

〔英文の訳〕

来月私たちの学校に海外の生徒たちが訪れる予定です。アメリカから13人，カナダから7人の生徒たちが来ます。彼らはここに3日間滞在します。初日は午前中に学校を見て回り，午後に英語の授業に参加します。次の日，日本食を料理し，それをお昼に食べ，その後体育の授業に参加します。3日目は自由時間です。私は彼らにどんな活動をしたいかを聞きました。柔道の練習が一番人気です。日本の歌を歌うことは茶道よりも人気です。折り紙を学ぶことは茶道ほどは人気はありません。さあ，ワクワクするプランを作りましょう！

(1)　イ　(20人)の生徒たちが来ます。

(2)　2日目：ウ　(日本食を料理する／体育の授業)

(3)　エ　①柔道　②日本の歌　③茶道　④折り紙

〔放送台本〕

4　これは，絵を見て答える問題です。これから，この絵について英語で質問をします。質問に対する答えを，英語で書きなさい。

Look at the picture. Tom wants to go to the zoo by bus. What should Tom say to the bus driver in this picture?

〔英文の訳〕

この絵を見てください。トムはバスで動物園に行きたいです。トムはこの絵のバスの運転手に何と言うべきですか。

答え：(例1)このバスは動物園へ行く予定ですか？

(例2)このバスは動物園へ行きますか？

<理科解答>

1　(1)　ウ　(2)　ウ　(3)　イ　(4)　ア　(5)　イ　(6)　エ　(7)　イ　(8)　ウ

2　(1)　感覚器官　(2)　ウ　(3)　①　a，b　②　ア　(4)　(例1)温度によってだ液がはたらかない場合があること。　(例2)だ液は5℃でははたらかないが，35℃ではたらくこと。　(5)　(あ)　アミラーゼ　(い)　柔毛

3　(1)　イ　(2)　(例)電解質の水溶液だから。　(3)　ア　(4)　Zn^{2+}　(5)　(例1)1%の塩酸で面積9cm^{2}のときの電流を測定し，5mAよりも大きくなる。　(例2)0.1%の塩酸で面積18cm^{2}のときの電流を測定し，23mAよりも小さくなる。

4　(1)　0.3秒　(2)　(位置エネルギー)　A　(運動エネルギー)　C

(3) 右図 (4) ウ (5) (例1)速さの大きい部分が短くなったから。(例2)速さの小さい部分が長くなったから。

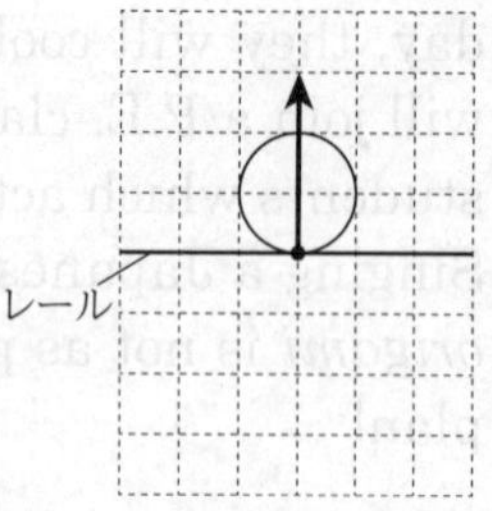

5 (1) ア (2) エ (3) エ

6 (1) 断層 (2) エ (3) イ

(4) (観測地点) D (時間) 8秒 (5) b

<理科解説>

1 (小問集合－物質の成り立ち，化学変化：酸化・還元，生物の成長と生殖，動物の分類と生物の進化，火山活動と火成岩，地層の重なりと過去の様子：堆積岩，天体の動きと地球の自転・公転：星の日周運動，仕事とエネルギー：仕事の原理，電流：電力)

(1) アンモニアを示す化学式は，NH_3，である。

(2) たたら製鉄は砂鉄(酸化鉄)を木炭(炭素)で還元することにより鉄を取り出す製鉄法である。よって，**砂鉄は還元されて鉄になり，木炭は酸化されて二酸化炭素になる。**

(3) **生殖細胞がつくられるときに減数分裂**とよばれる特別な細胞分裂が行われ，その結果，できる生殖細胞の染色体の数は分裂前に比べて半分になる。減数分裂のとき，対になっている遺伝子は分離の法則により，分かれて別々の生殖細胞に入る。

(4) 魚類・両生類・は虫類・鳥類に共通する子のうまれ方は，卵生である。鳥類とほ乳類は共に体温を調節する恒温動物である。

(5) **はんれい岩**は有色鉱物が多く含まれる**深成岩**である。チャートと凝灰岩は堆積岩であり，流紋岩は火山岩である。

(6) 北の空のカシオペヤ座は北極星を中心として，1時間に約15°の速さで反時計回りに回転する。**これは地球が，1日(24時間)で1回転(360°)し，1時間あたり約15°の割合で自転する**からである。よって，午後9時にXの位置に見えたカシオペヤ座がYの位置に見えるのは2時間後の午後11時である。

(7) 動滑車を使って物体をある高さまで持ち上げるとき，2本のロープで物体を持ち上げるため，力は直接持ち上げるときの$\frac{1}{2}$ですむ。しかし，力の向きにロープを引いた距離は2倍になり，力の大きさと力の向きに物体を動かす距離との積で表される仕事の量は変わらない。これを**仕事の原理**という。よって，イが最も適当である。

(8) エアコンを使用したときの電流〔A〕$=\frac{1200〔W〕}{200〔V〕}=6$〔A〕である。電磁調理器を使用したときの電流〔A〕$=\frac{2300〔W〕}{100〔V〕}=23$〔A〕である。ドライヤーを使用したときの電流〔A〕$=\frac{600〔W〕}{100〔V〕}=6$〔A〕である。よって，エアコンと電磁調理器を使用したときの電流〔A〕＝6〔A〕＋23〔A〕＝29〔A〕である。エアコンと電磁調理器とドライヤーを使用したときの電流〔A〕＝6〔A〕＋23〔A〕＋6〔A〕＝35〔A〕である。したがって，この家庭で使用することができる最大の電流は30Aである。

2 (動物の体のつくりとはたらき：だ液のはたらきの実験・消化と吸収・刺激と反応)

(1) 舌のように外界からさまざまな刺激を受け取る器官を感覚器官という。

(2) **ベネジクト液は，**デンプンには反応しないが，**デンプンが分解されてできる麦芽糖やブドウ糖に反応する。**これらの糖をふくむ溶液に**沸騰石を加えて**ベネジクト溶液を加えただけでは反応は起きず水色である。**加熱すると反応が起きて，赤褐色ににごる。**

(3)　①　デンプンが分解して麦芽糖ができるのは，だ液を入れた試験管Aのみであり，水を入れた試験管Bではデンプンの分解は起きない。それは，[3]の実験からヨウ素液に反応したのは液cのみであったことからわかる。また，dがヨウ素液に反応しなかったのは，デンプン分子が麦芽糖分子より大きくセロハン膜のすきまを通過できなかったためであり，dは水である。よって，aはヨウ素液に反応していないことから，デンプンはすべて分解され，麦芽糖などの糖に変化したことがわかり，麦芽糖の一部がセロハン膜を通り抜けたと考えられるので，麦芽糖があると考えられるのは，aとbである。　②　大きい順に並べると，デンプンの分子＞セロハン膜のすきま＞麦芽糖の分子，であるため，アである。

(4)　実験2の結果から，だ液は5℃でははたらかないが，体温に近い35℃でははたらくことがわかる。

(5)　デンプンは，だ液に含まれるアミラーゼという消化酵素のはたらきによって麦芽糖などに変化する。さらに，麦芽糖は消化管を移動しながら，さまざまな消化酵素によってより吸収されやすい物質となる。吸収されやすい物質は，小腸の表面にある柔毛という突起で吸収される。

3　**(化学変化と電池：電池のしくみ・仮説の検証実験の設定，水溶液とイオン，身のまわりの物質とその性質：金属，気体の発生とその性質：水素)**

(1)　亜鉛と銅は金属であり，共通の性質は「たたくとうすく広がる(展性)」ことである。「磁石に引きつけられる」ことは金属に共通した性質ではない。

(2)　食塩水のときと水酸化ナトリウム水溶液のときに，電流が流れ，モーターが回ったのは，電解質の水溶液だからである。

(3)　実験1[3]では，モーターが回ったことから，図1の装置が電池のはたらきをしていることがわかる。そのしくみをイオンのモデルで説明すると，イオン化傾向が銅より大きい亜鉛が陽イオンとなり，うすい塩酸中にとけ出す。亜鉛板に残された電子は，導線を通って銅板へ移動し，銅板の表面で，電子は塩酸中の水素イオンに与えられ，$2H^+$＋⊖⊖→H_2，により，水素になって発生する。電流の向きは電子の移動の向きと逆だから，電流は＋極の銅板から－極の亜鉛板に流れ，モーターがまわる。銅板の表面で発生した水素の性質は，火を近づけると，一瞬で燃焼する。

(4)　亜鉛板が溶ける化学変化を⊖(電子)とイオン式を用いたモデルで表すと，Zn→Zn^{2+}＋⊖⊖，である。

(5)　「塩酸の濃度を大きくすると，電流が大きくなる」という予想1を検証するには，電極の条件は変えず，塩酸の濃度のみを変えて電流の大きさを測定しデータを比較する。よって，1％の塩酸で金属板の面積9cm^2のときの電流を測定し，ビーカーAの電流の大きさと比較すると，5mAよりも大きくなる。または，0.1％の塩酸で金属板の面積18cm^2のときの電流を測定し，ビーカーBの電流の大きさと比較すると，23mAよりも小さくなる。

4　**(力学的エネルギー：斜面から水平面上の小球の運動，力と物体の運動：速さ，力のはたらき：重力・垂直抗力・2力のつり合い)**

(1)　小球がレール①のA点からG点に達するまでの時間〔s〕$=\frac{90〔cm〕}{300〔cm/s〕}=0.3$〔s〕である。よって，0.3秒である。

(2)　力学的エネルギー保存の法則により，A点，E点，C点，F点のうち，位置が最も高いA点での小球のもつ位置エネルギーが最大である。小球がE点からC点へと動くにつれて位置エネルギーは減少し，運動エネルギーは増加し，位置が最も低いC点での運動エネルギーが最大である。

(3)　小球の水平面での運動は，水平方向の力ははたらかず，重力と垂直抗力がつり合っているの

で，慣性の法則による等速直線運動である。よって，小球にはたらいている重力以外の力は垂直抗力であり，小球とレールの接点を作用点として，作用点から上向きに，重力と同一作用線上に，同じ力の大きさの3目盛りの長さの矢印をかく。

(4)　レール①で，S点より低いT点から小球を静かに放し，ストロボ装置を使って0.1秒ごとに撮影した水平面での写真は，ウである。**S点より低いT点は，位置エネルギーがS点より小さいため，T点から小球を静かに放したときの水平面での運動エネルギーは，S点から小球を静かに放したときよりも小さい。**よって，T点から小球を放したときの水平面での速さは，S点から小球を放したときよりも小さいため，ウの写真となる。

(5)　問(2)より，小球のもつB点での運動エネルギーはC点での運動エネルギーより小さいため，小球のB点での速さはC点での速さより小さい。B点をふくむ水平面の長さは，レール②よりレール③の方が長いため，速さの小さい部分がレール②よりレール③の方が長い。C点をふくむ水平面の長さは，レール②よりレール③の方が短いため，速さの大きい部分がレール②よりレール③の方が短い。よって，G点に達するまでの時間は，レール③の方がレール②よりわずかに長くなった。

5　**(天気の変化：大気圧の変化と気温の変化の実験と観察・寒冷前線の通過，大気圧と圧力，身のまわりの物質とその性質：密度，力のつり合いと合成・分解：浮力)**

(1)　ガラスびん内の水面が上がる理由は，気圧が上がり，大気が洗面器の水面を押す力が大きくなるからである。

(2)　②で**水の温度を上げると，**水の体積が大きくなり質量は変わらないため，密度〔g/cm³〕＝質量〔g〕÷体積〔cm³〕より，**水の密度が小さくなる。よって，ガラスの小びんは下降する。**

(3)　太郎さんの住む町を**寒冷前線が通過したのは，表から，風向が南西から西北西に変わった12：00から15：00の間である。**気温が13.2℃から5.4℃に急激に下がり，太郎さんの住む町を前線面が通過して，暖気から寒気の中に入ったことがわかる。よって図はエである。

6　**(地震と地球内部のはたらき：マグニチュード・P波の速さ・震央の位置，数学：三平方の定理)**

(1)　プレートに力がはたらき，地下の岩盤(岩石)が破壊されて生じたずれを断層という。

(2)　**マグニチュード(記号：M)は地震の規模**(地震のエネルギーの大きさ)を表し，マグニチュードが1ふえると地震のエネルギーは**約32倍**になる。震源がほぼ同じならば，マグニチュードの大きい地震の方が広い範囲でゆれが観測される。

(3)　P波の速さを求めるには，観測地点Aで初期微動が始まった時刻と観測地点Bで初期微動が始まった時刻の差，および観測地点Aと観測地点Bの震源からの距離の差を用いて計算する。P波の速さ＝(48〔km〕－40〔km〕)÷(9時28分41秒－9時28分40秒)＝8〔km/s〕，である。

(4)　初期微動継続時間は初期微動が始まってから主要動が始まるまでの時間であり，初期微動継続時間が最も長かった観測地点はDである。Dの初期微動継続時間＝9時28分51秒－9時28分43秒＝8秒，である。

(5)　**A地点から震央までの距離x〔km〕を直角三角形の一辺と考えると，震源の深さ約24kmが直角をはさむ隣の辺であり，震源距離は直角三角形の斜辺になる。よって，**$48^2=x^2+24^2$，$x^2=1728$，である。次は方眼紙上で，**aから震央までの距離をyとすると，**$40^2+y^2=x^2=1728$，より，$y^2=128$，$y≒12$，である。よって，震央はaから3目盛りのbである。

＜社会解答＞

1 (1) イ　(2) ウ

2 (1) イ　(2) 建武の新政　(3) エ
(4) (選んだ資料) Ⅰ　(法律の名称) 武家諸法度

3 (1) エ　(2) ウ　(3) (例)農家一戸あたりの耕地面積が広く，大型の機械を使っている。

4 (1) アとウ　(2) 生存権　(3) ウ

5 (1) エ　(2) イ　(3) ア　(4) (例)白人以外の移住を制限する政策を廃止したので，アジアなどの出身者の割合が大きくなった。

6 (1) ア　(2) エ　(3) エ　(4) (例)アメリカを中心とした西側諸国とソ連を中心とした東側諸国の対立である，冷たい戦争の終結が宣言された。

7 (1) エ　(2) 労働基準法　(3) エ　(4) (記号) ア　(理由) (例)サバの供給量が増えると価格は下落し，サバの供給量が減ると価格は上昇するから。

8 (1) イ　(2) ア　(3) (賛成) (例1)総合病院や大型商業施設の近くに駅ができると，増え続けている高齢者にとって便利になるから。 (例2)総人口が年々減っているが，駅を新設することで人口が増える可能性が高いから。 (反対) (例1)市の高齢者が増加し続けており，社会保障費を減らしてまで新駅を建設する必要はないから。 (例2)総人口の減少にともない市の税収が減り続けるため，市が全額負担してまで新駅を建設する必要はないから。

＜社会解説＞

1 (地理的分野―世界地理－地形・人々のくらし)

(1) テープAは**経線**に合わせており，テープBはそれと直角に貼り合わされているのだから，地図の基本どおり右が東，左は西で，aの方角は西にあたる。

(2) bの地点は**赤道**から近く，年間を通して高温多湿であり，また，降水量がたいへん多い**雨季**があるため，風通しがよく，大雨にも耐えられる**高床式の住居**がつくられる。

2 (歴史的分野―日本史時代別－旧石器時代から弥生時代・古墳時代から平安時代・鎌倉時代から室町時代・安土桃山時代から江戸時代，―日本史テーマ別－政治史・法律史・外交史)

(1) **源頼朝**は，1185年に**平氏政権**を倒して各地に**守護・地頭**をおき，**鎌倉**に初の本格的武家政権を立てた。

(2) 1333年に**鎌倉幕府**が滅亡し，流されていた**隠岐**から脱出した**後醍醐天皇**が，翌年元号を建武と改めて始めた政治を，**建武の新政**という。天皇による親政を復活させ，**記録所**を再興し，**雑訴決断所**などを新設して，建武の新政は幕を開けたが，武士の不満が強まり，2年あまりで終わりを告げた。

(3) アは弥生時代に関する説明である。イは平安時代に関する説明である。ウは安土桃山時代についての説明である。ア・イ・ウのどれも別の時代の説明であり，エが室町時代の説明として正しい。**明**の皇帝に対して朝貢貿易を行い，明の皇帝から**日本国王**として認められたのが，**室町幕府の3代将軍足利義満**である。この貿易にあたっては，勘合符が用いられたため，**勘合貿易**といわれる。

(4)　選んだ資料　江戸幕府が大名の統制のために出したのは，資料Ⅰである。資料Ⅱは，鎌倉幕府が御家人のために1232年に制定した御成敗式目の一部であり，守護の権限である大犯三箇条の規定が見られる。　法律の名称　資料Ⅰは，江戸幕府が大名の統制のために出した武家諸法度である。1615年に徳川家康が起草させ，2代将軍徳川秀忠の名で発したものである。以後，数次にわたって出されたが，3代将軍徳川家光の時に発せられた武家諸法度寛永令が，参勤交代を初めて明文化するなど重要である。

3 (地理的分野―日本地理－地形・交通・農林水産業)

(1)　A地点とB地点付近は平野が広がっている。A地点とB地点の中間あたりに幌尻岳などの山岳地帯があり，一番高くなっている。それを模式化したのが，エである。

(2)　空港の数に注目すると，離島の多い沖縄と面積の広い北海道が1番目か2番目になり，イかウである。イ・ウのうち新幹線の駅がないイが沖縄、新幹線の駅が2つあるウが北海道である。

(3)　資料Ⅰに見られるように，北海道は農家一戸あたりの耕地面積が全国平均の10倍以上広く，耕作や収穫などに，資料Ⅱのような大型機械を使って，生産効率を上げている。

4 (公民的分野―基本的人権・国の政治の仕組み)

(1)　イは，日本国憲法第18条に記された身体の自由である。エは，憲法第22条に記された経済活動の自由である。アとウが，精神活動の自由である。アは，憲法第23条に保障された学問の自由である。ウが，憲法第19条に記された思想及び良心の自由である。

(2)　憲法第25条は「すべて国民は，健康で文化的な最低限度の生活を営む権利を有する。」と定めており，それは生存権といわれるが，人間が人間らしく生きるのに必要な諸条件の確保を，国家に要求する権利である。

(3)　法の支配とは，国民から選ばれた議会が法を制定し，法の制限下で政府が国民に対して政治権力を行使するというものであり，模式図のウが適当である。

5 (地理的分野―世界地理－気候・資源・産業・貿易・人々のくらし)

(1)　カルグーリーは，夏・冬の寒暖の差が大きく，年間を通じて降雨量が少ない乾燥気候である。雨温図のエである。

(2)　オーストラリアは，石炭の生産が盛んで，国内の消費を満たしてのち，多くを輸出している。エネルギーの自給率は，ノルウェーに次ぐ世界第2位であり300％を超えている。

(3)　オーストラリアの内陸部は，高温と乾燥した気候のため穀物の栽培はできないが，牛の放牧には適している。羊の放牧は主として南部に広がっている。中国が1位，オーストラリアが2位，ニュージーランドが3位なのは，羊肉の生産量である。アメリカが1位，ブラジルが2位，中国が3位なのは，牛肉の生産量である。よって，組み合わせとしてはアが正しい。

(4)　オーストラリアは，19世紀半ば以来，白人以外の移住を制限する白豪主義政策をとっていたが，世界から人種差別だと非難が寄せられ，1970年代に廃止したので，移民に占める中国人などアジアの出身者の割合が大きくなった。現在のオーストラリアは多文化主義をとっている。

6 (歴史的分野―日本史時代別－明治時代から現代，―日本史テーマ別－外交史・政治史，―世界史－政治史)

(1)　日清戦争後の講和条約は，1895年に下関で日本全権伊藤博文と清国全権李鴻章の間で締結された，下関条約である。2億両の賠償金の他，台湾・澎湖諸島・遼東半島などの割譲が含まれていたが，ロシア・ドイツ・フランスから，遼東半島を清国に返還するよう要求された。これが**三国干渉**である。

(2) ア **二・二六事件**は，1936年に起こった。 イ イギリスとの間に**日英通商航海条約**を結び，**領事裁判権の撤廃**に成功したのは，1894年である。 ウ **征韓論**をめぐって政府が二分したのは，1873年のことである。ア・イ・ウのどれも別の時代のことであり，**ベルサイユ条約**が結ばれた1919年に最も近いのは，エの1918年に起こった**米騒動**である。

(3) **ABCD包囲網**とは，1930年代後半に，日本に対して行われた貿易制限に，日本が名付けた名称である。ABCDとは，貿易制限を行っていた**アメリカ合衆国・イギリス・中国・オランダ**を指す。

(4) 1989年の**マルタ会談**は，アメリカ合衆国大統領**ジョージ・ブッシュ**とソビエト連邦最高会議議長兼ソビエト連邦共産党書記長**ミハイル・ゴルバチョフ**による首脳会談で，第二次世界大戦末期に始まった**アメリカ**を中心とする**西側諸国**と**ソ連**を中心とする**東側諸国**の対立である，**冷たい戦争(冷戦)**の終結が宣言された。

7 (公民的分野―経済一般・消費生活・国際社会との関わり)

(1) 商品を売った時点で，商品につけられたバーコードをスキャナーで読み取り，商品名・金額・販売量などの情報や，配送・発注の詳細などの情報をコンピューターに送り，管理するのが，**POSシステム**である。

(2) 労働者のための統一的な保護法として，1947年に制定されたのが**労働基準法**である。労働条件の基準を定め，第4条は男女同一賃金を，第32条は1日8時間労働制や，1週40時間労働制などを内容としている。

(3) 領土の海岸線から12海里(約22km)を領海という。領海に接し，海岸線から200海里(約370km)までの海域を，**排他的経済水域**という。排他的経済水域内では，水産資源や天然資源を開発し保有する権利，科学的調査などを行う権利が認められている。

(4) 記号 サバのような魚では，漁獲量がそのまま価格に反映するので，アのグラフが適当である。 理由 サバの**漁獲量**が増え，市場への**供給量**が増えると価格は下落し，サバの漁獲量が減り，市場への供給量が減ると価格は上昇するからであることを，簡潔にまとめて解答すればよい。

8 (歴史的分野―世界史－世界史総合，地理的分野―日本地理－交通，その他)

(1) アの原油，ウの鉄鉱石，エの自動車などは，どれも重くてかさばるため，海上輸送が行われている。イの**IC(集積回路)**は軽くてかさばらないため，航空輸送が用いられている。

(2) **種子島**に**鉄砲**が伝わったのは，1543年のことである。 イ 18世紀後期にイギリスで**産業革命**が起こると，イギリスで生産された機械製綿布がインドに輸出されるようになった。イギリスは，インド産のアヘンを清国に輸出させる一方で，中国から茶を輸入した。この三国の貿易関係を**三角貿易**という。 ウ イギリスが**東インド会社**に茶の専売権を与える茶法を制定したことに反対して，ボストン市民が船の積み荷の茶を捨てたことから起こったのが，1773年の**ボストン茶会事件**である。 エ 11世紀に**ローマ教皇**ウルバヌス2世の呼びかけに応じ，**イスラム教徒**からパレスチナの聖地**エルサレム**を奪還するために遠征したのが**十字軍**である。イ・ウ・エのどれも別の時代のことであり，アが鉄砲伝来と同時期である。**マゼラン**の船隊は，南アメリカ南部の海峡を経て，太平洋，インド洋を経由し，アフリカ南端を回って，1522年に**世界一周**を実現した。なお，マゼラン自身はこの航海中にフィリピンで死去している。

(3)　ディベート形式の問題であるが，まず，資料Ⅰ・Ⅱを正確に読み取ることが必要である。

資料Ⅰ

鉄道のほかにバス路線の便も良いこと。

新駅開設予定地の近くに総合病院・大型商業施設が建設予定で暮らしやすい環境となり，市外から幅広い年齢層の人が引っ越してくる可能性が高いこと。

新駅を開設する場合，開設費用は全額市が負担し，数年間社会保障費を減額する。

資料Ⅱ

A市の総人口は，15年間で年々減少している。

A市では，少子高齢化が進み，65歳以上の高齢者人口の伸びが顕著である。

資料から読み取ったことをもとに考察し，簡潔にまとめるとよい。上記の解答例の他，以下のような解答が考えられる。

【賛成】　総人口が減る中で高齢化が進んでいるが，駅を新設することで他市からの若い年齢層の転入者が期待でき，市の活性化が期待できるから。

【反対】　新駅をつくらなくても，便の良いバス路線があり，市が，高齢者のくらしを支える社会保障費を減らし，全額負担してまで，新駅を建設する必要はないから。

＜国語解答＞

1　(1)　A　めずら(しく)　B　がいとう　C　なぐさ(める)　(2)　イ　(3)　エ　(4)　a　綺麗で安定した歩形　b　(はじめ)一人でも～(終わり)きられる　(5)　ウ　(6)　(例)八千代が50キロ競歩に挑戦するように，自分も小説を書こうと決意した(こと。)

2　(1)　A　幼(い)　B　限(り)　C　迷路　(2)　イメージが　(3)　エ　(4)　(例)(詩のことばを，)常識に捉われずに自由な心で読む(こと。)　(5)　ア　(6)　a　願いごと　b　紙風船　c　ア　(7)　X　(例)水があふれている川の(風景)　Y　ウ

3　(1)　畢　竟　不レ　得レ　與　(2)　(行旅は，)世を渉る(ことと似ている。)　(3)　イ　(4)　a　(はじめ)速やかなる～(終わり)取る勿かれ(。)　b　相緩急すべし

4　(1)　イ　(2)　(例)インターネットは，ほとんどの年代から情報源として重要だと考えられているが，信頼度は低い。

インターネット上の情報を利用する際，私は，信頼できる情報かどうか，本などでも確認するように注意しようと思う。

＜国語解説＞

1　(小説―情景・心情，内容吟味，文脈把握，漢字の読み書き，語句の意味)

(1)　A　**「珍」**の音読みは「チン」で，「珍重」「珍味」などの熟語を作る。　B　**「外灯」**は，外を照らす電灯のこと。　C　**「慰める」**は，失望したり落胆したりしている人を優しくいたわり，元気づけることを言う。

(2)　傍線部①の「棘」は，**相手の心を傷つけるもの**という意味なので，「責めるようで，きつさがある」と説明するイが正解。

(3)　傍線部②の直後の「息を呑んだ」から，八千代が**忍の意外な言動**に驚いている様子がわかる。八千代が予想していた「おろおろ弁明する」の反対の**「怒らせても～伝えようとする」**と説明す

るエを選ぶ。アの「弱気」やイの「困惑」は意外な反応ではないので不適当。ウの「気がはやる」は的外れである。

(4) a 八千代のフォームに言及している部分を探し，忍の会話の「お前の**綺麗で安定した歩形**は，50キロで化けるかもしれない」から抜き出す。 b 八千代の持ち味に言及している部分を探し，忍の会話にある「**一人でも**自分のペースで**生きられる**」を抜き出して，はじめと終わりの4字を書く。

(5) 傍線部④の直後に「自分の言葉が自分に返ってくる痛みに，呻くみたいに」とある。八千代はかつて忍に「**競技の世界では結果がすべて**」と言ったことがあり，そのために忍から「**20キロでは勝てない**から50キロを歩け」と言われても反論できないのである。このことを説明したウが正解。アは「忍に言われた」が誤り。イは「20キロ競歩で勝つことの価値」が文脈に合わない。エは「言い続けてきた」「練習量の少なさ」が不適当な説明である。

(6) 八千代の覚悟は，「忍の惨酷で無鉄砲な提案」を受け入れること，つまり**50キロ競歩に挑戦する**ことである。そして，忍の覚悟の内容は，本文最後に「**小説を，書こう**」とある。これを組み合わせて，「～こと。」に続くように30～40字で書く。

2 (詩と鑑賞文―内容吟味，文脈把握，漢字の読み書き，文と文節，表現技法・形式)

(1) A「**幼**」の左側を「糸」としないように注意する。 B「**限**」の右側は「良」ではない。 C「**迷路**」の「路」の左側と「足」は，形が違う。

(2) 傍線部①を含む文を文節でくぎると，「小さな／可愛らしい／靴の／**イメージが，**／美しい／花のように／**咲くのです。**」となる。傍線部①は述語であり，これに対応する主語にあたる文節は「イメージが」である。

(3) 鑑賞文のはじめに「この詩の中心は最後の一行にあります」とある。これは「**花を飾るよりずっと明るい**」を指しており，その「輝くように明るい小さな靴」にそそがれる光の光源は，「孫へ向けられた**祖母**，つまり詩人その人の**愛情**」と説明されている。このことを述べたエが正解。他の選択肢は詩の中心を読み誤っているので，不適当である。

(4) 本文に示された〈誤読〉は，「春とは希望の象徴」という常識に捉われていたために生じたものである。筆者は「詩のことばは～常識に逆らうことで新しい力を獲得する」と述べ，さらに「読者も～**常識に捉われずに**，**自由な心で**詩のことばは**読む**ことが必要です」と続ける。この読者について書いている部分をもとに，15字以内で前後につながるように書く。

(5) 詩の最後の3行は，ふつうならば「美しい/願いごとのように/打ち上げよう」となるところであるが，言葉の順序が変わっている。この表現技法は，アの「**倒置**」である。体言(名詞)で終わっている行はないので，イは不適当。ウの「対句」も使われていない。比喩は使われているが，人にたとえた比喩はないので，エの「擬人法」は不適当である。

(6) 詩を一読すると紙風船を願いごとにたとえているようだが，筆者は「詩の言いたいのは実は逆です」，つまり，願いごとを紙風船にたとえていると述べている。したがって，aに「**願いごと**」，bに「**紙風船**」が入る。cには，本文の「〈**美しい願いごとは決して諦めるな**〉という〈考え(思想)の詩〉，メッセージの詩」「そのメッセージが**軽やか**な紙風船のイメージに託されている」という説明をふまえたアが入る。イ～エは，詩の説明として正しいように見えるが，筆者が述べている「この詩の魅力」の説明としては不十分である。

(7) X 詩の「川」「あふれてゐる」をもとに，「**水があふれている川の**(風景)」「川に水があふれている(風景)」などと書く。 Y「**春**」が「**あふれてゐる**」という表現から，すでに**春になっている**ことがわかるので，ウが正解。アの「冬」やエの「夏」は，詩の作者の視野に入っていない。イはまだ春が来ていないことになり，「あふれてゐる」という表現に合わない。

3 (漢文・漢詩―内容吟味，文脈把握，表現技法・形式)

〈口語訳〉 人が世を渡るのは，旅をすることに似ている。道には険しい所もあれば平らな所もあり，日には晴れている日も雨の日もある。(険しい道や雨の日は)結局のところ避けることができない。ただ場所に応じ時に応じてゆっくり行ったり急いだりするべきだ。早く行き着こうとして災いを招くことがあってはならない。ぐずぐずして約束の期日に遅れてはならない。これは旅をするときの方法であって，とりもなおさず世を渡る方法である。

(1) 漢文は「畢竟不得避」，漢字を読む順序は「**畢竟避得(不)**」である。「畢竟」の順序は変わらず，後半3字の順序が逆転するので，一字ずつ返って読むことを示す**レ点**を「**不**」と「**得**」の左下につける。

(2) 傍線部①の「行旅」は「旅行すること」という意味。ここでは，直前の「**世を渉る**」ことが行旅に似ていると述べている。「人の」は「人が」という意味である。

(3) 「処に随ひ時に随つて」は「途に険夷有り，日に晴雨有り」を受けた言葉で，「処」は「**途**」，「時」は「**日**」を指し示しているので，イが正解。

(4) a 「急いては事を仕損ずる」「急がば回れ」と似た言葉は，「**速やかなる**を欲して以て災ひを**取る勿かれ**」なので，このはじめと終わりの5字を書く。 b 「柔軟に対応することが大事だ」と同じことを述べているのは，「**相緩急すべし**」である。

4 (話し合い―内容吟味，作文)

(1) 「情報源として重要だ」と回答した人の割合を見ると，年代が上がるにつれて増えているのはイの**新聞**だけである。アのテレビは，20代になると10代より減っているので不適当。ウのインターネットは，20代が最も多く，あとは年代が上がるにつれて減っているので不適当。エの雑誌は，30代になると20代より減っているので不適当である。

(2) 《資料1》からは，**インターネット**が60代を除くすべての年代で**情報源として重要**だと考えられていることがわかる。また，《資料2》からは，インターネットの**信頼度が低い**ことが読み取れる。第一段落にこの2点を書き，第二段落には**インターネットを利用するときに自分が注意すること**を書く。解答例は，インターネット上の情報を利用するときは本などでも確認するということを述べている。書き終わったら必ず読み返して，誤字・脱字や表現のおかしなところは書き改めること。

解答用紙集

○月×日　△曜日　天気（合格日和）

◆ご利用のみなさまへ

＊解答用紙の公表を行っていない学校につきましては、弊社の責任において、解答用紙を制作いたしました。

＊編集上の理由により一部縮小掲載した解答用紙がございます。

＊編集上の理由により一部実物と異なる形式の解答用紙がございます。

人間の最も偉大な力とは、その一番の弱点を克服したところから生まれてくるものである。――カール・ヒルティ――

東京学参株式会社

※ 182％に拡大していただくと，解答欄は実物大になります。

（令和６年度本検査）

数学解答用紙

第　２　回

問題番号		答	得点
1	(1)		※
	(2)		
	(3)		
	(4)		
	(5)		
2			
3			
4	(1)	cm	
	(2)	度	
	(3)	倍	

問題番号		答	得点
5		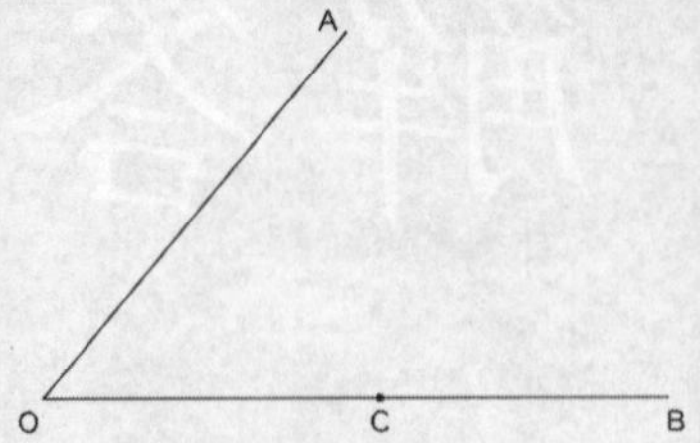	※
6	(1)	冊	
	(2)	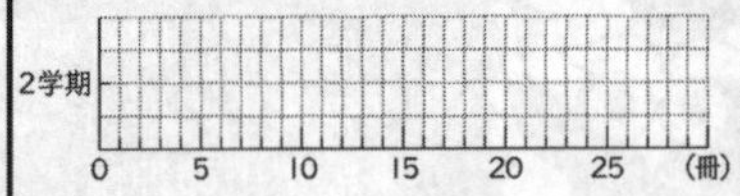	
7	(1)		
	(2)	大きくなる　・　小さくなる　・　変わらない 理由	

問題番号	答	得点
8	答　スケッチブック１冊の定価　円 色えんぴつ１セットの定価　円	※
9	証明	

問題番号		答	得点
10	(1)		※
	(2)	分	
11	(1)		
	(2)	$a =$	
	(3)		
12	(1)		
	(2)	cm	
	(3)	cm^3	

受検番号	氏名

数学得点
※

※ 182％に拡大していただくと，解答欄は実物大になります。

（令和６年度本検査）

英語解答用紙

第 4 回

問題番号		答	得点
1	(1)		※
	(2)		
	(3)		
2	(1)		
	(2)		
	(3)		
3	(1)		
	(2)		
	(3)		
4			

問題番号		答	得点
5	(1)		※
	(2)		
	(3)		
	(4)		
6	(1)		
	(2)		
	(3)		
7	(1)		
	(2)		
	(3)		

問題番号		答	得点
8	(1)		※
	(2)		
	(3)		
	(4)		
	(5)		
9	(1)		
	(2)		
	(3)		

問題番号		答	得点
10	(1)		※
	(2)		

受検番号	氏　　名

英語得点
※

※ 182％に拡大していただくと，解答欄は実物大になります。

（令和６年度本検査）

理科解答用紙

第　5　回

問題番号			答	得点
1	(1)			※
	(2)			
	(3)			
	(4)			
	(5)			
	(6)			
	(7)			
	(8)			
2	(1)			
	(2)			
	(3)			
	(4)	①		
		②		

問題番号			答	得点
3	(1)			※
	(2)			
	(3)	アジサイ		
		トウモロコシ		
	(4)			
4	(1)			
	(2)		cm/s	
	(3)	記号		
		理由		
	(4)			

問題番号		答	得点
5	(1)		※
	(2)		
	(3)	g	
	(4)		
	(5)	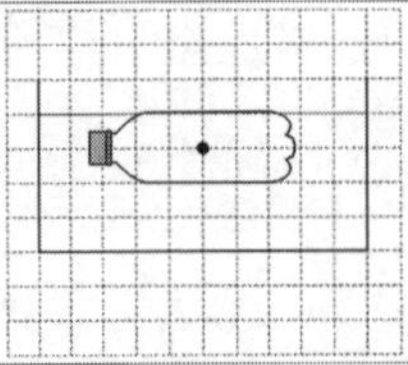	
	(6)		
	(7)		
	(8)		

問題番号		答				得点
6	(1)					※
	(2)					
	(3)					
	(4)	A		B		
		C		D		

受検番号	氏　　　名

理科得点
※

※ 182％に拡大していただくと，解答欄は実物大になります。

（令和６年度本検査）

社会解答用紙

第　3　回

問題番号		答	得点
1	(1)		※
	(2)		
2	(1)		
	(2)		
	(3)		
	(4)		
	(5)	→ → →	
3	(1)		
	(2)		
	(3)		

問題番号		答	得点
4	(1)		※
	(2)		
	(3)		
	(4)		
5	(1)		
	(2)		
	(3)		
	(4)		

問題番号		答	得点
6	(1)	と	※
	(2)		
	(3)		
	(4)		
7	(1)		
	(2)	A　　B　　C	
	(3)		

問題番号			答	得点
8	(1)			※
	(2)			
	(3)	利点	資料【　　】	
		課題	資料【　　】	

受検番号	氏　　名

社会得点
※

※ 185％に拡大していただくと，解答欄は実物大になります。

（令和６年度本検査）

国語解答用紙

第一回

問題番号	1					2					3			4			
	⑴	⑵	⑶	⑷	⑸	⑴	⑵	⑶	⑷	⑸	⑴	⑵	⑶	⑴	⑵	⑶	⑷ a / b
答				45　55　から。	20				他者から自分の長所などを伝えられることで、　25　35　こと。								
得点	※																

問題番号	6					
	⑴	⑵	⑶	⑷	⑸	⑹
答	閲覧（　）	諭（　）す	雪崩（　）	カンゲイ（　）	イトナ（　）む	シュウカン（　）
得点	※					

問題番号	5	
	⑴	⑵
答		
得点	※	

受検番号	氏　　名

国語得点
※

2024年度入試配点表(岩手県)

	1	2	3	4	5	6	計
数学	各4点×5	4点	4点	各4点×3	4点	各4点×2	100点
	7	8	9	10	11	12	
	各4点×2	6点	6点	各4点×2	(3) 4点 他 各3点×2	(3) 4点 他 各3点×2 ((1)完答)	

	1	2	3	4	5	6	7	8	9	10	計
英語	各3点×3	各3点×3	各3点×3	3点	各2点×4	各4点×3	各4点×3	各4点×5	各3点×3	(1) 3点 (2) 6点	100点

	1	2	3	4	5	6	計
理科	各2点×8	(1),(2) 各3点×2 他 各4点×2 ((4)①・②完答)	(1),(2) 各3点×2 他 各4点×2 ((3)完答)	(1),(2) 各3点×2 他 各4点×2 ((3)完答)	(1)~(3),(8) 各3点×4 他 各4点×4	(1) 4点 (4) 各2点×2 他 各3点×2 ((4)各完答)	100点

	1	2	3	4	5	6	7	8	計
社会	各3点×2	(1)・(3) 各3点×2 他 各4点×3	(2) 4点 他 各3点×2	(1),(4) 各3点×2 他 各4点×2	(1)・(2) 各3点×2 他 各4点×2	(1)・(2) 各3点×2 他 各4点×2 ((1)完答)	各4点×3 ((2)完答)	各3点×4	100点

	1	2	3	4	5	6	計
国語	(1) 3点 (4) 6点 他 各4点×3	(1) 3点 (4) 6点 他 各4点×3	各4点×3	(1) 3点 他 各4点×4	(1) 3点 (2) 12点	各2点×6	100点

※ 189％に拡大していただくと，解答欄は実物大になります。

（令和５年度本検査）

数学解答用紙

第 2 回

問題番号		答	得点
1	(1)		※
	(2)		
	(3)		
	(4)		
	(5)		
2		cm²	
3			
4	(1)		
	(2)	度	
	(3)	cm	

問題番号		答	得点
5		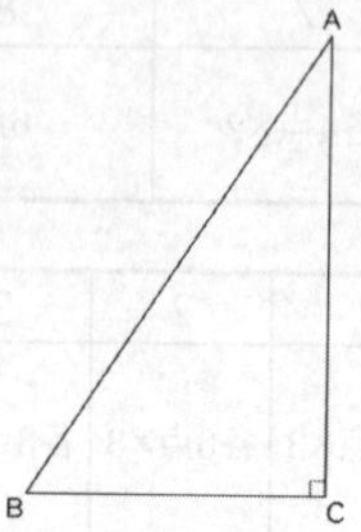	※
6			
7	(1)		
	(2)	と	

問題番号	答	得点
8	答　タルト　１個の値段　円 クッキー１枚の値段　円	※
9	証明	

問題番号		答	得点
10	(1)	ℓ =　cm S =　cm²	※
	(2)		
11	(1)		
	(2)		
12	(1)	cm	
	(2)	cm³	

受検番号	氏　名

数学得点
※

※185%に拡大していただくと，解答欄は実物大になります。

（令和５年度本検査）

英語解答用紙

第　4　回

問題番号		答	得点
1	(1)		※
	(2)		
	(3)		
2	(1)		
	(2)		
	(3)		
3	(1)		
	(2)		
	(3)		
4			

問題番号		答	得点
5	(1)		※
	(2)		
	(3)		
	(4)		
6	(1)		
	(2)		
	(3)		
7	(1)		
	(2)		
	(3)		

問題番号		答	得点
8	(1)		※
	(2)		
	(3)		
	(4)		
	(5)		
9	(1)		
	(2)		
	(3)		

問題番号		答	得点
10	(1)		※
	(2)		

受検番号	氏　　名

英語得点
※

※185％に拡大していただくと，解答欄は実物大になります。

（令和５年度**本検査**）

理科解答用紙

第５回

問題番号		答				得点
1	(1)					※
	(2)					
	(3)					
	(4)					
	(5)					
	(6)					
	(7)					
	(8)					
2	(1)					
	(2)	(あ)		(い)		
		(う)		(え)		

問題番号		答	得点
2	(3)		※
	(4)		
3	(1)		
	(2)	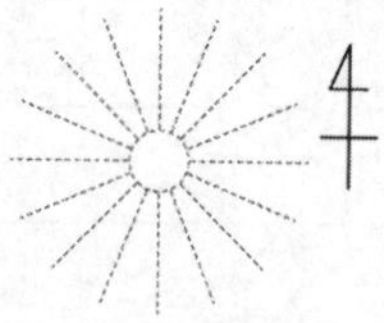	
	(3)		
	(4)	g	

問題番号		答		得点
4	(1)			※
	(2)	記号		
		理由		
	(3)			
	(4)			
	(5)			
	(6)			
	(7)	g		
	(8)	共通する特徴		
		鳥類だけの特徴		

問題番号		答				得点
5	(1)					※
	(2)					
	(3)					
	(4)	仕事	J			
		変換効率	%			
6	(1)	①		②		
	(2)	亜鉛	番目			
		銅	番目			
		金属X	番目			
	(3)					
	(4)					

受検番号	氏名

理科得点
※

※ 185%に拡大していただくと，解答欄は実物大になります。

（令和５年度本検査）

社会解答用紙

第 3 回

問題番号		答	得点
1	(1)		※
	(2)		
2	(1)		
	(2)		
	(3)		
	(4)		
	(5)		
3	(1)		
	(2)		
	(3)		

問題番号		答	得点
4	(1)	A　　B　　C	※
	(2)	X	
		Y	
	(3)		
5	(1)		
	(2)		
	(3)	X	
		Y	
	(4)		

問題番号		答	得点
6	(1)		※
	(2)		
	(3)		
	(4)	→　→　→	
7	(1)		
	(2)		
	(3)		
	(4)		

問題番号			答	得点
8	(1)		→　→	※
	(2)			
	(3)	日本にとっての利点	選んだ資料【　　】	
		フィリピンにとっての利点	選んだ資料【　　】	

受検番号	氏名

社会得点
※

※ 189%に拡大していただくと，解答欄は実物大になります。

国語解答用紙

（令和5年度本検査）

第一回

1

問題番号 / 答 / 得点

- (1)
- (2)
- (3) a　はじめ 〜 終わり
- (3) b　はじめ 〜 終わり
- (4) お掃除ロボットが、　　から。
- (5)

※

2

- (1)
- (2)
- (3)
- (4) 　　こと。
- (5)
- (6) a
- (6) b
- (7) X
- (7) Y

3

- (1)
- (2) a
- (2) b
- (3)

5

問題番号 / 答 / 得点

- (1) 抑揚
- (2) 占める
- (3) 草履
- (4) ソマツ
- (5) ケワしい
- (6) コウカイ

※

4

問題番号 / 答 / 得点

- (1)
- (2)

※

受検番号	氏　　名

国語得点
※

2023年度入試配点表(岩手県)

数学	1	2	3	4	5	6	計
	各4点×5	4点	4点	各4点×3	4点	4点	100点
	7	8	9	10	11	12	
	(1)　4点 (2)　6点	6点	6点	(1)　各2点×2 (2)　6点	(1)　4点 (2)　6点	(1)　4点 (2)　6点	

英語	1	2	3	4	5	6	7	8	9	10	計
	各3点×3	各3点×3	各3点×3	3点	各2点×4	各4点×3	各4点×3	各4点×5	各3点×3	(1)　3点 (2)　6点	100点

理科	1	2	3	4	5	6	計
	各2点×8	(2)　各2点×2 (ⓐ・ⓘ,ⓤ・ⓔ各完答) (4)　4点 他　各3点×2	(1),(2) 各3点×2 他　各4点×2	(1),(2),(7),(8) 各4点×4 ((2),(8)各完答) 他　各3点×4	(2),(4) 各4点×2((4)完答) 他　各3点×2	(1),(3) 各3点×2 他　各4点×2 ((1),(2)各完答)	100点

社会	1	2	3	4	5	6	7	8	計
	各3点×2	(1)・(5) 各3点×2 他 各4点×3	(2)　3点 他 各4点×2	(1)　3点 他 各4点×2	(4)　4点 他 各3点×3	(1)・(2) 各3点×2 他 各4点×2	(1)　3点 他 各4点×3	各3点×4	100点

国語	1	2	3	4	5	計
	(1)　3点 (4)　6点 他　各4点×4	(1)・(5)　各3点×2 (4)　6点 他　各4点×5	(1)　3点 他　各4点×3	(1)　4点 (2)　12点	各2点×6	100点

※ 189％に拡大していただくと，解答欄は実物大になります。

（令和４年度本検査）

数学解答用紙

第 2 回

問題番号		答	得点
1	(1)		※
	(2)		
	(3)		
	(4)		
	(5)		
2			
3		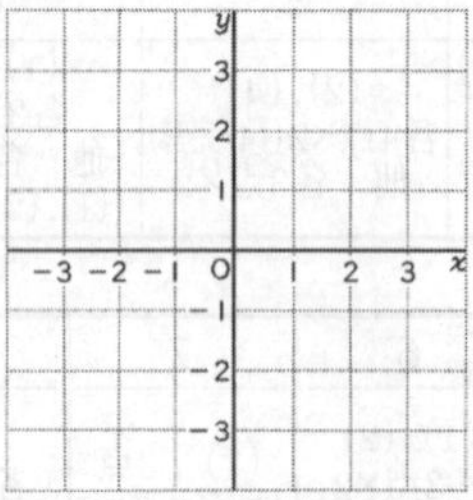	

問題番号		答	得点
4	(1)	：	※
	(2)	度	
	(3)		
5		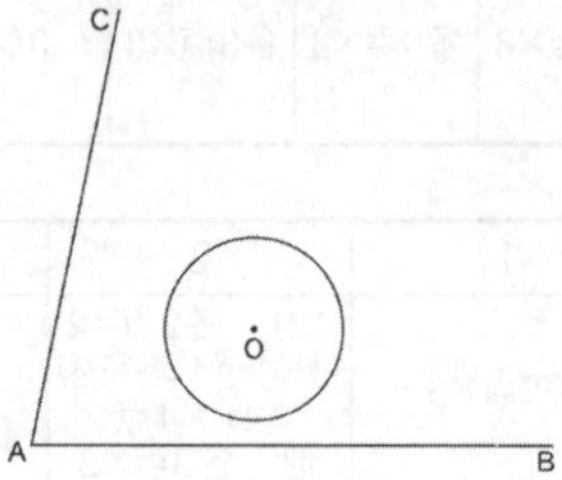	
6			

問題番号	答	得点
7	答　貯金した金額　　　円	※
8	証明	

問題番号		答	得点
9	(1)		※
	(2)	m	
10	(1)	$a =$	
	(2)	km/h	
11	(1)	いえる　・　いえない 理由	
	(2)	記号　　確率	
12	(1)	cm	
	(2)	cm^3	

受検番号	氏　名

数学得点
※

※ 185％に拡大していただくと，解答欄は実物大になります。

（令和４年度本検査）

英語解答用紙

第　４　回

問題番号		答	得点
1	(1)		※
	(2)		
	(3)		
2	(1)		
	(2)		
	(3)		
3	(1)		
	(2)		
	(3)		
4			

問題番号		答	得点
5	(1)		※
	(2)		
	(3)		
	(4)		
6	(1)		
	(2)		
	(3)		
7	(1)		
	(2)		
	(3)		

問題番号		答	得点
8	(1)		※
	(2)		
	(3)		
	(4)		
	(5)		
9	(1)		
	(2)		
	(3)		

問題番号		答	得点
10	(1)		※
	(2)		

受検番号	氏　　　　名

英語得点
※

※ 185%に拡大していただくと，解答欄は実物大になります。

（令和４年度本検査）

理科解答用紙

第　5　回

問題番号		答	得点
1	(1)		※
	(2)		
	(3)		
	(4)		
	(5)		
	(6)		
	(7)		
	(8)		
2	(1)	分	
	(2)	W	
	(3)	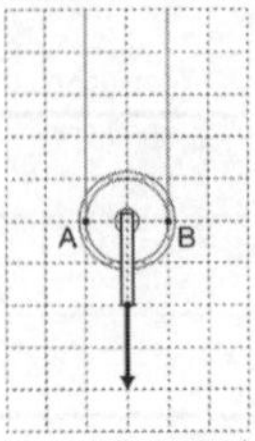	

問題番号			答	得点
2	(4)	①		※
		②		
3	(1)			
	(2)			
	(3)			
	(4)	1.0 gのとき		
		0.1 gのとき		
	(5)			

問題番号			答	得点
4	(1)			※
	(2)			
	(3)	ビーカーA		
		ビーカーB		
		ビーカーC		
	(4)	顕性形質		
		記号		
	(5)			
	(6)			
	(7)			

問題番号			答		得点
5	(1)				※
	(2)				
	(3)	X			
		Y			
	(4)	質量	g		
		露点	℃		
6	(1)				
	(2)				
	(3)				
	(4)	分類のしかた	子のうみ方　・　体温の調節方法		
		特徴	A	B	
		動物	X	Y	

受検番号	氏　　名

理科得点
※

※ 185％に拡大していただくと，解答欄は実物大になります。

（令和４年度本検査）

社会解答用紙

第　３　回

問題番号		答	得点
1	(1)		※
	(2)		
2	(1)		
	(2)		
	(3)		
	(4)		
	(5)	→　→　→	

問題番号		答	得点
3	(1)		※
	(2)		
	(3)		
4	(1)	と	
	(2)		
	(3)	地方税　　地方交付税交付金　　国庫支出金	
	(4)		

問題番号		答	得点
5	(1)		※
	(2)		
	(3)		
	(4)		
6	(1)		
	(2)		
	(3)		
	(4)		

問題番号			答	得点
7	(1)			※
	(2)			
	(3)			
8	(1)			
	(2)			
	(3)	長所	選んだ資料【　　　】	
		短所	選んだ資料【　　　】	

受検番号	氏名

社会得点
※

※ 189％に拡大していただくと，解答欄は実物大になります。

（令和４年度本検査）

国語解答用紙

第　一　回

問題番号			答	得点
1	(1)	A	全（　　　）う	
		B	口角（　　　）	
		C	捉（　　　）えた	
	(2)			
	(3)	Ⅰ		
		Ⅱ		
	(4)			
	(5)			
	(6)			
2	(1)	A	ツツ（　　　）まれて	
		B	ミッセツ（　　　）	
		C	ホショウ（　　　）	
	(2)			
	(3)	a		
		b		
	(4)		状態のとき。	
	(5)	X		
		Y		
	(6)		子又有孫	
	(7)			
	(8)		と思ったから。	
				※

問題番号			答	得点
3	(1)			
	(2)			
	(3)	a		
		b		
4	(1)			
	(2)			
				※

受検番号	氏　　名

国語得点
※

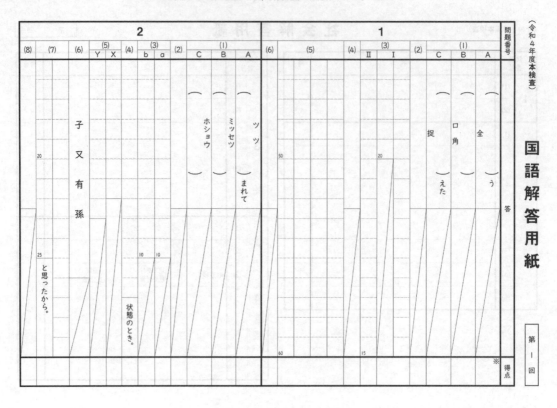

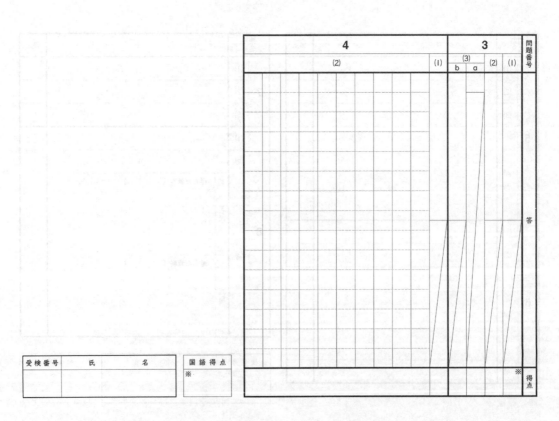

2022年度入試配点表(岩手県)

	1	2	3	4	5	6	計
数学	各4点×5	4点	4点	各4点×3	4点	4点	100点
	7	8	9	10	11	12	
	6点	6点	(1) 4点 (2) 6点	(1) 4点 (2) 6点	(1) 4点 (2) 6点(完答)	(1) 4点 (2) 6点	

	1	2	3	4	5	6	7	8	9	10	計
英語	各3点×3	各3点×3	各3点×3	3点	各2点×4	各4点×3	各4点×3	各4点×5	各3点×3	(1) 3点 (2) 6点	100点

	1	2	3	4	5	6	計
理科	各2点×8	(1) 3点 他 各4点×3 ((4)完答)	(1),(3) 各3点×2 (4) 各2点×2 他 各4点×2	(2),(4)各4点×2 ((4)完答) 他 各3点×5 ((3)完答)	(1),(2) 各3点×2 他 各4点×2 ((3)・(4)各完答)	(1),(3) 各3点×2 他 各4点×2 ((4)完答)	100点

	1	2	3	4	5	6	7	8	計
社会	各3点×2	(2)・(5) 各4点×2 他 各3点×3	(3) 4点 他 各3点×2	各4点×4	(4) 4点 他 各3点×3	(1)・(3) 各4点×2 他 各3点×2	(1) 3点 他 各4点×2	(1) 4点 他 各3点×3	100点

	1	2	3	4	計
国語	(1) 各2点×3 (2) 3点 (5) 6点 他 各4点×4	(1) 各2点×3 (2)・(5)・(6) 各3点×4 他 各4点×5	(1) 3点 他 各4点×3	(1) 4点 (2) 12点	100点

※ 187％に拡大していただくと，解答欄は実物大になります。

（令和３年度本検査）

数学解答用紙

第 2 回

問題番号		答	得点
1	(1)		※
	(2)		
	(3)		
	(4)		
	(5)		
2			
3			
4	(1)	度	
	(2)	cm	

問題番号		答	得点
5	(1)	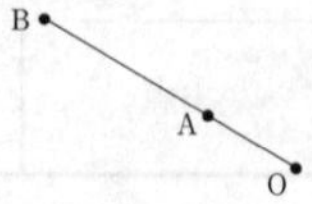	※
	(2)	cm^2	
6		答　家庭ごみの排出量　g 資源ごみの排出量　g	

問題番号		答	得点
7		証明	※
8	(1)	秒	
	(2)	秒	
9		名前　　さん 理由	

問題番号		答		得点
10	(1)			※
	(2)	強火	円	
		弱火	円	
		「強火」の方が安い　・　「弱火」の方が安い　・　同じ		
11	(1)			
	(2)	Aのx座標より大きい場合		
		Aのx座標より小さい場合		
12	(1)	cm		
	(2)	cm^3		

受検番号	氏　　名

数学得点
※

※ 183％に拡大していただくと，解答欄は実物大になります。

（令和３年度**本検査**）

英語解答用紙

第　４　回

問題番号		答	得点
1	(1)		※
	(2)		
	(3)		
2	(1)		
	(2)		
	(3)		
3	(1)		
	(2)		
	(3)		
4			

問題番号		答	得点
5	(1)		※
	(2)		
	(3)		
	(4)		
6	(1)		
	(2)		
	(3)		
7	(1)		
	(2)		
	(3)		

問題番号		答	得点
8	(1)		※
	(2)		
	(3)		
	(4)		
	(5)		
9	(1)		
	(2)		
	(3)		

問題番号		答	得点
10	(1)		※
	(2)		

受検番号	氏　　名

英語得点
※

※ 181%に拡大していただくと，解答欄は実物大になります。

(令和３年度本検査)

理科解答用紙

第　5　回

問題番号			答	得点
1	(1)			※
	(2)			
	(3)			
	(4)			
	(5)			
	(6)			
	(7)			
	(8)			
2	(1)			
	(2)			
	(3)	①		
		②		

問題番号			答	得点
2	(4)			※
	(5)	あ		
		い		
3	(1)			
	(2)			
	(3)			
	(4)			
	(5)			

問題番号			答	得点
4	(1)		秒	※
	(2)	位置エネルギー		
		運動エネルギー		
	(3)	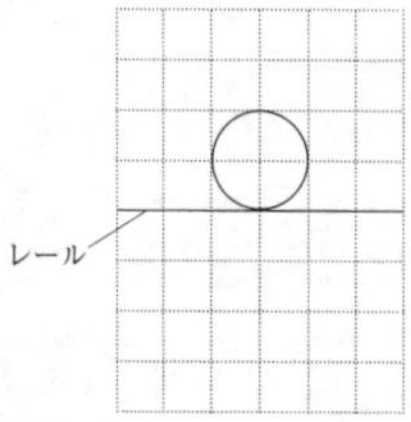		
	(4)			
	(5)			
5	(1)			
	(2)			
	(3)			

問題番号			答	得点
6	(1)			※
	(2)			
	(3)			
	(4)	観測地点		
		時間	秒	
	(5)			

受検番号	氏　　名

理科得点
※

※ 184%に拡大していただくと，解答欄は実物大になります。

(令和３年度**本検査**)

社会解答用紙

第　３　回

問題番号		答		得点
1	(1)			※
	(2)			
2	(1)			
	(2)			
	(3)			
	(4)	選んだ資料	資料【　　　】	
		法律の名称		
3	(1)			
	(2)			
	(3)			

問題番号		答	得点
4	(1)	と	※
	(2)		
	(3)		
5	(1)		
	(2)		
	(3)		
	(4)		

問題番号		答		得点
6	(1)			※
	(2)			
	(3)			
	(4)			
7	(1)			
	(2)			
	(3)			
	(4)	記号		
		理由		

問題番号		答		得点
8	(1)			※
	(2)			
	(3)	賛成		
		反対		

受検番号	氏　　　名

社会得点
※

※ 186%に拡大していただくと，解答欄は実物大になります。

（令和3年度本検査）

国語解答用紙

第1回

1

- (1) A 珍（　　）しく　B 外（　　）灯　C 慰（　　）める
- (2)
- (3)
- (4) a　b はじめ ～ 終わり
- (5)
- (6) こと。

2

- (1) A オサナ（　　）い　B カギ（　　）り　C メイロ（　　）
- (2)
- (3)
- (4) 詩のことばを、 こと。
- (5)
- (6) a　b　c
- (7) X 風景　Y

3

- (1) 畢竟不得避
- (2) 行旅は、 ことと似ている。
- (3)
- (4) a はじめ ～ 終わり 。　b

4

- (1)
- (2)

受検番号	氏名	国語得点
		※

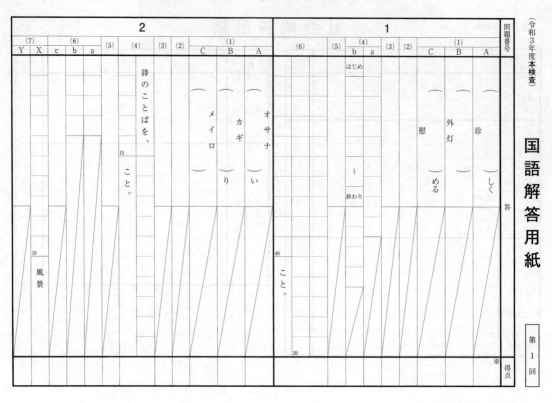

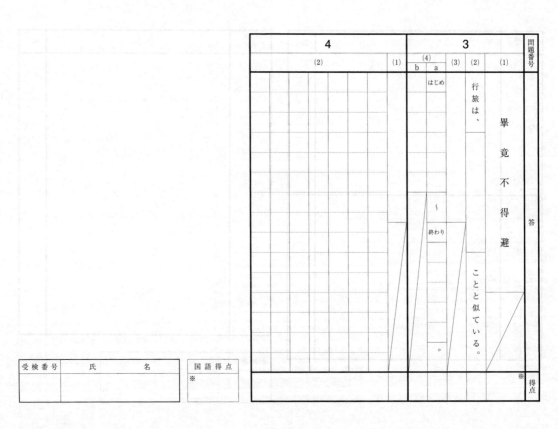

2021年度入試配点表（岩手県）

数学	1	2	3	4	5	6	計
	各4点×5	4点	4点	各4点×2	各4点×2	6点	100点
	7	8	9	10	11	12	
	6点	各4点×2	6点	(1)　4点 (2)　6点(完答)	(1)　4点 (2)　6点(完答)	(1)　4点 (2)　6点	

英語	1	2	3	4	5	6	7	8	9	10	計
	各3点×3	各3点×3	各3点×3	3点	各2点×4	各4点×3	各4点×3	各4点×5	各3点×3	(1)　3点 (2)　6点	100点

理科	1	2	3	4	5	6	計
	各2点×8	(3)①,(4)各4点×2((3)①完答) (5)　各2点×2 他　各3点×3	(1)　2点 (2)　4点 (5)　5点 他　各3点×2	(1),(4) 各3点×2 他　各4点×3 ((2)完答)	(2)　4点 他　各3点×2	(1),(2) 各3点×2 他　各4点×3 ((4)完答)	100点

社会	1	2	3	4	5	6	7	8	計
	各3点×2	(1)　3点 他 各4点×3	(3)　4点 他 各3点×2	(1)　3点 他 各4点×2	(1)　3点 他 各4点×3	(1)　3点 他 各4点×3	(3)　3点 (4) 各2点×2 他 各4点×2	(2)　4点 他 各3点×3	100点

国語	1	2	3	4	計
	(1)　各2点×3 (4)　各3点×2 (6)　6点 他　各4点×3	(2),(5)　各3点×2 (3),(7)　各4点×3 (4)　5点 他　各2点×6	(1)　3点 (3)　5点 他　各4点×3	(1)　3点 (2)　12点	100点

東京学参の
中学校別入試過去問題シリーズ

＊出版校は一部変更することがあります。一覧にない学校はお問い合わせください。

東京ラインナップ

あ　青山学院中等部(L04)
麻布中学(K01)
桜蔭中学(K02)
お茶の水女子大附属中学(K07)
か　海城中学(K09)
開成中学(M01)
学習院中等科(M03)
慶應義塾中等部(K04)
啓明学園中学(N29)
晃華学園中学(N13)
攻玉社中学(L11)
国学院大久我山中学
（一般・CC）(N22)
（ＳＴ）(N23)
駒場東邦中学(L01)
さ　芝中学(K16)
芝浦工業大附属中学(M06)
城北中学(M05)
女子学院中学(K03)
巣鴨中学(M02)
成蹊中学(N06)
成城中学(K28)
成城学園中学(L05)
青稜中学(K23)
創価中学(N14)★
た　玉川学園中学部(N17)
中央大附属中学(N08)
筑波大附属中学(K06)
筑波大附属駒場中学(L02)
帝京大中学(N16)
東海大菅生高中等部(N27)
東京学芸大附属竹早中学(K08)
東京都市大付属中学(L13)
桐朋中学(N03)
東洋英和女学院中学部(K15)
豊島岡女子学園中学(M12)
な　日本大第一中学(M14)
日本大第三中学(N19)
日本大第二中学(N10)
は　雙葉中学(K05)
法政大学中学(N11)
本郷中学(M08)
ま　武蔵中学(N01)
明治大付属中野中学(N05)
明治大付属八王子中学(N07)
明治大付属明治中学(K13)
ら　立教池袋中学(M04)
わ　和光中学(N21)
早稲田中学(K10)
早稲田実業学校中等部(K11)
早稲田大高等学院中学部(N12)

神奈川ラインナップ

あ　浅野中学(O04)
栄光学園中学(O06)
か　神奈川大附属中学(O08)
鎌倉女学院中学(O27)
関東学院六浦中学(O31)
慶應義塾湘南藤沢中等部(O07)
慶應義塾普通部(O01)
さ　相模女子大中学部(O32)
サレジオ学院中学(O17)
逗子開成中学(O22)
聖光学院中学(O11)
清泉女学院中学(O20)
洗足学園中学(O18)
捜真女学校中学部(O29)
た　桐蔭学園中等教育学校(O02)
東海大付属相模高中等部(O24)
桐光学園中学(O16)
な　日本大中学(O09)
は　フェリス女学院中学(O03)
法政大第二中学(O19)
や　山手学院中学(O15)
横浜隼人中学(O26)

千・埼・茨・他ラインナップ

あ　市川中学(P01)
浦和明の星女子中学(Q06)
か　海陽中等教育学校
（入試Ⅰ・Ⅱ）(T01)
（特別給費生選抜）(T02)
久留米大附設中学(Y04)
さ　栄東中学（東大・難関大）(Q09)
栄東中学（東大特待）(Q10)
狭山ヶ丘高校付属中学(Q01)
芝浦工業大柏中学(P14)
渋谷教育学園幕張中学(P09)
城北埼玉中学(Q07)
昭和学院秀英中学(P05)
清真学園中学(S01)
西南学院中学(Y02)
西武学園文理中学(Q03)
西武台新座中学(Q02)
専修大松戸中学(P13)
た　筑紫女学園中学(Y03)
千葉日本大第一中学(P07)
千葉明徳中学(P12)
東海大付属浦安高中等部(P06)
東邦大付属東邦中学(P08)
東洋大附属牛久中学(S02)
獨協埼玉中学(Q08)
な　長崎日本大中学(Y01)
成田高校付属中学(P15)
は　函館ラ・サール中学(X01)
日出学園中学(P03)
福岡大附属大濠中学(Y05)
北嶺中学(X03)
細田学園中学(Q04)
や　八千代松陰中学(P10)
ら　ラ・サール中学(Y07)
立命館慶祥中学(X02)
立教新座中学(Q05)
わ　早稲田佐賀中学(Y06)

公立中高一貫校ラインナップ

北海道　市立札幌開成中等教育学校(J22)
宮　城　宮城県仙台二華・古川黎明中学校(J17)
市立仙台青陵中等教育学校(J33)
山　形　県立東桜学館・致道館中学校(J27)
茨　城　茨城県立中学・中等教育学校(J09)
栃　木　県立宇都宮東・佐野・矢板東高校附属中学校(J11)
群　馬　県立中央・市立四ツ葉学園中等教育学校・
市立太田中学校(J10)
埼　玉　市立浦和中学校(J06)
県立伊奈学園中学校(J31)
さいたま市立大宮国際中等教育学校(J32)
川口市立高等学校附属中学校(J35)
千　葉　県立千葉・東葛飾中学校(J07)
市立稲毛国際中等教育学校(J25)
東　京　区立九段中等教育学校(J21)
都立大泉高等学校附属中学校(J28)
都立両国高等学校附属中学校(J01)
都立白鷗高等学校附属中学校(J02)
都立富士高等学校附属中学校(J03)
都立三鷹中等教育学校(J29)
都立南多摩中等教育学校(J30)
都立武蔵高等学校附属中学校(J04)
都立立川国際中等教育学校(J05)
都立小石川中等教育学校(J23)
都立桜修館中等教育学校(J24)
神奈川　川崎市立川崎高等学校附属中学校(J26)
県立平塚・相模原中等教育学校(J08)
横浜市立南高等学校附属中学校(J20)
横浜サイエンスフロンティア高校附属中学校(J34)
広　島　県立広島中学校(J16)
県立三次中学校(J37)
徳　島　県立城ノ内中等教育学校・富岡東・川島中学校(J18)
愛　媛　県立今治東・松山西中等教育学校(J19)
福　岡　福岡県立中学校・中等教育学校(J12)
佐　賀　県立香楠・致遠館・唐津東・武雄青陵中学校(J13)
宮　崎　県立五ヶ瀬中等教育学校・宮崎西・都城泉ヶ丘高校附属中学校(J15)
長　崎　県立長崎東・佐世保北・諫早高校附属中学校(J14)

公立中高一貫校「適性検査対策」問題集シリーズ

総合編　作文問題編　資料問題編　数と図形編　生活と科学編　実力確認テスト編

私立中・高スクールガイド
THE《ザ》 私立
私立中学＆高校の学校生活がわかる！

東京学参の
高校別入試過去問題シリーズ

＊出版校は一部変更することがあります。一覧にない学校はお問い合わせください。

東京ラインナップ

あ　愛国高校（A59）
　　青山学院高等部（A16）★
　　桜美林高校（A37）
　　お茶の水女子大附属高校（A04）
か　開成高校（A05）★
　　共立女子第二高校（A40）★
　　慶應義塾女子高校（A13）
　　啓明学園高校（A68）★
　　国学院高校（A30）
　　国学院大久我山高校（A31）
　　国際基督教大高校（A06）
　　小平錦城高校（A61）★
　　駒澤大高校（A32）
さ　芝浦工業大附属高校（A35）
　　修徳高校（A52）
　　城北高校（A21）
　　専修大附属高校（A28）
　　創価高校（A66）★
た　拓殖大第一高校（A53）
　　立川女子高校（A41）
　　玉川学園高等部（A56）
　　中央大高校（A19）
　　中央大杉並高校（A18）★
　　中央大附属高校（A17）
　　筑波大附属高校（A01）
　　筑波大附属駒場高校（A02）
　　帝京大高校（A60）
　　東海大菅生高校（A42）
　　東京学芸大附属高校（A03）
　　東京農業大第一高校（A39）
　　桐朋高校（A15）
　　都立青山高校（A73）★
　　都立国立高校（A76）★
　　都立国際高校（A80）★
　　都立国分寺高校（A78）★
　　都立新宿高校（A77）★
　　都立墨田川高校（A81）★
　　都立立川高校（A75）★
　　都立戸山高校（A72）★
　　都立西高校（A71）★
　　都立八王子東高校（A74）★
　　都立日比谷高校（A70）★
な　日本大櫻丘高校（A25）
　　日本大第一高校（A50）
　　日本大第三高校（A48）
　　日本大第二高校（A27）
　　日本大鶴ヶ丘高校（A26）
　　日本大豊山高校（A23）
は　八王子学園八王子高校（A64）
　　法政大高校（A29）
ま　明治学院高校（A38）
　　明治学院東村山高校（A49）
　　明治大付属中野高校（A33）
　　明治大付属八王子高校（A67）
　　明治大付属明治高校（A34）★
　　明法高校（A63）
わ　早稲田実業学校高等部（A09）
　　早稲田大高等学院（A07）

神奈川ラインナップ

あ　麻布大附属高校（B04）
　　アレセイア湘南高校（B24）
か　慶應義塾高校（A11）
　　神奈川県公立高校特色検査（B00）
さ　相洋高校（B18）
た　立花学園高校（B23）
　　桐蔭学園高校（B01）
　　東海大付属相模高校（B03）★
　　桐光学園高校（B11）
な　日本大高校（B06）
　　日本大藤沢高校（B07）
は　平塚学園高校（B22）
　　藤沢翔陵高校（B08）
　　法政大国際高校（B17）
　　法政大第二高校（B02）★
や　山手学院高校（B09）
　　横須賀学院高校（B20）
　　横浜商科大高校（B05）
　　横浜市立横浜サイエンスフロンティア高校（B70）
　　横浜翠陵高校（B14）
　　横浜清風高校（B10）
　　横浜創英高校（B21）
　　横浜隼人高校（B16）
　　横浜富士見丘学園高校（B25）

千葉ラインナップ

あ　愛国学園大附属四街道高校（C26）
　　我孫子二階堂高校（C17）
　　市川高校（C01）★
か　敬愛学園高校（C15）
さ　芝浦工業大柏高校（C09）
　　渋谷教育学園幕張高校（C16）★
　　翔凜高校（C34）
　　昭和学院秀英高校（C23）
　　専修大松戸高校（C02）
た　千葉英和高校（C18）
　　千葉敬愛高校（C05）
　　千葉経済大附属高校（C27）
　　千葉日本大第一高校（C06）★
　　千葉明徳高校（C20）
　　千葉黎明高校（C24）
　　東海大付属浦安高校（C03）
　　東京学館高校（C14）
　　東京学館浦安高校（C31）
な　日本体育大柏高校（C30）
　　日本大習志野高校（C07）
は　日出学園高校（C08）
や　八千代松陰高校（C12）
ら　流通経済大付属柏高校（C19）★

埼玉ラインナップ

あ　浦和学院高校（D21）
　　大妻嵐山高校（D04）★
か　開智高校（D08）
　　開智未来高校（D13）★
　　春日部共栄高校（D07）
　　川越東高校（D12）
　　慶應義塾志木高校（A12）
さ　埼玉栄高校（D09）
　　栄東高校（D14）
　　狭山ヶ丘高校（D24）
　　昌平高校（D23）
　　西武学園文理高校（D10）
　　西武台高校（D06）
た　東京農業大第三高校（D18）
は　武南高校（D05）
　　本庄東高校（D20）
や　山村国際高校（D19）
ら　立教新座高校（A14）
わ　早稲田大本庄高等学院（A10）

北関東・甲信越ラインナップ

あ　愛国学園大附属龍ヶ崎高校（E07）
　　宇都宮短大附属高校（E24）
か　鹿島学園高校（E08）
　　霞ヶ浦高校（E03）
　　共愛学園高校（E31）
　　甲陵高校（E43）
　　国立高等専門学校（A00）
さ　作新学院高校
　　　（トップ英進・英進部）（E21）
　　　（情報科学・総合進学部）（E22）
　　常総学院高校（E04）
た　中越高校（R03）＊
　　土浦日本大高校（E01）
　　東洋大附属牛久高校（E02）
な　新潟青陵高校（R02）
　　新潟明訓高校（R04）
　　日本文理高校（R01）
は　白鷗大足利高校（E25）
ま　前橋育英高校（E32）
や　山梨学院高校（E41）

中京圏ラインナップ

あ　愛知高校（F02）
　　愛知啓成高校（F09）
　　愛知工業大名電高校（F06）
　　愛知みずほ大瑞穂高校（F25）
　　暁高校（３年制）（F50）
　　鶯谷高校（F60）
　　栄徳高校（F29）
　　桜花学園高校（F14）
　　岡崎城西高校（F34）
か　岐阜聖徳学園高校（F62）
　　岐阜東高校（F61）
　　享栄高校（F18）
さ　桜丘高校（F36）
　　至学館高校（F19）
　　椙山女学園高校（F10）
　　鈴鹿高校（F53）
　　星城高校（F27）★
　　誠信高校（F33）
　　清林館高校（F16）★
た　大成高校（F28）
　　大同大大同高校（F30）
　　高田高校（F51）
　　滝高校（F03）★
　　中京高校（F63）
　　中京大附属中京高校（F11）★
　　中部大春日丘高校（F26）★
　　中部大第一高校（F32）
　　津田学園高校（F54）
　　東海高校（F04）★
　　東海学園高校（F20）
　　東邦高校（F12）
　　同朋高校（F22）
　　豊田大谷高校（F35）
な　名古屋高校（F13）
　　名古屋大谷高校（F23）
　　名古屋経済大市邨高校（F08）
　　名古屋経済大高蔵高校（F05）
　　名古屋女子大高校（F24）
　　名古屋たちばな高校（F21）
　　日本福祉大付属高校（F17）
　　人間環境大附属岡崎高校（F37）
は　光ヶ丘女子高校（F38）
　　誉高校（F31）
ま　三重高校（F52）
　　名城大附属高校（F15）

宮城ラインナップ

さ　尚絅学院高校（G02）
　　聖ウルスラ学院英智高校（G01）★
　　聖和学園高校（G05）
　　仙台育英学園高校（G04）
　　仙台城南高校（G06）
　　仙台白百合学園高校（G12）
た　東北学院高校（G03）★
　　東北学院榴ヶ岡高校（G08）
　　東北高校（G11）
　　東北生活文化大高校（G10）
　　常盤木学園高校（G07）
は　古川学園高校（G13）
ま　宮城学院高校（G09）★

北海道ラインナップ

さ　札幌光星高校（H06）
　　札幌静修高校（H09）
　　札幌第一高校（H01）
　　札幌北斗高校（H04）
　　札幌龍谷学園高校（H08）
は　北海高校（H03）
　　北海学園札幌高校（H07）
　　北海道科学大高校（H05）
ら　立命館慶祥高校（H02）

★はリスニング音声データのダウンロード付き。

都道府県別 公立高校入試過去問 シリーズ

- 全国47都道府県別に出版
- 最近数年間の検査問題収録
- リスニングテスト音声対応

公立高校入試対策 問題集シリーズ

- 目標得点別・公立入試の数学（基礎編）
- 実戦問題演習・公立入試の数学（実力錬成編）
- 実戦問題演習・公立入試の英語（基礎編・実力錬成編）
- 形式別演習・公立入試の国語
- 実戦問題演習・公立入試の理科
- 実戦問題演習・公立入試の社会

高校入試特訓問題集 シリーズ

- 英語長文難関攻略33選（改訂版）
- 英語長文テーマ別難関攻略30選
- 英文法難関攻略20選
- 英語難関徹底攻略33選
- 古文完全攻略63選（改訂版）
- 国語融合問題完全攻略30選
- 国語長文難関徹底攻略30選
- 国語知識問題完全攻略13選
- 数学の図形と関数・グラフの融合問題完全攻略272選
- 数学難関徹底攻略700選
- 数学の難問80選
- 数学　思考力―規則性とデータの分析と活用―

〈ダウンロードコンテンツについて〉

本問題集のダウンロードコンテンツ、弊社ホームページで配信しております。現在ご利用いただけるのは「2025年度受験用」に対応したもので、**2025年3月末日**までダウンロード可能です。弊社ホームページにアクセスの上、ご利用ください。

※配信期間が終了いたしますと、ご利用いただけませんのでご了承ください。

岩手県公立高校　2025年度

ISBN978-4-8141-3253-9

[発行所] 東京学参株式会社

〒153-0043　東京都目黒区東山2-6-4

書籍の内容についてのお問い合わせは右のQRコードから　⇒

※書籍の内容についてのお電話でのお問い合わせ、本書の内容を超えたご質問には対応できませんのでご了承ください。

2024年5月31日　初版